Die verfassungsrechtliche Zulässigkeit der Wiedereinführung einer Vermögensteuer

Kölner Schriften zu Recht und Staat

Herausgegeben von
Prof. Dr. Hartmut Schiedermair und
Prof. Dr. Bernhard Kempen

Band 25

PETER LANG
Frankfurt am Main · Berlin · Bern · Bruxelles · New York · Oxford · Wien

Nikolaus Vieten

Die verfassungsrechtliche Zulässigkeit der Wiedereinführung einer Vermögensteuer

Zugleich eine Untersuchung des Halbteilungsbeschlusses des Bundesverfassungsgerichts

PETER LANG
Europäischer Verlag der Wissenschaften

Bibliografische Information Der Deutschen Bibliothek
Die Deutsche Bibliothek verzeichnet diese Publikation in der Deutschen Nationalbibliografie; detaillierte bibliografische Daten sind im Internet über <http://dnb.ddb.de> abrufbar.

Zugl.: Köln, Univ., Diss., 2004

D38
ISSN 1433-0253
ISBN 3-631-53271-7

www.peterlang.de

"Sind Steuern solche Abgaben die von dem Landesherren zur Erhaltung und Beschützung des Staates, zu Abwendung gemeiner Noth, zu Förderung gemeinsamen Bestens auferlegt worden, die denn auch mit einer allgemeinen Gleichheit womöglich erhoben werden sollen. Das Fundament worauf sie ruhen, ist ein innrer Wert der Güter, sie haben ein Verhältniß zu dem Ertrag derselben."

(Johann Wolfgang von Goethe, 1785)

Vorwort

Die vorliegende Arbeit wurde im Wintersemester 2003/2004 von der Rechtswissenschaftlichen Fakultät der Universität Köln als Dissertation angenommen. Sie berücksichtigt Literatur und Rechtsprechung bis einschließlich Oktober 2003.

Mein besonderer und herzlicher Dank gilt meinem verehrten Doktorvater, Herrn Prof. Dr. BERNHARD KEMPEN, für die fürsorgliche Betreuung dieser Arbeit, die zügige Erstellung des Erstgutachtens und die Aufnahme dieser Arbeit in die vorliegende Schriftenreihe. Danken möchte ich auch Herrn Prof. Dr. WOLFRAM HÖFLING für die rasche Erstellung des Zweitgutachtens.

Für die Ermunterung, diese Arbeit aufzunehmen, für den fortwährenden Zuspruch während der Erstellung sowie für die Korrekturen des Manuskripts danke ich meinen Eltern von ganzem Herzen. Ohne sie wäre diese Arbeit vermutlich nicht entstanden. Ihnen und meiner Freundin JULIA möchte ich diese Arbeit widmen.

Frankfurt am Main, im Mai 2005 Nikolaus Vieten

Inhaltsübersicht

Inhaltsverzeichnis

Abkürzungsverzeichnis

a.A.	Anderer Auffassung
Abs.	Absatz
AFG	Arbeitsförderungsgesetz
Alt.	Alternative
AO	Abgabenordnung
AöR	Archiv des öffentlichen Rechts (Zeitschrift)
Art.	Artikel
BB	Betriebs-Berater (Zeitschrift)
BewG	Bewertungsgesetz
BFH	Bundesfinanzhof
BGBl.	Bundesgesetzblatt
BK	Bonner Kommentar zum Grundgesetz
BMF	Bundesministerium der Finanzen
BR-Drucksache	Bundesrats-Drucksache
BSHG	Bundessozialhilfegesetz
BT-Drucksache	Bundestags-Drucksache
BVerfG	Bundesverfassungsgericht
BVerfGE	Amtliche Entscheidungssammlung des Bundesverfassungsgerichts
BVerfGG	Bundesverfassungsgerichtsgesetz
BVerwG	Bundesverwaltungsgericht
CDU	Christlich Demokratische Union
DB	Der Betrieb (Zeitschrift)
DDR	Deutsche Demokratische Republik
DM	Deutsche Mark
DÖV	Die Öffentliche Verwaltung (Zeitschrift)
DStJG	Deutsche Steuerjuristische Gesellschaft

DStR	Deutsches Steuerrecht (Zeitschrift)
DStZ	Deutsche Steuer-Zeitung (Zeitschrift)
DVBl.	Deutsche Verwaltungsblätter (Zeitschrift)
EATLP	European Association of Tax Law Professors
EFG	Entscheidungen der Finanzgerichte
EigZulG	Eigenheimzulagengesetz
ErbStRG	Erbschaftsteuerreformgesetz
ErgStG	Ergänzungsteuergesetz
EStG	Einkommensteuergesetz
F.A.Z.	Frankfurter Allgemeine Zeitung
F.D.P.	Freie Demokratische Partei
FinArch	Finanz-Archiv (Zeitschrift)
FN	Fußnote
FR	Finanz-Rundschau (Zeitschrift)
GewArch	Gewerbe-Archiv (Zeitschrift)
GewStG	Gewerbesteuergesetz
GG	Grundgesetz
GmbHR	GmbHRundschau (Zeitschrift)
GrStG	Grundsteuergesetz
GWB	Gesetz gegen Wettbewerbsbeschränkungen
HFR	Höchstrichterliche Finanz-Rechtsprechung (Zeitschrift)
Hrsg.	Herausgeber
i.e.	id est
i.E.	Im Ergebnis
i.e.S.	Im engen Sinn
i.w.S.	Im weiten Sinn
InvZulG	Investitionszulagengesetz
JbFSt	Jahrbuch der Fachanwälte für Steuerrecht
JöR	Jahrbuch des öffentlichen Rechts

JuS	Juristische Schulung (Zeitschrift)
JZ	Juristenzeitung (Zeitschrift)
KStG	Körperschaftsteuergesetz
LPG	Landwirtschaftliche Produktionsgenossenschaft
m.E.	Meines Erachtens
m.w.N.	Mit weiteren Nachweisen
MDR	Monatsschrift für Deutsches Recht (Zeitschrift)
Mio.	Millionen
Mrd.	Milliarden
n.F.	Neue Fassung
NJW	Neue Juristische Wochenschrift (Zeitschrift)
Nr.	Nummer
nrkr.	Nicht rechtskräftig
NWB	Neue Wirtschaftsbriefe (Zeitschrift)
o.S.	Ohne Seitenzahl
o.V.	Ohne Verfasser
PrGS	Preußische Gesetzessammlung
RGBl.	Reichsgesetzblatt
rkr.	Rechtskräftig
Rn.	Randnummer
S.	Seite bzw. Satz
S. u./s.u.	Siehe unten
S.o./s.o.	Siehe oben
SGB	Sozialgesetzbuch
sog.	Sogenannt(en)
SolZG	Solidaritätszuschlagsgesetz
Sp.	Spalte
SPD	Sozialdemokratische Partei Deutschlands
St. Rspr.	Ständige Rechtsprechung

Stbg	Die Steuerberatung (Zeitschrift)
StbJb	Steuerberater-Jahrbuch
StuW	Steuer und Wirtschaft (Zeitschrift)
ThürVbl.	Thüringer Verwaltungsblätter (Zeitschrift)
Tz.	Textziffer
u.a.	Und andere
u.ä.	Und ähnlichem
UVR	Umsatz- und Verkehrssteuerrecht (Zeitschrift)
v.	Vom/von
Vorbem.	Vorbemerkung
VStG	Vermögensteuergesetz
VStRG	Vermögensteuerreformgesetz
VVDStRL	Veröffentlichungen der Vereinigung der Deutschen Staatsrechtslehrer
WRV	Weimarer Reichsverfassung
z.	Zu
z.B.	Zum Beispiel
ZRP	Zeitschrift für Rechtspolitik (Zeitschrift)

1. Kapitel: Einführung und Problemstellung

I. Steuerpolitische und verfassungsrechtliche Problemstellung

Kaum ein Themenkomplex wird in der derzeitigen steuerpolitischen Diskussion so kontrovers diskutiert, so regelmäßig vorübergehend beerdigt und anschließend wiederbelebt wie die Wiedereinführung einer Vermögensteuer[1]. Die Vermögensteuer, die in ihrer heutigen Form seit Ende des 19. Jahrhunderts in Deutschland kontinuierlich existierte, wird seit Ablauf des Jahres 1996 nicht mehr erhoben.

Durch Beschluß vom 22. Juni 1995 hatte nämlich der Zweite Senat des Bundesverfassungsgerichts[2] im Rahmen eines konkreten Normenkontrollverfahrens nach Art. 100 Abs. 1 S. 1 Grundgesetz (GG) geurteilt, daß „§ 10 Nr. 1 des Vermögensteuergesetzes (VStG) insofern mit dem Grundgesetz unvereinbar ist, als er das zu Gegenwartswerten erfaßte Vermögen mit demselben Steuersatz wie den Grundbesitz belastet, obwohl dessen Bewertung entgegen dem gesetzlichen

---

1 Vgl. SPD-Wahlprogramm 1998, S. 20: „ ...werden wir dafür sorgen, daß auch die sehr hohen Privatvermögen wieder einen gerechten Beitrag leisten ..."; o.V., Gemeinsame Bundesratsinitiative Niedersachsen und NRW vom 26. November 2002: „Vermögensteuer für Bildung und Kommunen", in: www.kommunal-finanzen.de/sonstige/ bundesratsinitiative.doc; o.V., „Rot-Grün fällt bei der Vermögensteuer um", in: www.spiegel.de/politik/deutschland/0,1518,224519,00.html; o.V., „Schröder sucht Vermögensteuer-Alternative" (13. Dezember 2002), in: www.heute.t-online.de/ ZDFheute/artikel/2/0,1367,WIRT-0-2027138,00.html; o.V., „Kanzler sagt Nein zur Vermögensteuer", in: Handelsblatt vom 5. Dezember 2002, www.handelsblatt.com/ hbiwwwangebot/fn/relhbi/buildhbi/cn/GoArt!200013,200050,588207/SH/0/depot/0/; VER.DI BUNDESVORSTAND BERLIN, Wirtschaftspolitische Informationen, „Abgeltungssteuer – kein Ersatz für die Vermögensteuer", Dezember 2002, in: www.verdi.de/ wirtschaftspolitik/info/abgeltungssteuer.pdf; S. 5 f.; VER.DI BUNDESVORSTAND BERLIN, Beschluß vom 27. 01. 2003, Positionspapier Wirtschafts- und Finanzpolitik, in: www.verdi.de/wirtschaftspolitik/standpunkte/finanzpolitik.pdf, S. 3: ; o.V., „Clement: Nein zur Vermögensteuer" (04. Mai 2003), in: www.glaubeaktuell.net/portal/ nachrichten/nachricht.php?IDD=1051946323. Zuletzt hat R. BÜTIKOFER die Vermögensteuer im Deutschlandfunk erneut in die Diskussion gebracht. Zitiert nach: o.V., „Abgeltungssteuer auf alle Kapitalerträge", in: F.A.Z. vom 27. Oktober 2003, S. 11.

2 Im folgenden auch BVerfG genannt.

Konzept gegenwartsnaher Bewertung seit 1964/74 nicht mehr der Wertentwicklung angepaßt worden ist[3].“ Im Rahmen dieser Entscheidung hatte das Bundesverfassungsgericht über den oben genannten Tenor hinaus unter anderem ausgeführt, daß „die Vermögensteuer zu den übrigen Steuern auf den Ertrag nur hinzutreten dürfe, soweit die steuerliche Gesamtbelastung des Sollertrages bei typisierender Betrachtung von Einnahmen, abziehbaren Aufwendungen und sonstigen Entlastungen *in der Nähe einer hälftigen Teilung* zwischen privater und öffentlicher Hand verbleibt[4].“ Aus diesem Grund ist die Entscheidung in die Geschichte der verfassungsgerichtlichen Rechtsprechung als „Halbteilungsurteil[5]“ eingegangen[6]. Das Bundesverfassungsgericht hatte das Vermögensteuergesetz jedoch nicht für nichtig erklärt, sondern – wie bei Steuergesetzen im Hinblick auf die Verläßlichkeit der staatlichen Finanz- und Haushaltsplanung mittlerweile üblich[7] – dem Gesetzgeber eine Frist zur Neuregelung bis zum 31. Dezember 1996 gewährt. Diese Frist hat der Gesetzgeber jedoch nicht genutzt, so daß infolgedessen die Vermögensteuer seit 1. Januar 1997 nicht mehr erhoben wird.

Seither wird jedoch insbesondere von Seiten des linken Flügels der SPD[8], aber auch von Seiten der Gewerkschaften[9], die Wiedereinführung der Vermögensteuer in regelmäßigen Abständen gefordert und so zum Thema einer politi-

---

3 BVerfG, Beschluß vom 22. Juni 1995 – 2 BvL 37/91 –, in: BVerfGE 93, S. 121 ff.

4 BVerfG, Beschluß vom 22. Juni 1995 – 2 BvL 37/91 –, in: BVerfGE 93, 121 ff. (138 und Leitsatz 3), Hervorhebung nicht im Original.

5 Die Diktion ist insoweit nicht richtig, als es sich nicht um ein Urteil, sondern um einen Beschluß handelt. Dennoch wird sie aus sprachlichen Gründen in der Arbeit weiterhin verwandt.

6 K. VOGEL, Anmerkungen zum Beschluß v. 22. Juni 1995 – 2 BvL 37/91 –, in: JZ 1996, S. 43 ff. (44), stellt die Entscheidung auf eine Stufe mit klassischen großen Entscheidungen wie der Apotheken-, der Lüth- oder der Naßauskiesungsentscheidung; ebenso W. LEISNER, „Steuer- und Eigentumswende – die Einheitswert-Beschlüsse des Bundesverfassungsgerichts“, in: NJW 1995, S. 2591 ff. (2596).

7 Vgl. dazu R. SEER, „Die Unvereinbarkeitserklärung des BVerfG am Beispiel seiner Rechtsprechung zum Abgabenrecht“, in: NJW 1996, S. 285 ff. (285).

8 Vgl. D. VON LARCHER, „Alternativen der Steuerpolitik“, in: www.spw.de/9905/larcher.htm.

9 Vgl. VER.DI BUNDESVORSTAND BERLIN, Wirtschaftspolitische Informationen (Oktober 2002): Informationen zur Vermögen- und Erbschaftsteuer, Mindestbesteuerung von Unternehmensgewinnen, S. 2-5.

schen Auseinandersetzung gemacht[10]. Die zum Teil erbittert geführte und von ideo-logischen Grabenkämpfen geprägte Debatte um die Wiedereinführung einer Vermögensteuer erstaunt insbesondere deshalb, weil das Aufkommen aus der Vermögensteuer nur ca. 0,5-2 % des gesamten Steueraufkommens ausmachen würde. Dabei schwanken die Schätzungen hinsichtlich der Höhe des Steueraufkommens je nach den zugrundegelegten Annahmen zwischen 8 Mrd. Euro[11] und 16 Mrd. Euro[12]. Der Ökonom v. WEIZSÄCKER ist hingegen der Auffassung, die Vermögensteuer führe nicht zu einer Erhöhung, sondern wegen negativer Effekte auf das wirtschaftliche Wachstum und damit auch auf die Ertragsteuern sogar zu einer Verringerung des gesamtwirtschaftlichen Steueraufkommens[13]. Begründet wird die Forderung nach der Wiedereinführung einer Vermögensteuer von ihren Befürwortern mit so hehren Zielen wie der Gerechtigkeit[14], einer Bildungsoffensive[15] oder der Konsolidierung der Länderfinanzen[16].

---

10 Vgl. Gemeinsame Bundesratsinitiative Niedersachsen und NRW vom 26. November 2002: „Vermögensteuer für Bildung und Kommunen", in: www.kommunal-finanzen.de/sonstige/bundesratsinitiative.doc; ARBEITSGRUPPE ALTERNATIVE WIRTSCHAFTSPOLITIK, „Vermögensbesteuerung für mehr Gerechtigkeit und mehr Beschäftigung", in: www.einblick.dgb.de/archiv/9923/tx992301.htm; R. HICKEL, „Nachhaltige Finanzpolitik mit der Vermögensteuer" in: www.memo.uni-bremen.de/docs/m0203.pdf, S. 1 ff.; DERSELBE, „Abgeltung für Vermögende – Ablaß für Steuerflüchtlinge, Endgültige Abschlagsteuer auf Zinsen verkehrt Vermögensteuer in ihr Gegenteil: in: www.memo.uni-bremen.de/docs/m0103.pdf, S. 1 ff.

11 Vgl. Gemeinsame Bundesratsinitiative Niedersachsen und NRW vom 26. November 2002: „Vermögensteuer für Bildung und Kommunen", in: www.kommunal-finanzen.de/sonstige/ bundesratsinitiative.doc.

12 Vgl. DEUTSCHES INSTITUT FÜR WIRTSCHAFTSFORSCHUNG. „Argumente für die Wiedereinführung der Vermögensteuer, die Anhebung der Erbschaftsteuer und die Mindestbesteuerung von Unternehmensgewinnen", Gutachten im Auftrag von ver.di, IG Metall und Hans-Böckler-Stiftung, in: www.einblick.dgb.de/archiv/ 0218/tx021801.htm.

13 Vgl. C. C. v. WEIZSÄCKER, „Die Vermögensteuer bringt dem Fiskus nichts. Offener Brief des Ökonomen Carl Christian von Weizsäcker an den nordrhein-westfälischen Ministerpräsidenten Peer Steinbrück.", in: F.A.Z. v. 29. November 2002, S. 12.

14 P. PAU, Redebeitrag im Deutschen Bundestag am 31. Januar 2003, abgedruckt in: Stenographischer Bericht der 23. Sitzung des Deutschen Bundestages, auszugsweise unter: www.petra-pau.de/15_bundestag/dok/ 15023_03_01_31_pau_mehrwertsteuer.rtf.

15 o.V., „Gabriel tut es für die Kinder", in: www.spiegel.de/wirtschaft/ 0,1518,224377,00.html.

16 Vgl. Gemeinsame Bundesratsinitiative Niedersachsen und NRW vom 26.11.2002: „Vermögensteuer für Bildung und Kommunen", in: www.kommunal-finanzen.de/ sonstige/bundesratsinitiative.doc.

Die Gegner einer Wiedereinführung begründen ihre Ablehnung ähnlich plakativ mit zu erwartenden Schäden für den Standort Deutschland, mit negativen Auswirkungen auf die Arbeitslosenzahlen[17] und mit der finanzwirtschaftlichen Unergiebigkeit der Vermögensteuer[18].

Gegen den Beschluß des Bundesverfassungsgerichts sind neben politischen auch vielfältige verfassungsrechtliche Einwände vorgebracht worden, nicht zuletzt durch das Mitglied des befaßten Senats ERNST-WOLFGANG BÖCKENFÖRDE, der in einem Sondervotum zu der Entscheidung zwar den Tenor des Urteils billigte, nicht jedoch die damit im Zusammenhang stehenden Ausführungen der Mehrheit des Senats zum Wesen der Vermögensteuer als einer sogenannten Sollertragsteuer und insbesondere zur Halbteilung[19].

Die intensive steuer*politische* Diskussion um die Wiedereinführung einer Vermögensteuer gibt daher Anlaß, sich mit ihrer verfassungs*rechtlichen* Zulässigkeit, also den verfassungsrechtlichen Voraussetzungen und Grenzen einer Vermögensteuer, sozusagen als Vorfrage zu beschäftigen.

II. Ziel und Gang der Arbeit

Ziel der vorliegenden Arbeit ist zu untersuchen, ob es unter dem gegenwärtig herrschenden Steuerregime *verfassungsrechtlich* zulässig wäre, eine Vermögensteuer wiedereinzuführen, wenn die zur politischen Entscheidungsfindung berufenen Organe sich darauf verständigen würden. Zu diesem Zweck sollen zunächst die Kernaussagen des Halbteilungsurteils und die hiergegen vorgebrachte Kritik summarisch dargestellt und daran anschließend auf der Grundlage eines grundrechtlichen Ansatzes geprüft werden, ob, und wenn ja, welche verfassungsrechtlichen Schranken der Wiedereinführung einer Vermögensteuer möglicherweise entgegenstehen oder den Gesetzgeber bei ihrer künftigen Ausgestal-

---

17 So C. SCHEEL, zitiert nach: o.V., „Scheel: Bei der Besteuerung den Halbteilungsgrundsatz beachten. Die Finanzpolitische Sprecherin der Grünen bekräftigt, daß die Steuersätze weiter gesenkt werden müssen", in: F.A.Z. vom 22. November 2002, o. S.

18 Vgl. C. C. VON WEIZSÄCKER, „Die Vermögensteuer bringt dem Fiskus nichts", in: F.A.Z. vom 29. November 2002, S. 12.

19 Vgl. E.-W. BÖCKENFÖRDE, Abweichende Meinung zum Beschluß des Zweiten Senats vom 22. Juni 1995 – 2 BvL 37/91 –, in: BVerfGE 93, S. 149 ff.

tung einschränken. Schließlich soll – aufbauend auf dem Halbteilungsurteil des Bundesverfassungsgerichts und den Ergebnissen der grundrechtlichen Untersuchung – skizziert werden, wie eine verfassungskonforme Vermögensteuer unter Berücksichtigung steuersystematischer Aspekte aussehen müßte, wenn die Legislative sich dazu entschließen sollte, diese Form der Besteuerung erneut aufzugreifen.

III. Historische Entwicklung der Vermögensteuer

Um das Halbteilungsurteil sowie die dagegen vorgebrachte Kritik besser verstehen zu können, erscheint es sinnvoll, zunächst die historische Entwicklung der Vermögensteuer kurz nachzuzeichnen.

Im Mittelalter war die Vermögensteuer die tragende Steuer der deutschen Städte[20]. Sie wurde in einer Steuerordnung aus dem 13. Jahrhundert den damaligen freien Reichsstädten als Ersatz für die bis dahin erhobene Kopfsteuer[21] empfohlen[22]. Die Ursache für die Erhebung gerade einer Vermögensteuer ist darin zu sehen, daß in jener Zeit das Rechnungswesen noch nicht ausgeprägt war und daher der Ertrag von Vermögensgegenständen, der heute als Anknüpfungspunkt für eine Einkommens- bzw. Ertragsbesteuerung dient, nicht ausreichend genau als Bemessungsgrundlage für die Besteuerung ermittelt werden konnte[23]. Dennoch stellte die Vermögensteuer eine erste primitive Form der Ertragsbesteuerung dar, da sie zwar an das Vermögen als Bemessungsgrundlage

---

20 Nach K. Oechsle, „Hundert Jahre Vermögensteuergesetze in Deutschland“, in: BB 1993, S. 1369 ff. (1371), war die Vermögensteuer bis ins 18. Jahrhundert die direkte Hauptsteuer im deutschsprachigen Raum.

21 Die Kopfsteuer ist eine Steuerform, bei der jedem Steuerpflichtigen, unabhängig von der Höhe seines Einkommens oder Vermögens, eine gleich hohe Steuerzahlung auferlegt wird.

22 Vgl. M. Horn, „Die Vermögensteuer – ein steuerliches Relikt aus dem 19. Jahrhundert", in: StuW 1978, S. 56 f. (56 f.).

23 Vgl. H.-W. Arndt, „Rechtfertigung der Besteuerung des Vermögens aus steuersystematischer Sicht“, in: Birk, Dieter (Hrsg.), Steuern auf Erbschaft und Vermögen, Köln 1999, DStJG Band 22 (1999), S. 25 ff. (27); K. Tipke, „Über die Grenzen der Vermögensteuer“, in: GmbHR 1996, S. 8 ff. (14): „Auf die Vermögensteuer war man angewiesen, als es noch nicht möglich oder üblich war, Ist-Erträge zu ermitteln.“; H. W. Kruse, „Abschied von den Einheitswerten“, in: BB 1996, S. 717 ff. (717).

anknüpfte, aber aus dem Ertrag des Vermögens beglichen werden sollte. Der Besteuerung lag die Vermutung zugrunde, daß Vermögen immer so angelegt wird, daß es einen Ertrag erwirtschaftet. Mit anderen Worten war diese Vermögensteuer sachlich eine Ertragsteuer, die jedoch aufgrund der ungenügenden Meßbarkeit der tatsächlichen Erträge als Bemessungsgrundlage an den Vermögensbestand anknüpfte.

Mit der Einführung der Ertragsteuern im 18. und 19. Jahrhundert verlor die Vermögensteuer ihre ursprüngliche Rechtfertigung, da jetzt eine Steuer auf das nunmehr besser meßbare Einkommen in Gestalt von Grund-, Gebäude- und Gewerbeertragsteuer, zum Teil auch Kapitalertragsteuer zur Verfügung stand[24]. Die Vermögensteuer wurde aus diesem Grunde auch fast ausnahmslos in allen deutschen Ländern aufgehoben.

Da die Staats- und Gemeindeaufgaben am Ende des 19. Jahrhunderts stark zunahmen und die Verkehrssteuern (sog. „Akzisen") im Zusammenhang mit der Einführung der Einkommensteuer weitgehend abgeschafft worden waren, reichte das Steueraufkommen nicht mehr zur Bewältigung der hoheitlichen Aufgaben aus. Aus diesem Grund wurde in Preußen durch das Preußische Ergänzungsteuergesetz vom 14. Juli 1893[25] eine „Art" Vermögensteuer als eine die Einkommensteuer ergänzende Abgabe wieder eingeführt[26]. Die Einkünfte aus Grund- und Gebäudevermögen, aus Gewerbebetrieb und aus Kapitalvermögen wurden zusätzlich zur darauf bereits lastenden Einkommensteuer mit der preussischen Ergänzungsteuer belegt. Der zusätzlichen Belastung lag die Einschätzung zugrunde, daß die mit der ergänzenden Vermögensteuer zu besteuernden Einkünfte[27] eine besondere Leistungsfähigkeit vermittelten. Die besondere steuerliche Leistungsfähigkeit dieser Einkünfte wurde darin gesehen, daß sie im Vergleich zu Arbeitseinkommen besonders sicher seien, da die Einkommensquelle von der Arbeitsleistung ihres Inhabers unabhängig sei und daher bei unterbrochener oder aufgehobener Arbeitsfähigkeit, z.B. infolge von Krankheit, weiterhin Erträge flössen. Diese Einkünfte wurden deshalb als besonders fundierte angesehen (sog. „Fundustheorie"). Die Steuer war aber, obwohl sie an den Wert des Vermögens anknüpfte, darauf ausgerichtet, daß sie aus den Erträgen

---

24 M. HORN, StuW 1978, S. 56 f. (57).

25 Gesetz vom 14. Juli 1893, PrGS 1893, S. 134 ff.

26 Vgl. H. W. KRUSE, BB 1996, S. 717 ff. (717).

27 Diese wurden jedoch durch die Bemessungsgrundlage „Vermögen" ausgedrückt.

dieses Vermögens entrichtet werden konnte[28]. Dies entspricht auch dem Wesen der Fundustheorie, da nach ihr das fundierte *Einkommen* eine besondere Leistungsfähigkeit vermittelt und folglich auch das Einkommen zu besteuern ist. Insofern war die preußische Ergänzungsteuer keine „echte“ Vermögensteuer im Sinne einer Vermögens*substanz*steuer. Der Charakter einer Vermögensteuer wurde ihr nur deshalb zugesprochen, weil sie nach dem Vermögen bemessen wurde[29]. Bemessungsgrundlage der preußischen Ergänzungsteuer war somit zwar das Vermögen, Besteuerungsgegenstand hingegen sollte nicht das Vermögen sein, sondern die aus dem Vermögen erzielten oder erzielbaren Erträge[30]. Andere deutsche Länder folgten dem Beispiel Preußens und führten ebenfalls eine die fundierten Einkünfte belastende Ergänzungsteuer ein[31].

Nach dem Ende des Ersten Weltkriegs ging die Besteuerungshoheit 1919 von den deutschen Ländern auf das Reich über, und der Reichsgesetzgeber gestaltete die Vermögensteuer im Zuge der Erzbergerschen Finanzreform durch das ReichsVermögensteuergesetz von 1922[32] erstmals als vollständig eigenständige Steuer aus. Rechts*technisch* wurde der Charakter der Vermögensteuer als einer Einkommensergänzungsteuer durch diese eigenständige Regelung abgelegt. Dennoch sollte die laufend erhobene Vermögensteuer nach der Begründung zum Entwurf des Vermögensteuergesetzes 1922 der Sache nach aus dem Einkommen zu tragen sein, um nicht zu einer schleichenden Vermögenskonfiskation zu führen[33]. Insofern handelte es sich *materiell* auch bei der ReichsVermögensteuer

---

28 Vgl. Bundesministerium für Wirtschaft und Finanzen (Hrsg.), Gutachten der Steuerreformkommission 1971, Schriftenreihe des Bundesministeriums der Finanzen, Heft 17, Abschnitt 7, 2. Unterabschnitt Tz. 52.

29 Vgl. P. JACOBI, „Über Sinn und Unsinn der Vermögensteuer, oder: Ist eine eigenständige Vermögensteuer neben der Einkommensteuer zu rechtfertigen ?“, in: FR 1987, S. 413 ff. (414).

30 Vgl. P. JACOBI, FR 1987, S. 413 ff. (414).

31 So Braunschweig 1899, Württemberg 1915 und Bayern 1918; vgl. D. DZIADKOWSKI, „Zur Vermögensteuerentlastung des Betriebsvermögens“, in: BB 1983, S. 2193 ff. (2193).

32 Vgl. Anlage 1 zum Gesetz über die Änderungen im Finanzwesen vom 8. April 1922, in: RGBl. I 1922, S. 335 ff.

33 Vgl. Verhandlungen des Reichstags, I. Wahlperiode 1920, Band 369, Anlagen zu den Stenographischen Berichten, Nr. 2862, S. 14: „Ihre Begrenzung findet eine laufende Vermögensteuer in dem Erfordernis, daß sie aus dem Einkommen zu tragen ist, wenn sie nicht zu einer schleichenden Vermögenskonfiskation führen soll ... Die vorgeschlagene Belastung trifft indessen ihrer Natur nach nur die fundierten Einkommen, stellt al-

um eine die Einkommensteuer ergänzende Steuer auf fundiertes Einkommen und somit dem Steuergegenstand nach um eine Ertragsteuer. Diese Konzeption wurde auch durch die folgenden Vermögensteuergesetze[34] zumindest bis zum Jahr 1974 fortgeführt.

Anläßlich des zweiten Steuerreformgesetzes im Jahr 1974 führte die damalige Bundesregierung zur Begründung dafür, daß sie das bisherige System der einheitswertabhängigen Steuern, zu denen auch die Vermögensteuer gehört, beibehalten wolle, aus, daß die Existenz eines beachtlichen Vermögens die Möglichkeiten und die Effektivität wirtschaftlicher Betätigung wesentlich erweitere und damit eine besondere steuerliche Leistungsfähigkeit verkörpere, deren zusätzliche Besteuerung aus sozial- und gesellschaftspolitischen Gründen („fundiertes – arbeitsloses – Einkommen; retardierendes Moment zur Vermögensakkumulation") gerechtfertigt und notwendig erscheine[35]. Hier klingt noch die Fundustheorie an. Zur Begründung der Vermögensteuer als Einzelsteuer im Rahmen des Vermögensteuerreformgesetzes 1974 hingegen bezog sich die Bundesregierung ausdrücklich nicht mehr auf die Fundustheorie, sondern stellte die Behauptung auf, die Rechtfertigung der Vermögensteuer habe sich gewandelt und der Vermögensbesteuerung liege nunmehr der Gedanke zugrunde, daß das Vermögen an sich bereits eine steuerlich relevante Leistungsfähigkeit besitze[36].

Die seit dem Jahr 1974 im wesentlichen unverändert bis zum 31. Dezember 1996 geltende Vermögensteuer war technisch wie folgt ausgeprägt: Nach § 9 Nr. 1 VStG 1974 bildete das Gesamtvermögen im Sinne des § 4 VStG die Bemessungsgrundlage, bei natürlichen Personen vermindert um die Freibeträge im Sinne des § 6 VStG. Bei Körperschaften, Personenvereinigungen und Vermögensmassen wurde Vermögensteuer nur erhoben, wenn das Gesamtvermögen mindestens 20.000 DM betrug (Freigrenze). Das Gesamtvermögen im Sinne des

---

so insofern wie die früheren landesrechtlichen Vermögen- und Ergänzungsteuern eine ergänzende Einkommensteuer auf das fundierte Einkommen dar." Zitiert nach: P. JACOBI, FR 1987, S. 413 ff. (414).

34 VStG vom 10. August 1925, RGBl. I 1925, S. 233 ff.; VStG vom 22. Mai 1931, RGBl. I 1931, S. 237 ff.; VStG vom 16. Oktober 1934, RGBl. I 1934, S. 1052 ff.; VStG vom 16. Januar 1952, BGBl. I 1952, S. 28 ff.; VStG vom 10. Juni 1954, BGBl. I 1954, S. 137 ff. Vgl. zu den zwischenzeitlichen Änderungen, insbesondere auch durch die alliierte Kontrollratsgesetzgebung: GÜRSCHING/STENGER, Kommentar zum Bewertungsgesetz und Vermögensteuergesetz, Einf. VStG Rn.1-5.

35 BT-Drucksache VI/3418, S. 49.

36 BT-Drucksache VI/3418, S. 51.

§ 4 Abs. 1 Nr. 1 VStG entsprach bei unbeschränkt Steuerpflichtigen dem Gesamtvermögen im Sinne der §§ 114 bis 120 des Bewertungsgesetzes[37]. Auf das steuerpflichtige Vermögen im Sinne des § 9 VStG war ein einheitlicher Steuersatz im Sinne des § 10 VStG anzuwenden, der nach dessen Nr. 1 für natürliche Personen 1 % des steuerpflichtigen Vermögens betrug. Dieser Steuersatz ermäßigte sich auf 0,5 %, soweit das steuerpflichtige Vermögen aus Betriebsvermögen, land- und forstwirtschaftlichem Vermögen und Wirtschaftsgütern im Sinne des § 110 Nr. 3 BewG bestand. Für Körperschaften, Personenvereinigungen und Vermögensmassen galt nach § 10 Nr. 2 VStG ein Steuersatz von 0,6 %.

Die Bemessungsgrundlage der Vermögensteuer, das Gesamtvermögen im Sinne des BewG, war nach §§ 114 bis 120 BewG zu ermitteln. Nach § 114 Abs. 1 BewG wurde der Wert des gesamten Vermögens ermittelt. Das Gesamtvermögen im Sinne des § 114 Abs. 1 BewG setzte sich nach §§ 18 i.V.m. 17 Abs. 1 BewG aus den folgenden Vermögensarten zusammen: dem land- und forstwirtschaftlichen Vermögen, dem Grundvermögen, dem Betriebsvermögen und dem sonstigen Vermögen. Vom Ansatz ausgenommen waren nach § 114 Abs. 2 BewG nur solche Wirtschaftsgüter, die nach dem Vermögensteuergesetz oder nach anderen Gesetzen von der Vermögensteuer befreit waren. Hinsichtlich der Bewertungshöhe, also dem anzusetzenden Wert derjenigen Wirtschaftsgüter, die dem Grunde nach anzusetzen sind, galten nach § 17 Abs. 1 BewG für die Vermögensteuer die besonderen Bewertungsvorschriften der §§ 18 bis 121 BewG, hilfsweise nach § 17 Abs. 3 S. 1 BewG auch die allgemeinen Vorschriften der §§ 1 bis 16 BewG. Dabei waren nach § 114 Abs. 3 BewG diejenigen Wirtschaftsgüter, für die ein Einheitswert festzustellen ist, mit den festgestellten Einheitswerten anzusetzen. Nach § 19 Abs. 1 BewG waren für Grundstücke und inländische Gewerbebetriebe Einheitswerte anzusetzen. Für die Bewertung von Betriebsvermögen galt die Vorschrift des § 109 Abs. 1 BewG, nach der die Aktiva und Passiva grundsätzlich mit den Steuerbilanzwerten anzusetzen waren. Für die Bewertung von Grundstücken galt aber auch hier der Ansatz zum Einheitswert nach § 109 Abs. 3 BewG. Für das sonstige Vermögen im Sinne von § 110 BewG, zu dem insbesondere das übrige Privatvermögen gehörte, galten über § 17 Abs. 3 BewG die allgemeinen Bewertungsvorschriften der §§ 9 ff.

---

37 Im folgenden: BewG.

BewG, die grundsätzlich vom gemeinen Wert und damit einer Art „Verkehrswert" ausgehen[38].

Durch das Halbteilungsurteil hat das Bundesverfassungsgericht die Tarifvorschrift des § 10 Nr. 1 VStG für mit dem Grundgesetz unvereinbar erklärt, weil der Ansatz von Einheitswerten einerseits (§§ 114 Abs. 3, 19 Abs. 1 BewG) und Verkehrswerten andererseits (§§ 9 ff. BewG) zu ungerechtfertigten Ungleichheiten führt. Es hat aber gestattet, das geltende Recht bis längstens zum 31. Dezember 1996 anzuwenden. Daneben hat das Bundesverfassungsgericht im Halbteilungsurteil dezidierte Ausführungen zu den verfassungsrechtlichen Grenzen der Vermögensteuer gemacht. Da die damalige CDU-geführte Bundesregierung das Urteil zum Anlaß nehmen wollte, die Vermögensteuer abzuschaffen, die Länder aber über den damals mehrheitlich SPD-geführten Bundesrat auf die Vermögensteuer nicht verzichten und diese reformieren wollten, konnten sich Bundestag und Bundesrat im Laufe des Jahres 1996 nicht auf eine Neuregelung des Vermögensteuergesetzes einigen. Weil die vom Bundesverfassungsgericht gesetzte Frist zur Neuregelung so am 31. Dezember 1996 ergebnislos verstrich, darf seit dem 1. Januar 1997 eine Vermögensteuer nicht mehr erhoben werden.

IV. Kernaussagen des Halbteilungsurteils

Da das Bundesverfassungsgericht neben der Rüge der Verletzung des Gleichheitssatzes zu den bei einer Neuregelung der Vermögensteuer zu beachtenden verfassungsrechtlichen Grenzen detaillierte Vorgaben gemacht hat und diese, unabhängig von der umstrittenen Frage, ob diese Vorgaben eine rechtliche Bindungswirkung für den Gesetzgeber entfalten[39], doch wenigstens eine große fak-

---

38 Diese Darstellung der §§ 9 ff. BewG ist leicht vereinfacht. Eine detailliertere Erläuterung des Regelungskomplexes ist für Zwecke dieser Untersuchung aber nicht erforderlich.

39 Vgl. hierzu C. Mayer, „Der Umfang der Nachbesserungspflicht des Gesetzgebers bei der „Vermögens,- Erbschafts- und Schenkungsbesteuerung – Konsequenzen aus den Beschlüssen des BVerfG vom 22. 6. 1995", in: DB 1995, S. 1831 ff.; M. Jachmann, „Unmittelbare Konsequenzen aus dem „Vermögensteuerbeschluß" des BVerfG vom 22. Juni 1995 vor einer gesetzlichen Neuregelung", in: DStR 1996, S. 574 f. (574 f.); H.-J. Vogel, „Gewaltenvermischung statt Gewaltenteilung ?", in: NJW 1996, S. 1505 ff. (1510), der der Auffassung ist, daß „der Bundestag diese Frage auch unter dem Gesichtspunkt der Gewaltenteilung sorgfältig zu prüfen haben (wird)", und damit sug-

tische und politische Bindungswirkung erzeugen, sollen zunächst die grundlegenden Aussagen des Halbteilungsurteils mit ihren Begründungen dargestellt werden, ehe die verfassungsrechtlichen Bindungen der Vermögensteuer autonom abgeleitet werden.

A. Verstoß gegen Art. 3 Abs. 1 GG

Nach Auffassung des Bundesverfassungsgerichts verstößt § 10 Nr. 1 VStG gegen Art. 3 Abs. 1 GG, weil die Vermögensteuer in ihrer Wirkung einheitswertgebundenes Vermögen, also insbesondere Grundstücke, und nicht einheitswertgebundenes Vermögen, z.B. Aktienvermögen, unterschiedlich stark belaste[40]. Zwar wird auf einheitswertgebundenes und nicht einheitswertgebundenes Vermögen nach § 10 VStG derselbe Steuersatz angewandt. Die Anwendung eines einheitlichen Steuersatzes erfordert jedoch nach der Auffassung des Bundesverfassungsgerichts, daß „dem Gebot der Gleichheit im steuerlichen Belastungserfolg (Art. 3 Abs. 1 GG) bereits in der Steuerbemessungsgrundlage Rechnung getragen wird[41].“ Anders ausgedrückt bedeutet dies, daß die Bemessungsgrundlagen verhältnismäßig gleich hoch zu bewerten sind, um dem Gleichheitssatz Genüge zu tun. Eine solche Bewertung wäre Voraussetzung für einen zulässigen einheitlichen Steuersatz gewesen.

Das nicht einheitswertgebundene Privatvermögen[42] wurde nach der Grundwertung in § 9 BewG mit dem gemeinen Wert bewertet. Die Bewertung mit dem gemeinen Wert bewirkte, daß das nicht einheitswertgebundene Vermögen fortlaufend und gegenwartsnah mit einem Wert erfaßt wurde, der einer zeitnahen

---

geriert, der Bundestag könne die Ausführungen des Bundesverfassungsgerichts zur Sollertragsteuerkonzeption und zum Halbteilungsgrundsatz möglicherweise ignorieren.

40 BVerfG, Beschluß vom 22. Juni 1995 – 2 BvL 37/91 –, in: BVerfGE 93, S. 121 ff. (142).

41 BVerfG, Beschluß vom 22. Juni 1995 – 2 BvL 37/91 –, in: BVerfGE 93, S. 121 ff. (143).

42 Von der Darlegung der Diskrepanzen beim Betriebsvermögen, bei dem nach § 109 Abs. 1 BewG abweichend von der Regelbewertung zum gemeinen Wert die Steuerbilanzwerte der Wirtschaftsgüter anzusetzen sind, wird hier aus Gründen der Übersichtlichkeit abgesehen.

Bewertung durch den Markt entsprach[43]. Letzteres galt auch für die Bewertung von Wertpapieren und Anteilen an Kapitalgesellschaften nach § 11 BewG, die abweichend vom gemeinen Wert mit Kurswerten bzw. nach dem Stuttgarter Verfahren zu bewerten waren, die ihrerseits aus einer zeitnahen Bewertung durch den Markt abgeleitet wurden.

Demgegenüber wurde das Grundvermögen nach §§ 19 Abs. 1 Nr. 1, 68 ff. BewG zu Einheitswerten erfaßt. Die Einheitswerte für Grundvermögen hätten nach der gesetzgeberischen Grundvorstellung, die in § 21 Abs. 1 Nr. 1 BewG zum Ausdruck kommt, alle sechs Jahre im Rahmen einer Hauptfeststellung festgestellt werden müssen. Nach dem 1. Januar 1964 ist jedoch keine Hauptfeststellung für Grundvermögen mehr durchgeführt worden. Folglich beruhten die Einheitswerte für Grundvermögen auf den Werten des Jahres 1964. Zwar war für Zwecke der Vermögensbesteuerung der Einheitswert für Grundstücke und Betriebsgrundstücke nach § 121a BewG[44] mit dem 1,4-fachen des auf den 1. Januar 1964 festgestellten Einheitswert anzusetzen. Der Gesetzgeber hatte durch die Einführung des vierzigprozentigen Zuschlags nach § 121a BewG beabsichtigt, die nach der Hauptfeststellung des Jahres 1964 eingetretenen Wertsteigerungen einzubeziehen, um einer Unterbewertung des Grundvermögens gegenüber den gegenwartsnah bewerteten Wirtschaftsgütern entgegenzuwirken[45]. Durch die Bewertung des Grundvermögens mit dem 1,4-fachen des Einheitswertes auf den 1. Januar 1964 wurde jedoch keine (dauerhaft) gegenwartsnahe Bewertung sichergestellt[46]. Die nach § 121 a BewG ermittelten und der Vermögensteuer zugrundezulegenden Einheitswerte erreichten zuletzt häufig nur zwischen 15 % und 30 % der Verkehrswerte des Grundvermögens[47].

---

43 BVerfG, Beschluß vom 22. Juni 1995 – 2 BvL 37/91 –, in: BVerfGE 93, S. 121 ff. (144).

44 Eingefügt mit dem Gesetz zur Reform des Vermögensteuerrechts und zur Änderung anderer Steuergesetze (Vermögensteuerreformgesetz – VStRG) vom 17. April 1974, BGBl. I 1974, S. 949 ff.

45 Vgl. GÜRSCHING/STENGER, Kommentar zum Bewertungsgesetz und Vermögensteuergesetz, § 121a BewG Rn. 1.

46 Vgl. M. TROLL, in: Rössler, Rudolf/Troll, Max, Bewertungsgesetz, Kommentar, Stand: 31. März 2003, § 121a Rn. 2; nach GÜRSCHING/STENGER, Kommentar zum Bewertungsgesetz und Vermögensteuergesetz, Einf. VStG Rn. 15.1, war der Zuschlag von 40 % bereits im Jahr 1974 zu gering.

47 Vgl. P. BAREIS, „Probleme verfassungsgerichtlicher Vorgaben und ihre Umsetzung am Beispiel der Vermögen- und Erbschaftsteuer“, in: DB 1996, S. 1153 ff. (1153).

Aus der Tatsache, daß das Grundvermögen mit vergangenheitsbezogenen und somit regelmäßig erheblich niedrigeren Werten, das sonstige Vermögen hingegen mit dem gegenwartsnahen und regelmäßig erheblich höheren gemeinen Wert bewertet wird, ergeben sich deutliche Ungleichheiten im Belastungserfolg. Da auf beide Vermögensarten derselbe Steuersatz angewendet wird, fällt die Steuer auf ein mit dem Einheitswert bewertetes Grundstück erheblich niedriger aus als die Steuer auf ein – bezogen auf den Marktwert – äquivalentes Aktienpaket. Daraus resultieren Belastungsungleichheiten, die mit dem Erfordernis einer gleichmäßigen steuerlichen Erfassung aller Vermögensgegenstände, im Terminus des § 2 Abs. 1 S. 1 BewG „wirtschaftlicher Einheiten", unvereinbar sind[48]. Das einheitswertgebundene Vermögen wird gegenüber dem nicht einheitswertgebundenen Vermögen vermögensteuerlich privilegiert. Eine solche Privilegierungswirkung war vom Vermögensteuergesetzgeber jedoch weder beabsichtigt, noch ist sie nach Auffassung des Bundesverfassungsgerichts aus Subventionserwägungen gerechtfertigt. Die Unterschiede in der Belastung des einheitswertgebundenen und des nicht einheitswertgebundenen Vermögens verstoßen daher gegen Art. 3 Abs. 1 GG.

B. Sollertragsteuer und Schutz des Vermögensstamms

Das Bundesverfassungsgericht hat es jedoch nicht dabei belassen, eine Ungleichbehandlung festzustellen. Nach Auffassung des erkennenden Senats existieren verfassungsrechtliche Schranken der Besteuerung des Vermögens, die den steuerlichen Zugriff auf die Ertragsfähigkeit des Vermögens beschränken. Die Vermögensteuer sei zwar als Steuer auf einen üblicherweise zu erwartenden und möglichen Ertrag des Vermögens, den sogenannten „Sollertrag", zulässig. Sie müsse aber im Zusammenwirken mit den sonstigen Steuerbelastungen, insbesondere durch die Einkommensteuer, die Substanz des Vermögens unberührt lassen. Die steuerliche Gesamtbelastung müsse aus den Sollerträgen geleistet werden können. Anderenfalls würde die zur Besteuerung der tatsächlichen Erträge hinzutretende Vermögensteuer im Ergebnis zu einer schrittweisen Konfiskation der Vermögenssubstanz führen, die gegen Art. 14 GG verstoße, weil sie

48 BVerfG, Beschluß vom 22. Juni 1995 – 2 BvL 37/91 –, in: BVerfGE 93, S. 121 ff. (146).

den Steuerpflichtigen dadurch übermäßig belasten und seine Vermögensverhältnisse grundlegend beeinträchtigen würde[49].

Das Bundesverfassungsgericht leitet die Beschränkung der Vermögensbesteuerung auf den Sollertrag des Vermögens zunächst aus der Entstehungsgeschichte der Vermögensteuer ab. Die geltende Vermögensteuer führe die durch das preußische Ergänzungsteuergesetz geschaffene Konzeption einer ergänzenden Besteuerung des fundierten Einkommens fort[50]. Die Vermögensteuer sei seit dem preußischen Ergänzungsteuergesetz als laufende Vermögensteuer ausgestaltet, die aus dem Einkommen zu tragen sei und nicht zu einer „schleichenden Vermögenskonfiskation“ führen dürfe[51]. Nach dem Verständnis des Bundesverfassungsgerichts führt eine Vermögensteuer, die nicht aus dem typisierten Sollertrag getragen werden kann, zu einem verfassungsrechtlich unzulässigen Entzug von Eigentumspositionen. Art. 14 GG verlange, daß die „Zuordnung der vermögenswerten Rechtspositionen zum Eigentümer und die Substanz des Eigentums gewahrt bleiben müsse[52].“ Als eine echte Substanzsteuer, die nicht lediglich an Substanzwerte als Bemessungsgrundlage anknüpft, sondern in ihrer Wirkung die Substanz schmälert, wäre die Vermögensteuer demnach verfassungsrechtlich unzulässig[53]. Bei einer Begrenzung der Vermögensteuer auf die Sollerträge würden sich hingegen das fiskalische Interesse an der Erhaltung der Steuerquelle und das Individualinteresse des Steuerpflichtigen an der Bewahrung des eigenen Vermögens begegnen[54].

---

49 BVerfG, Beschluß vom 22. Juni 1995 – 2 BvL 37/91 –, in: BVerfGE 93, S. 121 ff. (137).

50 BVerfG, Beschluß vom 22. Juni 1995 – 2 BvL 37/91 –, in: BVerfGE 93, S. 121 ff. (139).

51 BVerfG, Beschluß vom 22. Juni 1995 – 2 BvL 37/91 –, in: BVerfGE 93, S. 121 ff. (139).

52 BVerfG, Beschluß vom 22. Juni 1995 – 2 BvL 37/91 –, in: BVerfGE 93, S. 121 ff. (137).

53 Vgl. E.-W. Böckenförde, Abweichende Meinung zum Beschluß des Zweiten Senats vom 22. Juni 1995 – 2 BvL 37/91 –, in: BVerfGE 93, S. 149 ff. (153).

54 BVerfG, Beschluß vom 22. Juni 1995 – 2 BvL 37/91 –, in: BVerfGE 93, S. 121 ff. (139 f.).

C. Halbteilung

Über den aus der Konzeption der Vermögensteuer als Sollertragsteuer resultierenden Schutz der Vermögens*substanz* vor einer (schrittweisen) Konfiskation hinaus nimmt nach der Auffassung des Bundesverfassungsgerichts auch der Vermögens*ertrag* am Schutz der vermögenswerten Rechtspositionen als Grundlage individueller Freiheit teil. Die Vermögensteuer dürfe aus diesem Grund zu den übrigen Steuern auf den Ertrag nur hinzutreten, soweit „die steuerliche Gesamtbelastung des Sollertrages bei typisierender Betrachtung von Einnahmen, abziehbaren Aufwendungen und sonstigen Entlastungen in der Nähe einer hälftigen Teilung zwischen privater und öffentlicher Hand verbleibe und dabei insgesamt auch Belastungsergebnisse vermeide, die einer vom Gleichheitssatz gebotenen Lastenverteilung nach Maßgabe finanzieller Leistungsfähigkeit zuwiderlaufen[55]."

Nach Auffassung des Bundesverfassungsgerichts besteht damit für den Vermögensertrag eine steuerliche Belastungsobergrenze. Der Vermögens(soll)ertrag dürfe durch Steuern auf den Ertrag insgesamt nicht stärker als mit 50 % belastet werden. Das Bundesverfassungsgericht begründet diese „Halbteilungsgrenze" mit dem Wortlaut des Art. 14 Abs. 2 GG, nach dem der Eigentumsgebrauch „zugleich" dem Wohl der Allgemeinheit und dem privaten Nutzen dienen soll. Der Vermögensertrag sei zwar, anders als die Vermögenssubstanz, der Belastung mit Steuern zugänglich, dem Berechtigten müsse aber ein privater Ertragsnutzen verbleiben[56].

Allerdings können nach dem Bundesverfassungsgericht in staatlichen Ausnahmelagen andere Bedingungen gelten. In solchen Situationen sei unter Umständen auch ein Zugriff auf die Vermögenssubstanz zulässig. Das Bundesverfassungsgericht nennt hierfür als historische Beispiele das Reichsnotopfergesetz vom 31. Dezember 1919 sowie das Lastenausgleichsgesetz vom 14. August 1952[57].

---

55 BVerfG, Beschluß vom 22. Juni 1995 – 2 BvL 37/91 –, in: BVerfGE 93, S. 121 ff. (138).

56 BVerfG, Beschluß vom 22. Juni 1995 – 2 BvL 37/91 –, in: BVerfGE 93, S. 121 ff. (138).

57 BVerfG, Beschluß vom 22. Juni 1995 – 2 BvL 37/91 –, in: BVerfGE 93, S. 121 ff. (138).

D. Verschonung des familiären Gebrauchsvermögens

Die Vermögensteuer belastet auch solche Wirtschaftsgüter, die der persönlichen Lebensführung des Steuerpflichtigen und seiner Familie dienen. Nach Auffassung des Bundesverfassungsgerichts ermöglichen diese Wirtschaftsgüter dem Steuerpflichtigen einen Freiheitsraum für die eigenverantwortliche Gestaltung des persönlichen Lebensbereichs und genießen daher einen besonderen Schutz. Diesen Teil des Vermögens dürfe der Steuergesetzgeber unter Berücksichtigung der steuerlichen Vorbelastung des Vermögens nicht durch weitere Besteuerung mindern und müsse infolgedessen die wirtschaftliche Grundlage persönlicher Lebensführung gegen eine Sollertragsteuer abschirmen[58]. Mit anderen Worten dürfen die der persönlichen Lebensführung des Steuerpflichtigen und seiner Familie dienenden Vermögensgegenstände einer Vermögensteuer nicht unterliegen.

Nach Auffassung des Bundesverfassungsgerichts hat der Gesetzgeber diese ökonomischen Grundlagen individueller Freiheit typisierend zu bemessen und von der Vermögensteuerlast freizustellen. Es liege nach seiner Auffassung dabei nahe, sich an den Werten durchschnittlicher Einfamilienhäuser zu orientieren. Ein solcher Freibetrag müsse jedoch gleichermaßen Grundeigentümern und Inhabern anderer Vermögenswerte zustehen[59].

V. Kritik an den Urteilsannahmen

Das Halbteilungsurteil hat im Schrifttum zahllose Stellungnahmen ausgelöst und ist hierbei zum Teil auf erhebliche Kritik gestoßen[60]. Im folgenden soll die-

---

58 BVerfG, Beschluß vom 22. Juni 1995 – 2 BvL 37/91 –, in: BVerfGE 93, S. 121 ff. (140 f.).

59 BVerfG, Beschluß vom 22. Juni 1995 – 2 BvL 37/91 –, in: BVerfGE 93, S. 121 ff. (141).

60 Vgl. H. P. BULL, „Vom Eigentums- zum Vermögensschutz – ein Irrweg“, in: NJW 1996, S. 281 ff.; H. WEBER-GRELLET, „Vermögensteuer, Plafondierung, Vereinfachung“, in: BB 1996, S. 1415 ff.; J. WIELAND, „Der Vermögensteuerbeschluß – Wende in der Eigentumsrechtsprechung?“, in: Guggenberger/Würtenberger (Hrsg.), Hüter der Verfassung oder Lenker der Politik?, S. 173 ff.; DERSELBE, „Freiheitsrechtliche Vorgaben für die Besteuerung von Einkommen“, in: Ebling, Iris (Hrsg.), Besteuerung von

se Kritik, die die Entscheidung des Senats bereits in dem Sondervotum des Verfassungsrichters Böckenförde erfahren hat, in einem kurzen Überblick dargestellt werden. Eine vertiefte Auseinandersetzung mit den zum Teil sehr differenzierten Aussagen zur verfassungsrechtlichen Fundierung des Urteils findet im Rahmen der Prüfung der verfassungsrechtlichen Bindungen der Vermögensbesteuerung im 2. Kapitel statt.

A. Verstoß gegen Art. 3 Abs. 1 GG

Das Votum, daß das VStG 1974 in seiner zum Zeitpunkt der Entscheidung des Bundesverfassungsgerichts geltenden Fassung gegen Art. 3 Abs. 1 GG verstößt, ist in dieser Form nicht nur ganz allgemein erwartet[61], sondern – soweit ersichtlich – auch einhellig für richtig befunden worden[62].

Einkommen, Köln 2001, DStJG Band 24 (2001), S. 29 ff. (33 ff.); kritisch auch: H.-G. DEDERER, „Halbteilungsgrundsatz – woher, wohin ?“, in: StuW 2000, S. 91 ff.; in Ansätzen zunächst auch kritisch: H.-W. ARNDT/A. SCHUMACHER, „Die verfassungsrechtlich zulässige Höhe der Steuerlast – Fingerzeig des BVerfG an den Gesetzgeber ?“, in: NJW 1995, S. 2603 ff. (2603); deutlich positiver hingegen: H.-W. ARNDT, „Konsequenzen für den Gesetzgeber aus den Beschlüssen des Bundesverfassungsgerichtes vom 22.6.1995 zur Vermögen- und Erbschaftsteuer“, in: BB 1996, Beilage 7 zu Heft 14, S. 1 ff.

61 Vgl. M. BALKE, „Über Grundstücks-Einheitswerte“, in: StuW 1987, S. 364 ff. (365 f.); G. CREZELIUS, Steuerrecht II, 1991, S. 350 f.; Gutachten der Steuerreformkommission 1971, Schriftenreihe des Bundesministeriums der Finanzen, Heft 17, Abschnitt 7, 1. Unterabschnitt Tz. 9; D. MEYDING, „Ist eine verfassungskonforme Vermögensbesteuerung überhaupt möglich ?“, in: DStR 1992, S. 1113 ff. (1115); R. HOFMANN, „Die Bewertung des Vermögens“ in: Friauf, Karl Heinrich (Hrsg.), Steuerrecht und Verfassungsrecht, Köln 1989, DStJG Band 12 (1989), S. 145 ff. (154); K. TIPKE, „Vermögen- und Erbschaftsteuer-Gerechtigkeit: Anmerkung zu den Beschlüssen vom 22.6.1995“, in: MDR 1995, S. 1177 ff. (1177): „längst nahezu steuerrechtliches Gemeingut.“

62 Exemplarisch: H.-W. ARNDT/A. SCHUMACHER, NJW 1995, S. 2603 ff. (2603); P. BAREIS, DB 1996, S. 1153 ff. (1153); K. TIPKE, GmbHR 1996, S. 8 ff. (9); M. TROLL, in: Rössler/Troll, Bewertungsgesetz, § 121a Rn. 2; D. KRÜGER/E. KALBFLEISCH/S. KÖHLER, „Die Entscheidungen des Bundesverfassungsgerichts zu den Einheitswerten – Analyse und erste Beratungshinweise“, in: DStR 1995, S. 1452 ff. (1454); J. WIELAND, in: Guggenberger/Würtenberger (Hrsg.), Hüter der Verfassung oder Lenker der Politik?, S. 173 ff. (178); R. HALACZINSKY, „Die Vermögensteuer sowie die Erbschaft- und

B. Vermögensteuer als Sollertragsteuer und Schutz für den Vermögensstamm

Zwar teilt die als überwiegend zu bezeichnende Meinung im Schrifttum die durch das Bundesverfassungsgericht vorgenommene Einstufung der Vermögensteuer als Sollertragsteuer[63]. Außerdem ist die Einstufung der Vermögensteuer als Sollertragsteuer auch vor dem Halbteilungsurteil von der herrschenden Meinung vertreten worden[64]. Diese Auffassung ist aber nicht unumstritten.

Nach der von der Entscheidung des Bundesverfassungsgerichts abweichenden Auffassung ist die Begrenzung der Vermögensteuer auf eine Besteuerung der Sollerträge nicht geboten[65]. Weder sei historisch eindeutig, ob die Vermögensteuer als Sollertrag- oder als Substanzsteuer ausgestaltet sei, noch sei die Vermögensteuer je auf die Besteuerung von Erträgen reduziert gewesen, weil ihr immer auch nicht ertragbringendes Vermögen unterlegen habe. Indem das Bundesverfassungsgericht die Vermögensteuer auf eine Ertragsteuer reduziere, werde so nicht nur die Bezeichnung der Vermögensteuer zu einer Fehlbezeichnung, sondern die Vermögensteuer in weiten Teilen auch zu einer Fehlkonstruktion[66]. Außerdem wird kritisiert, daß der Senat allein die Steuerkraft der Erträge als Rechtfertigung und Maß der Vermögensteuer einstufe und dabei außer acht lasse, daß die Innehabung von Vermögen an sich bereits eine besteuerungswürdige Leistungsfähigkeit indiziere. Diese könne auch auf dem Wege einer echten Sub-

---

Schenkungsteuer nach den Beschlüssen des Bundesverfassungsgerichts", in: Stbg 1995, S. 504 ff. (504).

63 Vgl. K. Tipke, Die Steuerrechtsordnung Band II, 1. Auflage, Köln 1993, S. 771; H.-W. Arndt/ A. Schumacher, NJW 1995, S. 2603 f.; K.-G. Loritz, „Verfassungsrechtlicher Rahmen für eine vernünftige Neubewertung des Grundbesitzes", in: DStR 1995, Beihefter zu Heft 8, S. 3 ff. (10).

64 Vgl. K. H. Friauf, „Substanzeingriff durch Steuer-Kumulation und Eigentumsgarantie", in: StuW 1977, S. 59 ff. (64); D. Dziadkowski, BB 1983, S. 2193 ff. (2193).

65 Nach H. Weber-Grellet, BB 1996, S. 1415 ff. (1416), stellt die vom Zweiten Senat vertretene Sollertragsteuer ein „überholtes Konzept aus dem vorigen Jahrhundert" dar; kritisch auch R. Wittmann, „Die Einheitswertentscheidungen des Bundesverfassungsgerichtes vom 22. 6. 1995" in: BB 1995, S. 1933 ff. (1935); W. Flume, „Die Beschlüsse des Bundesverfassungsgerichtes zu den Einheitswerten in Hinsicht auf die Vermögen- und Erbschaftsteuer", in: DB 1995, S. 1779 f. (1779).

66 Vgl. E.-W. Böckenförde, Abweichende Meinung zum Beschluß des Zweiten Senats vom 22. Juni 1995 – 2 BvL 37/91 –, in: BVerfGE 93, S. 149 ff. (160); so auch K. Tipke, GmbHR 1996, S. 8 ff. (10); i.E. auch H. Weber-Grellet, BB 1996, S. 1415 ff. (1417).

stanzsteuer abgeschöpft werden. Nach der traditionellen Auffassung des Bundesverfassungsgerichts lasse die Auferlegung von Geldleistungspflichten im Wege der Besteuerung die Eigentumsgarantie des Grundgesetzes grundsätzlich unberührt. Art. 14 GG gewähre im Bereich der Besteuerung daher erst dann Schutz, wenn durch den Steuerzugriff konfiskatorische Wirkungen erzielt werden. Solche Wirkungen hätte aber ein bloßer Substanzeingriff nicht. Der Zweite Senat verabschiede sich von der gefestigten Rechtsprechung des Bundesverfassungsgerichts, wenn er einen eigentumsrechtlichen Substanzschutz gegenüber der Besteuerung statuiere. Außerdem verkürze die Abschaffung echter Substanzsteuern das staatliche Potential sozialer Korrekturmöglichkeiten gegenüber selbstläufigen gesellschaftlichen Entwicklungen, mit anderen Worten würden die Möglichkeiten des Gesetzgebers zur Umverteilung mehr als nötig eingeschränkt. Ob die Vermögensteuer als Sollertrag- oder als Substanzsteuer auszugestalten ist, sei eine Frage der Steuerpolitik und somit vom einfachen Gesetzgeber zu beantworten, ergebe sich jedoch nicht aus der Verfassung[67].

C. Halbteilung

Kritisiert werden auch die Aussagen des Senats zur sog. Halbteilungsgrenze. Dieser lege Art. 14 Abs. 2 S. 2 willkürlich aus, indem er das Wort „zugleich“ mit „grundsätzlich zu gleichen Teilen“ übersetze[68]. Er entferne sich damit von der ständigen Rechtsprechung des Bundesverfassungsgerichts, nach der die Besteuerung erst dann Art. 14 Abs. 1 GG verletze, wenn die Grenze zur Erdrosselung überschritten werde. Eine Gesamtsteuerlast von über 50 % stelle aber noch keine Erdrosselung dar und verstoße daher nicht gegen Art. 14 GG. In einer Festlegung auf eine Gesamtsteuerlast von maximal 50 % liege eine ungerecht-

---

67 Vgl. E.-W. BÖCKENFÖRDE, Abweichende Meinung zum Beschluß des Zweiten Senats vom 22. Juni 1995 – 2 BvL 37/91 –, in: BVerfGE 93, S. 149 ff. (156); a.A. für den Fall, daß Steuerleistungen an Art. 14 Abs. 1 GG zu messen sind: H.-W. ARNDT/A. SCHUMACHER, NJW 1995, S. 2603 ff. (2603).

68 Vgl. H. P. BULL, NJW 1996, S. 281 ff. (282); J. ESCHENBACH, DStZ 1997, S. 413 ff. (414); D. BIRK, in: Hübschmann/Hepp/Spitaler, Abgabenordnung, Finanzgerichtsordnung, Kommentar, Köln 1951/2003, Stand: Juli 2003, § 4 AO Rn. 627; J. WIELAND, in: Guggenberger/Würtenberger (Hrsg.), Hüter der Verfassung oder Lenker der Politik?, S. 173 ff. (184).

fertige Bindung des Gesetzgebers durch das Bundesverfassungsgericht[69]. Ferner wird kritisiert, daß bei einer Festlegung der Gesamtsteuerbelastung auf maximal 50 % die Inhaber von hohen Vermögen privilegiert würden und bei rentabler Anlage desselben keine Vermögensteuer mehr zahlen müssten, weil über die Progression bei der Einkommensteuer die vom Bundesverfassungsgericht festgelegte Steuerhöchstbelastung bereits durch die Einkommensteuer ausgeschöpft werde. Bei weniger vermögenden Steuerpflichtigen, die angesichts entsprechend geringerer Erträge nicht die einkommensteuerliche Spitzenprogressionsstufe erreichen, könne die Vermögensteuer hingegen ungehindert zugreifen. Auf diese Weise werde eine Besteuerung mit degressiver Wirkung nahegelegt und die von Art. 3 Abs. 1 GG geforderte Besteuerung nach der Leistungsfähigkeit außer Kraft gesetzt[70].

D. Verschonung des familiären Gebrauchsvermögens

Als überflüssig werden zudem die Ausführungen des Bundesverfassungsgerichts zur erforderlichen Verschonung des familiären Gebrauchsvermögens im Rahmen der Vermögensbesteuerung kritisiert. Es wird geltend gemacht, daß „das geltende Recht und die grundsätzlichen Aussagen des Gerichts zu seiner Weiterentwicklung die Vermögensteuerpflichtigen hinreichend gegen eine erzwungene Absenkung des Wohlstandsniveaus schützen[71]."

---

69 So H. P. BULL, NJW 1996, S. 281 ff. (283); E.-W. BÖCKENFÖRDE, in: Abweichende Meinung des Richters Böckenförde zum Beschluß des Zweiten Senats vom 22. Juni 1995 – 2 BvL 37/91 –, in: BVerfGE 93, S. 149 ff. (158, 164); J. WIELAND, in: Guggenberger/Würtenberger (Hrsg.), Hüter der Verfassung oder Lenker der Politik?, S. 173 ff. (185).

70 Vgl. E.-W. BÖCKENFÖRDE, in: Abweichende Meinung zum Beschluß des Zweiten Senats vom 22. Juni 1995 – 2 BvL 37/91 –, in: BVerfGE 93, S. 149 ff. (161 f.); M. MÖSTL, „Verfassungsrechtliche Grenzen der Besteuerung", in: DStR 2003, S. 720 ff. (725).

71 H. P. BULL, NJW 1996, S. 281 ff. (284); kritisch auch J. WIELAND, in: Guggenberger/Würtenberger (Hrsg.), Hüter der Verfassung oder Lenker der Politik?, S. 173 ff. (184); ebenfalls kritisch: K. TIPKE, MDR 1995, S. 1177 ff. (1178): „eher praktische als überzeugende verfassungsrechtliche Überlegungen".

2. Kapitel: Verfassungsrechtliche Bindungen der Vermögensteuer

Vor dem Hintergrund des Halbteilungsurteils und der sich daran entzündenden Kritik ist die Frage zu stellen, welchen Bindungen, die aus der Verfassung und insbesondere aus den Grundrechten abzuleiten sind, ein künftiger Vermögensteuergesetzgeber unterworfen ist. Die Antwort darauf ist zunächst aus dem Grundgesetz selbst zu entwickeln. Bevor die verfassungsrechtlichen Bindungen für die Vermögensteuer im einzelnen untersucht werden können, ist jedoch zunächst zu klären, welchen verfassungsrechtlichen Bindungen der Gesetzgeber beim Erlaß eines Steuergesetzes überhaupt unterliegt.

I. Anforderungen an eine verfassungsrechtliche Rechtfertigung

Die Besteuerung insgesamt ist eine wesentliche Grundvoraussetzung für ein funktionierendes Staatswesen[72]. Der freiheitliche Rechtstaat ist zur Erfüllung seiner den Bürgern dienenden Aufgaben auf Steuern angewiesen. Dies gilt insbesondere dann, wenn er gleichzeitig die Aufgaben eines Sozialstaates erfüllen soll[73]. Er partizipiert mittels der Besteuerung am Erfolg privatwirtschaftlicher Betätigung, statt selbst wirtschaftlich tätig zu werden[74]. Das Grundgesetz setzt die Möglichkeit der Besteuerung seiner Bürger im Prinzip stillschweigend vor-

---

72 Vgl. K. TIPKE, Die Steuerrechtsordnung Band I, 2. Auflage, Köln 2000, S. 228 ff.; E. BENDA, „Der soziale Rechtsstaat", in: Benda/Maihofer/Vogel (Hrsg.), Handbuch des Verfassungsrechts der Bundesrepublik Deutschland, 2. Auflage, § 17 Rn. 173.

73 Vgl. K. TIPKE, Die Steuerrechtsordnung Band I, 2. Auflage, S. 105, 231; M. JACHMANN, „Sozialstaatliche Steuergesetzebung im Spannungsverhältnis zwischen Gleichheit und Freiheit: Belastungsgrenzen im Steuersystem", in: StuW 1996, S. 97 ff. (97 f.); K. H. FRIAUF, „Eigentumsgarantie und Steuerrecht", in: DÖV 1980, S. 480 ff. (480); DERSELBE, „Verfassungsrechtliche Anforderungen an die Gesetzgebung über die Steuern vom Einkommen und vom Ertrag", in: Friauf, Karl Heinrich (Hrsg.), Steuerrecht und Verfassungsrecht, Köln 1989, DStJG (12) 1989, S. 3 ff. (6 f).

74 Vgl. J. ISENSEE, „Steuerstaat als Staatsform", in: Stödter, Rolf/Thieme, Werner (Hrsg.), Hamburg – Deutschland – Europa: Beiträge zum deutschen und europäischen Verfassungs-, Verwaltungs und Wirtschaftsrecht, Festschrift für Hans Peter Ipsen zum 70. Geburtstag, S. 409 ff. (433); H.-J. PAPIER, in: Maunz-Dürig, Komm. z. GG, Art. 14 Rn. 167.

aus[75]. Das Recht des Staates, zur Deckung seines Finanzbedarfs zwangsweise Abgaben zu erheben, kann als Ausfluß und Bestandteil seiner Staatshoheit angesehen werden[76]. Die Bundesrepublik Deutschland ist ein Steuerstaat[77]. Die Besteuerung durch den Staat ist daher als grundsätzlich legitimes Mittel für die Beschaffung der Finanzausstattung des Staates anzusehen[78].

Andererseits müssen Steuergesetze den Vorgaben des Grundgesetzes entsprechen, weil sie als einfache Gesetze in der Normenhierarchie unter der Verfassung stehen[79]. Dies ergibt sich aus dem Grundsatz des Vorrangs der Verfassung[80]. Die Besteuerung ist, wenn sie der Gewährleistung eines freiheitlichen Rechtsstaates dienen soll[81], den Anforderungen dieses Rechtsstaates selbst unterworfen. Steuerrecht ist unzweifelhaft staatliches Eingriffsrecht[82]. Steuerbe-

---

75 BVerfG, Urteil vom 10. Dezember 1980 – 2 BvF 3/77 –, in: BVerfGE 55, S. 274 ff. (301). Nach H.-J. PAPIER, in: Maunz-Dürig, Komm. z. GG, Art. 14 Rn. 167, K. TIPKE, Die Steuerrechtsordnung Band I, 2. Auflage, S. 231, und K. VOGEL, „Der Finanz- und Steuerstaat", in: Isensee/Kirchhof (Hrsg.), Handbuch des Staatsrechts, Band I, § 27 Rn. 69 f., resultiert die Legitimation zur Besteuerung auch aus den kompentenzrechtlichen Vorschriften der Art. 104a ff. GG.

76 So H. FISCHER-MENSHAUSEN, in: v. Münch/Kunig, Grundgesetz-Kommentar, Band 3, Art. 70-146, 3. Auflage München 1996, Art. 105 Rn. 1.

77 Vgl. statt vieler: K. VOGEL, in: Isensee/Kirchhof (Hrsg.), Handbuch des Staatsrechts, Band I, § 27 Rn. 69; H.-J PAPIER, in: Maunz-Dürig, Komm. z. GG, Art. 14 Rn. 167.

78 Vgl. K. TIPKE, Die Steuerrechtsordnung Band I, 2. Auflage, S. 228 ff.; B. PIEROTH, in: Jarass/Pieroth, Grundgesetz, Art. 105 Rn. 2; K. VOGEL/C. WALDHOFF, in: Dolzer/Vogel/Graßhof (Hrsg.), BK, Vorbem. z. Art. 104a-115, Rn. 336; J. LANG, in: Tipke/Lang (Hrsg.), Steuerrecht, 17. Auflage, Köln 2002, § 4 Rn. 60; K.-G. LORITZ, „Der praktische Wert der verfassungsrechtlichen Eigentumsgarantie für die unternehmerische Betätigung" in: BB 1993, S. 225 ff. (229).

79 Vgl. D. BIRK, in: Hübschmann/Hepp/Spitaler, § 4 AO Rn. 395; R. MELLINGHOFF, „Die Verantwortung des Gesetzgebers für ein verfassungsmäßiges Steuerrecht", in: DStR 2003, Beihefter 3 S. 3 ff. (5).

80 Vgl. D. BIRK in: Hübschmann/Hepp/Spitaler, § 4 AO Rn. 370.

81 Vgl. H.-J. PAPIER, „Steuerreform und Verfassungsrecht", in: Kirchhof/Lehner/Raupach/Rodi (Hrsg.), Staaten und Steuern, Festschrift für Klaus Vogel zum 70. Geburtstag, Heidelberg 2000, S. 117 ff. (118).

82 Vgl. bereits A. SPITALER, „Die allgemeine Entwicklung des Steuerrechts der Bundesrepublik Deutschland in der Nachkriegszeit", in: JöR n.F. Band 12 (1963), S. 65 ff. (93); K. STERN, Das Staatsrecht der Bundesrepublik Deutschland, Band II, München 1980, S. 1106; H. SÖHN, „Steuerbarkeit von Unterhaltsersatzrenten", FR 1996, S. 81 ff. (85); H. WEBER-GRELLET „Die Bedeutung der Rechtsnatur des Steuerrechts für dessen An-

scheide sind den Bürger belastende Akte der deutschen öffentlichen Gewalt, die mindestens in die von Art. 2 Abs. 1 GG geschützte allgemeine Handlungsfreiheit und damit in den Grundrechtsbereich der Bürger eingreifen[83]. Sie bedürfen daher wegen des Vorbehalts des Gesetzes einer Eingriffsgrundlage, nämlich des jeweiligen Steuergesetzes, das verfassungsrechtlich gerechtfertigt sein muß[84]. Ein Vermögensteuergesetz ist dann verfassungsrechtlich gerechtfertigt, wenn der Gesetzgeber eine Gesetzgebungskompetenz besitzt, das Gesetzgebungsverfahren ordnungsgemäß durchgeführt hat und das Gesetz nicht gegen höherrangiges Recht, also insbesondere das Grundgesetz verstößt[85]. Zu den grundlegenden Prinzipien des freiheitlichen Rechtsstaates gehört nach Art. 1 Abs. 3 GG die Bindung *aller* Staatsgewalt an die Grundrechte. Da die Besteuerung Grundrechte der Steuerpflichtigen tangiert, gilt dies selbstverständlich auch und insbesondere für den demokratischen Steuergesetzgeber[86]. Die Grundrechte geben eine Wertordnung vor, an der sich auch das Steuerrecht uneingeschränkt[87] zu orientieren hat[88].

---

wendung und Auslegung", in: StuW 1993, S. 97 ff. (97); P. Kirchhof, „Staatliche Einnahmen", in: Isensee/Kirchhof (Hrsg.), Handbuch des Staatsrechts, Band IV, § 88 Rn. 79.

83 Vgl. H. Fischer-Menshausen, in: v. Münch/Kunig, Grundgesetz-Kommentar, Art. 105 Rn. 1a.

84 Die Frage der verfassungsrechtlichen Rechtfertigung ist in Wirklichkeit die Frage nach den verfassungsrechtlichen Grundlagen und Schranken der Besteuerungsgewalt. Vgl. D. Birk, „Rechtfertigung der Besteuerung des Vermögens aus verfassungsrechtlicher Sicht", in: Birk, Dieter (Hrsg.), Steuern auf Erbschaft und Vermögen, Köln 1999, DStJG Band 22 (1999), S. 7 ff. (9).

85 Mögliche europarechtliche Anforderungen an eine Vermögensteuer, also insbesondere das Verbot der Diskriminierung von Gemeinschaftsbürgern durch das nationale Steuerrecht, bleiben im Rahmen dieser Arbeit wegen der thematischen Beschränkung auf die *verfassungsrechtliche* Zulässigkeit unbearbeitet.

86 Vgl. D. Birk, „Rahmenbedingungen für den Grundrechtsschutz im Steuerrecht in Europa", in: Kirchhof/Lehner/Raupach/Rodi (Hrsg.), Staaten und Steuern, Festschrift für Klaus Vogel zum 70. Geburtstag, Heidelberg 2000, S. 157 ff. (159); W. Flume, „Steuerwesen und Rechtsordnung", Unveränderter Nachruck aus Festschrift für Rudolf Smend 1952, Köln 1986, S. 11 ff.; K. Tipke, Die Steuerrechtsordnung Band I, 2. Auflage, S. 110.

87 Vgl. R. Mellinghoff, DStR 2003, Beihefter 3, S. 3 ff. (5).

88 Vgl. R. Weber-Fas, „Finanzgerichtsbarkeit im freiheitlichen Rechtsstaat", in: NJW 1975, S. 1945 ff. (1948); H. Fischer-Menshausen, in: v. Münch/Kunig, Grundgesetz-Kommentar, Art. 105 Rn. 5.

Damit ist zwar festgestellt, daß der Gesetzgeber grundsätzlich Steuern erheben darf und daß er sich dazu eines Gesetzes bedienen muß, das die Grundrechte der belasteten Grundrechtsträger, der Steuerpflichtigen, zu achten hat. Damit ist jedoch noch keine Aussage darüber getroffen, ob der Gesetzgeber auch eine bestimmte einzelne Steuer*art* erheben[89] und welches *Maß* der Besteuerung der Staat zur Erfüllung seiner Aufgaben insgesamt festlegen darf[90].

Fraglich ist, ob der Gesetzgeber überhaupt berechtigt ist, de lege ferenda eine Vermögensteuer ihrer Art nach zu erheben. Nach einer Auffassung ist der Gesetzgeber verfassungsrechtlich grundsätzlich nicht daran gehindert, eine Vermögensteuer zu erheben. Dies ergebe sich zum einen daraus, daß er nach ständiger Rechtsprechung des Bundesverfassungsgerichts[91] einen sehr weitgehenden Gestaltungsspielraum bei der Erschließung von Steuerquellen, kurzum ein Steuererfindungsrecht, habe[92]. Zum anderen zeige Art. 106 Abs. 2 Nr. 1 GG, nach dem das Aufkommen aus der Vermögensteuer den Ländern zusteht, daß eine Vermögensteuer, wie auch immer diese auszugestalten sei, zumindest *prima facie* nicht außerhalb dieses dem Steuergesetzgeber eröffneten Gestaltungsspielraumes liege[93]. Zwar handele es sich bei der Vorschrift des Art. 106 Abs. 2 GG lediglich um eine Norm, die die Verteilung des erzielten Steueraufkommens regele. Dennoch mache die Erwähnung der Vermögensteuer in Art. 106 GG deutlich, daß diese Steuer als solche nicht von Verfassungs wegen unzulässig sein könne[94].

---

89 Vgl K. TIPKE, Die Steuerrechtsordnung Band I, 2. Auflage, S. 232.

90 Vgl. J. LANG, in: Tipke/Lang, Steuerrecht, 17. Auflage, § 4 Rn. 60; K. VOGEL, „Grundzüge des Finanzrechts des Grundgesetzes", in: Isensee/Kirchhof (Hrsg.), Handbuch des Staatsrechts, Band IV, § 87 Rn. 88.

91 Vgl. BVerfG, Beschluß vom 9. Juli 1969 – 2 BvL 20/65 –, in: BVerfGE 26, S. 302 ff. (310); BVerfG, Beschluß vom 12. Oktober 1978 – 2 BvR 154/74 –, in: BVerfGE 49, S. 343 ff. (360); BVerfG, Beschluß vom 13. März 1979 – 2 BvR 72/76 –, in BVerfGE 50, S. 386 ff. (392); BVerfG, Beschluß vom 6. Dezember 1983 – 2 BvR 1275/79 –, in: BVerfGE 65, S. 325 ff. (354).

92 Vgl. BVerfG, Beschluß vom 8. Januar 1999 - 1 BvL 14/98 –, in: www.bundesverfassungsgericht.de, Abs. 19.

93 Vgl. P. KIRCHHOF, in: Isensee/Kirchhof (Hrsg.), Handbuch des Staatsrechts, Band IV, § 88 Rn. 68; M. MÖSTL, DStR 2003, S. 720 ff. (723); D. MEYDING, DStR 1992, S. 1113 ff. (1113).

94 P. KIRCHHOF, in Isensee/Kirchhof (Hrsg.), Handbuch des Staatsrechts, Band IV, § 88 Rn. 68: „ ... so setzt die Regelung der Ertragshoheit voraus, daß die Erhebung der zur Verteilung kommenden Steuern verfassungsgemäß ist."

Diese Einschätzung entspricht auch der vom Bundesverfassungsgericht im Halbteilungsurteil vertretenen[95].

Nach anderer Auffassung ist eine Steuer nicht allein deshalb verfassungsrechtlich gerechtfertigt, weil der Verfassungsgesetzgeber für eine Steuer, die er bei Verabschiedung des Grundgesetzes bereits vorgefunden hatte, eine Regelung bezüglich der Erhebung und Verteilung des Aufkommens in das Grundgesetz aufgenommen hat. Das „ehrwürdige Alter" der Vermögensteuer sei zur Rechtfertigung ihrer Erhebung untauglich[96]. Dies ergebe sich bereits daraus, daß sich die historischen Begründungen für die Erhebung einer Vermögensteuer im Zeitablauf geändert hätten. Tatsächlich ist die Vermögensteuer zunächst unter dem Gesichtspunkt der Besteuerung fundierter Einkommen begründet worden[97]. Später ist auch vertreten worden, die Vermögensteuer sei deswegen gerechtfertigt, weil der Besitz von Vermögen den Steuerpflichtigen besonders leistungsfähig mache[98]. Auch umverteilungspolitische Überlegungen sind bis heute zur Rechtfertigung einer Vermögensteuer herangezogen worden[99]. Allerdings sind solche Umverteilungsziele weder jemals durch den Gesetzgeber als Ziel der Vermögensteuer beschrieben worden noch hat die Vermögensteuer nach den Feststellun-

---

95 BVerfG, Beschluß vom 22. Juni 1995 – 2 BvL 37/91 –, in: BVerfGE 93, S. 121 ff. (134 f.); a.A. K. TIPKE, Die Steuerrechtsordnung Band I, 2. Auflage, S. 298.

96 Vgl. D. BIRK, DStJG Band 22 (1999), S. 7 ff. (12); wohl auch: K. TIPKE, Die Steuerrechtsordnung Band II, 1. Auflage, S. 772; ebenso: H.-W. ARNDT, DStJG Band 22 (1999), S. 25 ff. (27).

97 S.o. im 1. Kapitel unter III.

98 Vgl. Gutachten der Steuerreformkommission 1971, Schriftenreihe des Bundesministeriums der Finanzen, Heft 17, Abschnitt 7, 2. Unterabschnitt, Tz. 64; E.-W. BÖCKENFÖRDE, Abweichende Meinung zum Beschluß des Zweiten Senats vom 22. Juni 1995 – 2 BvL 37/91 –, in: BVerfGE 93, S. 149 ff. (159); D. BIRK, DStJG Band 22 (1999), S. 7 ff. (16).

99 Vgl. E.-W. BÖCKENFÖRDE, Abweichende Meinung zum Beschluß des Zweiten Senats vom 22. Juni 1995 – 2 BvL 37/91 –, in: BVerfGE 93, S. 149 ff. (155, 163): „(Der Steuergesetzgeber) wird damit auch gegenüber der Eigendynamik kumulierenden Kapitals von vornherein zur Machtlosigkeit verurteilt. ... Erst durch die Erhebung von Steuern (kann) der Gesetzgeber bedrohliche Entwicklungen der Eigentumsverteilung auch umverteilend korrigieren."; i.E. auch H. P. BULL, NJW 1996, S. 281 ff. (282, 284); H. WEBER-GRELLET, BB 1996, S. 1415 ff. (1417), der aus der dem Sozialstaatsprinzip entspringenden Solidaritätsverpflichtung der Bürger füreinander ableitet, ein Zugriff auf das Vermögen sei „geradezu geboten"; D. BIRK, DStJG Band 22 (1999), S. 7 ff. (14), der jedoch kritisch gegenüber der Eignung der Vermögensteuer als Instrument der Umverteilung ist.

gen des Bundesverfassungsgerichts zu irgendeiner Zeit nennenswerte Umverteilungswirkungen gehabt[100]. Solche Wirkungen werden heute vornehmlich durch die progressive Einkommensteuer und die Erbschaftsteuer[101] erzielt[102].

Nach Auffassung von BIRK ist eine Steuer dann verfassungsrechtlich gerechtfertigt, wenn sie „gerecht" ist, mithin dem Grundsatz der Besteuerung nach der Leistungsfähigkeit Genüge getan werde, und auch sonstige Verfassungsnormen, insbesondere die Freiheitsgrundrechte und die rechtsstaatlichen Anforderungen, die das Grundgesetz an gesetzliches Eingriffsrecht stellt, der Erhebung nicht entgegenstehen[103]. Weiter differenzierend ist TIPKE der Auffassung, daß Fiskalzwecksteuern[104], die von natürlichen Personen erhoben werden, dann gerechtfertigt sind, wenn sie einen Beitrag zur gleichmäßigen Besteuerung nach der Leistungsfähigkeit erbringen und nicht gegen Grundrechte verstoßen[105]. Lenkungssteuern[106] als Gegensatz zu den Fiskalzwecksteuern sind nach seiner Auffassung dann gerechtfertigt, wenn sie einem legitimen Zweck des Allgemeinwohls dienen, der sich nicht in der gerechten Besteuerung erschöpft, und sie sich nicht

---

100 BVerfG, Beschluß vom 22. Juni 1995 – 2 BvL 37/91 –, in: BVerfGE 93, S. 121 ff. (135); ebenso: D. BIRK, DStJG Band 22 (1999), S. 7 ff. (13 f.). K. TIPKE, Die Steuerrechtsordnung Band I, 2. Auflage, S. 410 f., ist allerdings der Meinung, die Vermögensteuer habe neben der Erbschaftsteuer eine sozialstaatliche Umverteilungs*funktion*. M. JACHMANN, Verfassungsrechtliche Grenzen der Besteuerung, S. 21, ist der Auffassung, Umverteilung geschehe typischerweise durch den Steuerzugriff auf die Vermögenssubstanz.

101 Beispielsweise sieht die Bayerische Verfassung in Art. 123 Abs. 3 vor, daß die Erbschaftsteuer auch dem Zweck dienen soll, die Ansammlung von Riesenvermögen in der Hand Einzelner zu verhindern.

102 Vgl. D. BIRK, DStJG Band 22 (1999), S. 7 ff. (13); J. LANG, in: Tipke/Lang, Steuerrecht, 17. Auflage, § 4 Rn. 197 f.

103 Vgl. D. BIRK, DStJG Band 22 (1999), S. 9 f.; DERSELBE, in: Hübschmann/Hepp/Spitaler, § 4 AO Rn. 395.

104 Fiskalzwecksteuern sind Steuern, die dem Hauptzweck dienen, Einnahmen für den Staat zu erzielen.

105 Vgl. K. TIPKE, Die Steuerrechtsordnung Band I, 2. Auflage, S. 232.

106 Lenkungssteuern sind Steuern, die vornehmlich dazu dienen, bei den Steuerpflichtigen ein bestimmtes außersteuerliches Verhalten zu erzeugen. Die Einnahmeerzielung kann hier Nebenzweck sein. Vgl. allgemein zur Rechtfertigung von Lenkungssteuern: P. SELMER/C. BRODERSEN, „Die Verfolgung ökonomischer, ökologischer und anderer öffentlicher Zwecke durch Instrumente des Abgabenrechts", in: DVBl. 2000, S. 1153 ff.

unverhältnismäßig auswirken[107]. Beide gehen davon aus, daß eine Fiskalzwecksteuer jedenfalls dem Grundsatz nach dann gerechtfertigt ist, wenn sie dem Prinzip der Besteuerung nach der Leistungsfähigkeit entspricht.

Die oben dargestellten Auffassungen verengen nach der hier vertretenen Auffassung zu Unrecht das Blickfeld auf einige im Zusammenhang mit der verfassungsrechtlichen Rechtfertigung einer Steuer zu untersuchende Fragestellungen. Zunächst ist Art. 106 Abs. 2 Nr. 1 GG, der zumindest primär die Verteilung einer erhobenen Steuer regelt, nach richtiger Auffassung zur verfassungsrechtlichen Rechtfertigung einer Steuer nicht geeignet[108]. Die Aufnahme in den Katalog des Art. 106 GG stellt eine historische Bestandsaufnahme bei Erlaß des Grundgesetzes dar. Der parlamentarische Rat hat sich an den Steuern orientiert, die es auch vorher gegeben hat. Es ist jedoch nicht ersichtlich, daß er sie auf ihre Vereinbarkeit mit den gleichzeitig verfaßten Grundrechten geprüft hätte[109]. Der Erkenntnisfortschritt im Bereich der Grundrechte kann aber dazu führen, daß eine historisch für zulässig erachtete Steuer heute für unzulässig gehalten wird, obwohl sie in dem Katalog des Art. 106 GG enthalten ist[110]. Diese Vorschrift kann daher allenfalls als Indiz dafür herangezogen werden, daß eine – wie auch immer ausgestaltete Vermögensteuer – nicht *per se* der Verfassung widerspricht[111]. Soweit die verfassungsrechtliche Rechtfertigung der Vermögensteuer in dem auf Art. 3 Abs. 1 GG basierenden Prinzip der Besteuerung nach der individuellen Leistungsfähigkeit gesucht wird, so folgt dies der richtigen Grundannahme, daß der Gesetzgeber das legitime Ziel verfolgt, seinen Finanzbedarf zu

107 Vgl. K. TIPKE, Die Steuerrechtsordnung Band I, 2. Auflage, S. 234.

108 Vgl. K. TIPKE, Besteuerungsmoral und Steuermoral, Wiesbaden 2000, S. 29; DERSELBE, Die Steuerrechtsordnung Band I, 2. Auflage, S. 248: „Soweit die einzelnen Verkehrs- und Verbrauchssteuern schon zur Zeit ihrer Entstehung nicht gerecht waren, sind sie es auch nicht dadurch geworden, daß man sie nach einigen hundert Jahren immer noch erhebt und sie sogar in Art. 105 IIa, 106 GG aufgenommen hat." Dies muß konsequenterweise auch für andere Steuern als Verbrauchs- und Verkehrssteuern gelten; a.A. P. KIRCHHOF, in: Isensee/Kirchhof (Hrsg.), Handbuch des Staatsrechts, Band IV, § 88 Rn. 68; DERSELBE, „Die Steuerrechtsordnung als Wertordnung", in: StuW 1996, S. 3 ff. (7).

109 Vgl. K. TIPKE, Besteuerungsmoral und Steuermoral, S. 29; ähnlich: D. BIRK, DStJG Band 22 (1999), S. 7 ff. (10).

110 Vgl. J. LANG, in: Tipke/Lang, Steuerrecht, 17. Auflage, § 3 Rn. 6.

111 Nach J. LANG, in: Tipke/Lang, Steuerrecht, 15. Auflage, Köln 1996, § 4 Rn. 101, kann der grundrechtliche Erkenntnisfortschritt sogar dazu führen, daß der Katalog des Art. 106 GG zu revidieren ist.

decken, und impliziert gleichzeitig, daß er zu diesem Zweck die Entscheidung getroffen hat, diejenigen stärker zu belasten, die über eine größere ökonomische Kraft verfügen (sog. vertikale Steuergerechtigkeit). Diese Auffassung entspricht der wohl herrschenden Auffassung in der steuerrechtlichen Literatur und auch der Rechtsprechung des Bundesverfassungsgerichts[112]. Ihr soll hier auch nicht widersprochen werden. Gleichwohl setzt sie den Schwerpunkt der verfassungsrechtlichen Rechtfertigung auf die Besteuerung nach der Leistungsfähigkeit und damit auf Art. 3 Abs. 1 GG. Eine verfassungsrechtliche Rechtfertigung eines staatlichen Eingriffs verlangt aber, daß die den Eingriff ermöglichende Ermächtigungsgrundlage mit **keinem** Grundrecht kollidiert. Neben dem Gleichheitsrecht aus Art. 3 Abs. 1 GG sind auch die übrigen Gleichheitsrechte, vor allem aber auch die Freiheitsrechte zu beachten.

Als Illustration für diesen Befund kann das von KIRCHHOF gewählte Beispiel einer Einkommensbesteuerung mit einem Tarif von 99 % oberhalb des einkommensteuerlichen Grundfreibetrages dienen[113]. Jeder Steuerpflichtige, der mehr als den einkommensteuerlichen Grundfreibetrag erwirtschaftet, ist in Höhe dieses „Mehr" steuerlich grundsätzlich voll leistungsfähig. Wird er mit seinen Erträgen einer solchen Einkommensbesteuerung unterworfen, so verstößt diese Steuer jedenfalls nicht gegen den Gleichheitssatz[114]. Es dürfte außer Frage stehen, daß eine solche Besteuerung bewirkt, daß die Steuerpflichtigen ihrer Freiheit zur Erzielung von Erträgen nahezu überhaupt nicht mehr nachkommen können und die Steuer bei der hier vorliegenden Konvergenz des Steuersatzes gegen 100 % erdrosselnd wirkt und damit auch nach ständiger Rechtsprechung des

---

112 Vgl. statt vieler: P. KIRCHHOF, in: Kirchhof/Söhn/Mellinghoff (Hrsg.), EStG, § 2 Rn. A 601; K. VOGEL/ C. WALDHOFF, in: Dolzer/Vogel/Graßhof (Hrsg.), BK, Vorbem. z. Art. 104a-115 Rn. 527; BVerfG, Beschluß vom 24. Juni 1958 – 2 BvF 1/57 –, in: BVerfGE 8, S. 51 ff. (68 f.).

113 Vgl. P. KIRCHHOF, „Die verfassungsrechtliche Rechtfertigung der Steuern, in: Kirchhof/ Birk/Lehner (Hrsg.), Steuern im Verfassungsstaat, Symposium zu Ehren von Klaus Vogel aus Anlaß seines 65. Geburtstags, München 1996, S. 27 ff. (45); R. HERZOG, „Das Sozialprodukt und das Grundgesetz", in: StuW 1993, S. 322 ff. (324), hatte diesen Fall noch überspitzter dargestellt und geäußert, daß der Gleichheitssatz auch gewahrt werden könne, wenn der Steuertarif hundert Prozent betrüge.

114 Vgl. R. HERZOG, „Leitlinien und Entwicklungstendenzen der Rechtsprechung des Bundesverfassungsgerichts in Steuerfragen", in: StbJb 1985/86, S. 27 ff. (32); J. LANG, „Vom Verbot der Erdrosselungssteuer zum Halbteilungsgrundsatz", in: Staaten und Steuer, Festschrift für Klaus Vogel zum 70. Geburtstag, Heidelberg 2000, S. 173 ff. (175).

Bundesverfassungsgerichts gegen Art. 14 bzw. Art. 12 oder gegen Art. 2 Abs. 1 GG verstößt[115]. Die Frage der Vereinbarkeit mit den genannten Freiheitsrechten ist aber unabhängig von der Frage zu beantworten, ob eine derartige Besteuerung den Anforderungen der Besteuerungsgleichheit entspricht[116]. Mit anderen Worten läßt sich bei der Überprüfung einer Steuer anhand von Art. 3 Abs. 1 GG nur feststellen, ob die Steuer mit *diesem* Grundrecht vereinbar ist. Die Vereinbarkeit der Steuer mit *allen* Grundrechten, wie dies im Grundgesetz für alle belastenden staatlichen Akte vorgesehen ist[117], läßt sich auf diese Weise nicht bejahen, ist aber – wie oben dargelegt – für die verfassungsrechtliche Rechtfertigung einer Steuer unabdingbar.

Die Fokussierung des Steuerverfassungsrechts auf die Besteuerung nach der Leistungsfähigkeit[118] resultiert vor allem daraus, daß das Bundesverfassungsgericht im Laufe seiner Rechtsprechungsgeschichte zum Steuerrecht seinen Prüfungsschwerpunkt bei der Frage der Vereinbarkeit einer Fiskalzwecksteuer mit dem Grundgesetz bei Art. 3 Abs. 1 GG gesetzt hat[119]. Die Freiheitsrechte haben demgegenüber bis zum Grundfreibetragsurteil des Bundesverfassungsgerichts[120] eine stark untergeordnete Rolle gespielt. Lediglich im Fall der Erdrosselung bzw. Konfiskation sollten Art. 14 und Art. 12 bzw. Art. 2 GG Schutz bieten. Daß die Besteuerung nach der Leistungsfähigkeit aber nur einen Ausschnitt möglicher verfassungsrechtlicher Bindungen einer Steuer darstellt, zeigt sich spätestens bei den sogenannten Lenkungssteuern, bei denen Abweichungen von der Besteuerung nach der Leistungsfähigkeit ausdrücklich zugelassen werden und gleichermaßen ihr Wesensmerkmal sind. Primäres Ziel von Lenkungssteu-

---

115 Ebenso: R. MUßGNUG, „Verfassungsrechtlicher und gesetzlicher Schutz vor konfiskatorischen Steuern", in: JZ 1991, S. 993 ff. (996).

116 Vgl. M. JACHMANN, „Zur Besteuerung des Eigentums", in: Politische Studien, Sonderheft 1/2000, S. 78 ff. (79), nach der Freiheitsgrundrechte allerdings lediglich insoweit relevant sind, als ihnen wertsetzende Bedeutung im Rahmen der gleichmäßigen Besteuerung nach der Leistungsfähigkeit im Sinne von Art. 3 Abs. 1 GG zukommt.

117 Vgl. R. MELLINGHOFF, DStR 2003, Beihefter 3 zu Heft 20-21, S. 3 ff. (10).

118 Vgl. hierzu J. LANG, in: Festschrift für Klaus Vogel 2000, S. 173 ff. (175).

119 Dies ist Folge der durch die „Erdrosselungs- bzw. Konfiskationsformel" zum Ausdruck kommenden ursprünglichen Weigerung des Bundesverfassungsgerichts, auch die Freiheitsrechte zum Schutz gegenüber staatlicher Besteuerung zum Einsatz zu bringen.

120 Vgl. BVerfG, Beschluß vom 25. September 1992 – 2 BvL 5, 8, 14/91 –, in: BVerfGE 87, S. 153 ff.

ern ist es, ein bestimmtes Verhalten bei den Steuerpflichtigen hervorzurufen[121]. Die Abweichungen von der Besteuerung nach der Leistungsfähigkeit und damit die Ungleichbehandlungen im Sinne des Art. 3 Abs. 1 GG werden mit diesen Lenkungszwecken gerechtfertigt. Sofern es sich um ein legitimes Ziel handelt, der Steuerzugriff verhältnismäßig erfolgt und sonstiges Recht der Lenkungsbesteuerung nicht entgegensteht, wird eine solche Lenkungssteuer in der Regel für verfassungsrechtlich zulässig gehalten[122]. Daß aber unterschiedliche Steuertypen bereits dem Grunde nach dogmatisch unterschiedliche *verfassungsrechtliche* Rechtfertigungen erfordern sollen, erscheint nach allgemeiner Grundrechtsdogmatik und unter Berücksichtigung der Tatsache, daß die Verfassung nicht zwischen Lenkungs- und Fiskalzwecksteuern differenziert, nicht gerechtfertigt. Richtigerweise muß bei allen Steuern, gleich ob Lenkung- oder Fiskalzwecksteuer, nach dem legitimen Zweck der Steuer gefragt werden und aus diesem die verfassungsrechtlich zulässigen oder gebotenen Einschränkungen von Gleichheits- und/oder Freiheitsrechten abgeleitet werden.

Daher ist es, unabhängig von der Qualifikation einer Steuernorm als Lenkungs- oder Fiskalzwecknorm, nach der hier vertretenen Auffassung erforderlich, für Zwecke der verfassungsrechtlichen Rechtfertigung sämtliche Freiheits- und Gleichheitsgrundrechte gleichermaßen in den Blick zu nehmen und jede Steuernorm daraufhin zu überprüfen, ob sie, ausgehend vom Zweck der Steuer, einerseits den Anforderungen der Freiheitsgrundrechte entspricht und ob sie andererseits gleichheitsgerecht ausgestaltet ist[123]. Daß zwischen beiden Arten von

---

121 Zum Beispiel dient die sog. Ökosteuer dazu, den Schadstoffausstoß bei der Energieerzeugung zu reduzieren. Dies soll durch einen sparsamen Umgang der Bürger mit fossilen Brennstoffen herbeigeführt werden. Zum sparsamen Umgang soll der Steuerbürger dadurch bewegt werden, daß die Nutzung von Strom und Mineralöl besteuert wird. Die Ökosteuer nimmt hierbei keine Rücksicht auf die Leistungsfähigkeit des Steuerträgers. Eine sozialhilfeberechtigte Familie mit 5 Kindern hat notgedrungen einen höheren Energieverbrauch als der gutverdienende Single und trägt daher auch eine erheblich höhere Steuerlast, ist jedoch deutlich weniger leistungsfähig als dieser.

122 Vgl. K. TIPKE, Die Steuerrechtsordnung Band I, 2. Auflage, S. 234, 340; M. JACHMANN, Verfassungsrechtliche Grenzen der Besteuerung, S. 21 f.

123 Vgl. K. STERN, Das Staatsrecht der Bundesrepublik Deutschland, Band II, S. 1108; a.A. M. JACHMANN, Politische Studien, Sonderheft 1/2000, S. 78, nach deren Auffassung die Freiheitsgrundrechte lediglich eine Deckelung der gleichheitsrechtlich geprägten Besteuerung nach der Leistungsfähigkeit bewirken sollen; ähnlich D. BIRK, in: Festschrift für Klaus Vogel 2000, S. 157 ff. (160), der der Meinung ist, daß der Steuereingriff als staatlicher Eingriff der Regelfall ist. Er folgert daraus, daß Steuern nicht grundsätzlich (freiheitsrechtlich) abgewehrt werden können, sondern grundsätzlich hinzu-

Grundrechten Interaktionen stattfinden können, darf den Blick dafür, daß dennoch zwei unterschiedliche Grundrechtssäulen zu beachten sind, nicht versperren. Die Frage nach der *verfassungsrechtlichen* Rechtfertigung der Vermögensteuer beinhaltet somit die Frage nach der verfassungsrechtlichen Kompetenz und den verfassungsrechtlichen Schranken der Besteuerungsgewalt[124].

Zur verfassungsrechtlichen Rechtfertigung einer Vermögensteuer ist Art. 106 GG nicht geeignet, da das Grundgesetz bei seiner Schaffung an einen historischen Bestand vorgefundener Steuern angeknüpft hat und die Verfassung im übrigen bewußt offen formuliert ist, um tatsächlichen, aber auch Veränderungen in der Rechtslehre Rechnung tragen zu können. Eine Vermögensteuer muß den Anforderungen der allgemeinen Grundrechtsdogmatik entsprechen, da es kein außerhalb der allgemeinen Grundrechtsdogmatik stehendes Steuerverfassungsrecht gibt[125]. Verfassungsrechtlich gerechtfertigt ist eine Vermögensteuer deshalb nur dann, wenn der Gesetzgeber zu ihrem Erlaß eine Gesetzgebungskompetenz besitzt, wenn sie in verfassungskonformer Weise in betroffene Freiheitsgrundrechte der Vermögensteuerpflichtigen eingreift und wenn sie in verfassungskonformer Weise den Gleichheitsgrundrechten der Verfassung Rechnung trägt. Daher wird im folgenden zu untersuchen sein, ob und wer eine Gesetzgebungskompetenz für die Wiedereinführung einer Vermögensteuer besitzt (dazu sogleich unter II.) und welche Grundrechte durch eine Vermögensteuer tangiert sind (dazu unter III. hinsichtlich der Freiheitsrechte und unter IV. hinsichtlich der Gleichheitsrechte). Aus systematischen Gründen werden, der allgemeinen Grundrechtsdogmatik folgend, zunächst die möglicherweise tangierten Freiheitsrechte untersucht.

---

nehmen seien. Die Frage der Grundrechtskonformität reduziere sich somit (grundsätzlich) auf die gerechte Verteilung der Steuergesamtlast. Andererseits erkennt er an, daß die individuelle Steuerlast einen Grad des Besteuerungsübermaßes erreichen kann, der den freiheitsrechtlichen Abwehranspruch gegenüber der Steuerlast wirksam werden lasse. Dogmatisch stringent sind diese Auffassungen jedoch nicht.

124 Vgl. D. BIRK, DStJG Band 22 (1999), S. 7 ff. (9).

125 Wenn man von den hier zunächst nicht interessierenden Fragen der Gesetzgebungs-, Aufkommens- und Verwaltungshoheit bei Steuern (Art. 104a ff. GG) absieht.

II. Gesetzgebungskompetenz für die Vermögensteuer

Zunächst ist jedoch festzustellen, welcher Gesetzgeber zum Erlaß eines künftigen Vermögensteuergesetzes zuständig wäre. In Betracht kommen hier der Bund und die Länder. Der Bund hat nach Art. 105 Abs. 2 GG die konkurrierende Gesetzgebungszuständigkeit für eine Steuer, wenn ihm das Aufkommen aus der Steuer ganz oder teilweise zusteht (Alt. 1) oder wenn die Voraussetzungen des Art. 72 Abs. 2 GG vorliegen (Alt. 2). Da das Aufkommen einer Vermögensteuer nach Art. 106 Abs. 2 Nr. 1 GG ausschließlich den Ländern zusteht, besitzt der Bund nach Art. 105 Abs. 2 Alt. 2 GG für den Erlaß eines Vermögensteuergesetzes nur dann eine konkurrierende Gesetzgebungszuständigkeit, wenn die Voraussetzungen des Art. 72 Abs. 2 GG vorliegen. Nach Art. 72 Abs. 2 GG hat der Bund im Rahmen der konkurrierenden Gesetzgebungszuständigkeit nur dann ein Gesetzgebungsrecht, wenn und soweit die Herstellung gleichwertiger Lebensverhältnisse im Bundesgebiet oder die Wahrung der Rechts- oder Wirtschaftseinheit im gesamtstaatlichen Interesse eine bundesgesetzliche Regelung erforderlich macht. Wenn diese Voraussetzungen des Art. 72 Abs. 2 GG nicht erfüllt wären, hätten ausschließlich die Länder eine Gesetzgebungsbefugnis für den Bereich der Vermögensteuer. Im Bereich der Besteuerung wird sich jedoch in der Regel ein Bedürfnis für eine bundesgesetzliche Regelung bejahen lassen[126], weil nur auf diese Weise im gesamten Staat Besteuerungsgleichheit und damit eine Rechts- und Wirtschaftseinheit hergestellt werden kann[127]. Der Bund ist daher in der Lage, auch im Bereich der Vermögensteuer die Gesetzgebungskompetenz mit die Länder ausschließender Wirkung wahrzunehmen. Die Sperrwirkung solcher bundesgesetzlicher Regelungen richtet sich bei Art. 105 Abs. 2 GG grundsätzlich nach denselben Kriterien wie bei Art. 72 Abs. 1 GG[128]. Wenn und soweit der Bund Gebrauch von seinem konkurrierenden Gesetzgebungsrecht gemacht hat, sind die Länder in ihrer Gesetzgebungsbefugnis gesperrt.

Ursprünglich hatte der Bund mit dem VStG 1974 von seiner Gesetzgebungsbefugnis Gebrauch gemacht, so daß die Länder insoweit keine Gesetzgebungsbefugnis mehr besaßen. Nachdem das Bundesverfassungsgericht die Vorschrift

---

126 Vgl. H. FISCHER-MENSHAUSEN, in: v. Münch/Kunig, Grundgesetz-Kommentar, Art. 105 Rn. 19.

127 Vgl. R. WENDT, „Finanzhoheit und Finanzausgleich", in: Isensee/Kirchhof (Hrsg.), Handbuch des Staatsrechts, Band IV, § 104 Rn. 31; H. FISCHER-MENSHAUSEN, in: v. Münch/Kunig, Grundgesetz-Kommentar, Art. 105 Rn. 2.

128 Vgl. M. HEINTZEN, in: v. Münch/Kunig, Grundgesetz-Kommentar, Art. 105 Rn. 49.

des § 10 VStG für mit dem Grundgesetz unvereinbar erklärt hatte und die Frist zu einer Neuregelung der Vermögensteuer zum 1. Januar 1997 ablief, konnte im Laufe des Jahres 1996 zwischen Bundestag und Bundesrat keine Einigkeit darüber erzielt werden, ob und wie eine Neuregelung der Vermögensbesteuerung durch den Bund erfolgen sollte. Die Bundesregierung hatte durch Art. 5 des Gesetzentwurfs eines Jahressteuergesetzes 1997 zwar beabsichtigt, das VStG aufzuheben und einen zweiten Halbsatz anzufügen, der statuierte, daß eine Vermögensteuer nicht erhoben wird[129]. Wäre dies gelungen, so würde dieses Gesetz die Länder daran hindern, die Vermögensteuer wieder einzuführen[130]. Zur Errichtung einer solchen kompetenziellen Sperre ist der Bund mit Zustimmung des Bundesrates grundsätzlich befugt[131]. Die von der Bundesregierung beabsichtigte Regelung scheiterte aber am Widerstand der SPD im Bundesrat[132]. Daher hat der Bund keine ausdrückliche Sperre für den Erlaß von Landesvermögensteuern gesetzt. Möglicherweise ergibt sich eine solche Sperre aber noch aus dem VStG 1974, mit dem der Bund vor dem Halbteilungsurteil ohne Zweifel eine Sperre für die Länderkompetenz auf dem Gebiet der Vermögensteuer gesetzt hat.

Die damalige Bundesregierung ist nämlich davon ausgegangen, daß, da das VStG vom Bundesverfassungsgericht infolge des Beschlusses vom 22. Juni 1995 nur für mit dem Grundgesetz unvereinbar, nicht aber für nichtig erklärt worden ist, dieses formell fortbestehe, auch wenn es ohne Neuregelung ab dem 1. Januar 1997 nicht mehr angewendet werden dürfe[133]. Insoweit habe der Bund

---

129 Vgl. Gesetzentwurf der Bundesregierung, Entwurf eines Jahressteuergesetzes 1997 vom 24. Mai 1996, in: BR-Drucksache 390/96, S. 23.

130 Vgl. M. Heintzen, in: v. Münch/Kunig, Grundgesetz-Kommentar, Art. 105 Rn. 49; ebenso: W. Haun, in: Dreier (Hrsg.), Grundgesetz, Band III: Art. 83-146, Tübingen 2000, Art. 105 Rn. 38; T. Maunz, in: Maunz-Dürig, Komm. z. GG, Art. 105 Rn. 42; Gürsching/Stenger, Kommentar zum Bewertungsgesetz und Vermögensteuergesetz, Einf. VStG Rn. 48.3.

131 Vgl. H. Fischer-Menshausen, in: v. Münch/Kunig, Grundgesetz-Kommentar, Art. 105 Rn. 19; R. Wendt, in: Isensee/Kirchhof (Hrsg.), Handbuch des Staatsrechts, Band IV, § 104 Rn. 33.

132 Vgl. Zweiter Bericht des Finanzausschusses zu dem Gesetzentwurf der Fraktionen CDU/CSU und F.D.P. – Drucksache 13/4839, in: BT- Drucksache 13/5952, S. 25.

133 Vgl. BT-Drucksache 13/5952, S. 25; V. Sarrazin, „Änderungen bei den Einheitswertabhängigen Steuern“, in: Klein/Stihl/Wassermeyer (Hrsg.), Unternehmen, Steuern, Festschrift für Hans Flick zum 70. Geburtstag, Köln 1997, S. 565 ff. (566); Gürsching/Stenger, Kommentar zum Bewertungsgesetz und Vermögensteuergesetz, Einf. VStG Rn. 48.5.

im Sinne des Art. 105 Abs. 2 i.V.m. Art. 72 Abs. 1 GG noch Gebrauch von seiner konkurrierenden Gesetzgebungskompetenz hinsichtlich der Vermögensteuer gemacht. Nach dieser Auffassung wäre den Ländern wegen einer existierenden bundesgesetzlichen Regelung eine landesrechtliche Regelung in der Tat versperrt[134]. Dieses Ergebnis ist aber zweifelhaft, weil die Folgen einer Unvereinbarkeitserklärung durch das Bundesverfassungsgericht mit der Auflage an den Gesetzgeber, diesen Mangel bis zu einem bestimmten Termin zu beheben, für den Fall ungeklärt sind, daß der Gesetzgeber diese Frist verstreichen läßt[135]. Nach einer Auffassung werden Gesetze in solchen Fällen nicht nichtig, sondern bleiben formell bestehen[136]. Nach anderer Auffassung schlägt die Unvereinbarkeitserklärung bei Fristüberschreitung ohne gesetzgeberische Abhilfe automatisch mit Ablauf des Datums in die Nichtigkeit um[137]. Die letztere Auffassung verdient deshalb den Vorzug, weil das BVerfG die Unvereinbarkeit eines Gesetzes *anstelle* der Nichtigkeit ausspricht, wenn es Verstöße gegen den Gleichheitssatz zu rügen hat, die vom Gesetzgeber auf unterschiedliche Weisen behoben werden können[138]. Verfassungsprozeßrechtlich ist eine solche Maßnahme ei-

---

134 Vgl. V. SARRAZIN, in Festschrift Hans Flick 1997, S. 565 ff. (566); offenbar ebenso: M. JACHMANN, in: v. Mangoldt/Klein/Starck, Das Bonner Grundgesetz, Kommentar, Band 3: Artikel 79 bis 146, 4. Auflage, München 2001, Art. 105 Rn. 45; H. SIEKMANN, in: Sachs (Hrsg.), Grundgesetz, 3. Auflage, Art. 105 Rn. 10.

135 Ebenso: M. SCHÜPPEN, „Die Nichtanwendbarkeit des Vermögensteuergesetzes ab 1. 1. 1997: offene Fragen und ein zusätzliches Steuergeschenk", in: DStR 1997, S. 225 ff. (227).

136 So ausdrücklich: C. PESTALOZZA, Verfassungsprozeßrecht, 3. Auflage, München 1991, § 20 Rn. 129; H.-W. ARNDT/H. JENZEN, „Zur Anwendbarkeit des Vermögensteuergesetzes nach dem 1. 1. 1997", in: NJW 1997, S. 1678 ff. (1679, FN 14); im Ergebnis wohl auch S. STUTH, in: Umbach/Clemens (Hrsg.), Bundesverfassungsgerichtsgesetz, Heidelberg 1992, § 78 Rn. 20, nach der die Norm formell fortbesteht, die materiellen Konsequenzen aber denen der Nichtigkeit nahekommen.

137 Vgl. H. LIST, „Die Vermögensteuerentscheidung des BVerfG, die Untätigkeit des Gesetzgebers und die Folgen", in: DB 1997, S. 2297 ff. (2300), unter Berufung auf das BVerfG, Urteil vom 3. November 1982 – 1 BvR 620/78 –, in: BVerfGE 61, S. 319 ff. und Urteil vom 27. Juni 1991 – 2 BvR 1493/89 –, in: BVerfGE 84, S. 239 ff.; ebenso: H. BETHGE, in: Maunz/Schmidt-Bleibtreu/Klein/Bethge, Bundesverfassungsgerichtsgesetz Band I, München 2003, Stand Juli 2002, § 31 Rn. 240 für den Fall des Halbteilungsurteils; W. BROHM, „Die Funktion des BVerfG – Oligarchie in der Demokratie?", in: NJW 2001, S. 1 ff. (1); wohl auch H. H. RUPP, „Länderfinanzausgleich", in: JZ 2000, S. 269 ff. (270).

138 Nach H. H. RÜTH, „Keine ernsthaften Zweifel an der Anwendbarkeit des VStG?", in: DStZ 1997, S. 589 ff. (591), sind die Wirkungen der Unvereinbarkeitserklärung und der

gentlich nicht vorgesehen[139]. Auf diese Weise wahrt das Bundesverfassungsgericht aber den Grundsatz der Gewaltenteilung. Materiell handelt es sich nichtsdestoweniger um eine wegen Verstoßes gegen den Gleichheitssatz eigentlich nichtige Vorschrift[140]. Wenn nun der Gesetzgeber die ihm im Rahmen der Gewaltenteilung auf dem Gebiet der Gesetzgebung zustehende Zuständigkeit bewußt nicht nutzt und den vom Bundesverfassungsgericht vorgegebenen Reparaturauftrag daher nicht fristgerecht erfüllt, so entfaltet das Gesetz richtigerweise **keinerlei** Rechtswirkungen mehr. Dies gilt auch für das kompetenzrechtliche Verhältnis zwischen Bund und Ländern und damit für die vormalige Sperrwirkung des Bundesgesetzes, die nach Verstreichen der Frist ebenfalls entfällt[141].

Möglicherweise hat der Bund aber gerade durch die fehlende Neuregelung von seinem Gesetzgebungsrecht negativ Gebrauch gemacht und dadurch eine Kompetenzsperre für die Landesgesetzgeber erzeugt, weil er positiv davon ausgegangen ist, daß die Vermögensteuer nach Ablauf der Frist zur Neuregelung noch (formalen) Bestand hat und auch die Länder daher keine Vermögensteuer erheben können[142]. Fraglich ist allerdings, ob die Nichtneuregelung tatsächlich eine solche Wirkung haben kann. Nach HEINTZEN reicht die bloße Nichtregelung einer Steuer, selbst wenn mit dieser eine politische Absicht erklärt werden soll, nicht als Kompetenzsperre nach Art. 72 Abs. 1 GG aus, weil der Bundesgesetzgeber, wenn er eine landesrechtliche Regelung verhindern wollte, ein Sperrgesetz erlassen könnte[143]. Der Nichtregelung stehe es gleich, wenn der Bund ein Steuergesetz aufhebe, ohne damit die Absicht zu verfolgen, die Steuer abzuschaffen[144]. Diese Auffassung ist zutreffend, weil eine Kompetenzsperre für eine landesgesetzliche Regelung nur dann anzunehmen wäre, wenn der Bundesgesetzgeber mit der Aufhebung, Abschaffung oder Einschränkung einer Steuer einen *ausdrücklichen und eindeutigen* Regelungswillen der Gestalt erkennen läßt,

---

Nichtigerklärung identisch. Allgemein zur Unvereinbarkeitserklärung: R. SEER, NJW 1996, S. 285 ff.

139 Vgl. H. H. RUPP, JZ 2000, S. 269 ff. (270).

140 Vgl. H. H. RÜTH, DStZ 1997, S. 589 ff. (591).

141 A.A. H. SIEKMANN, in: Sachs (Hrsg.), Grundgesetz, 3. Auflage, Art. 105 Rn. 27.

142 So wohl H.-W. ARNDT/H. JENZEN, NJW 1997, S. 1678 ff. (1679, FN 14).

143 Vgl. M. HEINTZEN, in: v. Münch/Kunig, Grundgesetz-Kommentar, Art. 105 Rn. 50; ebenso: W. HEUN, in: Dreier (Hrsg.), Grundgesetz, Art. 105 Rn. 38; ebenso für das Absehen von der Einführung einer neuen Steuer: H. SIEKMANN, in: Sachs (Hrsg.), Grundgesetz, 1. Auflage, Art. 105 Rn. 25.

144 Vgl. M. HEINTZEN, in: v. Münch/Kunig, Grundgesetz-Kommentar, Art. 105 Rn. 50.

daß die Steuer nicht (mehr) erhoben werden soll[145]. Dem Fall der Aufhebung einer Steuer ohne die Absicht, diese endgültig abzuschaffen, ist aber der Fall vergleichbar, daß eine Steuer durch das Bundesverfassungsgericht für unvereinbar mit dem Grundgesetz erklärt wird und der erlassende Gesetzgeber schlicht nichts tut. Auch in diesem Fall fehlt es an einem eindeutigen Regelungswillen des Gesetzgebers, die Steuer abzuschaffen und damit den Ländern die Erhebung dieser Steuer unmöglich zu machen. Der Gesetzgeber hat sich in den parlamentarischen Beratungen des Jahres 1996 gerade nicht darauf verständigen können, die Vermögensteuer endgültig abzuschaffen und damit auch eine Kompetenzsperre für die Länder zu setzen. Dafür spricht weiter, daß zur Setzung einer Kompetenzsperre durch ein Bundesgesetz die Zustimmung des Bundesrates erforderlich ist. An einer solchen Zustimmung durch den Bundesrat fehlt es aber gerade bei der bewußten Nichtneuregelung. Damit wären die Länder zur Gesetzgebung bei der Vermögensteuer befugt, weil die Rechtswirkungen der Unvereinbarkeitserklärung nach Fristablauf denjenigen der Nichtigkeit entsprechen und der Bund von der Möglichkeit, ein Sperrgesetz zu erlassen, keinen Gebrauch gemacht hat.

Selbst wenn man der vorgenannten Argumentation nicht folgt und die Auffassung vertritt, infolge der bloßen Unvereinbarkeitserklärung durch das Bundesverfassungsgericht bestehe das Vermögensteuergesetz 1974 und damit eine Kompetenzausübung durch den Bund fort[146], ist dennoch zweifelhaft, ob die Gesetzgebungskompetenz derzeit noch immer dem Bund zusteht.

Denn der mit „Außerkrafttreten" überschriebene Art. 10 § 3 des Vermögensteuerreformgesetzes (VStRG) vom 17. April 1974[147] bestimmt, daß „dieses Gesetz letztmals für die Vermögensteuer, die Gewerbesteuer, die Ermittlung des Nutzungswertes der selbstgenutzten Wohnung im eigenen Einfamilienhaus sowie die Grunderwerbsteuer des Kalenderjahres (gilt), das dem Kalenderjahr vorausgeht, auf dessen Beginn für Grundstücke (§ 70 des Bewertungsgesetzes) und Betriebsgrundstücke im Sinne des § 99 Abs. 1 Nr. 1 des Bewertungsgesetzes nicht mehr 140 vom Hundert der auf den Wertverhältnissen am 1. Januar 1964 beruhenden Einheitswerte anzusetzen sind." Den Ansatz von 140 % der Ein-

---

145 So auch R. WENDT, in: Isensee/Kirchhof (Hrsg.), Handbuch des Staatsrechts, Band IV, § 104 Rn. 33.

146 So H. SIEKMANN, in: Sachs (Hrsg.), Grundgesetz, 3. Auflage, Art. 105 Rn. 27; H.-W. ARNDT/H. JENZEN, NJW 1997, S. 1678 ff. (1679, FN 14).

147 BGBl. I 1974, S. 949 ff. (969).

heitswerte regelte für Zwecke der Vermögensteuer, der Gewerbesteuer, der Grunderwerbsteuer und der Ermittlung des Nutzungswertes der selbstgenutzten Wohnung bis einschließlich des Jahres 1996 § 121a BewG. Durch Art. 1 Nr. 27 des Jahressteuergesetzes (JStG) 1997 vom 20. Dezember 1996 wurde dieser § 121a BewG aber dahingehend geändert, daß „während der Geltungsdauer der auf den Wertverhältnissen am 1. Januar 1964 beruhenden Einheitswerte des Grundbesitzes Grundstücke (§ 70) und Betriebsgrundstücke im Sinne des § 99 Abs. 1 Nr. 1 **für die Gewerbesteuer** mit 140 vom Hundert des Einheitswertes anzusetzen (sind)[148]." Für die Vermögensteuer war folglich der Einheitswert nicht mehr mit 140 % anzusetzen. Daraus ist zu schließen, daß das VStRG für Zwecke der Vermögensteuer letztmals für den Veranlagungszeitraum 1996 galt und mit Wirkung vom 1. Januar 1997 wegen Ablaufs einer Befristung außer Kraft gesetzt wurde, weil seit diesem Zeitpunkt für vermögensteuerliche Zwecke § 121a BewG, der den Bewertungszuschlag zum Einheitswert von 40 % regelt, nicht mehr auf die Vermögensteuer, sondern nur noch auf die Gewerbesteuer anwendbar ist. Daher gibt es möglicherweise seit dem 1. Januar 1997 kein bundesgesetzlich geregeltes Vermögensteuergesetz mehr[149]. Ob dies so ist, ist im Wege der Auslegung des Art. 10 § 3 VStRG zu ermitteln.

Eine ähnliche Vorschrift wie Art. 10 § 3 VStRG enthielt der mit „Außerkrafttreten" überschriebene Art. 10 § 3 des Gesetzes zur Reform des Erbschaft- und Schenkungssteuerrechts (ErbStRG)[150], nach dessen Wortlaut Art. 1 § 12 ErbStRG, der für Fragen der Bewertung auf das Bewertungsgesetz verweist, für die Kalenderjahre gilt, in denen Grundstücke und Betriebsgrundstücke mit 140 % ihrer Einheitswerte anzusetzen sind. Zu dieser Vorschrift hat das Bundesverfassungsgericht in seinem Erbschaftsteuerbeschluß[151] festgestellt, daß es dahingehend auszulegen sei, daß Art. 10 § 3 ErbStRG anordne, daß die Rechtsgrundlage der (gesamten) Erbschaftsbesteuerung entfalle, wenn die in § 12

---

148 BGBl. I 1996, S. 2049 ff. (2051), Hervorhebung nicht im Original.

149 In diese Richtung deuten H.-W. ARNDT/A. SCHUMACHER, „Das vorläufige und das endgültige Nichts – Wegfall der Rechtsgrundlage für die Erhebung der Erbschaft- und Vermögensteuer bei Untätigkeit des Gesetzgebers", in: DStR 1995, S. 1813 ff. (1814 und 1816), die darauf hinweisen, daß die Vorschrift des Art. 10 § 3 VStRG bei Änderung der Bewertungsvorschriften für Grundvermögen aufgehoben werden müsse, da anderenfalls der Wegfall der Besteuerungsgrundlage für die Vermögensteuer unvermeidbar wäre.

150 BGBl. I 1994, S. 933 ff. (947).

151 BVerfG, Beschluß vom 22. Juni 1995 – 2 BvL 37/91 –, in: BVerfGE 93, S. 121 ff. (171).

ErbStG vorgesehene Bewertung verfassungsrechtlich keinen Bestand habe. Der Grund ist darin zu sehen, daß eine Besteuerung des geerbten Vermögens ohne zugrundezulegende Bewertungsvorschriften nicht möglich ist. Die Bewertungsvorschriften des Erbschaftsteuergesetzes (eingeführt durch Art. 1 § 12 ErbStRG) werden aber nach Art. 10 § 3 ErbStRG unwirksam, wenn für (Betriebs-) Grundstücke aus verfassungsrechtlichen Gründen nicht mehr 140 % der Einheitswerte angesetzt werden dürfen. Damit ist allerdings nicht das gesamte Erbschaftsteuergesetz außer Kraft getreten, sondern nur eine essentielle Grundlage der Erbschaftsbesteuerung.

Indes besteht zwischen den beiden Vorschriften der Art. 10 § 3 des jeweiligen Reformgesetzes ein struktureller Unterschied. Die Vorschrift im ErbStRG ordnet sinngemäß an, daß die Bewertungsvorschrift des § 12 ErbStG (nur) solange gültig ist, wie für Grundstücke der mit 1,4 multiplizierte Einheitswert auf den 01.01.1964 anzusetzen ist. Die Vorschrift im VStRG hingegen bewirkt eine weitergehende Rechtsfolge. Sie ordnet an, daß das (gesamte) Vermögensteuer**reform**gesetz letztmals für das Jahr gilt, in dem für Grundstücke der mit 1,4 multiplizierte Einheitswert auf den 01.01.1964 anzusetzen ist. Das Vermögensteuerreformgesetz enthält aber das gesamte VStG 1974. Insoweit existiert nach der Änderung des § 121a BewG durch das JStG 1997 jedenfalls das VStG 1974 nicht mehr[152]. Jedoch hebt Art. 9 Abs. 1 Nr. 1 VStRG das Vermögensteuergesetz in der Fassung der Bekanntmachung vom 10. Juni 1954 (VStG 1954) auf. Es ist daher die Frage zu stellen, ob das Außerkrafttreten des Vermögen-steuerreformgesetzes aufgrund Fristablaufs auch zum Außerkrafttreten der Aufhebungsvorschrift und damit dazu führt, daß das ursprüngliche VStG 1954 erneut in Kraft tritt. In diesem Fall würde wiederum ein bundesrechtlich geregeltes Vermögensteuergesetz existieren und den Ländern den Weg zu einer autonomen Vermögensteuergesetzgebung versperren. Hiergegen spricht jedoch der Sinn und Zweck einer Aufhebungsvorschrift. Die Aufhebungsvorschrift des Art. 9 Abs. 1 Nr. 1 VStRG dient dazu, die Regelungen des VStG 1954 *endgültig* zu ersetzen. Anderenfalls würde der Gesetzgeber des Jahres 1974 den Gesetzgeber des Jahres 1996 gebunden haben, mit der bloßen Aufhebung des § 121a BewG für Zwecke der Vermögensteuer gleichzeitig das VStG 1954 wiederein-

152 Zu diesem Ergebnis kommt bereits für den Fall der fehlenden Neuregelung des VStG zum 1. Januar 1997 wegen der dann folgenden Unanwendbarkeit der Einheitswerte für die Vermögensteuer: W. MANNEK, „Mögliche zukünftige Ausgestaltung der Vermögensteuer, Erbschaftsteuer und der Einheitsbewertung des Grundbesitzes", in: NWB Beilage 1/1996 zu Heft 9, S. 1 ff. (5).

zuführen. Dies ist schon deshalb mit den Grundsätzen des demokratischen Gesetzgebungsverfahrens nicht vereinbar, weil der Inhalt des VStG 1954 im Gesetzgebungsverfahren des Jahres 1996 weder gelesen, noch beraten noch beschlossen wurde. Folglich wird durch den Eintritt des Ereignisses „Änderung des § 121a BewG“ zwar die Fristregelung des Art. 10 § 3 VStRG ausgelöst, nicht jedoch das VStG 1954 wiedereingeführt.

Folglich existiert mit der Änderung des § 121a BewG kein bundesrechtlich geregeltes Vermögensteuergesetz mehr. Fraglich ist nun, ob nicht möglicherweise deshalb eine Sperrwirkung für die Länder besteht, weil die Vermögensteuer nach Art. 10 § 3 VStRG nur befristet erhoben war und der Bund das Vermögensteuergesetz nach Fristablauf nicht verlängert hat. Die Nichtverlängerung einer Steuer nach Fristablauf wird grundsätzlich ebenso behandelt wie der Fall einer Abschaffung einer Steuer und löst damit normalerweise eine Kompetenzsperre für die Länder aus[153]. Dies ist jedoch nur dann anzunehmen, wenn der Bund durch die Nichtverlängerung des befristeten Vermögensteuerreformgesetzes zum Ausdruck gebracht hätte, daß eine Vermögensteuer auch durch die Länder nicht mehr erhoben werden soll. Denn gerade diese Intention kommt im Regelfall sowohl bei der Abschaffung einer bestehenden Steuer wie auch bei der Nichtverlängerung einer befristeten Steuer zum Ausdruck. Davon kann im vorliegenden Fall aber wegen der bestehenden Besonderheiten gerade nicht ausgegangen werden. Zwar hatte die damalige Bundesregierung in Art. 5 des Regierungsentwurfes für das Jahressteuergesetz 1997 klarstellen wollen, daß die Vermögensteuer abgeschafft ist, um die damals kontrovers diskutierte verfassungsrechtliche Frage, ob eine Länderkompetenz zur Wiedereinführung der Vermögensteuer besteht, klar verneinen zu können[154]. Diese Regelung ist jedoch am Widerstand der SPD, die auch den Bundesrat dominierte, gescheitert. Aber auch in der Nichtverlängerung der Vermögensteuer nach Fristablauf drückt sich keine *Intention* des Gesetzgebers aus. Vielmehr ist anzunehmen, daß die Vermögensteuer versehentlich und damit überhaupt ohne jede Intention des Gesetzgebers durch die Änderung des § 121a BewG und die damit verbundene vollständige Aufhebung des VStRG abgeschafft worden ist. Dafür sprechen zum einen die aktuellen politischen Äußerungen, nach denen das Vermögensteuergesetz gerade

---

153 Vgl. M. HEINTZEN, in: v. Münch/Kunig, Grundgesetz-Kommentar, Art. 105 Rn. 50.

154 So M. WOLFF, Diskussionsbeitrag, in „Pläne zur Neuregelung der Substanzsteuern nach den Beschlüssen des Bundesverfassungsgerichtes vom 22. Juni 1995 zur Verfassungswidrigkeit der derzeitigen Einheitsbewertung“, JbFSt 1996/97, Herne/Berlin 1997, S. 506.

nicht abgeschafft, sondern nur unanwendbar geworden sei. Dafür spricht zum anderen aber vor allem die Gesetzesbegründung des Regierungsentwurfes zum Jahressteuergesetz 1997[155], der zufolge die Änderung des § 121a BewG deswegen erfolgen sollte, weil der Ansatz von 140 % des Einheitswertes „nur noch Bedeutung für die Gewerbesteuer habe[156].“ Die Auswirkungen dieser Änderung auf Art. 10 § 3 VStRG und damit auf das gesamte VStG 1974 sind offenbar schlicht übersehen worden[157].

Folglich besitzen derzeit die Länder die konkurrierende Gesetzgebungsbefugnis auf dem Gebiet der Vermögensteuer. Dies gilt, solange und soweit der Bund nicht erneut von seinem konkurrierenden Gesetzgebungsrecht Gebrauch macht.

III. Vereinbarkeit der Vermögensteuer mit den Freiheitsgrundrechten

Bei der Bestimmung des Umfangs der Anforderungen an eine verfassungsrechtliche Rechtfertigung wurde festgestellt, daß eine künftig wiedereinzuführende Vermögensteuer den Anforderungen der Freiheitsgrundrechte zu entsprechen hat. Im folgenden wird untersucht, welche Freiheitsgrundrechte durch eine Vermögensteuer tangiert sein können, ob Eingriffe in diese Grundrechte vorliegen und ob, und gegebenenfalls unter welchen Voraussetzungen, solche Eingriffe verfassungsrechtlich gerechtfertigt werden können.

Die Vermögensteuer knüpft *tatbestandlich* an das (wirtschaftliche) Eigentum an Wirtschaftsgütern an. Zwar ist nach § 4 VStG das Gesamtvermögen im Sinne der §§ 114 ff. BewG[158] Bemessungsgrundlage der Vermögensteuer. Dieses Gesamtvermögen setzt sich jedoch ausschließlich aus solchen Wirtschaftsgütern zusammen, die Eigentum im Sinne des Art. 14 GG darstellen. Als *Rechtsfolge* erlegt die Vermögensteuer dem Steuerpflichtigen eine Zahlungspflicht auf, die

---

155 BR-Drucksache 390/96 vom 24. Mai 1996.

156 Vgl. Gesetzesbegründung zum Regierungsentwurf des Jahresteuergesetzes 1997 vom 24. Mai 1996, in: BR-Drucksache 390/96, S. 47 zu Nummer 40: „Die Vorschrift hat nur noch Bedeutung für die Gewerbesteuer.“

157 Im Gegensatz zur korrespondierenden Vorschrift des Art. 10 ErbStRG, die durch Art. 4 JStG 1997 aufgehoben worden ist.

158 In der Fassung der Bekanntmachung vom 1. Februar 1991 (BGBl. I 1991, S. 230).

diesem Geld aus seinem Vermögen entzieht. Sowohl die tatbestandliche Anknüpfung der Vermögensteuer an Eigentumsgüter als auch die Zahlungspflicht als Rechtsfolge können einen Eingriff in das verfassungsrechtlich durch Art. 14 Abs. 1 GG geschützte Eigentum darstellen.

Durch die Anknüpfung der Vermögensteuer an betrieblich oder beruflich genutztes Vermögen, aber auch durch die Auferlegung von daraus als Rechtsfolge resultierenden Zahlungspflichten kann die Vermögensteuer auch Rückwirkungen auf die berufliche Betätigung haben, als sie möglicherweise die wirtschaftliche Basis der betrieblichen oder beruflichen Betätigung schwächt. Insoweit ist auch die Vereinbarkeit der Vermögensteuer mit der Berufsfreiheit des Art. 12 Abs. 1 GG zu prüfen.

Schließlich stellt die Vermögensteuer als belastender staatlicher Akt zumindest einen Eingriff in die allgemeine Handlungsfreiheit dar. Sie ist insoweit grundsätzlich auch auf ihre Vereinbarkeit mit Art. 2 Abs. 1 GG zu überprüfen. Entsprechend der allgemeinen Grundrechtsdogmatik sind die Grundrechte aus Art. 12 und 14 GG vorrangig vor der subsidiären allgemeinen Handlungsfreiheit aus Art. 2 Abs. 1 GG zu prüfen. Innerhalb der speziellen Freiheitsrechte wird Art. 14 Abs. 1 GG in bezug auf die Besteuerung des Vermögens vorrangig vor der Berufsfreiheit nach Art. 12 Abs. 1 GG geprüft, da die Vermögensbesteuerung tatbestandsmäßig an einen Bestand von eigentumsrechtlich geschützten Wirtschaftsgütern und nicht unmittelbar an eine berufliche Betätigung anknüpft.

A. Vereinbarkeit der Vermögensteuer mit Art. 14 GG

Auch wenn man die Vermögensteuer mit dem Bundesverfassungsgericht als Sollertragsteuer ansieht, die lediglich technisch an den Vermögensbestand anknüpft, ist vorrangig die Vereinbarkeit der Vermögensteuer mit Art. 14 GG zu prüfen, da die Nutzung des Vermögens, mag sie ertragbringend erfolgen oder nicht, Eigentumsgebrauch im Sinne des Art. 14 GG ist.

1. Anwendbarkeit von Art. 14 auf die Vermögensbesteuerung

Art. 14 GG kann nur dann Bindungswirkungen für die Vermögensbesteuerung entfalten, wenn sein Schutzbereich durch die Besteuerung überhaupt berührt wird. Die Frage, ob Art. 14 GG vor der Auferlegung von Geldleistungspflichten, insbesondere vor der Besteuerung, zu schützen vermag, wird seit langer Zeit von Literatur und Rechtsprechung uneinheitlich beantwortet. Nachdem die Rechtsprechung des Bundesverfassungsgerichts diese Frage ursprünglich mit einem klaren „Nein" beantwortet hatte, wird sie heute nicht mehr einheitlich beurteilt.

a) Rechtsprechung des Bundesverfassungsgerichts

Die Entwicklung der Rechtsprechung des Bundesverfassungsgerichts zu dieser Frage kann grob in drei Phasen unterteilt werden:

Das Bundesverfassungsgericht hatte in einer ersten Phase, beginnend mit dem Investitionshilfeurteil, judiziert, daß „Art. 14 GG nicht das Vermögen gegen Eingriffe durch Auferlegung von Geldleistungspflichten schützt[159]. Solche Geldleistungspflichten [...] berühren nicht die Eigentumsgarantie des Grundgesetzes[160]." Nach dieser Aussage ist der Schutzbereich des Eigentumsgrundrechts durch die Besteuerung nicht eröffnet. Eine Begründung hat das Bundesverfassungsgericht für diese Auffassung jedoch nie geliefert[161]. Das Gericht hat lediglich behauptet, es bestehe diesbezüglich Einmütigkeit in Schrifttum und Rechtsprechung, ohne jedoch Nachweise darüber zu erbringen und ohne kenntlich zu machen, ob es sich auf Stimmen in der Zeit vor Inkrafttreten des Grundgesetzes oder auf nachkonstitutionelle Stimmen bezieht[162].

In einer zweiten Phase, beginnend mit dem Verfahren wegen des Gesetzes des Landes Nordrhein-Westfalen über die Gründung des Großen Erftverbandes, hat das Bundesverfassungsgericht seine bisherige Rechtsprechung dahingehend ein-

---

159 Vgl. BVerfG, Urteil vom 20. Juli 1954 – 1 BvR 459, 484, 548, 555, 623, 651, 748, 783, 801/52, 9/53, 96, 114/54 – , in: BVerfGE 4, 7 ff. (17).

160 Vgl. BVerfG, Urteil vom 20. Juli 1954 – 1 BvR 459/52, 9/53, 96, 114/54 – in: BVerfGE 4, S. 7 ff. (17); ebenso BVerfG, Beschluß vom 21. März 1957 – 1 BvR 65/54 –, in: BVerfGE 6, S. 290 ff. (298); BVerfG, Beschluß vom 12. November 1958 – 2 BvL 4, 26, 40/56, 1, 7/57 –, in BVerfGE 8, S. 274 ff. (330); BVerfG, Beschluß vom 25. Februar 1960 – 1 BvR 239/52 –, in: BVerfGE 10, S. 354 ff. (371); BVerfG, Urteil vom 10. Mai 1960 – 1 BvR 190, 363, 401, 409, 471/58 – in: BVerfGE 11, S. 105 ff. (126).

161 Vgl. F. KLEIN, „Eigentumsgarantie und Besteuerung", in: StuW 1966, Sp. 433 ff. (449); H.-J. PAPIER, „Die Beeinträchtigungen der Eigentums- und Berufsfreiheit durch Steuern vom Einkommen und Vermögen", in: Der Staat Band 11 (1972), S. 483 ff. (484); K. H. FRIAUF, DÖV 1980, S. 480 ff. (481).

162 Dies ist deswegen nicht ohne Bedeutung, weil der Gesetzgeber der Bundesrepublik nach Art. 1 Abs. 3 GG an die Grundrechte gebunden ist. Vgl. dazu: K. H. FRIAUF, DÖV 1980, S. 480 ff. (484).

geschränkt, daß die Auferlegung von Geldleistungspflichten die Eigentumsgarantie des Art. 14 GG *grundsätzlich* unberührt lasse[163]. Konkretisiert wurde diese erstmals angedeutete Einschränkung gegenüber der apodiktischen These der ersten Phase im Urteil über das Fremdrentengesetz: „Die Auferlegung von Geldleistungspflichten läßt aber die Eigentumsgarantie des Art. 14 GG grundsätzlich unberührt. In solchen Fällen könnte ein Verstoß gegen Art. 14 GG allenfalls dann in Betracht kommen, wenn die Geldleistungspflichten den Pflichtigen übermäßig belasten und seine Vermögensverhältnisse grundlegend beeinträchtigen würden[164]." Das Bundesverfassungsgericht hat diese gegenüber den Entscheidungen der ersten Phase vorgenommenen Einschränkungen wiederum nicht begründet. Eine weitere Konkretisierung hat das Bundesverfassungsgericht in einer Entscheidung zum Lastenausgleichsgesetz dahingehend vorgenommen, daß eine übermäßige Belastung und grundlegende Beeinträchtigung der Vermögensverhältnisse *im Fall der Konfiskation* vorliege[165]. In einer anderen Entscheidung hat es die übermäßige Belastung und grundlegende Beeinträchtigung der Vermögensverhältnisse mit einer *Erdrosselungswirkung* gleichgesetzt[166]. Jedoch hat das Bundesverfassungsgericht bis zum Halbteilungsurteil immer offen gelassen, wann es eine Konfiskation oder Erdrosselung und damit eine verfassungsrechtlich unzulässige, gegen Art. 14 GG verstoßende Besteuerung annimmt. Und so hat das Bundesverfassungsgericht bisher eine konfiskatorische Besteuerung auch in keinem zur Entscheidung angenommenen Fall für gegeben erachtet. Allerdings hat es im Jahr 1969 anläßlich einer Entscheidung über die Geldentwertung bei der Besteuerung von Kapitalzinsen ausgeführt, daß „Art. 14 GG durch die Auferlegung bestimmter Geldleistungspflichten nicht verletzt

---

163 BVerfG, Urteil vom 29. Juli 1959 – 1 BvR 394/58 –, in: BVerfGE 10, S. 89 ff. (116), (Hervorhebung nicht im Original).

164 BVerfG, Urteil vom 24. Juli 1962 – 2 BvL 15, 16/61 –, in: BVerfGE 14, S. 221 ff. (241); ebenso: BVerfG, Beschluß vom 24. September 1965 – 1 BvR 228/65 –, in: BVerfGE 19, S. 119 ff. (128 f.); BVerfG, Beschluß vom 7. Oktober 1969 – 2 BvL 3/66 und 2 BvR 701/64 –, in: BVerfGE 27, S. 111 ff. (131); BVerfG, Beschluß vom 8. März 1983 – 2 BvL 27/81 – , in: BVerfGE 63, S. 312 ff. (327); BVerfG, Beschluß vom 1. Juli 1987 – 1 BvL 21/82 –, in: BVerfGE 76, S. 130 ff. (141); BVerfG, Beschluß vom 31. Mai.1988 – 1 BvR 520/83 –, in: BVerfGE 78, S. 214 ff. (230).

165 BVerfG, Beschluß vom 14. Mai.1968 – 2 BvR 544/63 –, in: BVerfGE 23, S. 288 (315).

166 BVerfG, Beschluß vom 9. März 1971 – 2 BvR 326, 327, 341, 342, 343, 344, 345/69 –, in BVerfGE 30, S. 250 ff. (272); ebenso BVerfG, Beschluß vom 3. Juli 1985 – 1 BvL 55/81 –, in: BVerfGE 70, S. 219 ff. (230).

werde, *solange die Substanz durch die Besteuerung unangetastet bleibt*[167]." In einer Entscheidung zum Rechtshilfevertrag zwischen der Bundesrepublik Deutschland und der Republik Österreich hat das Bundesverfassungsgericht seine Rechtsprechung der zweiten Phase gleichermaßen zusammengefaßt und ausgeführt, daß „dem Steuerzugriff der deutschen Hoheitsgewalt durch Art. 14 Abs. 1 GG jedenfalls eine äußerste Grenze gesetzt (ist): zumindest die erdrosselnde, konfiskatorische Steuer ist verfassungswidrig, in jedem Fall dann, wenn die Auferlegung der Steuerpflicht den Pflichtigen übermäßig belasten und seine Vermögensverhältnisse grundlegend beeinträchtigen würde (BVerfGE 14, 221 (241)), ein Eingriff in die Kapitalsubstanz vorläge (BVerfGE 50, 57 (104 ff.))[168]." In dieser Entscheidung hat das Bundesverfassungsgericht die Möglichkeit angedeutet, daß sich aus Art. 14 GG weitere Grenzen der Besteuerung ergeben könnten, die Beantwortung dieser Frage jedoch als nicht entscheidungserheblich dahinstehen lassen[169].

Mit dem sog. Grundfreibetragsurteil[170] hat der Zweite Senat des Bundesverfassungsgerichts eine dritte Phase der Rechtsprechung über das Verhältnis der Besteuerung zu den Grundrechten, insbesondere zu Art. 14 GG, eingeleitet. Er hat geurteilt, daß „Steuergesetze jedenfalls an Art. 2 Abs. 1 GG zu messen (sind). Dabei ist indes zu berücksichtigen, daß Steuergesetze in die allgemeine Handlungsfreiheit gerade in deren Ausprägung als persönliche Entfaltung im vermögensrechtlichen und im beruflichen Bereich (Art. 14 Abs. 1, Art. 12 Abs. 1 GG) eingreifen. Dies bedeutet, daß ein Steuergesetz keine ‚erdrosselnde' Wirkung haben darf: Das geschützte Freiheitsrecht darf nur so weit beschränkt werden, daß dem Grundrechtsträger (Steuerpflichtigen) ein Kernbestand des Erfolges eigener Betätigung im wirtschaftlichen Bereich in Gestalt der grundsätzlichen Privatnützlichkeit des Erworbenen und der grundsätzlichen Verfügungsbefugnis über die geschaffene vermögenswerte Rechtsposition erhalten

---

167 BVerfG, Beschluß vom 21. Januar 1969 – 1 BvR 346, 598/68 –, in: HFR 1969, S. 347, (Hervorhebung nicht im Original).

168 BVerfG, Beschluß vom 22. März 1983 – 2 BvR 475/78 –, in: BVerfGE 63, S. 343 ff. (368).

169 BVerfG, Beschluß vom 22. März 1983 – 2 BvR 475/78 –, in: BVerfGE 63, S. 343 ff. (368).

170 Vgl. BVerfG, Beschluß vom 25. September 1992 – 2 BvL 5, 8, 14/91 –, in: BVerfGE 87, S. 153 ff.

bleibt[171]." Diese Rechtsprechung ist durch das Halbteilungsurteil bestätigt und weiter konkretisiert worden. In dieser dritten Phase hat das Bundesverfassungsgericht begonnen, den Schutzbereich des Eigentumsgrundrechts weg von einer gegenständlichen, sich an den einzelnen vermögenswerten Rechten orientierenden Auslegung hin zu einer subjekt- und handlungsbezogenen Auslegung neu zu definieren und den Schutz des Eigentümers, den Art. 14 GG vermittelt, als eine vermögensrechtliche Ausprägung der allgemeinen Handlungsfreiheit auszulegen[172].

Der Erste Senat des Bundesverfassungsgerichts hat allerdings im Urteil zu den LPG-Altschulden auf die traditionelle Formel des Bundesverfassungsgerichts aus der zweiten Phase zurückgegriffen und ausgeführt, daß das Vermögen als solches nicht durch Art. 14 GG geschützt sei und daß Art. 14 Abs. 1 GG nicht vor der Auferlegung von Geldleistungspflichten schütze. Diese würden nicht mittels bestimmter Eigentumsobjekte erfüllt, sondern aus „fluktuierendem Vermögen" bestritten[173]. Er setzt sich damit offenbar ganz bewußt von der Auffassung des Zweiten Senats ab, die dieser im Grundfreibetrags- und im Halbteilungsurteil vertreten hat.

Der Zweite Senat hat in einer kürzlich ergangenen Entscheidung zur Aufhebung des § 3a EStG 1990 durch das Steueränderungsgesetz 1992 zur Anwendbarkeit von Art. 14 GG auf die Besteuerung geurteilt, daß „Art. 14 Abs. 1 GG durch die Auferlegung von öffentlich-rechtlichen Geldleistungspflichten, die den Pflichtigen nicht übermäßig belasten und seine Vermögensverhältnisse nicht grundlegend beeinträchtigen, nicht *verletzt* werde[174]. Dies wiederum impliziert, daß der Zweite Senat den Schutzbereich des Art. 14 GG als durch die Besteuerung tangiert ansieht, da die Möglichkeit einer Verletzung nur in Betracht kommt, wenn der Schutzbereich eröffnet ist. Es tritt somit mehr oder weniger

---

171 BVerfG, Beschluß vom 25. September 1992 –2 BvL 5, 8, 14/91 –, in: BVerfGE 87, S. 153 ff. (169); ebenso BVerfG, Beschluß vom 22. Juni 1995 – 2 BvL 37/91 –, in: BVerfGE 93, S. 121 ff. (135); ebenso BVerfG, Beschluß vom 19. Januar 1999 – 2 BvR 1167/96 –, in: www.bundesverfassungsgericht.de, Abs. 30.

172 Vgl. R. SEER, „Der sog. Halbteilungsgrundsatz als verfassungsrechtliche Belastungsobergrenze der Besteuerung", in: FR 1999, S. 1280 ff. (1282).

173 Vgl. BVerfG, Urteil vom 8. April 1997, – 1 BvR 48/94 –, in: BVerfGE 95, S. 267 ff. (300).

174 BVerfG, Beschluß vom 5. Februar 2002 – 2 BvR 305, 348/93 –, in: BVerfGE 105, S. 17 ff. (32), Hervorhebung nicht im Original.

offen zutage, daß die beiden Senate des Bundesverfassungsgerichts in ihrer Auffassung hinsichtlich der Einschlägigkeit des Schutzbereiches von Art. 14 GG für die Besteuerung divergieren.

Bundesfinanzhof und Bundesverwaltungsgericht haben die Entscheidungen des Bundesverfassungsgerichts der ersten und zweiten Phase weitestgehend nachvollzogen[175]. Der Entwicklung der dritten Phase, in der der Zweite Senat des Bundesverfassungsgerichts den Schutz der Freiheitsrechte vor Besteuerung stärker in den Vordergrund stellt, ist der Bundesfinanzhof allerdings ausdrücklich nicht gefolgt. Er hat judiziert, daß „eine Begrenzung der Steuerbelastung auf höchstens 50 % des Gesamtbetrags der Einkünfte oder des zu versteuernden Einkommens sich weder aus Art. 14 noch aus Art. 2 Abs. 1 GG ergebe." Geldleistungspflichten berührten nicht die Eigentumsgarantie. Dies sei nur dann anders, wenn die Steuerpflichtigen übermäßig belastet und ihre Vermögensverhältnisse grundlegend beeinträchtigt würden. Davon sei nur dann auszugehen, wenn die Belastung über jedes Maß ansteige und damit zu einer Existenzgefährdung führe („Erdrosselung")[176]. Der BFH ist ausdrücklich bei der zweiten Phase der Rechtsprechung des Bundesverfassungsgerichts stehengeblieben und hat sich damit auf die Seite des Ersten Senats des Bundesverfassungsgerichts gestellt.

b) Ablehnung des Schutzes vor Besteuerung durch Art. 14 GG in der Literatur

In der Literatur ist die Frage, ob die Besteuerung den Schutzbereich des Art. 14 Abs. 1 GG überhaupt berührt, seit jeher heftig umstritten. Der Streit, der seinen vorläufigen Höhepunkt nach der Staatsrechtslehrertagung 1980 erreicht hatte, ist infolge des Halbteilungsurteils neu aufgeflammt. Von einem nicht geringen Teil des Schrifttums wird die ursprüngliche Auffassung des Bundesverfassungsgerichts, daß Art. 14 GG nicht vor der Auferlegung von Geldleistungspflichten schützt, geteilt[177].

---

175 Vgl. dazu z.B. BFH, Urteil vom 30. Juli 1965 – III 186/64 –, in: BStBl. III 1965, S. 574 ff. (576); BVerwG, Urteil vom 7. März 1958 – VII C 84/57 –, in: BVerwGE 6, S. 247 ff. (266 ff.); ausführlich dazu: F. KLEIN, StuW 1966, Sp. 433 ff. (439 ff.)

176 Vgl. BFH, Urteil vom 11. August 1999 – XI R 77/97 –, in: FR 1999, S. 1303 ff. (1305).

177 Vgl. H. P. BULL, NJW 1996, S. 281 ff. (282), der die Einbeziehung des Schutzes vor Steuern in den Schutz des Eigentums als *anfechtbar* bezeichnet; A. CHRISTIANSEN,

(1) Unvereinbarkeit von Eigentumsschutz vor Besteuerung und Steuerhoheit

Insbesondere FORSTHOFF ging zunächst davon aus, daß die Eigentumsgarantie der staatlichen Besteuerungsgewalt überhaupt keine Grenzen setzen könne[178]. Er hielt zwar eine strenge Bindung an die Verteilung des Volksvermögens bei unbeschränkter Möglichkeit des Zugriffs auf das Sozialprodukt als kennzeichnend für den Typus des sozialen Rechtsstaates, den die Bundesrepublik verkörpere[179]. Diese volkswirtschaftlichen Kategorien würden auf den einzelnen Steuerpflichtigen übersetzt bedeuten, daß eine unbeschränkte Besteuerung der Erträge zulässig, ein Eingriff in die Substanz hingegen unzulässig wäre[180]. *Verfassungsrechtlich* sei die Steuerhoheit aber strikt vom grundrechtlichen Eigentumsschutz abgekoppelt. Nur so sei es möglich, vermittels der Steuerhoheit Eingriffe in das Eigentum und das Vermögen vorzunehmen, die, wenn sie in gleicher Intensität direkt gegen das Eigentum gerichtet würden, als Enteignung zu qualifizieren wären und Entschädigungsansprüche auslösten. Ohne diese Unterscheidung von steuerlichem Eingriff und Eingriff in das Eigentum würde nach FORSTHOFF dem heutigen Sozialstaat die verfassungsrechtliche Grundlage entzogen[181].

Anmerkung zu BFH, Urteil vom 11. August 1999 – XI R 77/97 –, in: HFR 1999, S. 1013 ff. (1016).

178 Vgl. E. FORSTHOFF, „Begriff und Wesen des sozialen Rechtsstaats“ in: VVDStRL Band 12 (1955), S. 8 ff. (32); DERSELBE, „Eigentumsschutz öffentlich-rechtlicher Rechtstellungen“, in: NJW 1955, 1249 ff. (1250); K. HESSE, Grundzüge des Verfassungsrechts der Bundesrepublik Deutschland, 18. Auflage, Heidelberg 1991, Rn. 446; zumindest im Ansatz auch D. BIRK, in Festschrift für Klaus Vogel 2000, S. 157 ff. (160), nach dem die freiheitsrechtliche Begrenzung der Steuer sich mit dem Gedanken der Gemeinlast nur schwer verträgt und daher Steuern in gewissem Umfang gegenüber den Freiheitsrechten resistent sein müßten, weil sie anderenfalls ihren Charakter als Gemeinlast verlören. Allerdings gesteht BIRK zu, daß die individuelle Steuerlast einen Grad des Besteuerungsübermaßes erreichen kann, der den freiheitsrechtlichen Abwehranspruch gegenüber der Steuerlast realisieren könne.

179 Vgl. E. FORSTHOFF, NJW 1955, 1249 ff. (1250).

180 Nach E. FORSTHOFF (a.a.O.) wirkt sich die Eigentumsgarantie „als die verfassungsrechtliche Garantie des Vermögens des einzelnen und damit des individuellen Anteils am Volksvermögen aus.

181 Vgl. E. FORSTHOFF, VVDStRL Band 12 (1955), S. 8 ff. (32); ebenso K. M. HETTLAGE, „Die Finanzverfassung im Rahmen der Staatsverfassung“, in: VVDStRL Band 14 (1956), S. 2 ff. (5): „Es ist offenbar unsinnig und unmöglich, die Finanzgewalt unter die Grenzen und Rechtsfolgen von sonstigen enteignenden Eingriffen zu stellen. ... Die Fi-

Daran anknüpfend wird auch heute noch vertreten, daß der Staat zur Erfüllung seiner Aufgaben auf die Erhebung von Steuern aus dem Vermögen seiner Bürger angewiesen sei, um überhaupt in der Lage sein zu können, das Eigentum, welches er durch Art. 14 GG schützt, gewährleisten zu können, ohne dabei auf Konfiskationen zurückgreifen zu müssen. Folglich könne der Staat dem Bürger nicht den Erhalt seines gesamten Vermögens garantieren. Der moderne (Sozial-) Staat basiere vielmehr auf der Teilhabe des Staates am Privatvermögen im Wege der Besteuerung[182]. Die Grenzen der Besteuerung zu bestimmen, sei nach der Verfassungsordnung prinzipiell Aufgabe des Gesetzgebers, der nach dem Sozialstaatsprinzip für eine gerechte Sozialordnung zu sorgen habe[183]. Insofern könnten die Freiheitsrechte nicht als Abwehrrechte gegen den Steuergesetzgeber mobilisiert werden, weil jedes Steuergesetz dann hinsichtlich der Notwendigkeit und der Höhe der Besteuerung zu überprüfen wäre und somit das Bundesverfassungsgericht in die Rolle des Steuergesetzgebers gedrängt würde[184]. Schutz gegen eine übermäßige Besteuerung böten aber das Demokratieprinzip in Verbindung mit dem Gleichheitssatz und – gleichermaßen als letzte Bastion – das Konfiskationsverbot, das entweder mit dem Gedanken des Formenmißbrauchs oder mit der Institutsgarantie des Eigentums begründet wird. Zudem würde eine freiheitsrechtliche Begrenzung der Steuerhoheit des Staates eine entsprechende Begrenzung des Budgetrechts des Parlaments bewirken, obwohl für das Budgetrecht der Grundsatz der Non-Affektation[185] gelte[186]. Diese Strömung in der Literatur versucht, die Steuergewalt aus dem allgemeinen Grundrechtsschutzsystem auszuklammern und den staatlichen Steuerzugriff grundsätzlich von durch die

---

nanzgewalt allein ermöglicht es, das Bekenntnis der Verfassung zum Sozialstaat zu verwirklichen." Ebenso: P. BADURA, „Eigentum", in Benda/Maihofer/Vogel (Hrsg.), Handbuch des Verfassungsrechts, 2. Auflage, Berlin/NewYork 1994, § 10 Rn. 42.

182 Vgl. J. WIELAND, DStJG Band 24 (2001), S. 29 ff. (33).

183 Vgl. J. WIELAND, in: Dreier (Hrsg.), Grundgesetz, Band I: Art. 1-19, Tübingen 1996, Art. 14 Rn. 48.

184 Vgl. G. F. SCHUPPERT, „Verfassungsrechtliche Prüfungsmaßstäbe bei der verfassungsgerichtlichen Überprüfung von Steuergesetzen", in: Fürst/Herzog/Umbach (Hrsg.), Festschrift für Wolfgang Zeidler Band I, Berlin/New York 1987, S. 691 ff. (692).

185 Grundsatz der Einheit der Deckungsmittel. Vgl. § 7 des Gesetzes über die Grundsätze des Haushaltsrechts des Bundes und der Länder vom 19.08.1969, BGBl. I 1969, S. 1273 ff.; § 8 Bundeshaushaltsordnung.

186 Vgl. J. WIELAND, DStJG Band 24 (2001), S. 29 ff. (34) in Auseinandersetzung mit der These H. H. v. ARNIMS, die Steuererhebung sei im Sinne der Verhältnismäßigkeitsprüfung nur dann erforderlich, wenn die am wenigsten dringliche Staatsaufgabe noch die am schwersten belastende Steuer rechtfertige.

Freiheitsgrundrechte vermittelten verfassungsrechtlichen Bindungen freizuzeichnen[187].

(2) Fehlendes eigentumsrechtlich geschütztes Eingriffsobjekt

Eine weitere Strömung in der Literatur begründet die weitgehende Exemtion der Steuergewalt vom Grundrechtsschutz damit, daß die Besteuerung nicht in ein eigentumsrechtlich geschütztes Eigentumsobjekt eingreife. Als Eigentum im Sinne des Art. 14 GG sei lediglich jede durch den Gesetzgeber ausgestaltete, also rechtssatzgeprägte, vermögenswerte Rechtsposition geschützt[188]. Da dem Gesetzgeber die Aufgabe obliege, die Eigentumsgüter und deren Zuordnung zu bestimmen, das Vermögen an sich durch ihn jedoch nicht als eine solche Rechtsposition ausgestaltet worden sei, unterliege folglich das Vermögen nicht dem Schutz des Art. 14 Abs. 1 GG[189]. Die Besteuerung treffe aber nur das Vermögen. Daher schütze Art. 14 GG nicht vor der Besteuerung.

Zur Begründung der These, daß das Vermögen von Art. 14 GG nicht geschützt sei, wird auf die Entstehungsgeschichte des Grundgesetzes verwiesen, nach der der Ausschuß für Grundsatzfragen den Vorschlag des Abgeordneten THOMA ausdrücklich abgelehnt habe, das Wort „Eigentum" durch den Ausdruck „Privatvermögen" zu ersetzen[190]. Außerdem wird darauf verwiesen, daß das Vermögen selbst an der Garantie des Art. 14 Abs. 1 GG nicht teilhaben könne, da Art. 14 Abs. 1 S. 2 GG entschädigungslose Inhalts- und Schrankenbestimmungen ausdrücklich zulasse, jede den einzelnen belastende Inhalts- und Schrankenbestimmung aber gleichzeitig einen das Vermögen mindernden Eingriff darstelle. Damit folge bereits aus Art. 14 Abs. 1 S. 2 GG, daß das Vermögen nicht von Art. 14 GG geschützt sein könne[191].

---

187 Vgl. G. F. SCHUPPERT, in: Festschrift Wofgang Zeidler Band I, S. 691 ff. (695).

188 Vgl. H.-J. PAPIER, „Besteuerung und Eigentum", in: DVBl. 1980, S. 787 ff. (790).

189 Vgl. J. WIELAND, DStJG Band 24 (2001), S. 29 ff. (33); DERSELBE in: Dreier (Hrsg.), Grundgesetz, Art. 14 Rn. 48; H.-J. PAPIER, in: Maunz-Dürig, Komm. z. GG, Art. 14 Rn. 160; O. GEIẞLER, Der Unternehmer im Dienste des Steuerstaates, München 2001, S. 114; J. ESCHENBACH, „Steuerrecht und Eigentumsschutz", in: DStZ 1997, S. 413 ff. (414); für die Einkommensteuer: A. NACKE, in: Littmann/Bitz/Pust, Das Einkommensteuerrecht, § 32a Rn. 1.

190 Vgl. O. DEPENHEUER, in v. Mangoldt/Klein/Starck, GG I, Art. 14 Rn. 169.

191 Vgl. H.-J. PAPIER, in: Maunz-Dürig, Komm. z. GG, Art. 14 Rn. 160.

Zur Begründung der These, daß die Besteuerung nur das Vermögen und keine eigentumsrechtlich von Art. 14 GG geschützte Rechtsposition betreffe, wird ausgeführt, daß die steuerliche Leistungspflicht dem Schuldner weder einen gegenständlich bestimmten Geldbetrag entziehe, da sie nicht befehle, mit bestimmten Münzen oder Scheinen zu zahlen, noch aus dem Wirtschaftsgut, an das der Steuertatbestand die steuerliche Leistungspflicht knüpft, erbracht werden müsse. Sie verkürze daher in keinem Fall ein Eigentumsrecht. Die Steuerschuld sei vielmehr als abstrakte Wertsummenschuld aus dem Gesamtvermögen zu erbringen[192]. Auch nach JACHMANN fehlt es, wenn man den Steuereingriff in der Begründung einer Zahlungsverpflichtung sieht, für einen Eigentumseingriff an der Beeinträchtigung eines hinreichend konkreten Eigentumsobjekts. Die Begründung einer abstrakten Geldschuld werde in der Literatur zu Unrecht mit einem Zugriff auf eine konkrete Eigentumsposition gleichgestellt, da dem Steuerpflichtigen die Dispositionsbefugnis darüber verbleibe, mit welchem Objekt er die Zahlungspflicht erfülle. Dieser könne zur Finanzierung der Steuerschuld ein Darlehen aufnehmen[193]. Durch die Darlehensaufnahme disponiere der Steuerpflichtige nicht über ein Eigentumsobjekt. Der Steuerzugriff könne daher Art. 14 GG nicht verletzen, weil die Steuerzahlungspflicht lediglich auf das Vermögen zugreife, nicht jedoch auf eine einzelne eigentumsfähige Rechtsposition.

(3) Kein Eigentumswertschutz durch Art. 14 GG

Daran anknüpfend betont ein Teil der Literatur, daß Art. 14 GG primär einen objektbezogenen Eigentumsbestandsschutz und keine (Vermögens-) Wertgarantie vermittele[194]. Soweit demgegenüber in der Literatur vertreten werde, daß Art. 14 GG vor der Besteuerung schütze, weil dieser nicht nur einen objektbezogenen *Bestands*schutz vermittele, sondern auch das Eigentum als Wertaufbe-

---

192 Vgl. H.-J. PAPIER, Der Staat Band 11 (1972), S. 483 ff. (488); DERSELBE, in: Maunz-Dürig, Komm. z. GG, Art. 14 Rn. 541; D. BIRK, in: Hübschmann/Hepp/Spitaler, § 4 AO Rn. 599; R. WENDT, „Besteuerung und Eigentum“, in: NJW 1980, S. 2111 ff. (2113); O. GEIßLER, Der Unternehmer im Dienste des Steuerstaats, S. 115; ebenso: P. BADURA, in: Benda/Maihofer/Vogel (Hrsg.), Handbuch des Verfassungsrechts der Bundesrepublik Deutschland, § 10 Rn. 42.

193 Vgl. M. JACHMANN, Politische Studien, Sonderheft 1/2000, S. 78 ff. (80).

194 Vgl. H.-J. PAPIER, in: Maunz-Dürig, Komm. z. GG, Art. 14 Rn. 9. Dieser weist zutreffend darauf hin, daß es, soweit es um den Eigentums*bestand* geht, eine Wertgarantie immer nur eine Vermögenswertgarantie darstellen kann. Ferner DERSELBE, in: Maunz-Dürig, Komm. z. GG, Art. 14 Rn. 169; D. BIRK, in: Hübschmann/Hepp/Spitaler, § 4 AO Rn. 590.

wahrungsmittel und somit den Eigentums*wert* schütze[195], beruhe diese Auffassung auf einer unzulässigen Einebnung der spezifischen Garantiegehalte des Art. 14 GG und reduziere damit im Ergebnis seinen Schutzgehalt[196]. Er schütze nicht vornehmlich den Eigentumswert, sondern primär den Eigentumsbestand und die Eigentumsnutzung. Der geschützte Bestand determiniere aber nicht den Wert der Eigentumsobjekte. Infolgedessen werde der Markt- oder Tauschwert der Güter nicht vom Schutz des Art. 14 GG umfaßt. Nur im Fall der zulässigen Enteignung nach Abs. 3 reduziere sich der Bestandsschutz auf einen subsidiären Wertschutz[197]. Anderenfalls würde es dem Gesetzgeber möglich, private Vermögensrechte aufzuheben und an ihre Stelle Rechte anderen Typus, Umfangs und Inhalts zu setzen, sofern dem Eigentümer im Ergebnis und dem Wert nach der bisherige Vermögensbestand erhalten bleibe[198]. Mit diesem Ergebnis verkenne man aber den abgestuften, spezifischen Garantiegehalt des Art. 14 GG, nach dem Art. 14 GG vor allem die Eigentumsrechte in ihrem Bestand sichere[199].

c) Bejahung des Schutzes vor Besteuerung durch Art. 14 GG in der Literatur

Die Rechtsprechung des Bundesverfassungsgerichts zum Verhältnis von Besteuerung und Eigentumsgarantie ist aber sehr früh auch auf Kritik in der Literatur gestoßen. Sie wurde – sehr pathetisch – als „trojanisches Pferd des Sozialismus[200]" und als „offene Flanke der Eigentumsgarantie[201]" bezeichnet. Mittlerweile ist die wohl als herrschend zu bezeichnende Meinung in der Literatur der Auffassung, daß die Besteuerung einen Eingriff in das verfassungsrechtlich ga-

---

195 Vgl. insbesondere K. H. Friauf, DStJG Band 12 (1989), S. 3 ff. (23); R. Wendt, NJW 1980, S. 2111 ff. (2113).

196 Vgl. H.-J. Papier, DVBl. 1980, S. 787 ff. (790); D. Birk, in: Hübschmann/Hepp/Spitaler, § 4 AO Rn. 590; J. Englisch, „Eigentumsschonende Ertragsbesteuerung", in: StuW 2003, S. 237 ff. (240).

197 Vgl. hierzu H.-J. Papier, in: Maunz-Dürig, Komm. z. GG, Art. 14 GG Rn. 8 f.; derselbe, DVBl. 1980, S. 787 ff. (790).

198 Vgl. H.-J. Papier, DVBl. 1980, S. 787 ff. (790).

199 Vgl. H.-J. Papier, in: Maunz-Dürig, Komm. z. GG, Art. 14 Rn. 9.

200 Vgl. K. M. Hettlage, VVDStRL Band 14 (1956), S. 2 ff. (4 f.).

201 Vgl. K. Hesse, Grundzüge des Verfassungsrechts der Bundesrepublik Deutschland, Rn. 447.

rantierte Eigentumsgrundrecht darstellt[202]. Allerdings divergieren die Begründungsansätze für diese Auffassung:

(1) Bejahung des Vermögensschutzes

Ein Teil der Literatur ist ausdrücklich der Meinung, daß Art. 14 Abs. 1 GG auch das Vermögen vor der Auferlegung von Steuern schützt[203]. Es wird kritisiert, daß das Bundesverfassungsgericht zwar die apodiktische These aufgestellt habe, daß Art. 14 GG das Vermögen nicht gegen die Auferlegung von Geldleistungspflichten schützt und die Steuererhebung die Eigentumsgarantie grundsätzlich unberührt läßt, diese These jedoch mit keinem Wort der Begründung abgesichert hat[204]. Der Steuerbescheid ziele zwar nicht direkt auf bestimmte Vermögensgegenstände ab, die Steuerlast könne aber nur durch Aufgabe irgendeines eigentumsrechtlich geschützten Gutes getilgt werden. Daher sei nicht ein-

---

202 Vgl. K. VOGEL/C. WALDHOFF, in: Dolzer/Vogel/Graßhof (Hrsg.), BK, Vorbem. z. Art. 104a-115 Rn. 541 m.w.N.

203 Vgl. H.-W. ARNDT/A. SCHUMACHER, NJW 1995, S. 2603 ff. (2604); K. H. FRIAUF, DÖV 1980, S. 480 ff. (488); P. KIRCHHOF, „Verfassungsrechtliche Maßstäbe für die Einheitsbewertung", in: DStR 1984, S. 575 ff. (579); L. SCHEMMEL, „Zur Aufnahme des Leistungsfähigkeitsprinzips in das GG", in: StuW 1995, S. 39 ff. (52 ff); W. SCHICK, Anmerkung zu BFH, Urteil vom 17. November 1972 – III R 149, 150/71–, in: JZ 1974, S. 328 ff. (331); H. FELDMANN, „Konstitutionelle Grenzen der Steuerbelastung", in: StuW 1998, S. 114 ff. (115); K.-G. LORITZ, „Das Grundgesetz und die Grenzen der Besteuerung, in: NJW 1986, S. 1 ff. (9); tendenziell auch H.-J. PAPIER, DVBl. 1980, S. 787 ff. (789); im Ansatz auch P. FISCHER, „Der Halbteilungsgrundsatz in der Krise", FR 1999, S. 1292 ff. (1293), der konzediert, daß es „einleuchte, daß, wenn der Staat durch die Steuer auf erzieltes Einkommen zugreift, dies wirtschaftlich dem Entzug einer als Eigentum geschützten Rechtsposition gleichsteht." Nach R. SEER, „Verfassungsrechtliche Grenzen der Gesamtbelastung von Unternehmen", in: Pelka, Jürgen (Hrsg.), Europa- und verfassungsrechtliche Grenzen der Unternehmensbesteuerung, DStJG Band 23 (2000), S. 87 ff. (98), erstreckt der Zweite Senat den Schutzbereich des Art. 14 GG nunmehr auf die gesamte Vermögenssphäre; offenbar ebenso; M. ELICKER, „Darf der Steuerzugriff ein Unternehmen zahlungsunfähig machen ?", in: StuW 2002, S. 217 ff. (219); K. VOGEL/C. WALDHOFF, in Dolzer/Vogel/Graßhof (Hrsg.), BK, Vorbem. z. Art. 104a-115, Rn. 543 a.E.; K. TIPKE, Die Steuerrechtsordnung Band I, 2. Auflage, S. 449; R. WENDT, NJW 1980, S. 2111 ff. (2114).

204 Vgl. K. H. FRIAUF, StuW 1977, S. 59 ff. (61).

zusehen, warum die einzelnen eigentumsrechtlich geschützten Güter diesen Schutz aus Art. 14 Abs. 1 GG nicht auch in ihrer Summe genießen sollen[205].

Zum Teil wird die Auffassung, daß Art. 14 Abs. 1 GG auch einen Vermögensschutz vermittele, damit begründet, daß mit dem Schutz der Eigentumsgegenstände zugleich auch ein Schutz des Eigentumswertes verbunden sei[206]. Dieser stelle sich zwar nicht im Sinne einer staatlichen Garantie des Wertes gegenüber allen Wertschwankungen dar. Der Grundrechtsschutz dürfe jedoch nicht dadurch obsolet werden, daß der Staat nicht auf Einzelgegenstände zugreife, sondern die Vermögenssphäre mit Steuerlasten tangiere, weil der Steuerpflichtige die Steuer nicht aus dem „Vermögen“ zahlen könne, sondern zu diesem Zweck einzelne Vermögensgegenstände, die, jeder für sich genommen, dem Schutz des Art. 14 Abs. 1 GG unterliegen, aufgeben müsse[207]. Es wird eingeräumt, daß dem Steuerpflichtigen die Wahl bleibe, mit welchem Bestandteil des Vermögens er die Steuerpflicht erfülle, gleichzeitig aber darauf verwiesen, daß die Steuer hinsichtlich des „Ob“ der Hingabe von eigentumsrechtlich geschützten Vermögensbestandteilen in demselben Maß wie der direkte Zugriff des Staates auf einzelne Eigentumsgüter zwinge[208]. Als Folge der Steuerleistung werde daher nicht lediglich der Wert des Abstraktums „Vermögen“ geschmälert, sondern der konkrete Bestand an werthaltigen Vermögensgütern verringert[209]. LANG ist der Auffassung, daß „das starre Festhalten am Erfordernis der konkreten Rechtsposition in eine das Freiheitsrecht vereitelnde begriffsjuristische Fehlleistung umschlage.“ Die aus Art. 14 Abs. 2 GG herrührende Gemeinwohlverpflichtung des Steuerpflichtigen könne nur dann sachgerecht beurteilt werden, wenn die Gesamtheit seiner Güter und die sich aus ihr ergebenden Gebrauchsfreiheiten berücksichtigt würden. Eine am Bestandsschutz des Vermögens orientierte Auslegung des Art. 14 (Abs. 2) GG würde zudem einen Gleichlauf der Eigentums- mit der Erbrechtsgarantie ermöglichen[210].

---

205 Vgl. R. HERZOG, StbJb 1985/86, 27 ff. (30 f.); F. KLEIN, StuW 1966, Sp.433 ff. (468 f.)

206 Vgl. insbesondere K. H. FRIAUF, DÖV 1980, S. 480 ff. (488); DERSELBE, DStJG Band 12 (1989), S. 3 ff. (23); ebenso R. WENDT, NJW 1980, S. 2111 ff. (2113).

207 Vgl. R. SEER, FR 1999, S. 1280 ff. (1283); i.E. auch: H. H. v. ARNIM, VVDStRL Band 39 (1981), S. 287 ff. (301).

208 Vgl. K. H. FRIAUF, DÖV 1980, S. 480 ff. (488).

209 Vgl. K. H. FRIAUF, DStJG Band 12 (1989), S. 3 ff. (23).

210 Vgl. J. LANG, in: Festschrift für Klaus Vogel 2000, S. 173 ff. (180).

(2) Unzulässige Vermengung von Schutzbereich und Eingriffsintensität

Außerdem wird hervorgehoben, daß die Rechtsprechung des Bundesverfassungsgerichts insoweit an einem inneren Widerspruch leide, als nach ihr die Besteuerung den Schutzbereich der Eigentumsgarantie des Art. 14 Abs. 1 GG nicht berühre, andererseits aber im Falle der konfiskatorischen Steuer Art. 14 GG verletzt sein solle[211]. Eine konfiskatorische oder erdrosselnde Besteuerung könne aber nur dann gegen Art. 14 GG verstoßen, wenn der Schutzbereich von Art. 14 GG durch die Besteuerung überhaupt eröffnet werde[212]. Dem Bundesverfassungsgericht wird daher vorgeworfen, es werfe Kategorien des Schutzbereichs und der Eingriffsintensität „souverän“ durcheinander[213].

(3) Schutzbereichsberührung durch den Steuertatbestand

Nach einer weiteren Strömung in der Literatur ist nicht die Steuerzahlungspflicht als solche an Art. 14 Abs. 1 GG zu messen, weil diese nur das Vermögen belaste, das nicht von Art. 14 GG geschützt sei. Vielmehr tangiere der steuerliche Tatbestand konkrete subjektive Rechtsstellungen des Bürgers, indem er die Nutzung des Eigentums reglementiere[214]. Er sei daher an dem speziellen Freiheitsgrundrecht aus Art. 14 GG zu überprüfen[215]. Steuerpflichten berühren nach

---

211 Vgl. K. H. FRIAUF, DÖV 1980, S. 480 ff. (485), DERSELBE, DStJG Band 12 (1989), S. 3 ff. (22); R. SEER, FR 1999, S. 1280 ff. (1283).

212 Vgl. B. SCHMIDT-BLEIBTREU/H.-J. SCHÄFER, „Besteuerung und Eigentum“, in: DÖV 1980, S. 489 ff. (493); im Ergebnis auch H.-J. PAPIER, Der Staat Band 11 (1972), S. 483 ff. (485).

213 Vgl. R. HERZOG, StuW 1993, S. 322 ff. (324); DERSELBE, „Steuerrecht und Verfassungsrecht“, in: Der Präsident des Bundesfinanzhofs (Hrsg.), Festschrift 75 Jahre Reichsfinanzhof - Bundesfinanzhof, S. 105 ff. (110), kritisiert zu Recht, daß es „allen Regeln der Grundrechtslehre widerspricht, die Frage, ob ein Eingriff den Schutzbereich eines Grundrechts berührt, anhand der Intensität dieses Eingriffs zu beantworten.“

214 D. BIRK, in: Hübschmann/Hepp/Spitaler, § 4 AO Rn. 603 diskutiert dies unter dem Stichwort „Gestaltungswirkung“ der Steuer.

215 Vgl. H. SÖHN, „Verfassungsrechtliche Aspekte der Besteuerung nach der subjektiven Leistungsfähigkeit im Einkommensteuerrecht: Zum persönlichen Existenzminimum“, in: FinArch Band 46 (1988), S. 154 ff. (165); H.-G. DEDERER, StuW 2000, S. 91 ff. (94); M. JACHMANN, Verfassungsrechtliche Grenzen der Besteuerung, S. 39; O. GEIẞLER, Der Unternehmer im Dienste des Steuerstaates, S. 115; J. ENGLISCH, StuW 2003, S. 237 ff. (244); H.-J. PAPIER, Der Staat Band 11 (1972), S. 483 ff. (492 f., 498 f.); DERSELBE, in: Maunz-Dürig, Komm. z. GG, Art. 14 Rn. 169 ff.; B.-O. BRYDE, in: v. Münch/Kunig, Grundgesetz-Kommentar, Band 1 (Präambel bis Art. 19), 5. Auflage,

dieser Auffassung die Eigentumsfreiheit, wenn sie an die Nutzung und Innehabung von Eigentum anknüpfen[216]. Insoweit könne auch Art. 14 GG vor Besteuerung schützen. Ein steuerlicher Eigentumseingriff sei danach in zwei Varianten denkbar, nämlich als Zugriff auf einen bestimmten Eigentumsbestand und als Entzug von Erträgen der Eigentumsnutzung[217].

(4) Handlungsbezogene Schutzbereichsbestimmung

Nach der von KIRCHHOF entwickelten Eigentumsdogmatik, der sich der 2. Senat des Bundesverfassungsgerichts im Halbteilungsurteil offenbar angeschlossen hat, sichert Art. 14 GG einen Handlungsspielraum des Eigentümers (die „Eigentümerfreiheit"), der ihm als Ausfluß der ihm zugeordneten Vermögensgegenstände zur Verfügung stehe[218]. Art. 14 sichere dem Grundrechtsberechtigten einen individuellen Freiheitsraum zur persönlichen Entfaltung im vermögensrechtlichen Bereich und ermögliche ihm so eine eigenverantwortliche Gestaltung seines Lebens[219]. Die Gewährleistung des Eigentums ergänze insoweit die Handlungs- und Gestaltungsfreiheit, indem sie den Bestand an vermögenswerten Gütern anerkenne[220].

Grundlage dieser Handlungsfreiheit ist nach KIRCHHOF das Gesamtvermögen[221]. Die Erhebung von Abgaben verkürze diesen Freiheitsraum, weil die staatlichen Abgabenbelastungen dem Pflichtigen die Möglichkeit nähmen, über sein Einkommen und Vermögen autonom zu verfügen. Bei der Vermögensteuer

---

München 2000, Art. 14 Rn. 23; H. D. JARASS, in: Jarass/Pieroth, Grundgesetz, Art. 14 Rn. 15.

216 Vgl. H.-J. PAPIER, DVBl. 1980, S. 787 ff. (791); DERSELBE, in: Maunz-Dürig, Komm. z. GG, Art. 14 Rn. 169 f.

217 Vgl. M. JACHMANN, Politische Studien 2000, Sonderheft 1, S. 78 ff. (81).

218 Grundlegend P. KIRCHHOF, „Besteuerung und Eigentum", in: VVDStRL Band 39 (1981), S. 213 ff. (231 ff.), der die Eigentümerfreiheit als „das Recht zu privatnützigem Erwerben, Haben, Nutzen, Verbrauchen, Verwalten und Veräußern" definiert.

219 Vgl. P. KIRCHHOF, in: Isensee/Kirchhof (Hrsg.), Handbuch des Staatsrechts, Band IV, § 88 Rn. 86 ff.; K. VOGEL, in: Isensee/Kirchhof (Hrsg.), Handbuch des Staatsrechts, Band IV § 87 Rn. 85.

220 Vgl. bereits BVerfG, Urteil vom 18. Dezember 1968 – 1 BvR 638, 673/64 und 200, 238, 249/65 –, in: BVerfGE 24, S. 367 ff. (389); BVerfG, Beschluß vom 16. März 1971 – 1 BvR 52, 665, 667, 754/66 –, in: BVerfGE 30, S. 292 ff. (334).

221 Vgl. P. KIRCHHOF, VVDStRL Band 39, S. 213 ff. (236); DERSELBE, in: Isensee/Kirchhof (Hrsg.), Handbuch des Staatsrechts, Band IV, § 88 Rn. 87 ff.

zwinge der Steuerzugriff auf das ruhende Vermögen den Steuerpflichtigen zur produktiven Verwendung seines Vermögens und tangiere damit die Ausübung seiner Eigentümerfreiheit[222]. Ob das Vermögen in den Schutzbereich des Art. 14 Abs. 1 GG einzubeziehen sei, sei irrelevant, weil die Steuer nicht auf das Gesamtvermögen zugreife, sondern weil sie die Teilhabe am Ertrag oder an der Substanz von konkreten Vermögensgütern regele[223]. An anderer Stelle vertritt KIRCHHOF explizit die Auffassung, daß die Steuer in das Privatvermögen eingreift, das durch Art. 14 Abs. 1 GG der Verfügungsgewalt und Nutzungsbefugnis des privaten Eigentümers unterworfen ist[224]. Verfassungsrechtlich liegt dieser Neubestimmung des Schutzbereiches damit die Auffassung zugrunde, daß das Vermögen als ganzes durch Art. 14 GG geschützt wird. An dieser Konzeption KIRCHHOFS wird kritisiert, daß die umfassende Eigentümerfreiheit im Grunde nichts anderes sei, als die Zusammenfassung aller Freiheiten, die die einzelnen konkreten Güterpositionen vermitteln. Wer keinen Eigentumsgegenstand besitze, dem erwachse auch keine Eigentümerfreiheit, da diese eine reale Güterzuordnung voraussetze[225]. Weiter wird kritisiert, daß die klassische Differenzierung zwischen gesetzlich definierten Eigentumsrechten und der allgemeinen Handlungsfreiheit eingeebnet werde und in einem umfassenden Konzept des Freiheitsschutzes aufgehe, für den die Einzelgrundrechte nur noch exemplarische Schutzschwerpunkte bilden[226]. Auf diese Weise werde das Gesamtvermögen in den Schutzbereich der Eigentumsfreiheit einbezogen[227].

---

222 Vgl. P. KIRCHHOF, in: Isensee/Kirchhof (Hrsg.), Handbuch des Staatsrechts, Band IV, § 88 Rn. 73.

223 Vgl. P. KIRCHHOF, in: Isensee/Kirchhof (Hrsg.), Handbuch des Staatsrechts, Band IV, § 88 Rn. 88, in FN 147 insbesondere die Vermögensteuer ansprechend, die im Tatbestand konkrete Wirtschaftsgüter belaste; zustimmend: M. JACHMANN, „Verfassungsrechtliche Grenzen der Besteuerung, Aachen 1996, S. 38.

224 Vgl. P. KIRCHHOF, „ Die Rechtsprechung des Bundesverfassungsgerichtes zur Vermögen- und Erbschaftsteuer“, in: Stbg. 1996, S. 1 ff. (2); DERSELBE, „Verfassungsrechtliche Maßstäbe für die Steuergesetzgebung“, in: Stbg. 1997, S. 193 ff. (193); derselbe, „Verfassungsrechtliche Maßstäbe der Steuergesetzgebung“ in: StbJb 1999/2000, S. 17 ff. (23).

225 Vgl. D. BIRK, in: Hübschmann/Hepp/Spitaler, § 4 AO Rn. 593.

226 Vgl. H.-J. PAPIER, in: Maunz-Dürig, Komm. z. GG, Art. 14 Rn. 161.

227 Vgl. J. WIELAND, DStJG Band 24 (2001), S. 29 ff. (35).

d) Stellungnahme

(1) Zur Abgrenzung der Besteuerung von der Enteignung

Der frühen Auffassung FORSTHOFFS und des BVerfG im Investitionshilfeurteil, die sich vor allem mit der Abgrenzung der Besteuerung von der Enteignung befaßt, liegt erkennbar der verfassungsrechtliche Enteignungsbegriff vor dem Naßauskiesungsbeschluß des BVerfG zugrunde und beruht auf einer – nach heutiger Sicht – unzulässigen Gleichstellung des Eigentumsschutzes im Sinne von Art. 14 Abs. 1 GG mit dem Schutz vor technischen Enteignungen im Sinne des Art. 14 Abs. 3 GG[228]. Nach heutigem Verständnis des Art. 14 GG liegt in der Besteuerung jedenfalls keine Enteignung im Sinne von Art. 14 Abs. 3 GG, weil die Enteignung einen konkret-finalen Zugriff auf einen Eigentumsgegenstand erfordert, die Besteuerung hingegen dem Steuerpflichtigen die Wahl läßt, mit welchem Eigentumsgegenstand er seine Steuerschuld erfüllt[229]. Folglich ist eine Besteuerung, auch wenn man sie an Art. 14 Abs. 1 GG mißt, nicht nur um den Preis einer Entschädigung möglich[230]. Sie ist vielmehr als Inhalts- und Schrankenbestimmung grundsätzlich zulässig und unterliegt als solche lediglich den verfassungsrechtlichen Schranken-Schranken des Eigentumsrechts. Erst bei einer Überschreitung dieser Schranken-Schranken schlägt die verfassungsmäßige Inhalts- und Schrankenbestimmung „Besteuerung“ in eine verfassungswidrige Inhalts- und Schrankenbestimmung um, die zu einem Entschädigungsanspruch führen kann. Ein Umschlagen in eine Enteignung ist nach heutigem Verständnis überhaupt nicht möglich. Entgegen FORSTHOFF ergibt sich jedenfalls aus diesem Grund keine Bereichsausnahme dergestalt, daß die Besteuerung nicht den Bindungen des Art. 14 GG unterläge.

---

228 Vgl. W. SCHICK, JZ 1974, S. 328 ff. (330).

229 Vgl. J. LANG, in: Festschrift für Klaus Vogel 2000, S. 173 ff. (180). Diesen Punkt übersieht m.E. M. MÖSTL, DStR 2003, S. 720 ff. (725). Ein Vermögensschutz kann nur Reflex des Schutzes der einzelnen, in der Gesamtheit das Vermögen ausmachenden Eigentumsgüter sein. Die Enteignung kann daher auch nicht auf das Vermögen als Schutzgut, sondern nur auf konkrete Eigentumsgüter abzielen. Beim Steuereingriff fehlt es aber an der Entziehung eines konkret definierten Gutes.

230 Vgl. R. HERZOG, StuW 1993, S. 322 ff. (324), der auch die Investitionshilfeentscheidung des BVerfG auf die verfehlte Annahme zurückführt, daß Besteuerung, wenn sie an Art. 14 GG zu messen ist, nur um den Preis einer Entschädigung zulässig sei.

(2) Zur Ausnahme der Besteuerungshoheit vom Eigentumsschutz

Auch der Finanzbedarf, den der sich ausbreitende Sozialstaat produziert, kann nicht als Begründung für die Exemtion der Besteuerungsgewalt von den Grundrechten herangezogen werden[231]. Richtig ist zwar, daß der Staat der Besteuerung bedarf, um existieren zu können. Dies gilt auch und insbesondere für die Funktion des Staates als sozialer Staat. Insoweit kann der Staat dem Bürger auch nicht den Erhalt des gesamten Vermögens garantieren, wenn man unter „Erhalt des gesamten Vermögens" auch den Erhalt des gesamten Ergebnisses der wirtschaftlichen Betätigung des Bürgers versteht. Es geht bei der Anwendung von Art. 14 GG auf die Besteuerung denn auch nicht darum, dem Staat die von ihm zur Bewältigung seiner mannigfaltigen Aufgaben benötigten Mittel vorzuenthalten. Es geht vielmehr darum, Besteuerung und Privateigentum miteinander in Einklang zu bringen und zu verknüpfen[232]. Das Grundgesetz unterwirft nämlich in Art. 1 Abs. 3 den Gesetzgeber ohne Ausnahme den Grundrechten. Dies umfaßt damit auch den Steuergesetzgeber[233]. Zudem ist die Grundrechtsbindung des Steuergesetzgebers an andere Grundrechte, wie z.B. Art. 3 und 6 GG, völlig unbestritten. Warum für Art. 14 GG etwas anderes gelten sollte, ist nicht zu erklären[234]. Die These, daß der Steuergesetzgeber a priori nicht an Art. 14 GG und damit nicht grundrechtsgebunden ist, kann wegen Art. 1 Abs. 3 GG nicht mit der Verfassung in Einklang gebracht werden.

Schließlich kann auch nicht eingewandt werden, die Höhe der Steuerlast und damit die Grenzen der Besteuerung seien allein durch den Gesetzgeber als demokratisch legitimierte parlamentarische Mehrheit festzulegen, der auch für eine gerechte Sozialordnung zu sorgen habe[235]. In diesem Zusammenhang wird argumentiert, daß der demokratisch legitimierte Gesetzgeber schon dafür sorgen werde, daß der vertretene Bürger keiner übermäßigen Steuerlast ausgesetzt werde. Diese Auffassung verkennt aber die Realität. Die Abgabenquote ist in den

---

231 Ebenso: D. Birk, in: Hübschmann/Hepp/Spitaler, § 4 AO Rn. 583.

232 Vgl. K. Vogel/C. Waldhoff, in: Dolzer/Vogel/Graßhof (Hrsg.), BK, Vorbem. z. Art. 104a-115 Rn. 541.

233 Vgl. statt vieler: H.-J. Papier, Der Staat Band 11 (1972), S. 483 ff. (489); G. F. Schuppert, in: Festschrift Wolfgang Zeidler Band I, S. 691 ff. (695), der zu Recht bemerkt, daß es in einem Rechtsstaat keine verfasungsfreien Bereiche staatlichen Handelns geben kann.

234 Vgl. H.-J. Papier, Der Staat Band 11 (1972), S. 483 ff. (489).

235 In diese Richtung aber: D. Birk, DStJG Band 22 (1999), S. 7 ff. (9).

vergangenen Jahrzehnten stetig gestiegen. Und dort, wo Steuern gesenkt werden, wird dieser Einnahmeausfall durch Erhöhung anderer Steuern oder Abgaben kompensiert. Das Parlament ist, anders als im Kaiserreich, nicht unabhängiges Kontrollorgan der Regierung, sondern wählt die Regierung und unterstützt diese sodann. Damit ist der Gesetzgeber heute schon funktional kein Garant für eine maßvolle Besteuerung mehr[236]. Hohe Steuersätze bei zahllosen, einzelnen Interessengruppen zugutekommenden Ausnahmetatbeständen und eine daher im Verhältnis zu den Steuersätzen geringe Steuerquote bestätigen diesen Befund in tatsächlicher Hinsicht. Die These, daß das Demokratieprinzip in Verbindung mit dem Gleichheitssatz schon für eine moderate Besteuerung sorgen werde, trägt aus diesem Grund heute nicht mehr. Darüberhinaus besitzen die Grundrechte des Bonner Grundgesetzes gerade die Funktion, die Rechte der parlamentarisch unterrepräsentierten Minderheiten vor Entscheidungen der Mehrheit zu schützen. Gerade aus diesem Grund ist auch der Gesetzgeber und nicht nur die Exekutive durch Art. 1 Abs. 3 GG an die Grundrechte gebunden. Die Allzuständigkeit des Staates für immer neue Aufgaben und der damit einhergehende Finanzbedarf enden daher *rein faktisch* dort, wo die Freiheitsgrundrechte der Bürger, und sei es auch nur einer Minderheit der Bürger, verletzt werden. Anderenfalls könnte der Staat über eine Ausweitung und Intensivierung der Staatsaufgaben und damit – über den Grundsatz der Ausgabendeckung – auch der Staatsausgaben den Bürger unverhältnismäßig stark in seinen Freiheitsrechten beschränken, ohne daß dieser eine Abwehrmöglichkeit hätte. Mit der Funktion der Grundrechte, einen Minderheitenschutz der überstimmten Bürger gegenüber der demokratischen Mehrheit zu gewährleisten, wäre dies nicht vereinbar[237].

---

236 Ausführlich dazu: K. VOGEL, „Der Verlust des Rechtsgedankens im Steuerrecht als Herausforderung an das Verfassungsrecht", in: Friauf, Karl Heinrich (Hrsg.), Steuerrecht und Verfassungsrecht, DStJG Band 12 (1989), S. 121 ff. (128 ff.); ebenso: H. FELDMANN, StuW 1998, S. 114 ff. (116 f.); K. H. FRIAUF, DÖV 1980, S. 480 ff. (483); F. KIRCHHOF, „Der Weg zur verfassungsgerechten Besteuerung – Bestand, Fortschritt, Zukunft", in: StuW 2002, S. 185 ff. (185); ; S. SEEGER, „Das deutsche Steuerrecht zu Beginn des 21. Jahrhunderts – Notwendige Reformen aus Sicht der Finanzgerichtsbarkeit", in: DStR 2000, S. 10 ff. (14); i.E. ebenso: P.HÄBERLE und T. OPPERMANN, Diskussion, in: Kirchhof/Birk/Lehner (Hrsg.), Steuern im Verfassungsstaat, Symposium zu Ehren von Klaus Vogel aus Anlaß seines 65. Geburtstags, S. 57, 60.

237 Deshalb ist es richtig, wenn H.-J. PAPIER, Der Staat Band 11 (1972), S. 483 ff. (489), folgert, daß die parlamentarische Legitimation der Besteuerung nur eine zusätzliche, zum Grundrechtsschutz hinzutretende Sicherung darstellt.

Wegen dieser Funktion der Grundrechte als Minderheitenschutzrechte vermag auch das zusätzliche Argument nicht zu überzeugen, über eine aus den Grundrechten abgeleitete Einschränkung der Steuerhoheit werde der parlamentarische Gesetzgeber ungerechtfertigt in seinen Ausgabeentscheidungen, seinem Budgetrecht, eingeschränkt[238]. Zwar bewirkt eine Einschränkung des Maßes der Besteuerung tatsächlich mittelbar auch eine Begrenzung des Budgetrechts des Parlaments, nicht jedoch eine *ungerechtfertigte* Einschränkung. Der Staat kann, wie jedes Individuum, nur über die Mittel auf der Ausgabeseite verfügen, die er zuvor auf rechtmäßige Weise eingenommen hat. Das Budgetrecht des Parlaments ist aus diesem Grund nicht geeignet, die Grundrechtsbindung des Gesetzgebers auf dem Gebiet des Steuerrechts auszuhebeln.

(3) Zum Schutz des Vermögens durch Art. 14 GG

Zunächst ist richtig, daß der einfache Gesetzgeber, dem nach Art. 14 Abs. 1 S. 2 GG die Inhaltsbestimmung des Eigentums übertragen ist, das „Vermögen" nicht als eine rechtssatzmässig ausgeprägte und zur Rechtsstellung verdichtete Eigentumsposition ausgeprägt hat. Indes richtet sich der Schutzbereich des Art. 14 GG nicht ausschließlich nach der Tätigkeit des einfachen Gesetzgebers. Es existiert ein autonomer verfassungsrechtlicher Eigentumsbegriff, an dem sich der einfache Gesetzgeber bei der Ausgestaltung des Eigentums zu orientieren hat[239]. Um zu begründen, warum das Vermögen nicht in diesen verfassungsfesten Kern des Eigentumsgrundrechts falle, wird auf die Entstehungsgeschichte des Art. 14 GG verwiesen. Es wird behauptet, der Grundsatzausschuß habe den Vorschlag des Abgeordneten THOMA abgelehnt, das Vermögen in Art. 14 GG einzubeziehen. Tatsächlich hatte THOMA aber nur vorgeschlagen, statt des Ausdrucks „Eigentum" den Ausdruck „Privatvermögens*rechte*" aufzunehmen[240]. Damit wäre deutlich geworden, daß nicht nur das bürgerlich-rechtliche Sacheigentum unter dem Schutz des Art. 14 GG steht. Daher ist die Aussage, der parlamentarische Rat habe das Vermögen als Schutzgut des Art. 14 GG ausdrücklich abgelehnt, schlicht unzutreffend.

---

238 Vgl. S. SEEGER, DStR 2000, S. 10 ff. (14); J. ENGLISCH, StuW 2003, S. 237 ff. (239).

239 Vgl. O. DEPENHEUER, „Der Eigentumsbegriff zwischen absoluter Verfügungsbefugnis und Sozialgebundenheit", in: Politische Studien, Sonderheft 1/2000, S. 29 ff. (39 f.).

240 Vgl. v. DOEMMING/FÜSSLEIN/MATZ (HRSG.), „Entstehungsgeschichte der Artikel des Grundgesetzes", in: JöR n.F. Band 1 (1951), S. 147.

Letztendlich kommt es aber auf die Einbeziehung des „Vermögens" in den Schutzbereich des Art. 14 GG gar nicht an, da die Steuerlast nicht in das Vermögen, sondern in einzelne eigentumsrechtlich von Art. 14 GG geschützte Rechtspositionen eingreift. Daran ändert auch die Behauptung, daß der Steuerpflichtige die Steuerschuld nicht aus dem abgabentatbestandlichen Wirtschaftsgut zu erbringen habe, nichts. Zum einen trifft dies bereits für die Abzugssteuern nicht zu. In diesen Fällen hat der Steuerpflichtige die Steuerschuld gerade doch aus dem abgabentatbestandlichen Wirtschaftsgut, bei Steuern, die an berufliche Tätigkeiten anknüpfen, aus dem abgabentatbestandlichen Ergebnis dieser Tätigkeit zu erbringen, so daß ihm in diesen Fällen gerade nicht die Wahl bleibt, aus welchem Vermögensbestandteil er sie leistet. Exemplarisch sind hier die Kapitalertragsteuer oder die Lohnsteuer zu nennen. In allen Fällen wird die Steuer an der Quelle aus dem abgabentatbestandlichen Wirtschaftsgut, in den genannten Beispielen aus dem Kapitalertrag oder dem Lohn, einbehalten und an das Finanzamt abgeführt[241].

Zum anderen bietet Art. 14 GG auch hinsichtlich anderer Steuern, bei denen die Steuerschuld nicht aus dem abgabentatbestandlichen Wirtschaftsgut zu erbringen ist, Schutz. Denn die Steuer greift nie nur in das Vermögen, sondern immer auch auf einzelne eigentumsrechtlich geschützte Güter zu. Zwar bleibt dem Steuerpflichtigen bei Leistung einer Steuer aus dem „Gesamtvermögen" in der Tat die Wahl, welches eigentumsfähige Wirtschaftsgut er aufgibt. An der Tatsache, *daß* er aus der Summe seiner eigentumsrechtlich geschützten Einzelwirtschaftsgüter eine der Steuerleistungspflicht entsprechende „Vermögensmasse" an eigentumsrechtlich geschützten Gütern aussondern und zu deren Tilgung verwenden muß, ändert dies jedoch nichts[242]. Die Wahlfreiheit des Steuerpflichtigen kann den staatlichen Eingriff in alternative Eigentumsgüter nicht neutralisieren[243]. Die gegenteilige Auffassung, nach der die Wahlfreiheit des Eigentümers, die Schuld mit einem beliebigen Vermögensgegenstand zu erfüllen, dazu führe, daß ein Eingriff in ein konkretes Eigentumsobjekt zu verneinen sei, weil die jeweilige Zuordnung der einzelnen Rechtspositionen nicht in Frage gestellt,

---

241 Vgl. §§ 38 Abs. 1, 43 Abs. 1 S. 1 EStG.

242 Vgl. K. Vogel/C. Waldhoff, in: Dolzer/Vogel/Graßhof (Hrsg.), BK, Vorbem. z. Art. 104a-115 Rn. 541.

243 Vgl. R. Seer, FR 1999, 1280 ff. (1283); O. Depenheuer in: v. Mangoldt/Klein/Starck, GG I, Art. 14 Rn. 173; F. Kirchhof, StuW 2002, S. 185 ff. (191); a.A. M. Jachmann, Verfassungsrechtliche Grenzen der Besteuerung, S. 38.

sondern die Verfügungsbefugnis des Eigentümers gewahrt werde[244], vermag nicht zu überzeugen. Dem Eigentümer wird lediglich eine *facultas alternativa* eingeräumt[245]. Natürlich wird auch durch den Steuerzahlungsbefehl die Zuordnung einzelner Rechtspositionen zum Eigentümer in Frage gestellt. Der Steuerzahlungsbefehl sagt lediglich nicht, *welche* Position aufzugeben ist. *Daß* aber mindestens eine Zuordnung aufgehoben und die diesbezügliche Verfügungsbefugnis des Eigentümers eingeschränkt wird, steht außer Frage. Niemand würde auf die Idee kommen, einen staatlichen Akt, der den Eigentümer verpflichtet, sein Eigentum an einem von zwei Grundstücken zum Zwecke des Autobahnbaus aufzugeben, ihm jedoch die Wahl läßt, welches der Grundstücke er aufgibt, nicht als Eigentumseingriff zu titulieren, weil dieser Akt wegen der Wahlmöglichkeit nur „das Vermögen" betreffe. Noch deutlicher wird die Berührung des Schutzbereiches, wenn der Steuerpflichtige nur einen einzigen Vermögensgegenstand, z.B. ein Hausgrundstück, besitzt. Die Steuerpflicht kann dann nur noch durch (schrittweise) Veräußerung des Grundstücks erfüllt werden. In diesem Fall ist offenkundig, daß die Besteuerung nicht in ein „Vermögen" eingreift, sondern in ein konkretes Eigentumsrecht. Folglich hindert auch die Wahlfreiheit nicht die Feststellung eines konkreten Eigentumseingriffs[246].

Die Steuer kann auch nur durch die Aufgabe im Sinne von Art. 14 GG eigentumsfähiger Vermögensgegenstände und nicht durch „anderes Vermögen" erfüllt werden. Das „Vermögen" des Steuerpflichtigen als „bloß faktische Zusammenfassung der wirtschaftlichen Potenz des Steuerpflichtigen" setzt sich aus dem Sacheigentum und dem Geldeigentum zusammen. Besitzt der Steuerpflichtige kein fungibles Geldeigentum, so ist er gehalten, Sacheigentum „flüssig" zu machen, um seiner Zahlungspflicht nachzukommen[247]. Ebenso wie das Sachei-

---

244 So J. ENGLISCH, StuW 2003, S. 237 ff. (240 f.).

245 Vgl. O. DEPENHEUER, in: v. Mangoldt/Klein/Starck, GG I, Art. 14 Rn. 173.

246 Vgl. O. DEPENHEUER, in: v. Mangoldt/Klein/Starck, GG I, Art. 14 Rn. 173; R. WENDT, NJW 1980, S. 2111 ff. (2114), der dies treffend so formuliert: „Die ... theoretische konstruierbare Wahlmöglichkeit zwischen den sich qualitativ prinzipiell in nichts unterscheidenden Vermögenswerten – als den jeder gegenständlichen Individualität entkleideten wertmäßigen Rudimenten der einzelnen Vermögensgegenstände – die in ihrer Summe das Vermögen ausmachen, besitzt keinen Freiheitswert, der es rechtfertigen könnte, die Auferlegung von Steuern nicht als Zugriff auf die von Art. 14 GG geschützten Vermögenswerte zu qualifizieren...".

247 Ähnlich H.-G. DEDERER, StuW 2000, S. 91 ff. (93 f., FN 38), der eine Betroffenheit des Schutzbereiches aus Art. 14 GG allerdings offenbar erst annehmen will, wenn der Steuerpflichtige sein gesamtes „Hab und Gut" auflösen muß, um die Steuerschuld erfüllen

gentum steht jedoch auch das Geldeigentum unter dem Schutz des Art. 14 GG, wie das Bundesverfassungsgericht in seiner Euro-Entscheidung zutreffend festgestellt hat[248]. Geld- und Sacheigentum sind danach gleichermaßen von Art. 14 Abs. 1 GG geschützt, weil sie gleichwertig sind. Beides dient der Funktion, dem Eigentümer einen Freiheitsraum im vermögensrechtlichen Bereich zu sichern. In einer hochentwickelten Volkswirtschaft erfüllt diese Funktion sogar vor allem das Geldeigentum. „Geld ist geprägte Freiheit[249].“ Folglich vermag auch das in der Literatur vorgetragene Argument nicht zu überzeugen, eine (Steuer-) Geldschuld in Form einer Geldsummenschuld belaste nicht das Eigentum, sondern lediglich das „Vermögen“[250]. Daß zur Erfüllung der Steuerpflicht nicht bestimmte Geldscheine zu übereignen sind, ist für die damit verbundene Einbuße an Freiheit beim Steuerpflichtigen ebenso unbeachtlich, wie es für den Geldeigentum besitzenden Eigentümer unbeachtlich ist, welche konkreten Geldstücke oder -scheine er besitzt[251].

Soweit in Rechtsprechung und Literatur argumentiert wird, dem Steuerpflichtigen werde nur „unspezifisch“ die Zahlung eines Geldbetrages auferlegt[252] und er könne diese Zahlung aus „fluktuierendem“ oder „vagabundierendem“ Ver-

---

zu können. Dann könne die Anwendbarkeit des Art. 14 GG nicht mehr aus dem Grund verneint werden, daß die Steuerzahlung keinen Bezug zu einem bestimmten Eigentumsgegenstand habe; in diesem Fall wirke die Steuerschuld erdrosselnd. Diese Auffassung leidet jedoch an dem inneren Widerspruch, daß auch bei einer „erdrosselnden Steuer“ im Sinne der Rechtsprechung des Bundesverfassungsgerichts nicht notwendigerweise alles Hab und Gut veräußert werden muß. Bereits eine 100 %ige Steuer auf einen bestimmten Tatbestand, die jedoch in der Steuersumme nur € 500 ausmacht, kann erdrosselnd wirken, führt aber nicht dazu, daß der Steuerpflichtige, der über ein beträchtliches Vermögen verfügt, alle Vermögensgegenstände auflösen muß. Hier werden erneut Schutzbereich und Eingriffsintensität in unzulässiger Weise miteinander vermengt.

248 Vgl. BVerfG, Beschluß vom 31. März 1998 – 2 BvR 1877/97 und 50/98 –, in: BVerfGE 97, S. 350 ff. (371 f.); ebenso bereits: F. KLEIN, StuW 1966, Sp. 433 ff. (433).

249 Vgl. BVerfG, Beschluß vom 31. März 1998 – 2 BvR 1877/97 und 50/98 –, in: BVerfGE 97, S. 350 ff. (371).

250 Vgl. H.-W. ARNDT/A. SCHUMACHER, NJW 1995, S. 2603 ff. (2604); P. KIRCHHOF, in: Isensee/Kirchhof (Hrsg.), Handbuch des Staatsrechts, Band IV, § 88 Rn. 86; R. HERZOG, StuW 1993, S. 322 ff. (324); a.A. O. LEPSIUS, „Geld als Schutzgut der Eigentumsgarantie“, in: JZ 2002, S. 313 ff. (315 ff.).

251 Vgl. K. VOGEL/C. WALDHOFF, in: Dolzer/Vogel/Graßhof (Hrsg.), BK, Vorbem. z. Art. 104a-115 Rn. 542.

252 So der BFH, Urteil vom 11. August 1999 – XI R 77/97 –, in: FR 1999, S. 1303 ff. (1305).

mögen[253] bestreiten, so ist dazu zunächst festzustellen, daß weder der Begriff „unspezifisch" noch der Begriff „fluktuierend" oder „vagabundierend" rechtliche, schon gar nicht verfassungsrechtliche Kategorien trifft. Rechtstatsächlich kann der Steuerpflichtige die Zahlungspflicht – wie soeben dargelegt – nur mittels eigentumsrechtlich geschützter Güter erfüllen, nämlich entweder durch Sachvermögen, das zu diesem Zweck verkauft werden muß, oder durch Geldvermögen, und sei es auch nur mittels des auf dem Girovertrag beruhenden (zivilrechtlichen) Auszahlungsanspruchs gegenüber seiner Bank, über den er mittels eines Überweisungsauftrages an das Finanzamt verfügt. Vereinzelt wird zwar vorgetragen, der Steuerpflichtige könne seine Steuerschuld auch durch die Aufnahme eines Darlehens tilgen[254]. Diese Auffassung übersieht aber nach der hier vertretenen Auffassung zweierlei. Erstens ist die Möglichkeit der Darlehensaufnahme aus wirtschaftlicher Sicht kein tragfähiges Argument, da der Darlehensnehmer nach Erfüllung der Steuerschuld das aufgenommene Darlehen mit eigentumsfähigen Vermögensgegenständen ablösen muß. Er hätte die Steuerschuld – abgesehen vom Liquiditätsvorteil – also ebenso gut direkt mit eigentumsfähigen Vermögensgegenständen erfüllen können. Zweitens verfängt das Argument auch aus verfassungsrechtlicher Sicht nicht. Zwar ist in der Aufnahme des Darlehens tatsächlich keine Verfügung über ein konkret geschütztes Eigentumsobjekt zu sehen. Übersehen wird meines Erachtens aber, daß der Steuerpflichtige mit der Aufnahme des Darlehens auch noch nicht seine Steuerschuld zum Erlöschen bringt. Erst mit der auf die Aufnahme des Darlehens folgenden Überweisung der Valuta an das Finanzamt erfolgt die Erfüllung. In der Überweisung an den Fiskus verbirgt sich im Gegensatz zur Darlehensaufnahme aber sehr wohl eine Verfügung über ein konkretes Eigentumsobjekt, nämlich über das schuldrechtliche Forderungsrecht aus dem Darlehen, das auf die Auszahlung der Valuta gerichtet ist. Dieses schuldrechtliche Forderungsrecht genießt den Schutz der Eigentumsgarantie aus Art. 14 GG in gleicher Weise wie zum Beispiel ein Grundstück des Steuerschuldners[255], so daß auch im Falle der Tilgung

---

253 Den Einwand, die Steuer könne aus „fluktuierendem Vermögen" bestritten werden, erheben der 1. Senat des Bundesverfassungsgerichts im LPG-Altschulden-Urteil, BVerfG, Urteil vom 8. April 1997 – 1 BvR 48/94 –, in: BVerfGE 95, S. 267 ff. (300) und E.-W. BÖCKENFÖRDE, Abweichende Meinung zum Beschluß des Zweiten Senats vom 22. Juni 1995 – 2 BvL 37/91 –, in: BVerfGE 93, S. 149 ff. (153 f.).

254 So M. JACHMANN, Politische Studien, Sonderheft 1/2000, S. 78 ff. (80).

255 Vgl. zum Eigentumsschutz der Forderungen des privaten Rechts: BVerfG, Beschluß vom 8. Juni 1977 – 2 BvR 499/74 und 1024/75 –, in: BVerfGE 45, S. 142 ff. (179); BVerfG, Beschluß vom 26. April 1995 – 1 BvL 19/94 und 1 BvR 1454/94 –, in: BVerf-

der Steuerschuld mittels eines aufgenommen Darlehens der Steuerpflichtige über ein von Art. 14 GG geschütztes Eigentumsobjekt verfügt.

Es kann auch nicht argumentiert werden, die Steuer greife lediglich auf ein Vermögen in einem weiter zu verstehenden Sinne (nachfolgend „Vermögen i.w.S." genannt) zu. Da Art. 14 GG Geldeigentum und Sacheigentum (nachfolgend „Vermögen i.e.S." genannt) schützt, können einem Vermögen i.w.S. über dieses Vermögen i.e.S. hinaus nur solche Vermögenswerte angehören, die „im gesetzesfreien Raum entstanden[256]" und nicht durch den Gesetzgeber zu einer Eigentumsposition ausgeformt worden sind, wie z.B. Know-How, Chancen und Gewinnerwartungen. In der wirtschaftlichen Realität stellen solche Chancen und Gewinnerwartungen zwar durchaus vermögenswerte Positionen dar. Im Rahmen von Unternehmenskäufen werden solche Positionen beispielsweise bei der Kaufpreisfindung berücksichtigt. Solche Vermögenswerte sind jedoch nicht geeignet, um damit eine Steuerschuld zu tilgen. Auch kann man sie nicht ohne weiteres in Geld eintauschen, um auf diesem Wege die (Steuer-) Geldschuld zu erfüllen. Damit kann die Steuerschuld nicht aus einem Vermögen i.w.S. erfüllt werden, sondern nur aus dem Vermögen i.e.S. und damit durch Aufgabe eigentumsrechtlich geschützter Rechtspositionen. Und selbst wenn es gelänge, z.B. einen Unternehmenswert („good will"), der im wesentlichen aus den genannten vermögenswerten Positionen (Know-How, Chancen, Gewinnerwartungen) besteht, zu veräußern und aus dem Verkaufserlös die Steuerlast zu tilgen, griffe die Steuer in diesem Moment nicht mehr auf den Unternehmenswert, sondern auf Geldeigentum und somit bereits wieder auf ein eigentumsrechtlich geschütztes Gut[257] zu. Im übrigen zeigt auch das steuerliche Vollstreckungsverfahren, in dem auch nur Zugriff auf konkrete, eigentumsrechtlich geschützte Vermögensgegenstände genommen wird, daß der steuerliche Zugriff immer auf Gegenstände erfolgt, die durch Art. 14 GG geschützt werden[258].

GE 92, S. 262 ff. (271); SCHMIDT-BLEIBTREU/KLEIN, Kommentar zum Grundgesetz, 8. Auflage, Neuwied/Kriftel/Berlin 1995, Art. 14, S. 370.

256 Formulierung von P. KIRCHHOF, in: Kirchhof/Söhn/Mellinghoff (Hrsg.), Einkommensteuergesetz, § 2 Rn. A 161, wohl zurückgehend auf H.-J. PAPIER, in: Maunz-Dürig, Komm. z. GG, Art. 14 Rn. 160 und DENSELBEN, Der Staat Band 11 (1972), S. 483 ff. (490).

257 BVerfG, Beschluß vom 31. März 1998 – 2 BvR 1877/97 und 50/98 –, in: BVerfGE 97, S. 350 ff. (370 f.).

258 Vgl. R. HERZOG, StbJb 85/86, S. 27 ff. (30).

Daher kann der Steuerpflichtige die Steuer nicht aus einem Abstraktum „Vermögen“ leisten, sondern nur durch Aufgabe einzelner konkreter Vermögensgegenstände, die **alle** ihrerseits unter dem Schutz der Eigentumsgarantie stehen[259]. Mit anderen Worten belastet die Steuer entgegen der ursprünglichen These des Bundesverfassungsgerichts gar nicht „das Vermögen“, sondern einzelne eigentumsrechtlich geschützte Vermögensgüter, wenn auch nach Wahl des Steuerpflichtigen. Versteht man allerdings unter „Vermögen“ die Summe der einzelnen eigentumsrechtlich geschützten Rechtspositionen des Grundrechtsträgers als Vermögen i.e.S., dann schützt Art. 14 GG richtigerweise (in einem Rechtsreflex) auch dieses Vermögen i.e.S.[260].

(4) Zum fehlenden Eigentumswertschutz nach Art. 14 Abs. 1 GG

Definiert man das „Vermögen“ im genannten Sinne, dann wird auch deutlich, warum der Einwand, Art. 14 Abs. 1 GG vermittele keinen allgemeinen Eigentumswert- und in der Folge auch keinen Vermögensschutz, den Kern nicht trifft[261]. Die Steuer greift, zwar nach Wahlfreiheit des Eigentümers, aber dennoch immer auf einzelne, ausnahmslos rechtssatzmäßig geprägte Rechtspositionen und damit auf Eigentum im Sinne von Art. 14 Abs. 1 GG zu. Mit der daraus resultierenden Vermögens*wertminderung* ist aber immer auch eine Eigentums*bestandsminderung* verbunden. Beim Besteuerungszugriff gibt es, wie oben dargelegt, keine Vermögenswertminderung, der keine Eigentumsbestandsminderung korrespondiert. Daher sind auch die Befürchtungen, ein allgemeiner Vermögenswertschutz führe zu einer Aushöhlung des spezifischen Garantiegehalts des Art. 14 und zu einer Einebnung der Gewährleistungsdifferenzierungen zwi-

---

259 Vgl. R. Seer, DStJG Band 23 (2000), S. 87 ff. (99); R. Wendt, in: Sachs (Hrsg.), Grundgesetz, Art. 14 Rn. 38.

260 Vgl. O. Depenheuer in: v. Mangoldt/Klein/Starck, GG I, Art. 14 Rn. 173; R. Wendt, in: Sachs (Hrsg.), Grundgesetz, 1. Auflage, Art. 14 Rn. 38; derselbe, NJW 1980, S. 2111 ff. (2114); P. Kirchhof, in: Kirchhof/Söhn/Mellinghoff (Hrsg.), Einkommensteuergesetz, § 2 Rn. A 161, der lediglich faktische Vermögensvorteile oder wirtschaftliche Güter vom Eigentumsschutz ausnimmt und daraus folgert, daß Art. 14 GG nicht das Vermögen als Ganzes schützt, sondern die Summe der konkreten vermögenswerten Rechtspositionen. Ähnlich: W. Leisner, in: Isensee/Kirchhof (Hrsg.), Handbuch des Staatsrechts, Band VI, § 149 Rn. 127; K. Tipke; Die Steuerrechtsordnung Band I, 2. Auflage, S. 449, der allerdings auf das allen Freiheitsrechten zugrundeliegende Prinzip der Freiheit zurückgreifen möchte, um so zu einer Begrenzung der Steuerlast zu kommen.

261 Vgl. H. H. v. Arnim, VVDStRL Band 39 (1981), S. 287 ff. (301, FN 62).

schen Art. 14 Abs. 1 und Abs. 3 GG, im vorliegend zu untersuchenden Zusammenhang unbegründet[262].

(5) Zur unzulässigen Vermengung von Schutzbereich und Eingriffsintensität

Somit wird der Schutzbereich des Art. 14 GG durch die Steuerzahlungspflicht tangiert. Dies gibt letztlich auch das Bundesverfassungsgericht grundsätzlich zu erkennen, wenn es in der zweiten Phase seiner Rechtsprechung für den Fall der Erdrosselung bzw. der Konfiskation die Anwendbarkeit des Art. 14 Abs. 1 GG bejaht[263]. Wenn für den Fall der intensiven, erdrosselnden Besteuerung der Schutzbereich des Art. 14 GG eröffnet ist, dann muß der Schutzbereich auch bei einer weniger intensiven Besteuerung berührt sein[264]. Anderenfalls würde man den Umfang des Schutzbereiches von der Intensität des Eingriffs her bestimmen und somit die allgemeine Grundrechtsdogmatik verletzen. Auch die Kritiker der Auffassung, die das Vermögen durch Art. 14 GG grundsätzlich geschützt sieht, stimmen ganz überwiegend darin überein, daß Art. 14 GG Schutz vor einer expropriierenden Steuer gewährt[265]. Wenn der Steuerpflichtige durch die Besteuerung gezwungen werde, seine Rechtsposition am Steuergegenstand aufzugeben, so entfalte Art. 14 GG seinen Schutz[266]. Diese Auffassung verrät jedoch einen unauflöslichen Widerspruch: Wenn die Steuer nur das Vermögen betrifft, kann sie in keinem Fall expropriierend wirken, weil ihr kein Steuergegenstand korreliert, dessen Rechtsposition wegen der Steuer aufgegeben werden müßte. Der Steuerpflichtige ist nach dieser Auffassung ja gerade frei, die Steuerpflicht mit seinem „Vermögen i.w.S.", d.h. mit beliebigen Vermögensgegenständen, zu erfüllen. Mit anderen Worten kann eine Steuer, wenn sie nur in das Vermögen eingreift, nie bezogen auf *einen* eigentumsrechtlich geschützten Vermögensgegenstand enteignend oder konfiskatorisch wirken. Dies führt im Umkehrschluß zu der logischen Folgerung, daß, wenn man einen Schutz des Art. 14 Abs. 1 GG

---

262 Vgl. R. WENDT, NJW 1980, S. 2111 ff. (2114).

263 Im Beschluß des Vorprüfungsausschusses vom 27. Oktober 1975 – 1 BvR 82/73 –, in: NJW 1976, S. 101 hat das Bundesverfassungsgericht die Auffassung vertreten, der „Wirkkraft der Grundrechte, insbesondere auch des Art. 14 GG," sei bei der Prüfung einer Härtefallregelung im Rahmen des § 131 AO Rechnung zu tragen.

264 Vgl. H.-J. PAPIER, Der Staat Band 11 (1972), S. 483 ff. (485); ebenso: R. HERZOG, in: Festschrift 75 Jahre Reichsfinanzhof – Bundesfinanzhof, S. 105 ff. (110).

265 Vgl. D. BIRK, in: Hübschmann/Hepp/Spitaler, § 4 AO Rn. 581; J. WIELAND, DStJG Band 24 (2001), S. 29 ff. (38).

266 Vgl. J. WIELAND, DStJG Band 24 (2001), S. 29 ff. (38 f.).

vor steuerlicher Konfiskation bejahen will, man zwingend annehmen muß, daß Art. 14 GG auch das Vermögen schützt[267]. Vergleichbares gilt für die Erdrosselung. Das Bundesverfassungsgericht definiert die Erdrosselung als „grundlegende Beeinträchtigung der Vermögensverhältnisse“[268]. Wenn die Erdrosselung einen Verstoß gegen Art. 14 GG darstellt, sie aber von einer schwerwiegenden *Vermögens*beeinträchtigung und nicht etwa von einer schwerwiegenden Beeinträchtigung konkreter Vermögensgegenstände abhängig gemacht wird, dann muß das Vermögen in logischer Konsequenz von Art. 14 GG geschützt sein[269]. Auch dies stützt die oben dargelegte Argumentation, nach der der Schutzbereich von Art. 14 GG durch die Besteuerung tangiert wird.

(6) Zur Schutzbereichsberührung durch den Steuertatbestand

Die Wirkung der Besteuerung erschöpft sich jedoch nicht allein im Entzug von Eigentum durch eine steuerliche Zahlungspflicht. Der Steuerpflichtige wird bereits durch die Einbeziehung von eigentumsrechtlich geschützten Gütern in den Steuer*tatbestand* in seiner Eigentümerstellung tangiert, wenn das Steuergesetz an die Ausübung von Eigentümerbefugnissen eine Steuerpflicht knüpft[270]. Art. 14 Abs. 1 GG garantiert dem Eigentümer nicht nur den Bestand der eigentumsrechtlich geschützten Güter. Er sichert ihm auch die Befugnis zu, den Eigentumsgegenstand nutzen zu können[271]. Wird daher durch den steuerlichen Tatbestand an die Nutzung eines Eigentumsgegenstandes, zum Beispiel an die

---

267 Im Ansatz auch K. TIPKE, Diskussionsbeitrag zu den Referaten von Kirchhof, Wieland und Lang, DStJG Band 24 (2001), S. 135.

268 BVerfG, Beschluß vom 9. März 1971 – 2 BvR 326, 327, 341, 342, 343, 344, 345/69 –, in BVerfGE 30, S. 250 ff. (272); ebenso BVerfG, Beschluß vom 3. Juli 1985 – 1 BvL 55/81–, in: BVerfGE 70, S. 219 ff. (230).

269 So auch J. LANG, Diskussionsbeitrag zu den Referaten von Kirchhof, Wieland und Lang, DStJG Band 24 (2001), S. 137.

270 Vgl. D. BIRK, in: Hübschmann/Hepp/Spitaler, § 4 AO Rn. 602; H.-G. DEDERER, StuW 2000, S. 91 ff. (94); O. GEIßLER, Der Unternehmer im Dienste des Steuerstaates, S. 116 f.; M. JACHMANN, Verfassungsrechtliche Grenzen der Besteuerung, S. 39 ff.; DIESELBE, StuW 1996, S. 97 ff. (100 f.); J. ENGLISCH, StuW 2003, S. 237 ff. (244); B.-O. BRYDE, in: von Münch/Kunig, Grundgesetz-Kommentar, 5. Auflage, München 2000, Art. 14 Rn. 23; J. ESCHENBACH, DStZ 1997, S. 413 ff. (414), der einen Eingriff in das Eigentum aufgrund der *Zahlungspflicht* ablehnt und diesen allein an Art. 2 Abs. 1 GG messen will, einen Eingriff durch den *Steuertatbestand* hingegen bejaht; ebenso H.-G. DEDERER, StuW 2000, S. 91 ff. (94).

271 Vgl. B. PIEROTH/B. SCHLINK, Grundrechte Staatsrecht II, Heidelberg 1997, Rn. 912, 914.

entgeltliche Vermietung eines Grundstückes, eine steuerliche Pflicht geknüpft, im genannten Beispiel die Pflicht, die Erträge nach § 21 EStG mit dem Fiskus zu teilen, so stellt dieser Steuertatbestand eine Beschränkung der eigentumsrechtlichen Nutzungsgarantie dar. Neben der Nutzung eines Eigentumsobjektes stellt auch das bloße Innehaben eines Eigentumsgegenstandes die Ausübung einer Eigentümerstellung dar. Der Freiheit, sein Eigentum ertragbringend zu verwenden[272], korrespondiert die Freiheit des Eigentümers, auf eine renditeorientierte Anlage zu verzichten[273]. Folglich unterfällt auch das bloße Innehaben eines Eigentumsgegenstands der Nutzungsgarantie des Eigentumsgrundrechtes. An die bloße Innehabung von Eigentum knüpft neben der Grundsteuer beim Grundeigentum insbesondere die Vermögensteuer an, die keine ertragsorientierte Nutzung der Eigentumsgegenstände voraussetzt, um zu einer Steuerpflicht zu kommen. Folglich tangiert die Vermögensteuer den Schutzbereich des Eigentumsgrundrechts bereits deshalb, weil ihr Tatbestand an das (wirtschaftliche) Eigentum an Vermögensgegenständen eine Steuerpflicht und somit eine belastende Rechtsfolge knüpft[274]. Daß die Steuerlast nicht zwingend aus denselben Vermögensgegenständen zu tragen ist, an die der Tatbestand die Steuerpflicht knüpft, spielt für die Frage der Eröffnung des Schutzbereiches zunächst keine Rolle. Dieser Aspekt wird jedoch im Rahmen der Feststellung des Grundrechtseingriffs zu berücksichtigen sein.

(7) Zur handlungsbezogenen Schutzbereichsbestimmung

Die von Teilen der Literatur vorgetragene Kritik an der subjektbezogenen Schutzbereichsbestimmung durch KIRCHHOF (Eigentümerfreiheit statt Eigentumsfreiheit), nach der die Eigentümerfreiheit „im Grunde nichts anderes als die Summe aller Freiheiten, die die einzelnen konkreten Güterpositionen vermitteln, sei[275]", ist zwar zutreffend. Denn wer kein Eigentum besitzt, dem steht in der Tat kein Freiheitsraum im vermögensrechtlichen Bereich zu[276]. Indes führt dies

---

272 Vgl. H.-J. PAPIER, Der Staat Band 11 (1972), S. 483 ff. (498); K. VOGEL, Isensee/Kirchhof (Hrsg.), Handbuch des Staatsrechts, Band IV, § 87 Rn. 84; M. JACHMANN, Verfassungsrechtliche Grenzen der Besteuerung, S. 39.

273 Vgl. B. PIEROTH/B. SCHLINK, Grundrechte Staatsrecht II, Heidelberg 1997, Rn. 914; M. JACHMANN, Politische Studien 2000, Sonderheft 1, S. 78 ff. (83).

274 Ebenso H.-G. DEDERER, StuW 2000, S. 91 ff. (94); O. GEIßLER, Der Unternehmer im Dienste des Steuerstaates, S. 116 f.

275 Vgl. D. BIRK, in: Hübschmann/Hepp/Spitaler, § 4 AO Rn. 593; O. GEIßLER, Der Unternehmer im Dienste des Steuerstaats, S. 112.

276 So zu Recht: D. BIRK in: Hübschmann/Hepp/Spitaler, § 4 AO Rn. 593.

hinsichtlich der Berührung des Eigentumsgrundrechts durch die Besteuerung nicht zu einer abweichenden Beurteilung. Da der Steuerpflichtige die Steuerschuld – wie oben dargelegt – rechtlich und tatsächlich immer nur mit konkreten Eigentumspositionen erfüllen kann, greift die Steuer sowohl in diese Objekte als auch in den durch diese Objekte vermittelten Handlungsspielraum des Eigentümers, der diesem bei seinem ökonomischen Verhalten zur Verfügung steht, ein. Daher unterscheiden sich die Auffassungen von KIRCHHOF und denjenigen, die den Schutzbereich des Art. 14 GG gegenüber der Besteuerung aus dem Schutz der Eigentumsgegenstände ableiten, nur scheinbar. Die Eigentümerfreiheit ist vielmehr die subjektbezogene Seite derselben Medaille, die auf der objektbezogenen Seite die einzelnen Eigentumsgüter des Eigentümers zeigt[277].

e) Zwischenergebnis

Da die Besteuerung im Bereich der Vermögensteuer auf der Tatbestandsseite an das Innehaben von Eigentumsgütern anknüpft[278] und auf der Rechtsfolgeseite Eigentum (i.e. „Vermögen i.e.S.“) entzieht, berührt der Besteuerungszugriff den Schutzbereich der Eigentumsgarantie des Art. 14 GG in mehrfacher Hinsicht[279]. Die ursprüngliche Auffassung des Bundesverfassungsgerichts, daß die Besteuerung gar nicht oder nur im Falle der Konfiskation oder Erdrosselung in das Eigentumsgrundrecht eingreift, ist nicht aufrechtzuerhalten[280]. Daher hat der Zweite Senat im Halbteilungsurteil zutreffend eine Eröffnung des Schutzbereiches von Art. 14 GG durch die Vermögensteuer bejaht. Daß dieses Ergebnis mit der Eigentümerfreiheit und – scheinbar etwas unentschlossen – mit der „allgemeinen Handlungsfreiheit gerade in deren Ausprägung als persönliche Entfaltung im vermögensrechtlichen Bereich (Art. 14 GG)“ begründet worden ist, muß der

277 Dies ist auch systematisch konsistent, da die Eigentumsgüter nicht um ihrer selbst willen geschützt werden, sondern um dem Eigentümer im vermögensrechtlichen Bereich individuelle Freiheit zu sichern, und umgekehrt die Sicherung individueller Freiheit im vermögensrechtlichen Bereich nicht ohne den Schutz der Eigentumsgüter gelingen kann. A.A. J. ENGLISCH, StuW 2003, S. 237 ff. (241).

278 Die Vermögensteuer knüpft in ihrem Tatbestand an den Besitz oder das wirtschaftliche Eigentum von einzelnen eigentumsfähigen Gütern an, auch wenn sie in der nächsten Stufe zur Ermittlung der Bemessungsgrundlage den Abzug von Schulden zuläßt. Innerer Grund für die Vermögensbesteuerung ist nämlich — bilanziell gesprochen — das Eigentum an Aktivpositionen.

279 Vgl. B. SCHMIDT-BLEIBTREU/H.-J. SCHÄFER, DÖV 1980, S. 489 ff. (493).

280 A.A. BVerfG, Urteil vom 8. April 1997 – 1 BvR 48/94 –, in: BVerfGE 95, S. 267 ff. (300).

Tatsache zugeschrieben werden, daß der Zweite Senat anderenfalls gezwungen gewesen wäre, nach § 16 BVerfGG das Plenum des Bundesverfassungsgerichts anzurufen[281].

2. Eingriff in den Schutzbereich

Da der Besteuerungszugriff den Schutzbereich der Eigentumsgarantie in mehrfacher Hinsicht berührt, ist nun zu prüfen, worin der Eingriff in den Schutzbereich des Eigentums zu sehen ist. Ein Eingriff in die Eigentumsgarantie setzt voraus, daß dem Grundrechtsberechtigten ein Verhalten, das vom Schutzbereich der Eigentumsgarantie umfaßt ist, durch den Staat verwehrt wird[282]. Dies ist der Fall, wenn dem Eigentümer eine schutzfähige Position entzogen oder deren Nutzung, Verfügung oder Verwertung beschränkt wird[283]. Als Eingriff kommt bei einem Steuergesetz die Regelung des *Steuertatbestandes* in Betracht, weil sie für den Pflichtigen eine Einschränkung der Eigentumsnutzung dergestalt bewirkt, daß er das Eigentum nur um den Preis der Steuer nutzen oder innehaben kann. Ebenso denkbar ist, daß das Setzen der Rechtsfolge der *Steuerzahlungspflicht* durch den Steuergesetzgeber den Eingriff darstellt, da *eine* von mehreren schuldrechtlichen Forderungen oder Geld in der Form Beschränkungen unterworfen wird, daß der Eigentümer nicht mehr nach seinem Belieben damit verfahren kann, und dem Steuerpflichtigen damit Eigentum wegen einer Eigentumsnutzung oder -innehabung entzogen wird. Folglich kann auch in der Auferlegung der konkreten Zahlungspflicht ein Eingriff in Eigentum zu sehen sein.

a) Eingriff durch Steuerzahlungspflicht

Nach einer Auffassung stellt die Steuerzahlungspflicht einen Eingriff in Eigentumsgüter dar. Unabhängig davon, daß dem Steuerpflichtigen die Wahl gelassen werde, mit welchem Eigentumsgegenstand er die Steuerschuld erfülle, stehe jedenfalls fest, *daß* der Steuerpflichtige einen eigentumsfähigen Vermö-

---

281 Vgl. H. Butzer, Freiheitsrechtliche Grenzen der Steuer- und Sozialabgabenlast, Berlin 1999, S. 61 f.; harrsche Kritik wegen der fehlenden Anrufung des Plenums übt J. Wieland, in: Guggenberger/Würtenberger (Hrsg.), Hüter der Verfassung oder Lenker der Politik?, S. 173 ff. (186).

282 Vgl. B. Pieroth/B. Schlink, Grundrechte Staatsrecht II, Rn. 207.

283 Vgl. H. D. Jarras, in: Jarras/Pieroth, GG, Art. 14 Rz. 20a.

gensgegenstand aufgeben müsse. Insoweit greife die Besteuerung in das Eigentum ein[284].

b) Eingriff durch Steuertatbestand

Nach anderer Auffassung verfehlt die Qualifikation der Steuer*schuld* als Eingriff in ein Freiheitsrecht den sozialen Sinngehalt des Steuereingriffs. Der Steuereingriff erfahre seine konkrete Gestalt vielmehr im Steuer*tatbestand*. Daher sei zu fragen, inwieweit eine Steuererhebung auf der Grundlage eines konkreten Steuertatbestandes als Eigentumseingriff zu qualifizieren sei[285]. Eine Berührung des Schutzbereiches sei möglich, wenn entweder die Eigentumsnutzung konkret durch den Steuertatbestand gelenkt werde oder aber der Steuertatbestand an die Innehabung oder Nutzung eines Eigentumsgegenstandes anknüpfe[286]. Es sei für jedes einzelne Eigentumsgut zu prüfen, ob die steuertatbestandliche Anknüpfung an dieses Eigentumsgut einen Eingriff in die Eigentumsposition darstelle. Folglich dürfe nicht auf die Gesamtbelastung dieser Eigentumspositionen abgestellt werden. Auf diese Weise werde ausgeschlossen, daß ein übermäßiger Zugriff auf einen Eigentumsgegenstand durch einen verminderten Zugriff auf einen anderen Gegenstand ausgeglichen werde[287]. Für den Bereich der Vermögensteuer kommt nach dieser Auffassung die steuertatbestandliche Anknüpfung an das wirtschaftliche Eigentum an den einzelnen Wirtschaftsgütern als Eingriff in Betracht.

c) Stellungnahme

Es spricht einiges dafür, den Anknüpfungspunkt für den Eingriff im Steuertatbestand zu suchen. Die gesetzgeberische Belastungsgrundentscheidung wird anhand des als besteuerungswürdig erkannten Tatbestandes getroffen. Die Steuerpflicht als Folge der Verwirklichung des gesetzlichen Tatbestands bewirkt, daß eigentumsfähige Güter in ihrer Nutzung oder Innehabung beschränkt werden. Der Eigentümer würde nicht Steuerschuldner, ohne daß er die Eigentumsgegenstände besäße oder nutzte und somit den gesetzlichen Tatbestand verwirk-

---

284 Vgl. K. H. FRIAUF, DÖV 1980, S. 480 ff. (488); O. KIMMINICH, in: Dolzer/Vogel/Graßhof (Hrsg.), BK, Art. 14 Rn. 58.

285 Vgl. M. JACHMANN, Politische Studien, Sonderheft 1/2000, S. 81.

286 Vgl. O. GEIẞLER, Der Unternehmer im Dienste des Steuerstaates, S. 116; H.-G. DEDERER, StuW 2000, S. 91 ff. (94).

287 Vgl. O. GEIẞLER, Der Unternehmer im Dienste des Steuerstaates, S. 118.

lichte[288]. Die Steuerschuld stellt insoweit eher eine technische Folge dieser Belastungsgrundentscheidung dar.

Außerdem ermöglicht diese Ansicht eine Grenzbetrachtung. Wird ein eigentumsfähiges Wirtschaftsgut vom Steuerpflichtigen *zusätzlich* ertragbringend genutzt, so korrespondiert dieser *zusätzlichen* Nutzung eine *zusätzliche* Steuerlast. Diese konkrete zusätzliche Steuerlast kann den Steuerpflichtigen dazu veranlassen, die Nutzung vorzunehmen oder sie zu unterlassen. Jedenfalls mindert gerade die zusätzliche Steuerlast den monetären Erfolg der zusätzlichen Eigentumsnutzung. Es liegt daher nahe, die zusätzliche Steuerbelastung als Eingriff in gerade das zusätzlich genutzte Eigentum anzusehen und die Frage nach der verfassungsrechtlichen Rechtfertigung gerade dieser zusätzlichen Belastung zu stellen[289]. Wirtschaftlich betrachtet stellt diese Sichtweise auch die reale Entscheidungssituation nach, wenn der Steuerpflichtige die durch die zusätzliche Eigentumsnutzung induzierte zusätzliche Belastung kennt. Indes kennt der Steuerpflichtige – insbesondere bei der Einkommensteuer – nicht immer die zusätzliche Belastung durch die Steuer. Für den Bereich der Vermögensteuer mag diese Betrachtung zwar zutreffen. Solange der Steuer ein linearer Tarifverlauf zugrunde liegt, kann der Innehabung eines Eigentumsgutes eine konkrete zusätzliche Steuerlast (in Höhe von z.B. 0,5 % des Verkehrswertes) beigemessen werden. Diese Betrachtung scheitert jedoch dann, wenn der Tarifverlauf nicht mehr linear, sondern – wie bei der Einkommensteuer – progressiv ausgestaltet ist. Welcher beruflichen Tätigkeit im Sinne von z.B. § 19 EStG (Art. 12 GG) und welcher Kapitalnutzung im Sinne von z.B. § 20 EStG (Art. 14 GG) ist der Tarifverlauf in der unteren Zone zuzuordnen ? Ist es die nichtselbständige Arbeit des Steuerpflichtigen, die als mit einem niedrigen Tarif besteuert anzusehen ist, oder ist es die dividendenerzielende Nutzung von Aktien ? Ist der Nutzung von z.B. Telekom-Aktien der Tarif von 28 % zuzuordnen oder trifft gerade dieser Tarif die Siemens-Aktien, die sich ebenfalls im Portfolio des Steuerpflichtigen befinden und Dividenden abwerfen, während die Dividenden der Telekom-Aktie mit 45 % Grenzsteuersatz zu versteuern sind ? Und welcher Tätigkeit bzw. Eigentumsnutzung soll das steuerlich durch den Grundfreibetrag verschonte Existenzminimum zugeordnet werden ? Kann der Steuerpflichtige diese Fragen nicht beantworten, so kennt er nicht die endgültige zusätzliche Steuerbelastung durch die zusätzliche Eigentumsnutzung. Folglich kann und wird er die oben dargestellte Grenzbetrachtung so nicht vornehmen. Die soeben skizzierten Fragen zu

---

288 Vgl. H.-G. DEDERER, StuW 2000, S. 91 ff. (94).

289 So etwa: K.-G. LORITZ, BB 1993, S. 225 ff. (229 f.).

beantworten, ist für den Steuerpflichtigen aber unmöglich[290], da der Tarifverlauf nicht an einzelne Steuertatbestände anknüpft, sondern an das gesamte zu versteuernde Einkommen (§ 32a Abs. 1 S. 1 EStG). Auch ist der Grundfreibetrag bei der Einkommensteuer keiner einzelnen Einkunftsquelle zuordenbar[291]. Folglich muß einer Grenzbetrachtung zumindest für den Bereich der progressiv ausgestalteten Steuern der Erfolg versagt bleiben. Die Eingriffsintensität in die Nutzung eines einzelnen Eigentumsgutes kann also nicht unabhängig von anderen Faktoren beziffert werden. Eine Aussage über die Eingriffs*intensität* kann daher nur für die Summe der steuerlich relevanten Aktivitäten getroffen werden. Es kann aber für die grundsätzliche, verfassungsdogmatische Frage, ob der Eingriff in das Eigentum in der tatbestandsmäßigen Anknüpfung oder in der Rechtsfolge zu sehen ist, nicht darauf ankommen, welchen Tarifverlauf der Gesetzgeber einer bestimmten Steuerart verordnet. Insoweit liegt es näher, den verfassungsrechtlichen Eingriff erst in dem konkreten, betragsmäßig festgesetzten Zahlungsbefehl zu sehen[292].

Allerdings regelt der Steuertatbestand auch für progressiv ausgestaltete Steuern, *daß* in die Freiheit des Eigentümers, mit einem Eigentumsgegenstand nach seiner Wahl zu verfahren, im Wege der Steuerpflicht eingegriffen wird. Lediglich die Frage der Intensität des Grundrechtseingriffs und damit einer potentiellen *Verletzung* der Eigentumsgarantie läßt sich nicht allein aus dem Steuertatbestand und damit aus der gesetzlichen Nutzungsbindung beantworten[293]. Deswegen ist der Auffassung von JACHMANN, daß der Steuereingriff seine *konkrete*

---

290 Etwas anders sieht die Situation aus, in der der Steuerpflichtige bereits den Tarifverlauf durch andere Aktivitäten voll ausgeschöpft hat und jede weitere Eigentumsnutzung für ihn zwangsläufig mit dem Spitzensteuersatz belegt wird. In diesem Fall ist aus *ökonomischer* Sicht der einzelnen Nutzung der Spitzensteuersatz zuzuordnen. Indes ist dies *(steuer-) rechtlich* nicht der Fall, da der Einkommensteuertarif nicht auf eine einzelne Eigentumsnutzung oder Berufsbetätigung anwendbar ist, sondern nur auf das zu versteuernde Einkommen, mithin auf die Summe der wirtschaftlichen Aktivitäten. Dennoch für eine Grenzbetrachtung: K.-G. LORITZ, BB 1993, S. 225 ff. (229).

291 Ebenso: BFH, Beschlüsse vom 6. März 2003, – XI B 7/02 und XI B 76/02 –, in: www.bundesfinanzhof.de.

292 Ähnlich R. WENDT, in: Sachs (Hrsg.), Grundgesetz, 1. Auflage, Art. 14 GG Rn. 39, der es als problematisch ansieht, den Eingriff an der tatbestandlichen Anknüpfung festzumachen, weil der Steuerzugriff nach seiner Eigenart nicht einzelne Rechte belaste oder beschränke.

293 Ähnlich: H.-G. DEDERER, StuW 2000, S. 91 ff. (94).

Gestalt im Steuertatbestand findet, insoweit nicht zuzustimmen[294]. Der Steuereingriff findet im Steuertatbestand vielmehr seine *abstrakte* Gestalt und wird anschließend durch den Zahlungsbefehl der Höhe nach konkretisiert. Daher wird von einigen Autoren der Zahlungsbefehl mit einem mittelbaren Eingriff in das genutzte Eigentumsrecht gleichgesetzt[295]. JACHMANN ist aber insoweit zuzustimmen, als die Entscheidung über das „ob" eines Eingriffs in die Eigentumsnutzung bereits durch den Steuertatbestand gefällt wird[296].

Für die Einstufung der Steuerzahlungspflicht als Eingriff spricht auch, daß der Steuerpflichtige, der während des Jahres nur Einkünfte aus Kapitalvermögen in Höhe von € 5.000 erzielt hat, die gleichzeitig sein zu versteuerndes Einkommen bilden, durch die Regelung der Steuer*pflicht* von Einkünften aus Kapitalvermögen im Sinne von § 20 EStG und damit durch den steuerlichen Tatbestand gar nicht beschwert ist, weil als tarifliche Einkommensteuer € 0 festgesetzt wird. Es kommt insoweit zu keiner belastenden Wirkung. Die Steuerpflicht war nur latent und hat sich – mangels weiterer zu versteuernder Einkünfte – nicht konkretisiert. Der Steuertatbestand bewirkt dann zwar rechtlich eine Regelung der Eigentumsnutzung und damit nach der Auffassung, die den Eingriff im steuerlichen Tatbestand sieht, einen Grundrechtseingriff. Dessen Intensität ist jedoch gleich Null und stellt damit mangels belastender Wirkung faktisch *keine* Beschränkung der Eigentumsnutzung und folglich mangels einer Beschwer auch keinen Grundrechtseingriff dar.

Dies zeigt, daß die eigentumsrechtliche Regelung des Steuertatbestandes nicht vom Steuerzahlungsbefehl abgekoppelt werden kann, weil gewichtige Interdependenzen bestehen. Der Steuertatbestand bestimmt danach das grundsätzliche „Ob" des Eingriffs, während der Steuerzahlungsbefehl das „Wie" bzw. „Wieviel", mithin die Eingriffsintensität, bestimmt. Daß die Besteuerung als solche in das Eigentum eingreift, kann nach dem Gesagten insgesamt nicht mehr bestritten werden und ist mittlerweile auch herrschende Auffassung in der Literatur. Dies gilt nicht nur für ertragsabhängige, sondern auch für ertragsunabhängige

---

294 M. MÖSTL, DStR 2003, S. 720 ff. (723), ist der Auffassung, daß die bloße tatbestandliche Anknüpfung an eine Grundrechtsbetätigung noch keinen Eingriff darstellt.

295 Vgl. H.-J. PAPIER, DVBl. 1980, S. 787 ff. (790); G. F. SCHUPPERT, in: Festschrift Wolfgang Zeidler, Band I, S. 691 ff. (698); a.A. R. WENDT, NJW 1980, S. 2111 ff. (2113), der der Auffassung ist, es werde lediglich in das Vermögen eingegriffen.

296 So auch G. F. SCHUPPERT, in: Festschrift Wolfgang Zeidler Band I, S. 691 ff. (700).

Steuern, wie die Vermögensteuer[297]. Folglich wird durch die Vermögensteuer in das Eigentumsgrundrecht (Art. 14 GG) eingegriffen.

3. Vermögensteuer als Enteignung im Sinne von Art. 14 Abs. 3 S. 1 GG ?

Nachdem festgestellt ist, *daß* die Vermögensbesteuerung einen Eingriff in das von Art. 14 Abs. 1 GG geschützte Eigentumsgrundrecht darstellt, ist zu untersuchen, *in welcher Form* dieser Eingriff vorliegt. In Betracht kommen ein Eingriff in Form einer Enteignung im Sinne des Art. 14 Abs. 3 S. 1 GG und ein Eingriff in Form von Inhalts- und Schrankenbestimmungen im Sinne von Art. 14 Abs. 1 S. 2 GG. Nach der Rechtsprechung des BVerfG im Naßauskiesungsbeschluß[298] ist jeder Eingriff in Art. 14 GG, der nicht Enteignung im Sinne von Art. 14 Abs. 3 S. 1 GG ist, eine Inhalts- und Schrankenbestimmung im Sinne von Art. 14 Abs. 1 S. 2 GG. Einer grundsätzlichen Aussage, jede Form der Besteuerung stelle einen enteignenden Eingriff dar, ist bereits deshalb eine Absage zu erteilen, weil es verfassungssystematisch sinnwidrig wäre, das Eigentum umfassend gegen Enteignungen zu schützen, gleichzeitig aber Gesetzgebungs- und Ertragshoheit für die Besteuerung in Art. 105 ff. GG zu regeln.

a) Keine Enteignung bei einer Sollertragsteuer

Eine Enteignung kann sicher ausgeschlossen werden, soweit die Vermögensteuer lediglich auf die Erträge des genutzten Eigentums zugreift und die Substanz unberührt läßt. In diesem Fall sind die erzielten Erträge Frucht des genutzten Eigentums und damit Ausfluß des Nutzungsrechts. Das genutzte Eigentum selbst, also gleichermaßen das Stammrecht, wird nicht entzogen, so daß insoweit eine Enteignung von vorneherein ausscheidet.

b) Keine Enteignung bei einer Substanzsteuer

Wenn die Vermögensbesteuerung jedoch zu einer Substanzverringerung und damit zu einer sukzessiven Konfiskation führt, kommt eine entschädigungspflichtige Enteignung im Sinne von Art. 14 Abs. 3 S. 1 GG zumindest auf den ersten Blick in Betracht.

---

297 Vgl. H.-J. PAPIER, in: Maunz-Dürig, Komm. z. GG, Art. 14 Rn. 173.

298 Vgl. BVerfG, Beschluß vom 15. Juli 1981 – 1 BvL 77/78 –, in: BVerfGE 58, S. 300 ff. (330).

Nach einer Auffassung stellt eine in diesem Sinne konfiskatorische, weil substanzverzehrende Besteuerung einen Verstoß gegen Art. 14 Abs. 3 S. 1 GG dar[299]. Es sei nicht erforderlich, daß die Besteuerung bewußt konfiskatorische Ziele verfolge. Es genüge vielmehr, daß sie ungewollt konfiskatorische Wirkungen erziele. MUSSGNUG ordnet die Vermögensteuer, die nicht aus den Vermögenserträgen erbracht werden kann, als eine solche konfiskatorische Steuer ein[300]. Nach anderer Auffassung kommt eine Enteignung bei der Besteuerung überhaupt nicht in Betracht, weil die Enteignung dann eine Entschädigungspflicht nach sich zöge und folglich im Widerspruch zu dem in Art. 105 ff. GG anerkannten Recht des Staates zur Besteuerung stünde[301].

Eine Enteignung im Sinne von Art. 14 Abs. 3 S. 1 GG liegt nur bei einer finalen, konkret-individuellen Entziehung einer eigentumsrechtlichen Position zur Inanspruchnahme für öffentliche Zwecke vor[302]. Eine Inhalts- und Schrankenbestimmung ist hingegen gegeben, wenn der Gesetzgeber generelle und abstrakte Pflichten hinsichtlich eines Eigentumsgegenstandes festlegt. Die Abgrenzung wird nach formellen Kriterien, insbesondere nach der Intention des Gesetzgebers, vorgenommen[303]. Auch eine konfiskatorische, substanzmindernde Vermögensteuer zielt jedoch nicht darauf ab, *bestimmte* Eigentumspositionen zu entziehen, da es der Wahl des Steuerpflichtigen überlassen bleibt und es dem Staat im übrigen auch nicht darauf ankommt, mit welchen Eigentumsgütern er die Steuerschuld tilgt. Da es am Entzug *bestimmter* Güter fehlt, liegt selbst in einer substanzverzehrenden Vermögensteuer keine Enteignung[304]. Dies entspricht

---

299 Vgl. R. MUSSGNUG, JZ 1991, S. 993 ff. (993); K. VOGEL, in: Isensee/Kirchhof (Hrsg.), Handbuch des Staatsrechts, Band IV, § 87 Rn. 85.

300 Vgl. R. MUSSGNUG, JZ 1991, S. 993 ff. (996).

301 Vgl. D. BIRK, in: Hübschmann/Hepp/Spitaler, AO, § 4 AO Rn. 606.

302 Vgl. BVerfG, Beschluß vom 15. Juli 1981 – 1 BvL 77/78 –, in: BVerfGE 58, S. 300 ff. (331).

303 Vgl. D. BIRK, in: Hübschmann/Hepp/Spitaler, § 4 AO Rn. 606.

304 Wie hier: D. BIRK, in: Hübschmann/Hepp/Spitaler, § 4 AO Rn. 606; im Ergebnis ebenso: M. JACHMANN, Freiheitsrechtliche Grenzen der Besteuerung, S. 46, allerdings mit abweichender Begründung: Ihr zufolge sei die konfiskatorische Steuer nicht auf den Entzug von Vermögenssubstanz ausgerichtet, die Konfiskation vielmehr unbeabsichtigte Folge der nicht aus den Erträgen zahlbaren Steuer. Danach fehle es für die Enteignung an der Finalität. Dies gilt nach der hier vertretenen Auffassung jedoch nur dann, wenn die Vermögensteuer nicht auf Substanzverringerung ausgelegt, sondern als Sollertragsteuer konzipiert ist; a.A. R. MUSSGNUG, JZ 1991, S. 993 ff. (993), nach dem es nicht ins Gewicht fällt, daß die Besteuerung nicht direkt auf das private Eigentum zugreift,

auch der Rechtsprechung des Bundesverfassungsgerichts in der Pflichtexemplarentscheidung, in der das Gericht in der Pflicht zur Abgabe eines von mehreren Druckwerken eine Inhalts- und Schrankenbestimmung gesehen hatte, weil dem Verleger die Wahl blieb, mit welchem der Exemplare er der Abgabepflicht nachkam[305]. Mithin kann die Vermögensteuer, unabhängig davon, ob sie als Sollertrag- oder als echte Substanzsteuer ausgestaltet ist, in beiden Fällen nur eine Inhalts- und Schrankenbestimmung im Sinne von Art. 14 Abs. 1 S. 2 GG darstellen.

4. Vermögensteuer als Inhalts- und Schrankenbestimmung des Eigentums

Ungeachtet der Qualität der Besteuerung als Eingriff in das Grundrecht auf Eigentum besteht grundsätzlich Einigkeit darüber, daß die Besteuerung als solche zulässig ist[306]. Dem Staat können und sollen die Mittel, die er zur Erfüllung seiner vielfältigen Aufgaben, insbesondere im Sozialstaatsbereich, benötigt, nicht vorenthalten bleiben. Da der Staat auf eigenes Wirtschaften weitgehend – und im Zuge von Privatisierungsmaßnahmen in wachsendem Umfang – verzichtet, müssen diese Mittel durch die Besteuerung aufgebracht werden[307]. Eigentum steht zwar dem Grundsatz nach zur freien Verfügung und Nutzung durch den Eigentümer. Andererseits verpflichtet das Eigentum und soll sein Gebrauch zugleich dem Allgemeinwohl dienen. Art. 14 Abs. 2 GG statuiert diese Sozialpflichtigkeit des Eigentums. Da die Besteuerung auch von Eigentum dazu dient, den allgemeinen Finanzbedarf des Staates zu decken, und dieser wiederum dazu dient, die staatlichen Aufgaben im Interesse des Allgemeinwohls zu ermöglichen, stellt die Besteuerung des Eigentums eine Brücke zwischen den privaten Interessen des Eigentümers und den gemeinwohlorientierten Interessen des (Sozial-) Staates dar[308].

---

sondern es bei Zahlungspflichten beläßt; ursprünglich ebenfalls a.A. P. KIRCHHOF, DStR 1984, S. 575 ff. (582), der dort aber ersichtlich zur Abgrenzung von Inhalts- und Schrankenbestimmungen noch die heute überholte Sonderopfertheorie zugrundelegt.

305 Vgl. BVerfG, Beschluß vom 14. Juli 1981 – 1 BvL 24/78 –, in: BVerfGE 58, S. 137 ff. (144).

306 Vgl. K.-G. LORITZ, BB 1993, S. 225 ff. (229).

307 Vgl. K. TIPKE, Die Steuerrechtsordnung Band I, 2. Auflage, S. 442.

308 Vgl. R. SEER, DStJG Band 23 (2000), S. 87 ff. (101): „conditio sine qua non des Sozialstaats".

Unabhängig davon, ob Art. 14 Abs. 1 S. 2 und Art. 14 Abs. 2 GG als einheitlicher Gesetzesvorbehalt zu lesen sind[309] oder ob sich neben den gesetzlichen Inhalts- und Schrankenbestimmungen im Sinne von Art. 14 Abs. 1 S. 2 GG aus Art. 14 Abs. 2 isoliert weitere, verfassungsunmittelbare Schranken ergeben[310], stellt die auf Gesetzen basierende Besteuerung jedenfalls eine gesetzliche Konkretisierung der Sozialbindung in Form von Inhalts- und Schrankenbestimmungen dar, zu denen der Gesetzgeber nach Art. 14 Abs. 1 S. 2 GG befugt ist[311] und zu denen Art. 14 Abs. 2 den Gesetzgeber nach beiden Auffassungen herausfordert[312]. Auch die Vermögensteuer ist als eine solche Inhalts- und Schrankenbestimmung des Eigentums unter dem Blickwinkel des Art. 14 GG grundsätzlich zulässig.

5. Verfassungsrechtliche Schranken-Schranken einer Vermögensbesteuerung

Aber auch ein Eingriff in das Grundrecht auf Eigentum in Form einer sozialbindenden Inhalts- und Schrankenbestimmung ist nicht grenzenlos möglich. Der Gesetzgeber hat bei der Ausgestaltung der steuerrechtlichen Inhalts- und Schrankenbestimmungen die ihm durch die Verfassung gezogenen Schranken-Schranken zu beachten. Die Eigentumsfreiheit ist ohne Sozialbindung im Wege der Besteuerung nicht denkbar. Aber die Sozialbindung darf ihrerseits die Eigentumsfreiheit nicht aushöhlen. Sowohl der Eigentumsfreiheit als auch der Sozialbindung müssen unter dem Grundgesetz Schranken gezogen werden, damit

---

309 Vgl. H.-J. PAPIER, in: Maunz-Dürig, Komm. z. GG, Art. 14 Rn. 306; R. WENDT, in: Sachs (Hrsg.), Grundgesetz, 1. Auflage, Art. 14 Rn. 72; W. LEISNER, in: Isensee/Kirchhof (Hrsg.), Handbuch des Staatsrechts, Band VI, § 149 Rn. 136; H. D. JARRAS, in: Jarras/Pieroth, Grundgesetz für die Bundesrepublik Deutschland, Art. 14 Rn. 27; O. DEPENHEUER, in: v. Mangoldt/Klein/Starck, GG I, Art. 14 Rn. 206; R. SEER, FR 1999, S. 1280 ff. (1284).

310 So P. BADURA, in: Benda/Maihofer/Vogel (Hrsg.), Handbuch des Verfassungsrechts, 2. Auflage, § 10 Rn. 24; B.-O. BRYDE, in: v. Münch/Kunig, Grundgesetz-Kommentar, Art. 14 Rn. 68; O. KIMMINICH, in: Dolzer/Vogel/Graßhof (Hrsg.), BK, Art. 14 Rn. 165, 172 ff.; J. WIELAND, in: Dreier (Hrsg.), Grundgesetz, Art. 14 Rn. 81 f.

311 Vgl. R. HERZOG, StbJb 1985/1986, S. 27 ff. (31); M. JACHMANN, Politische Studien 2000, Sonderheft 1, S. 78 ff. (82); D. BIRK, in: Hübschmann/Hepp/Spitaler, § 4 AO Rn. 606; O. KIMMINICH, in: Dolzer/Vogel/Graßhof (Hrsg.), BK, Art. 14 Rn. 58.

312 Vgl. R. WENDT, in: Sachs (Hrsg.), Grundgesetz, 1. Auflage, Art. 14 Rn. 143; R. HERZOG, StbJb 1985/86, S. 27 ff. (31).

beide Verfassungsgüter im Wege der praktischen Konkordanz zur optimalen Entfaltung kommen[313]. Folglich unterliegt auch die Sozialbindung Schranken, die gleichzeitig Schranken-Schranken des Eigentumsgrundrechts sind. Werden diese Schranken-Schranken nicht beachtet, schlägt die verfassungsrechtlich grundsätzlich zulässige Inhalts- und Schrankenbestimmung des Eigentums in einen verfassungsrechtlich unzulässigen Eigentumseingriff um. Zu beachten hat der die Eigentumsgarantie einschränkende Steuergesetzgeber in diesem Zusammenhang vor allem die grundsätzliche Anerkennung des Privateigentums und dessen grundsätzlich privatnützige Verwendung. Er hat diese schützenswerten (und von Art. 14 GG geschützten) Interessen des Eigentümers und die in der Sozialpflichtigkeit des Eigentums gemäß Art. 14 Abs. 2 GG manifestierten Interessen des Allgemeinwohls in ein ausgewogenes Verhältnis zu bringen. Der Gesetzgeber darf weder die Freiheit des Grundrechtsträgers unverhältnismäßig verkürzen, noch darf er die Sozialbindung unverhältnismäßig vernachlässigen[314]. Eine äußerste verfassungsrechtliche Grenze für Inhalts- und Schrankenbestimmungen bildet dabei die eigentumsrechtliche Institutsgarantie[315].

Ausgehend von den Befunden des Halbteilungsurteils kommen als solche verfassungsrechtlichen Schranken-Schranken insbesondere der Schutz der Vermögenssubstanz vor einer Konfiskation und der sog. Halbteilungsgrundsatz in Betracht. Diese werden im folgenden auf ihre verfassungsrechtliche Fundierung hin untersucht.

a) Schutz der Vermögenssubstanz

Das Bundesverfassungsgericht hat im Halbteilungsurteil ausgesprochen, daß die Vermögensteuer nur in Form einer Sollertragsteuer zulässig sei und die Vermögenssubstanz auch im Zusammenspiel mit den sonstigen Steuerbelastungen grundsätzlich nicht weggesteuert werden dürfe, da es anderenfalls zu einer schrittweisen Konfiskation des Vermögens komme. Die Vermögensverhältnisse des Steuerpflichtigen würden so grundlegend beeinträchtigt und er auf diese Weise übermäßig belastet. Fraglich ist, ob sich eine Grenze der Besteuerung in

---

313 Vgl. R. SEER, FR 1999, 1280 ff. (1284 f.); DERSELBE, „Der Halbteilungsgrundsatz als Belastungsobergrenze macht Sinn" in: Handelsblatt vom 3. November 1999, S. 58; H. BUTZER, „Der Halbteilungsgrundsatz und seine Ableitung aus dem Grundgesetz", in: StuW 1999, S. 227 ff. (237).

314 Vgl. B. PIEROTH/B. SCHLINK, Grundrechte Staatsrecht II, Rn. 929.

315 In der Form einer Schranken-Schranke, vgl. B. PIEROTH/B. SCHLINK, Grundrechte Staatsrecht II, Rn. 952 f.

der Form, daß nur (potentielle) Erträge von einer Vermögensteuer erfaßt werden dürfen, während die Substanz unangetastet bleiben muß, als eigentumsrechtliche Schranken-Schranke aus der Verfassung ergibt. Die Zulässigkeit von substanzverzehrenden Steuern wird in Rechtsprechung und Literatur nämlich unterschiedlich beurteilt:

(1) Rechtsprechung des Bundesverfassungsgerichts

Das Bundesverfassungsgericht hat vor dem Halbteilungsurteil nicht immer einheitlich beantwortet, ob eine Vermögensminderung durch die Besteuerung (im Sinne von Substanzeingriffen) zulässig ist. Mit Beschluß vom 27. Oktober 1975[316] hatte ein Vorprüfungsausschuß des Bundesverfassungsgerichts entschieden, daß dem Grundgesetz kein „unbedingtes Nein" zur Vermögensminderung durch die Besteuerung zu entnehmen sei[317]. Demgegenüber hatte das Bundesverfassungsgericht einige Jahre zuvor in einem Beschluß festgestellt, daß Art. 14 GG durch die Auferlegung von Geldleistungspflichten nicht verletzt werde, *solange die Substanz durch die Besteuerung unangetastet bleibe*[318]. Im Jahr 1968 hatte das Bundesverfassungsgericht in einer Entscheidung zum Lastenausgleichsgesetz geurteilt, daß die Bedingungen der vermögensteuerähnlichen Vermögensabgabe so gestaltet seien, daß die Abgabe in der Regel aus den Erträgen des Vermögens aufgebracht werden könne und aus diesem Grund die Abgabe „keine Steuer mit konfiskatorischem Effekt" sei[319]. Daraus kann e contrario geschlossen werden, daß nach damaliger Auffassung des Bundesverfassungsgerichts eine Steuer, die nicht aus den Erträgen geleistet werden kann, einen konfiskatorischen Charakter hat und daher entsprechend seiner ständigen Rechtsprechung zur Vereinbarkeit der Besteuerung mit Art. 14 GG gegen diesen

---

316 Vgl. BVerfG, Beschluß vom 27. Oktober 1975 – 1 BvR 82/73 –, NJW 1976, S. 101.

317 Ähnlich der BFH, Urteil vom 17. November 1972 – III R 149-150/71 –, in: JZ 1974, S. 328 ff., der offengelassen hat, ob die Eigentumsgarantie verletzt ist, wenn die Steuerlast zu wiederholten Eingriffen in die Substanz nötigt, weil in dem zu entscheidenden Fall ein untypischer Sachverhalt zu Eingriffen in die Substanz nötigte und der Gesetzgeber sich nach Auffassung des BFH im Rahmen der zulässigen Typisierung bewegt habe. Kurze Zeit später hat der BFH, Urteil vom 14. Mai 1974 – VIII R 95/72 –, in: BFHE 112, S. 546 ff. (564), allerdings entschieden, daß Art. 14 GG nicht dem Ziel diene, in jedem Fall die Substanz unangetastet zu lassen.

318 Vgl. BVerfG, Beschluß vom 16. Mai 1969 – 1 BvR 162/69 –, in: HFR 1969, S. 347, Hervorhebung nicht im Orginal.

319 Vgl. BVerfG, Beschluß vom 14. Mai 1968 – 2 BvR 544/63 –, in: BVerfGE 23, S. 289 ff. (305).

verstoßen würde. In einer Entscheidung aus dem Jahr 1983 hat das Bundesverfassungsgericht erneut entschieden, daß dann ein verfassungswidriger Eingriff in das Eigentumsgrundrecht vorläge, wenn ein Eingriff in die Kapitalsubstanz vorgenommen würde[320].

Nach also fast ständiger Rechtsprechung des Bundesverfassungsgerichts muß die Substanz durch die Besteuerung grundsätzlich unangetastet bleiben. Demzufolge sind solche Steuern, die darauf angelegt sind, Substanz zu entziehen, als konfiskatorische Steuern verfassungsrechtlich unzulässig. Folglich kann die Vermögensteuer aus der Sicht des Bundesverfassungsgerichts nur als Sollertragsteuer auszugestalten sein. Jüngst hat sich nun auch der Erste Senat des Bundesverfassungsgerichts in einem Beschluß zur Verfassungsmäßigkeit der Grunderwerbsteuer auf private Eigenheime der Rechtsprechung des Zweiten Senats im Halbteilungsurteil angeschlossen und anerkannt, daß die Vermögensteuer eine Sollertragsteuer ist[321].

(2) Bejahung des Substanzschutzes in der Literatur

In der Literatur werden zwei grundverschiedene Standpunkte zum Schutz der Substanz durch Art. 14 GG vor einer Besteuerung vertreten. Das Ergebnis, das der Zweite Senat im Halbteilungsurteil vertreten hat, nämlich der Schutz der Vermögenssubstanz vor einer diese gezielt entziehenden Steuer, wird von weiten Teilen der Literatur geteilt[322], auch wenn die Begründungen teilweise erheblich voneinander abweichen.

(a) KIRCHHOFS Dogmatik der abgestuften Sozialpflichtigkeit

Nach der vor allem von KIRCHHOF vertretenen Auffassung ergibt sich für die Besteuerung eine abgestufte Sozialpflichtigkeit des Eigentums und, daraus folgend, eine abgestufte Schrankensystematik, abhängig davon, ob die Steuer an das zufließende Vermögen (Einkommen), das ruhende (konsolidierte) Vermö-

---

320 Vgl. BVerfG, Beschluß vom 22. März 1983 – 2 BvR 475/78 –, in: BVerfGE 63, S. 343 ff. (368).

321 Vgl. BVerfG, Beschluß vom 8. Januar 1999 – 1 BvL 14/98 –, in: www.bundesverfassungsgericht.de, Rz. 27.

322 Vgl. O. KIMMINICH, in: Dolzer/Vogel/Graßhof (Hrsg.), BK, Art. 14 Rn. 62 m.w.N.; H.-W ARNDT/A. SCHUMACHER, NJW 1995, S. 2603 ff. (2603); bereits vor dem Halbteilungsurteil dieser Auffassung: K.-G. LORITZ, NJW 1986, S. 1 ff. (10).

gen oder an die Vermögensverwendung anknüpft[323]. KIRCHHOF leitet diese Abstufung aus dem Wortlaut des Art. 14 Abs. 2 GG ab[324]:

Die Belastungswirkung der Besteuerung in diesen drei Zugriffsphasen beeinträchtige die Freiheit des Steuerpflichtigen in unterschiedlicher Weise. Der Zugriff auf das ruhende Vermögen zwinge den Steuerpflichtigen zur produktiven Verwendung desselben. Die Besteuerung der Erträge aus dem Eigentumsgebrauch (Einkommen) hingegen mindere nur den Vermögenszuwachs beim Steuerpflichtigen und so dessen Reicherwerden, belasse ihm aber dennoch ein mehr an ökonomischer Freiheit, als wenn er den Eigentumsgegenstand nicht ertragbringend genutzt hätte[325]. Der Eigentums*gebrauch* sei durch Art. 14 Abs. 2 S. 2 GG in besonderem Maße sozialgebunden („Sein Gebrauch soll *zugleich* dem Wohle der Allgemeinheit dienen[326].“). Das „zugleich“ in Art. 14 Abs. 2 S. 2 gestatte daher eine intensivere steuerliche Teilhabe[327]. Eine Besteuerung der Erträge aus dem Eigentumsgebrauch sei daher bis zur Grenze des Übermaßes zulässig[328]. Dieses siedelt KIRCHHOF bei ungefähr 50 % der Erträge an[329].

Das ruhende Eigentum hingegen, also das nicht ertragbringend genutzte und vom Eigentümer nicht in den rechtsgeschäftlichen Verkehr gebrachte Vermögen, sei zwar ebenfalls gemeinwohlgebunden, da auch ruhendes Eigentum nach Art. 14 Abs. 2 S. 1 GG den Eigentümer verpflichte. Deshalb dürfe der Gesetzgeber im Rahmen von Inhalts- und Schrankenbestimmungen auch das konsolidierte Privatvermögen für die Finanzierung des Staates heranziehen[330]. Aller-

---

323 Vgl. P. KIRCHHOF, „Rechtsmaßstäbe finanzstaatlichen Handelns“, in: JZ 1979, S. 153 ff. (156); DERSELBE, in: Isensee/Kirchhof (Hrsg.), Handbuch des Staatsrechts, Band IV, § 88 Rn. 70 ff.; ebenso: H. HOFMANN, Grundpflichten und Grundrechte, in: Isensee/Kirchhof (Hrsg.), Handbuch des Staatsrechts, Band V, § 114 Rn. 18; K. H. FRIAUF, StuW 1977, S. 59 ff. (63); W. LEISNER, „Eigentum“, in: Isensee/Kirchhof (Hrsg.), Handbuch des Staatsrechts, Band VI, § 149 Rn. 129 ff; H.-G. DEDERER, StuW 2000, S. 91 ff. (96); offenbar auch D. MEYDING, DStR 1992, S. 1113 ff. (1114).

324 Vgl. P. KIRCHHOF, VVDStRL Band 39, S. 213 ff. (242 ff.).

325 Vgl. P. KIRCHHOF, VVDStRL Band 39, S. 213 ff. (270 f.); DERSELBE, in: Isensee/Kirchhof (Hrsg.), Handbuch des Staatsrechts, Band IV, § 88 Rn. 73.

326 Hervorhebung durch den Verfasser.

327 Vgl. P. KIRCHHOF, Stbg 1996, S. 1 ff. (2).

328 Vgl. bereits P. KIRCHHOF, JZ 1979, S. 153 ff. (156).

329 Vgl. P. KIRCHHOF, in: Kirchhof/Söhn/Mellinghoff (Hrsg.), EStG, § 2 Rz. A 481.

330 Vgl. P. KIRCHHOF, JZ 1979, S. 153 ff. (156).

dings sei das ruhende Eigentum, weil der Eigentümer es nicht in den Verkehr gebracht habe, in deutlich geringerem Maße verpflichtet als das gebrauchte, das wegen Art. 14 Abs. 2 S. 2 GG („der Gebrauch soll zugleich dem Allgemeinwohl dienen") einer erhöhten Verpflichtung unterliege[331]. Aus der Verpflichtung auch des ruhenden Vermögens dürfe der Steuerstaat jedoch die Erwartung ableiten, daß der Steuerpflichtige sein Eigentum ertragbringend nutze, da der Staat auf die ertragbringende Nutzung des Eigentums durch die Bürger, an der er mittels der Ertragsbesteuerung teilhaben könne, angewiesen sei. Das Steuerrecht verpflichte den Eigentümer zwar nicht zur ertragbringenden Nutzung des Eigentums. Es dürfe aber als freiheitsschonendere Alternative zum Nutzungszwang bestimmte Erträge aus dem ruhenden Eigentum unterstellen[332]. Aus diesem Grund könne der Staat auch grundsätzlich Bestandsteuern erheben[333]. Die Abgaben vom Vermögen dürfen jedoch nicht höher sein als dessen möglicher Ertrag[334], da Art. 14 Abs. 2 S. 2 GG grundsätzlich keinen Eingriff in die Eigentumssubstanz rechtfertige. Ein Eingriff in den Eigentumsbestand sei verfassungsrechtlich nur in Gestalt der Enteignung gegen Entschädigung vorgesehen, nicht jedoch in Gestalt der Inhalts- und Schrankenbestimmungen[335]. Daher sei eine auf die Substanzminderung ausgelegte Besteuerung des Eigentumsbestandes verfassungswidrig[336]. Aus diesem Grund seien Bestandsteuern nur in Form von Sollertragsteu-

---

331 Vgl. P. KIRCHHOF, in: Isensee/Kirchhof (Hrsg.), Handbuch des Staatsrechts, Band IV, § 88 Rn. 75; DERSELBE, in: Kirchhof/Söhn/Mellinghoff (Hrsg.), EStG § 2 Rn. A 159: „gesteigerte Sozialpflichtigkeit des Eigentumsgebrauchs"; DERSELBE, „Verfassungsrechtliche Maßstäbe der Steuergesetzgebung", in: StbJb 1999/2000, S. 17 ff. (20); ebenso: W. LEISNER, in: Isensee/Kirchhof (Hrsg.), Handbuch des Staatsrechts, Band VI, § 149 Rn. 129: „Wer nur ruht und besitzt, muß in einer anderen Ruhe belassen werden als der Erwerbstätige. ... Besitz von Eigentumssubstanz ist gegenüber dem Eigentumszufluß ein eigentumsverfassungsrechtliches aliud, was mögliche Sozialbindung anlangt ... ."

332 Vgl. P. KIRCHHOF, VVDStRL Band 39, S. 213 ff. (274); DERSELBE, DStR 1984, S. 575 ff. (582).

333 Vgl. P. KIRCHHOF, in: Isensee/Kirchhof (Hrsg.), Handbuch des Staatsrechts, Band IV § 88 Rn. 102.

334 Vgl. W. LEISNER, in: Isensee/Kirchhof (Hrsg.), Handbuch des Staatsrechts, Band VI, § 149 Rn. 129.

335 Vgl. M. JACHMANN, Politische Studien 2000, Sonderheft 1, S. 78 ff. (82).

336 Vgl. P. KIRCHHOF, DStR 1984, S. 575 ff. (582), der die unterschiedliche Besteuerbarkeit von Substanz und Erträgen in diesem Beitrag als eine Ausprägung des Gleichheitssatzes interpretiert, die von Art. 14 GG determiniert wird. Art. 14 GG wird damit zu einem besonderen Maßstab der Lastenverteilung.

ern zulässig[337], weil diese gerade bestimmte Erträge aus dem (ruhenden) Eigentum unterstellen und damit der Tatsache Rechnung tragen, daß nur die möglichen Erträge besteuert werden dürfen, die Substanz hingegen, wenigstens in der Regel, unberührt zu bleiben habe.

(b) Ableitung aus der Bestandsgarantie

Nach einer anderen Auffassung resultiert das verfassungsrechtliche Verbot einer substanzmindernden Besteuerung aus der eigentumsrechtlichen Bestandsgarantie. Art. 14 Abs. 1 GG enthalte in seinem Kern eine Bestands- und eine Nutzungsgarantie zugunsten des Eigentümers[338]. Die Bestandsgarantie gewährleiste die Zuordnung des Gutes zum Eigentümer, also das „Gehören" oder „Haben"[339]. Die Nutzungsgarantie gehe darüber hinaus. Der Eigentümer dürfe seine Eigentumsgüter nach seinen individuellen Vorstellungen nutzen, also mit ihnen verfahren, wie er möchte[340], sich insbesondere auch die aus der Nutzung erzielten Erträge aneignen[341]. Maßgeblich für die Zulässigkeit einer echten Substanzbesteuerung seien nach dieser Auffassung die Möglichkeiten des Gesetzgebers, Bestands- und Nutzungsgarantie im Wege von Inhalts- und Schrankenbestimmungen einzuschränken. Bestands- und Nutzungsgarantie besäßen jedoch unterschiedlich starkes Gewicht, was Auswirkungen auf die Möglichkeiten ihrer Beschränkung habe[342]. Hierbei setze die Institutsgarantie, die den grundsätzlichen Bestand, die grundsätzliche Verfügungsbefugnis und die prinzipielle Privatnützigkeit des Eigentums gewährleistet, dem Gesetzgeber äußerste Grenzen, die er bei der Inhalts- und Schrankenbestimmung des Eigentums nicht überschreiten dürfe[343].

---

337 Vgl. P. KIRCHHOF, Isensee/Kirchhof (Hrsg.), Handbuch des Staatsrechts, Band IV, § 88 Rn. 75.

338 Vgl. H.-J. PAPIER, in: Maunz-Dürig, Komm. z. GG, Art. 14 Rn. 172; O. GEIßLER, Der Unternehmer im Dienste des Steuerstaats, S. 117; zur Nutzung auch: P. BADURA, in: Benda/Maihofer/Vogel (Hrsg.), Handbuch des Verfassungsrechts, 2. Auflage, Berlin/New York 1994, § 10 Rn. 38; K. VOGEL/C. WALDHOFF, in: Dolzer/Vogel/Graßhof (Hrsg.), BK, Vorbem. z. Art. 104a-115 Rn. 545.

339 Vgl. R. WENDT, in: Sachs (Hrsg.), Grundgesetz, 1. Auflage, Art. 14 Rn. 41.

340 Zivilrechtlich ist diese umfassende Nutzungsbefugnis in § 903 BGB ausgedrückt.

341 Vgl. R. WENDT, in: Sachs (Hrsg.), Grundgesetz, 1. Auflage, Art. 14 Rn. 41.

342 Vgl. H.-J. PAPIER, in: Maunz/Gürig, Grundgesetz, Art. 14 Rn. 375.

343 Vgl. O. DEPENHEUER, in: v. Mangoldt/Klein/Starck, GG I, Art. 14 Rn. 228.

Die Besteuerung der Eigentums*nutzung* stellt nach dieser Auffassung eine verfassungsrechtlich grundsätzlich zulässige Inhalts- und Schrankenbestimmung des Eigentums dar[344], weil die Eigentumsnutzung („Gebrauch") sozialpflichtig ist, wie Art. 14 Abs. 2 S. 2 GG zeige[345]. Der Staat könne die Eigentumsnutzung für Zwecke des Allgemeinwohls beschränken[346]. Den Erträgen aus der Eigentumsnutzung komme deshalb kein eigentumsrechtlicher *Bestands*schutz zu, weil sie bereits mit der Steuer belastet entstünden. Sie unterlägen aber dem Schutz des Art. 14 GG im Rahmen der durch diesen verbürgten Garantie der *Nutzung* der Eigentumsgüter[347]. Würde dem Eigentümer allerdings jegliche Verfügung über und jegliche Nutzung seines Eigentums verwehrt, so stellte dies bereits keine verfassungsrechtlich zulässige Ausgestaltung des Eigentumsgrundrechts mehr dar, sondern einen unzulässigen Eingriff[348]. Deshalb widerspreche der Entzug sämtlicher Erträge aus der Eigentumsnutzung durch die Besteuerung auch Art. 14 GG, weil das Eigentum auf diese Weise zum „nudum jus" werde[349]. Die Besteuerung durch ertragsunabhängige Steuern wie die Vermögensteuer[350] erfasse sogar nicht mehr nur das gesamte Ergebnis einer Eigentumsnutzung, sondern greife die Substanz des Eigentums an[351], wenn die Steuer nicht aus dem Ertrag aufgebracht werden könne[352]. In diesem Fall sei daher die Bestandsgarantie des Art. 14 Abs. 1 S. 1 GG betroffen[353]. Die Bestandsgarantie

---

344 Vgl. B.-O. BRYDE, in: von Münch/Kunig, Grundgesetz-Kommentar, Art. 14 Rn. 66; M. ELICKER, StuW 2002, S. 217 ff. (226); nach H.-G. DEDERER, StuW 2000, S. 91 ff. (94), ist der Steuertatbestand die Inhalts- und Schrankenbestimmung.

345 Vgl. H.-J. PAPIER, in: Maunz-Dürig, Komm. z. GG, Art. 14 Rn. 172, 375.

346 Vgl. M. JACHMANN, Verfassungsrechtliche Grenzen der Besteuerung, S. 47.

347 Vgl. M. JACHMANN, StuW 1996, S. 97 ff. (100); DIESELBE, Verfassungsrechtliche Grenzen der Besteuerung, S. 39 f.; H.-J. PAPIER, Der Staat Band 11 (1972), S. 483 ff. (499); DERSELBE, DVBl. 1980, S. 787 ff. (791).

348 Vgl. B. PIEROTH/B. SCHLINK, Grundrechte Staatsrecht II, Rn. 214; K. VOGEL, in: Isensee/Kirchhof (Hrsg.), Handbuch des Staatsrechts, Band IV, § 87 Rn. 85.

349 Vgl. H.-J. PAPIER, Der Staat Band 11 (1972), S. 483 ff. (501); DERSELBE, DVBl. 1980, S. 787 ff. (791).

350 Vgl. H.-J. PAPIER, in: Maunz-Dürig, Komm. z. GG, Art. 14 Rn. 173.

351 A.A. D. BIRK, DStJG Band 22 (1999), S. 7 ff. (20).

352 Vgl. M. JACHMANN, StuW 1996, S. 97 ff. (101); H.-J. PAPIER, DVBl. 1980, S. 787 ff. (791); W. RÜFNER, „Die Eigentumsgarantie als Grenze der Besteuerung", in: DVBl. 1970, S. 881 ff. (882).

353 Vgl. M. JACHMANN, Verfassungsrechtliche Grenzen der Besteuerung, S. 47; H.-J. PAPIER, Der Staat Band 11 (1972), S. 483 ff. (499, FN 77).

schütze jedoch das konkrete Eigentum in der Hand des Eigentümers und vermittele ihm ein subjektives Recht gegen staatliche Beeinträchtigungen[354]. Den Eigentumsbestand, mithin die Eigentumssubstanz, dürfe die Besteuerung nicht verletzen, weil Art. 14 Abs. 1 S. 2 GG keinen Eingriff in den Eigentumsbestand rechtfertige[355]. Ein solcher sei nur im Rahmen einer Enteignung gegen Entschädigung vorgesehen, nicht jedoch für den Bereich der Inhalts- und Schrankenbestimmungen[356].

(c) Ableitung aus dem Verhältnismäßigkeitsgrundsatz

Nach einer weiteren Auffassung folgt die verfassungsrechtliche Unzulässigkeit einer echten Substanzbesteuerung aus dem Verhältnismäßigkeitsprinzip. Der Eigentümer könne von der Eigentumsposition überhaupt keinen vernünfti-

---

354 Das Bundesverfassungsgericht hatte bereits früh, mit Beschluß vom 18. Dezember – 1 BvR 638, 673/64 und 200, 238, 249/65 –, in: BVerfGE 24, S. 367 ff. (400), geurteilt, daß Art. 14 GG nicht in erster Linie die Aufgabe hat, die *entschädigungslose* Wegnahme von Eigentum zu verhindern, sondern den Bestand des Eigentums in der Hand des Eigentümers zu sichern.

355 Vgl. BVerfG, Beschluß vom 21. Januar 1969 – 1 BvR 346, 598/68 –, in: HFR 1969, S. 347; H.-W. ARNDT/A. SCHUMACHER, NJW 1995, S. 2603 ff. (2603); K. H. FRIAUF, StuW 1977, S. 59 ff. (63 f.); H.-J. PAPIER, Der Staat Band 11 (1972), S. 483 ff. (505); DERSELBE, in: Maunz-Dürig, Komm. z. GG, Art. 14 Rn. 173; P. KIRCHHOF, in: Isensee/ Kirchhof (Hrsg.), Handbuch des Staatsrechts, Band IV § 88 Rn. 99 ff; W. LEISNER, in: Isensee/Kirchhof (Hrsg.), Handbuch des Staatsrechts, Band VI § 149 Rn. 129; K. VOGEL, in: Isensee/Kirchhof (Hrsg.), Handbuch des Staatsrechts, Band VI, § 87 Rn. 85; DERSELBE, „Vom Eigentums- zum Vermögensschutz – eine Erwiderung", in: NJW 1996, S. 1257 ff. (1258); O. DEPENHEUER, in: v. Mangoldt/ Klein/Starck, GG I, Art. 14 Rn. 387; R. WENDT, in: Sachs (Hrsg.), Grundgesetz, 1. Auflage, Art. 14 Rn. 145; W. RÜFNER, DVBl. 1980, S. 881 ff. (882); M. JACHMANN, Verfassungsrechtliche Grenzen der Besteuerung, S. 47; R. WENDT, NJW 1980, S. 2111 ff. (2117); R. MUẞGNUG, JZ 1991, S. 993 ff. (993); S. MÜLLER-FRANKEN, „Das Verbot des Abzugs der Zuwendung von Vorteilen nach dem Jahressteuergesetz 1996, in: StuW 1997, S. 3 ff. (15), im Zusammenhang mit der Frage der Abzugsfähigkeit von Erwerbsaufwendungen. Nach K.-G. LORITZ, DStR 1995, Beihefter zu Heft 8, S. 3 ff. (10), ist die Einordnung der Vermögensteuer als Sollertragsteuer der „Ausweg", damit die Vermögensteuer nicht als entschädigungsloser Zugriff auf das Eigentum, die Vermögenssubstanz, eingeordnet werden muß; zweifelnd, ob diese Aussage aus dem Grundgesetz abgeleitet werden kann: H. P. BULL, NJW 1996, S. 281 ff. (282).

356 Vgl. M. JACHMANN, Verfassungsrechtliche Grenzen der Besteuerung, S. 47; O. GEIẞLER, Der Unternehmer im Dienste des Steuerstaats, S. 130; H.-J. PAPIER, in: Maunz-Dürig, Komm. z. GG, Art. 14 Rn. 375.

gen Gebrauch mehr machen, wenn die Besteuerung dem Steuerpflichtigen Einnahmen in solcher Höhe entzöge, daß eine gewinnbringende und damit angemessene Nutzung durch den Eigentümer nicht mehr möglich sei. In diesem Fall stünde der Zweck der Einnahmeerzielung durch die Steuer in keinem angemessenen Verhältnis zur damit verbundenen Belastung des Eigentumsgrundrechts mehr, weil das Verfassungsinstitut „Privateigentum" die grundsätzliche Privatnützigkeit des Eigentums verbürge[357] und bei einem Entzug von mehr als dem gesamten Gewinn diese Gewährleistung eindeutig verletzt werde[358]. Daher seien ertragsunabhängige Steuern, die nicht aus der Ertragskraft des Eigentums finanziert werden können, verfassungswidrige konfiskatorische Steuern[359]. Auch nach DEDERER vermag das Verhältnismäßigkeitsprinzip auf der Stufe der Verhältnismäßigkeit i.e.S. zu schützen, da der Steuergesetzgeber hier die schutzwürdigen Interessen des Steuerpflichtigen und die Belange des Allgemeinwohls, die durch den Steuerzugriff ausgedrückt werden, in ein ausgewogenes Verhältnis zu setzen habe. Der Zweck der Steuererhebung ziehe hier dem Steuertatbestand[360] eine äußerste Grenze der Belastung, die dann erreicht sei, wenn der Steuertatbestand die in der Nutzung oder Innehabung des Eigentumsgutes liegende Steuerquelle zum sofortigen oder allmählichen Versiegen bringen würde. Durch diese vollständige Beseitigung der Privatnützigkeit würde die Eigentumsgarantie zugleich in ihrem Kernbereich betroffen[361].

(3) Ablehnung des Substanzschutzes in der Literatur

Der Aussage des Bundesverfassungsgerichts, daß eine „echte Substanzbesteuerung" unzulässig sei, wird jedoch von einigen Autoren entgegengehalten, daß nicht verfassungsrechtlich vorgegeben sei, daß Substanzsteuern nur als Soller-

---

357 Vgl. hierzu H.-J. PAPIER, in: Maunz-Dürig, Komm. z. GG, Art. 14 Rn. 375; ebenso J. ENGLISCH, StuW 2003, S. 237 ff. (244).

358 Vgl. O. GEIßLER, Der Unternehmer im Dienste des Steuerstaats, S. 129.

359 Vgl. O. GEIßLER, Der Unternehmer im Dienste des Steuerstaats, S. 130; im Ergebnis ebenso: H.-G. DEDERER, StuW 2000, S. 91 ff. (95).

360 DEDERER verortet den Steuertatbestand in den Tatbestandsmerkmalen der Steuerbemessungsgrundlage *und* dem Steuersatz.

361 Vgl. H.-G. DEDERER, in: StuW 2000, S. 91 ff. (94).

tragsteuern ausgestaltet sein dürften[362]. Die Kritik bedient sich hierzu unterschiedlicher Begründungsansätze:

(a) Vermögensteuer historisch auch als Substanzsteuer

Zunächst wird dem Bundesverfassungsgericht vorgehalten, es habe die historische Entwicklung und Charakterisierung der Vermögensteuer unvollständig dargestellt[363]. Die Vermögensteuer sei zwar historisch mit der Fundustheorie gerechtfertigt worden, sie sei aber nie auf den Gedanken der Besteuerung von Erträgen beschränkt gewesen, sondern habe immer auch nicht ertragbringende Vermögensbestandteile erfaßt[364] und sei auch immer durch einen Anteil „Luxussteuer" gekennzeichnet gewesen[365]. Die Vermögensteuer habe außerdem im Zuge ihrer Entwicklung und unter der Geltung des Grundgesetzes ihren früheren Charakter als Einkommensergänzungsteuer grundlegend geändert und sei nunmehr eine „echte" Vermögen- (Substanz-)steuer. Dies sei 1974 bei der Reform der Vermögensteuer auch in der Gesetzesbegründung zum Ausdruck gekommen. Der heutigen Vermögensteuer liege auch der Gedanke zugrunde, daß das *Vermögen als solches* eine steuerlich relevante Leistungsfähigkeit vermittele[366]. Wenn das Bundesverfassungsgericht die Vermögensteuer nun auf das Modell einer Sollertragsteuer festlege, sei die Möglichkeit „echter" Vermögensteuern, die am Vermögen selbst Maß nehmen, als eine der ältesten Steuerarten abgeschafft[367]. WEBER-GRELLET rügt in diesem Zusammenhang ferner, daß das

---

362 Vgl. E.-W. BÖCKENFÖRDE, Abweichende Meinung zum Beschluß des Zweiten Senats vom 22. Juni 1995 – 2 BvL 37/91 –, in: BVerfGE 93, S. 149 ff. (156); H. WEBER-GRELLET, BB 1996, S. 1415 ff. (1416); D. BIRK, DStJG Band 22 (1999), S. 7 ff. (20); DERSELBE, in: Hübschmann/Hepp/Spitaler, § 4 AO Rn. 626; i.E. auch H. P. BULL, NJW 1996, 281 ff. (282 f.).

363 Vgl. E.-W. BÖCKENFÖRDE, Abweichende Meinung zum Beschluß des Zweiten Senats vom 22. Juni 1995 – 2 BvL 37/91 –, in: BVerfGE 93, S. 149 ff. (158); H. WEBER-GRELLET, BB 1996, S. 1415 ff. (1416).

364 Vgl. E.-W. BÖCKENFÖRDE, Abweichende Meinung zum Beschluß des Zweiten Senats vom 22. Juni 1995 – 2 BvL 37/91 –, in: BVerfGE 93, S. 149 ff. (158).

365 Vgl. W. SCHICK, JZ 1974, S. 328 ff. (330).

366 E.-W. BÖCKENFÖRDE, Abweichende Meinung zum Beschluß des Zweiten Senats vom 22. Juni 1995 – 2 BvL 37/91 –, in: BVerfGE 93, S. 149 ff. (159); J. WIELAND, in: Guggenberger/Würtenberger (Hrsg.), Hüter der Verfassung oder Lenker der Politik?, S. 173 ff. (182).

367 So E.-W. BÖCKENFÖRDE, Abweichende Meinung zum Beschluß des Zweiten Senats vom 22. Juni 1995 – 2 BvL 37/91 –, in: BVerfGE 93, S. 149 ff. (159).

Bundesverfassungsgericht ALBERT HENSEL nur partiell mit der Aussage zitiert habe, die (Reichs-) Vermögensteuer sei als eine solche Steuer zu charakterisieren, die aus dem Vermögensertrag bestritten werde und nicht zu Eingriffen in die Vermögenssubstanz führen solle. Es habe dessen weitere Ausführungen, nach denen die Vermögensteuer rechtlich geschuldet werde, egal ob das besteuerte Vermögen tatsächlich einen Ertrag abgeworfen habe, unterschlagen[368].

(b) Verfassungsrechtliche Verankerung von Substanzabgaben

Ferner wird von den Kritikern des Halbteilungsurteils darauf verwiesen, daß das Grundgesetz selbst zum einen Zölle und zum anderen die Vermögensabgabe ausdrücklich in Art. 106 GG aufnehme[369]. Beide seien der Sache nach Abgaben, die nicht aus Erträgen, sondern aus der Substanz zu erbringen seien[370]. Folglich können echte Substanzsteuern nach dieser Auffassung nicht aus grundrechtlichen Erwägungen heraus unzulässig sein.

(c) Einstufung der Vermögensteuer in der Rechtsprechung des Bundesverfassungsgerichts

Außerdem wird dem Zweiten Senat des Bundesverfassungsgerichts vorgeworfen, er verlasse mit dem Halbteilungsurteil die bisherige Rechtsprechung des Bundesverfassungsgerichts zur Vermögensteuer. Dieses sei noch in seiner Entscheidung im 43. Band, S. 1 ff. (7)[371], davon ausgegangen, daß die Vermögensteuer „rechtlich nicht als Ertragsteuer angelegt" sei[372].

(d) Vermögensteuer wird zur Fehlbezeichnung und Fehlkonstruktion

BÖCKENFÖRDE und WEBER-GRELLET leiten den Charakter der Vermögensteuer als echte Substanzsteuer daneben auch aus ihrer Bezeichnung und Kon-

---

368 Vgl. H. WEBER-GRELLET, BB 1996, S. 1415 ff. (1416).

369 Vgl. W. SCHICK, JZ 1974, S. 328 ff. (331, rechte Sp.); im Ergebnis auch D. BIRK, in: Hübschmann/Hepp/Spitaler, § 4 AO Rn. 609.

370 Vgl. BVerfG, Beschluß vom 27. Oktober 1975 – 1 BvR 82/73 –, NJW 1976, S. 101.

371 Vgl. BVerfG, Beschluß vom 12. Oktober 1976 – 1 BvR 2328/73 –, in: BVerfGE 43, S. 1 ff. (7).

372 Vgl. E.-W. BÖCKENFÖRDE, Abweichende Meinung zum Beschluß des Zweiten Senats vom 22. Juni 1995 - 2 BvL 37/91 -, in: BVerfGE 93, S. 149 ff. (159).

struktion ab[373]. Die Vermögensteuer greife regelungstechnisch auf das Vermögen, nicht auf einen vermeintlichen Ertrag zu. Sie stehe der Ertragsfähigkeit des Vermögens auch vollkommen indifferent gegenüber. Dies zeige zum einen die Erfassung ertraglosen Vermögens durch die Vermögensteuer[374]. Zum anderen berücksichtige die Vermögensteuer nicht, daß unterschiedliche Vermögensteile unterschiedliche Ertragspotentiale haben. Daher sei keine maßstäbliche Orientierung der Steuer am potentiellen Ertrag des Vermögens zu erkennen. Im übrigen werde das Vermögen gemäß den Vorschriften des Bewertungsgesetzes nach denselben Kriterien bewertet, die auch für die Erbschaftsbesteuerung gelten, die ihrerseits überwiegend als Substanzsteuer angesehen werde[375]. Daß die Vermögensteuer so angelegt sei, daß sie in der Regel aus dem Vermögensertrag aufgebracht werden könne, sei lediglich Ausdruck des Verhältnismäßigkeitsgrundsatzes, habe aber mit ihrer Rechtsnatur als Substanzsteuer nichts zu tun. Es sei vielmehr zwischen der Substanz als dem Objekt des Eingriffs und der Reaktion des Steuerpflichtigen, die Substanz trotz des Eingriffs im Wege der ertragbringenden Anlage zu bewahren, zu unterscheiden[376]. Nach BÖCKENFÖRDE würde eine auf eine Sollertragsbesteuerung begrenzte Vermögensteuer aus den genannten Gründen ihrem Namen nicht mehr gerecht und somit sowohl zu einer Fehlbezeichnung als auch zu einer Fehlkonstruktion[377].

(e) Keine Entwertung konkreter Eigentumsobjekte

Ferner wird dem Bundesverfassungsgericht entgegengehalten, aus Art. 14 GG lasse sich kein Substanzschutz ableiten, da Art. 14 Abs. 1 GG nur die Entwertung *konkreter* Eigentumsobjekte verhindere. Da die Besteuerung aber, außer im Fall der Konfiskation, nicht in Art. 14 GG eingreife, könne Art. 14 keinen Substanzschutz gewährleisten, folglich auch das Konzept einer Sollertragsteuer

---

373 Vgl. E.-W. BÖCKENFÖRDE, Abweichende Meinung zum Beschluß des Zweiten Senats vom 22. Juni 1995 – 2 BvL 37/91 –, in: BVerfGE 93, S. 149 ff. (160); H. WEBER-GRELLET, BB 1996, S. 1415 ff. (1417).

374 Ebenso: J. WIELAND, in: Guggenberher/Würtenberger (Hrsg.), Hüter der Verfassung oder Lenker der Politik?, S. 173 ff. (183)

375 Vgl. E.-W. BÖCKENFÖRDE, Abweichende Meinung zum Beschluß des Zweiten Senats vom 22. Juni 1995 – 2 BvL 37/91 –, in: BVerfGE 93, S. 149 ff. (160).

376 Vgl. H. WEBER-GRELLET, BB 1996, S. 1415 ff. (1417).

377 Vgl. E.-W. BÖCKENFÖRDE, Abweichende Meinung zum Beschluß des Zweiten Senats vom 22. Juni 1995 – 2 BvL 37/91 –, in: BVerfGE 93, S. 149 ff. (160).

nicht vorgegeben sein[378]. Wie BÖCKENFÖRDE in seinem Minderheitsvotum darlegt, betreffe auch eine Steuer, die ihren Steuergegenstand in konsolidiertem Vermögen habe, den Steuerpflichtigen nur in seinem Vermögen als Ganzem. Sie entziehe nicht bestimmte, durch Art. 14 GG geschützte konkrete Eigentumspositionen, sondern könne aus beliebigen Einnahmequellen, z.B. auch aus Arbeitseinkommen, erbracht werden. Gegen solche Eingriffe schütze Art. 14 GG jedoch nach ständiger Rechtsprechung des Bundesverfassungsgerichts nicht[379].

(f) Verhältnis der Schutzintensität von Eigentumsgebrauch und –bestand

Kritisiert wird außerdem, daß sich die Intensität des Schutzes, den Art. 14 GG vermittelt, nicht danach unterscheide, ob das Eigentum gebraucht oder bloß innegehabt werde. Ein differenzierter Vermögensschutz dergestalt, daß die Besteuerung in einem größeren Umfang zugelassen ist, wenn Vermögen gerade zufließt und in geringerem Umfang, wenn das Vermögen bereits konsolidiert ist, sei entgegen KIRCHHOF in Art. 14 GG nicht angelegt[380]. Zwar unterscheide der Wortlaut in Abs. 2 zwischen der Verpflichtung des Eigentums und seinem Gebrauch. Die Entstehungsgeschichte zeige aber, daß Satz 2 der Erläuterung des Satzes 1 dienen sollte, so daß die historische Auslegung eine unterschiedliche Schutzintensität nicht stütze[381]. Es sei auch nicht einzusehen, daß die Lohnforderung des Arbeitnehmers als nicht-konsolidiertes Vermögen im Sinne KIRCHHOFS einen geringeren verfassungsrechtlichen Schutz genießen solle als das ruhende Vermögen[382]. Im übrigen fuße die Differenzierung auf der These, daß das konsolidierte Vermögen bereits der Einkommensteuer unterlegen habe, was auf eine Vielzahl von Vermögen jedoch nicht zutreffe. Zum einen sei ererbtes Ver-

---

378 Vgl. D. BIRK, DStJG Band 22 (1999), S. 7 ff. (20).

379 Vgl. BVerfG, Beschluß vom 22. Juni 1995 – 2 BvL 37/91 –, in: BVerfGE 93, S. 121 ff. (152 f.).

380 Vgl. E.-W. BÖCKENFÖRDE, Abweichende Meinung zum Beschluß des Zweiten Senats vom 22. Juni 1995 – 2 BvL 37/91 –, in: BVerfGE 93, S. 149 ff. (155); D. BIRK, in: Hübschmann/Hepp/Spitaler, § 4 AO Rn. 626; J. WIELAND, DStJG Band 24 (2001), S. 29 ff. (41); K. TIPKE, MDR 1995, S. 1177 ff. (1179); a.A. B. SCHMIDT-BLEIBTREU/ H.-J. SCHÄFER, DÖV 1980, S. 489 ff. (494).

381 Vgl. D. BIRK, in: Hübschmann/Hepp/Spitaler, § 4 AO Rn. 626; R. SEER, DStJG Band 23 (2000), S. 87 ff. (106 f.).

382 Vgl. E.-W. BÖCKENFÖRDE, Abweichende Meinung zum Beschluß des Zweiten Senats vom 22. Juni 1995 – 2 BvL 37/91 –, in: BVerfGE 93, S. 149 ff. (155); J. WIELAND, in: Guggenberger/Würtenberger (Hrsg.), Hüter der Verfassung oder Lenker der Politik?, S. 173 ff. (183).

mögen nicht vorbelastet, und zum anderen gebe es durch Steuersparmodelle die Möglichkeit, einkommensteuerfrei Vermögen zu bilden. Die Sozialpflichtigkeit des Eigentums sei daher für alle Phasen der Besteuerung einheitlich zu beurteilen[383]. Schließlich könne nicht erklärt werden, warum bei einer Sollertragsteuer der bereits als Sollertrag versteuerte Ertrag, wenn er sich zum Ist-Ertrag verdichte und tatsächlich anfalle, nochmals und zusätzlich mit der Einkommensteuer besteuert werden dürfe[384]. Die Anforderungen an eine gleichmäßige Besteuerung würden es dann erfordern, die Ist-Ertragsbesteuerung mit der Besteuerung des Sollertrags als abgegolten zu behandeln[385].

(g) Konfiskation durch Vermögensteuer nicht möglich

BULL ist außerdem der Auffassung, daß es „vollkommen irreal (sei), daß es zu einer Vermögenskonfiskation durch die Vermögensteuer kommen könne." Ihm zufolge bräuchte sich niemand vor „Verarmung zu fürchten", selbst wenn er keine anderen Einkünfte als solche aus Vermögen hätte, solange das Vermögensteuergesetz Freibeträge vorsehe, die das Existenzminimum der „höheren Schichten" deutlich übersteigen[386].

(h) Verkürzung des Potentials sozialer Korrekturmöglichkeiten

Schließlich wird kritisiert, die Abschaffung echter Substanzsteuern verkürze in unvertretbarer Weise die Möglichkeit des Staates, sozialen Schieflagen korrigierend entgegenzuwirken, weil der Staat bereits bei der Mittelbeschaffung „an die kurze Leine" genommen werde[387]. Angesprochen ist hiermit die Nutzung echter Substanzsteuern als Mittel der sozialstaatlichen Umverteilung. Hierzu wird vertreten, daß dem Gesetzgeber eine Umverteilung mittels echter Substanz-

---

383 Vgl. D. BIRK, in: Hübschmann/Hepp/Spitaler, § 4 AO Rn. 626.

384 Vgl. E.-W. BÖCKENFÖRDE, Abweichende Meinung zum Beschluß des Zweiten Senats vom 22. Juni 1995 – 2 BvL 37/91 –, in: BVerfGE 93, S. 149 ff. (161); H. WEBER-GRELLET, BB 1996, S. 1415 ff. (1417).

385 Vgl. E.-W. BÖCKENFÖRDE, Abweichende Meinung zum Beschluß des Zweiten Senats vom 22. Juni 1995 – 2 BvL 37/91 –, in: BVerfGE 93, S. 149 ff. (161).

386 Vgl. H. P. BULL, NJW 1996, S. 281 ff. (283).

387 Vgl. E.-W. BÖCKENFÖRDE, Abweichende Meinung zum Beschluß des Zweiten Senats vom 22. Juni 1995 – 2 BvL 37/91 –, in: BVerfGE 93, S. 149 ff. (162 f.); H. WEBER-GRELLET, BB 1996, S. 1415 ff. (1415).

steuern durch das Grundgesetz mit der Einführung des Sozialstaatsprinzips (Art. 20 Abs.1 GG) verfassungsrechtlich ausdrücklich erlaubt worden sei[388].

(4) Stellungnahme

(a) Zur abgestuften Sozialpflichtigkeit

Dem Ansatz von KIRCHHOF ist zwar im Ergebnis, nicht jedoch in der Begründung zuzustimmen. Die Sozialpflicht des Eigentums ist in Art. 14 Abs. 2 GG nicht durch unterschiedliche Schranken danach abgestuft, ob das Eigentum im Moment des Zugriffs genutzt wird (Satz 2) oder nicht (Satz 1). Art. 14 Abs. 2 GG statuiert keine besondere Sozialbindung wegen des Gebrauchs und keine geringere Sozialbindung wegen des Nichtgebrauchs. Der abgestufte steuerliche Schutz folgt vielmehr daraus, daß steuerliche Substanzeingriffe die Bestandsgarantie betreffen, während steuerliche Zugriffe auf den Ertrag der Eigentumsnutzung lediglich die eigentumsrechtliche Nutzungsgarantie einschränken[389].

(b) Zur Ableitung aus der Bestandsgarantie

Der eigentumsrechtliche Schutz der Substanz vor Steuereingriffen folgt aus der **Bestandsgarantie** des Eigentums. Das durch den Gesetzgeber mittels Inhalts- und Schrankenbestimmungen ausgeformte Eigentum darf den Garantiegehalt des Art. 14 Abs. 1 S. 1 GG nicht unterschreiten. Mit andern Worten verläßt der Gesetzgeber die Bahnen einer verfassungsrechtlich zulässigen Inhalts- und Schrankenbestimmung, wenn die Schranken dazu führen, daß das so ausgeformte Eigentum dem verfassungsrechtlichen Eigentumsbild nicht mehr entspricht. Zum Garantiegehalt gehört aber neben der grundsätzlichen Privatnützigkeit der Eigentumsnutzung[390] auch die Wahrung der Substanz des Eigentums[391]. In dem Moment, in dem der Eigentümer von Vermögensgegenständen regelmäßig einer substanzverzehrenden Besteuerung ausgesetzt würde, würden ihm zum einen die

---

388 Vgl. D. BIRK, in: Hübschmann/Hepp/Spitaler, § 4 AO Rn. 626.

389 Im Ergebnis ebenso: P. BADURA, „Der Sozialstaat", in: DÖV 1989, S. 491 ff. (495).

390 Vgl. D. BIRK, in: Hübschmann/Hepp/Spitaler, § 4 AO Rn. 608; O. DEPENHEUER, in: v. Mangoldt/Klein/Starck, GG I, Art. 14 Rn. 166, der eine Grenze aus der Institutsgarantie insoweit ableitet, als Besteuerung dort unzulässig würde, wo Privateigentum nicht mehr privatnützig verwandt werden könne.

391 Vgl. M. WEIß, „Sozialbindung und soziale Gerechtigkeit", in: Politische Studien 2000, Sonderheft 1, S. 17 ff. (20); P. BADURA, Staatsrecht, München 1986, S. 140: „Bestandsschutz".

Erträge aus der Eigentumsnutzung *vollständig* entzogen. In diesem Fall würde bereits die grundgesetzlich garantierte Privatnützigkeit des Eigentumsgebrauchs vollständig aufgehoben[392]. Zum anderen würde dem Eigentümer auch die Substanz zumindest partiell entzogen und folglich auch noch die Garantie der Substanz in verfassungsrechtlich unzulässiger Weise unterschritten[393]. Dies ist unabhängig davon, ob zur Bezahlung der Steuer der tatbestandliche Vermögensgegenstand selbst aufgegeben werden müßte oder ob dazu andere Einkünfte, die nicht aus dem Eigentumsgegenstand erzielt worden sind, verwendet werden können[394]. In jedem Fall führt eine derartige Besteuerung zu einem Entzug von Eigentumssubstanz, auch wenn es sich hier „nur" um Geldeigentum handelt.

Für eine Befugnis, Eigentumssubstanz auf diese Weise zu entziehen, kann sich der Gesetzgeber auch nicht über Art. 14 Abs. 2 GG auf das Sozialstaatsprinzip berufen[395]. Wenn die Sozialbindung durch das Grundgesetz mit dem Satz „Sein Gebrauch soll zugleich dem Allgemeinwohl dienen" erläutert wird, dann setzt dies schon dem Wortlaut nach voraus, daß die Eigentümerposition als solche erhalten bleibt[396]. Außerdem sind die Sozialbindung und die Enteignung, die zweifellos einen Eingriff in die Substanz darstellt, schon dem Verfassungstext nach strikt voneinander getrennt. Diese Trennung ist bei der gesetzgeberischen Umsetzung der Sozialbindung über Inhalts- und Schrankenbestimmungen zu beachten[397]. Dies wird gestützt durch systematische Erwägungen: Wenn die Enteignung, die wegen des Substanzzugriffs die schwerste Eingriffsform darstellt, vom Verfassungsgeber wegen ihrer Schwere nur gegen Entschädigung zugelassen wird, dann kann ein Substanzeingriff im Wege einer Inhalts- und Schrankenbestimmung, die ohne Entschädigung auskommen muß, bereits im Ansatz nicht gestattet sein. Ein Eingriff in die Eigentumssubstanz ist verfas-

---

392 Vgl. R. WENDT, in: Sachs (Hrsg.), Grundgesetz, 1. Auflage, Art. 14 Rn. 145; H.-J. PAPIER, DVBl. 1980, S. 787 ff. (791).

393 Vgl. W. RÜFNER, DVBl. 1970, S. 881 ff. (882).

394 Vgl. W. RÜFNER, DVBl. 1970, S. 881 ff. (882).

395 Vgl. K. VOGEL/C. WALDHOFF, in: Dolzer/Vogel/Graßhof (Hrsg.), BK, Vorbem. z. Art. 104a-115 Rn. 545.

396 Vgl. R. REINHARDT, „Inhalt und Schranken des Eigentums", in: Reinhardt, Rudolf/ Scheuner, Ulrich, Verfassungsschutz des Eigentums, Tübingen 1954, S. 1 ff. (39).

397 Vgl. M. WEIß, Politische Studien 2000, Sonderheft 1, S. 17 ff. (24).

sungsrechtlich daher nur unter den Voraussetzungen der Art. 14 Abs. 3, 15 GG zulässig, nicht jedoch im Rahmen von Inhalts- und Schrankenbestimmungen[398].

Schließlich sprechen für dieses Ergebnis auch teleologische Erwägungen. Wäre nicht nur eine Ertragsbesteuerung, sondern eine echte Substanzbesteuerung zulässig und nicht von Art. 14 GG erfaßt, so verlöre das Eigentumsgrundrecht jegliche Schutzwirkung gegenüber dem Staat und würde seiner Funktion, dem Bürger einen Freiheitsraum im vermögensrechtlichen Bereich zu sichern, entkleidet. Auf diese Weise wäre es möglich, dem Bürger auf dem Wege der Besteuerung Teile seines Vermögens und damit zwangsläufig mittelbar auch eigentumsfähige Wirtschaftsgüter zu entziehen und der staatlichen Gemeinschaft einzuverleiben, während ihm im Rahmen von allein durch den Gesetzgeber festzulegenden Freibeträgen lediglich ein kleineres oder größeres „Konsumvermögen" zu belassen wäre[399]. Diese Konzeption erinnert stark an die Eigentumsordnung der ehemaligen DDR[400]. Daß diese den Vätern des Grundgesetzes **nicht** vorgeschwebt hat[401], kann man wiederum daran erkennen, daß Art. 15 GG im Gegensatz zur Verfassung der ehemaligen DDR die Sozialisierung zum einen nur für Grund und Boden, Naturschätze und Produktionsmittel zuläßt und daß zum anderen dafür eine angemessene Entschädigung gewährt werden muß. Daß eine eingeschränkte Eigentumsgewährleistung auf das der persönlichen Lebenshaltung oder der eigenen Arbeit dienende Eigentum vom Grundgesetz nicht intendiert ist, zeigt auch die Entstehungsgeschichte des Art. 14 GG. Eine solche Einschränkung war nämlich in der 8. Sitzung des Grundsatzausschusses durch das Redaktionskomitee vorgeschlagen worden, wurde aber durch den Grundsatzausschuß ausdrücklich abgelehnt[402]. Daher geht das Bundesverfassungsgericht im Halbteilungsurteil richtigerweise davon aus, daß steuerliche Eingriffe in

---

398 Vgl. M. JACHMANN, Verfassungsrechtliche Grenzen der Besteuerung, S. 47 f.; K. VOGEL, in: Isensee/ Kirchhof (Hrsg.), Handbuch des Staatsrechts, Band IV, § 87 Rn. 85.

399 In diese Richtung weist aber H. P. BULL, NJW 1996, S. 281 ff. (283).

400 Vgl. W. RÜFNER, DVBl. 1970, S. 881 ff .(882). Art. 11 Abs. 1 der Verfassung der DDR lautete: „Das persönliche Eigentum der Bürger und das Erbrecht sind gewährleistet. Das persönliche Eigentum dient der Befriedigung der materiellen und kulturellen Bedürfnisse der Bürger."

401 Vgl. M. ELICKER, StuW 2002, S. 217 ff. (224).

402 Vgl. v. DOEMMING/FÜSSLEIN/MATZ (HRSG.), JöR n.F. Band 1 (1951), S. 145 f.

die Vermögenssubstanz grundsätzlich unzulässig sind und Art. 14 GG verletzen[403].

Dieses Ergebnis entspricht überraschenderweise exakt der Auffassung FORSTHOFFS, der – als absoluter Gegner der Einbeziehung von Besteuerung in den Schutzbereich des Art. 14 GG – gefordert hatte, der Staat solle auf das Sozialprodukt, also das Ergebnis der Arbeit, zugreifen können, dabei aber die bestehende Güterverteilung, den Anteil des einzelnen am Volksvermögen, respektieren. Ebenso entspricht dieses Ergebnis auch der Auffassung von ISENSEE, der den auch vor Besteuerung schützenden Kern des Eigentumsgrundrechts aus der Funktion des Steuerstaates ableitet und anmerkt, daß der Steuerstaat sich selbst aufheben würde, wenn er versuchte, dem Bürger die Steuerquelle zu entwinden. Er müsse partizipieren, statt zu konfiszieren, um sich seine Steuerquelle zu erhalten[404]. In diesem Sinne ist auch der Hinweis im Halbteilungsurteil zu verstehen, daß sich „hier das fiskalische Interesse an der Erhaltung der Steuerquelle und das Individualinteresse an der Bewahrung des eigenen Vermögens (begegnen)[405]."

Eine Besteuerung durch ertragsunabhängige Steuern ist daher grundsätzlich nur dann zulässig, wenn die Steuer konzeptionell so angelegt ist, daß die Steuerlast aus den Erträgen, mithin aus der Eigentumsnutzung, erbracht werden kann und der Eigentumsstamm nicht verletzt wird[406]. Auch wenn der Eigentumsge-

403 Der Vorprüfungsausschuß des BVerfG, Beschluß vom 27. Oktober 1975 – 1 BvR 82/73 –, in: NJW 1976, S. 101, entnimmt dem GG demgegenüber kein „unbedingtes Nein", weil der Gesetzgeber auf besonders ungünstig angelegtes Vermögen keine Rücksicht nehmen muß und es in diesen Fällen bei einer typisierten Ertragserwartung durchaus zu Substanzverlusten durch eine Vermögensbesteuerung kommen kann. Der Ausschuß betont jedoch sogar im Leitsatz 2 der Entscheidung, daß die Vermögensteuer „allgemein keine Substanzsteuer sein soll."

404 Vgl. J. ISENSEE, in: Festschrift für Hans Peter Ipsen, S. 409 ff. (434).

405 Vgl. BVerfG, Beschluß vom 22. Juni 1995 – 2 BvL 37/91 –, in: BVerfGE 93, S. 121 ff. (139 f.); P. KIRCHHOF, in: Kirchhof/Birk/Lehner (Hrsg.), Steuern im Verfassungsstaat, S. 27 ff. (36).

406 Vgl. M. ELICKER, StuW 2002, S. 217 ff. (225); M. JACHMANN, Verfassungsrechtliche Grenzen der Besteuerung, S. 49; H.-J. PAPIER, in: Maunz-Dürig, Komm. z. GG, Art. 14 Rn. 173 spricht in diesem Zusammenhang vom Vermögensstamm. Diese Diktion ist m.E. nicht sauber, da ja nicht das Vermögen betroffen wird, sondern das Eigentum. Besonders am Fall der Vermögensteuer zeigt sich, daß das Argument, die Steuer wäre nur aus dem Vermögen zu entrichten, aus dogmatischen Gründen nicht durchgreift. In die-

genstand vom Eigentümer tatsächlich nicht genutzt wird, ist eine Bestandsteuer nicht automatisch unzulässig. Wie an anderer Stelle bereits festgestellt wurde, enthält die Nutzungsgarantie nämlich auch das Recht, einen Eigentumsgegenstand nicht ertragbringend zu nutzen. Knüpft die Steuer alternativ auch an eine Entscheidung des Eigentümers an, das Gut nicht zu nutzen, so berührt sie auch in diesem Fall nur die Nutzungsgarantie, solange die Steuer aus den Erträgen gezahlt werden kann, die der Eigentümer hätte erzielen können, wenn er sich zur ertragbringenden Nutzung entschieden hätte. Wenn der Steuergesetzgeber demnach einen Ertrag im Rahmen zulässiger Typisierung unterstellen kann, also eine reale Möglichkeit zur Ertragserzielung besteht[407], und die Steuer prinzipiell aus diesem Ertrag erbracht werden kann, verletzt der Gesetzgeber auch bei einer Bestandsteuer nicht das aus der Bestandsgarantie resultierende Gebot der Verschonung der Eigentumssubstanz, sondern greift lediglich in die Nutzungsgarantie ein[408], die einer gesetzgeberischen Einschränkung im Gegensatz zur Bestandsgarantie zugänglich ist.

(c) Zur Ableitung aus dem Verhältnismäßigkeitsprinzip

Dieses Ergebnis folgt aber nicht nur aus der eigentumsrechtlichen Bestandsgarantie, sondern auch aus dem Verhältnismäßigkeitsprinzip, dem auch Inhalts- und Schrankenbestimmungen zu genügen haben. DEDERER ist insoweit zuzustimmen, als das Vernichten der Steuerquelle dem Einnahmeerzielungszweck, der mit der Steuer verfolgt wird, wenigstens mittelfristig zuwiderläuft und damit wegen des Verstoßes gegen das Verhältnismäßigkeitsprinzip nicht zulässig ist[409]. Nach der hier vertretenen Auffassung ist dies jedoch entgegen DEDERER nicht erst eine Frage der Verhältnismäßigkeit im engeren Sinne, sondern bereits eine Frage der **Geeignetheit** des Eingriffsmittels. Eine Steuer, die die Steuer-

---

sem Fall könnte auch die Vermögensteuer nie in ein Eigentumsrecht eingreifen, selbst wenn der Gesetzgeber unterstellen müßte, daß die zu besteuernden Güter keinen Ertrag abwerfen. Es wäre immer nur das Vermögen als solches betroffen und mithin der Schutzbereich nicht eröffnet. Dann könnte sich aber auch ein eigentumsrechtlicher Bestandsschutz nie durchsetzen und der Vermögensteuersatz auf 99 % steigen. In diesem Fall würde der Bürger seines Vermögens nahezu vollständig entkleidet. Vgl. zu dieser Auffassung: D. BIRK, Rechtfertigung der Besteuerung des Vermögens aus verfassungsrechtlicher Sicht, DStJG Band 22 (1999), S. 7 ff. (20).

407 Vgl. M. JACHMANN, Verfassungsrechtliche Grenzen der Besteuerung, S. 49.

408 Vgl. M. JACHMANN, Verfassungsrechtliche Grenzen der Besteuerung, S. 49.

409 Vgl. H.-G. DEDERER, StuW 2000, S. 91 ff. (95); ebenso: S. MÜLLER-FRANKEN, StuW 1997, S. 3 ff. (16), der einen Verstoß gegen das Übermaßverbot annimmt.

quelle, aus der sie sich speist, zum Versiegen bringt, ist schlechthin nicht geeignet, den mit ihr verfolgten Zweck, Einnahmen für das Allgemeinwohl zu erzielen, nachhaltig zu erfüllen. Es ließe sich zwar dagegen einwenden, daß die Vermögensteuer eine Jahressteuer ist und die Steuer im Jahr ihrer Erhebung durchaus geeignet ist, Einnahmen zu erzielen. Diese Betrachtung ließe jedoch außer acht, daß die Vermögensteuer, wie auch die Einkommensteuer, zwar eine Jahressteuer, aber eine *wiederkehrende* Jahressteuer ist[410], die darauf angelegt ist, nicht nur für einige Jahre Steueraufkommen zu erzielen, sondern im Prinzip zeitlich unbeschränkt zu wirken. Folglich verstößt eine Steuer, die ihre eigene Quelle eliminiert, bereits gegen das Gebot der Geeignetheit einer Eingriffsmaßnahme im Rahmen der Verhältnismäßigkeitsprüfung[411].

Selbst wenn man diese Auffassung ablehnte, würde jedoch eine Steuer, die den privaten Ertragsnutzen dem Eigentümer vollständig entzieht und darüberhinaus auch die Substanz betrifft, die verfassungsrechtlich garantierte Privatnützigkeit des Eigentums vollständig aufheben und daher auch aus diesem Grund eine unverhältnismäßige Inhalts- und Schrankenbestimmung darstellen, die gleichzeitig gegen die Wesensgehaltsgarantie des Eigentums (Art. 19 Abs. 2 GG) verstößt, weil die Privatnützigkeit ein Bestandteil des Wesensgehalts der Eigentumsgarantie ist[412]. Dies entspricht auch der fast ständigen Rechtsprechung des Bundesverfassungsgerichts, die jedenfalls dann eine Erdrosselung und damit einen Verstoß gegen Art. 14 GG annimmt, wenn die Substanz angegriffen wird (s.o.)[413].

Auch die von KIRCHHOF vertretene Abstufung der Sozialpflichtigkeit ergibt sich letztlich aus dem Verhältnismäßigkeitsprinzip. Das Bundesverfassungsgericht geht nämlich in ständiger Rechtsprechung davon aus, daß das Maß der über die Inhalts- und Schrankenbestimmung zulässigen Sozialbindung davon abhängt, in welchem Maß das Eigentumsgut in einem sozialen Bezug oder einer

---

410 Vgl. für die Vermögensteuer: BVerfG, Beschluß vom 22. Juni 1995 – 2 BvL 37/91 –, in: BVerfGE 93, S. 121 ff. (137).

411 Aus finanzwissenschaftlicher Sicht kommt W. NOLL, Finanzwissenschaft, München 1979, S. 129, zu demselben Ergebnis. Er folgert zutreffend, daß eine substanzverzehrende Vermögensteuer die individualistische Eigentumsordnung aufheben und dem marktwirtschaftlichen System die Basis entziehen würde.

412 So zutreffend: H.-G. DEDERER, StuW 2000, S. 91 ff. (95).

413 Vgl. auch M. ELICKER, StuW 2002, S. 217 ff. (225).

sozialen Funktion steht[414]. Eigentumsgüter, die zur Ertragserzielung genutzt werden und damit „in den Verkehr gebracht werden", werden partiell aus der absoluten Privatheit des Eigentümers gelöst und am Markt, somit in einem durch die Gemeinschaft gebildeten und daher sozialen System von Institutionen, genutzt. Der Staat wird auf diese Weise auch nicht einseitig zu einer Wirtschaftsveranstaltung[415], genausowenig wie der Markt zu einer staatlichen Veranstaltung wird[416]. Der Staat gewährleistet und ordnet zwar die Institution „Markt". Aber auch ohne die Institution „Staat" würde ein durch eine Mehrzahl von Individuen gebildeter Markt sich bilden und seine Leistungen hervorbringen können. Ohne die übrigen Individuen hingegen, also ohne die Gemeinschaft, würde sich die Institution „Markt" nicht bilden können, so daß sich die Teilhabe der Gemeinschaft für den nutzenden Eigentümer erfolgsbegründend auswirkt. Diese Inanspruchnahme der Systeme rechtfertigt es, auch die Gemeinschaft (über die Institution „Staat") am Erfolg dieser Nutzung im Wege der Steuer partizipieren zu lassen[417]. Dies ist jedoch anders, wenn Eigentum beim Eigentümer ruht. Nur durch den Besitz eines Eigentumsgegenstandes steht dieser nicht in einer gesteigerten sozialen Funktion[418]. Daher ist auch kein stärkeres Maß an Sozialbindung im Rahmen von Inhalts- und Schrankenbestimmungen zu realisieren. Eine solche könnte erst durch Besonderheiten des Eigentumsobjekts entstehen, wie dies zum Beispiel im Rahmen des Denkmal- oder Naturschutzes der Fall ist. Dies folgt jedoch entgegen Kirchhof nicht aus einer im Wortlaut des Art. 14 Abs. 2 Sätze 1 und 2 GG angelegten Abstufung der Sozialpflichtigkeit, sondern aus dem unterschiedlichen sozialen Bezug des Besteuerungsobjekts, den dieses abhängig davon aufweist, ob es genutzt wird oder nicht.

(d) Zur historischen Existenz der Vermögensteuer als Substanzsteuer

Dem Argument, daß die Vermögensteuer auch historisch als Substanzsteuer ausgestaltet war, kann hingegen nicht gefolgt werden. Zum einen kann die An-

---

414 Vgl. BVerfG, Urteil vom 1. März 1979 – 1 BvR 532, 533/77 und 1 BvL 21/78 –, in: BVerfGE 50, S. 290 ff. (340 f.); BVerfG, Beschluß vom 14. Juli 1981 – 1 BvL 24/78 –, in: BVerfGE 58, S. 137 ff. (148); BVerfG, Beschluß vom 19. Juni 1985 – 1 BvL 57/79 –, in: BVerfGE 70, S. 191 ff. (201).

415 So K. Tipke, Besteuerungsmoral und Steuermoral, S. 34; ihm folgend: J. Wieland, DStJG Band 24 (2001), S. 29 ff. (41).

416 Vgl. K. H. Friauf, DStJG Band 12 (1989), S. 3 ff. (6).

417 Vgl. K. H. Friauf, DStJG Band 12 (1989), S. 3 ff. (7).

418 Vgl. W. Leisner, in: Isensee/Kirchhof (Hrsg.), Handbuch des Staatsrechts, Band VI § 149 Rn. 129.

sicht von HENSEL nicht zum Beleg dafür verwendet werden, daß Art. 14 GG unabhängig von Erträgen des Vermögens auch eine Besteuerung der Vermögenssubstanz gestatte. Nach der zitierten Auffassung HENSELS wird die Vermögensteuer „rechtlich geschuldet, gleichgültig ob das besteuerte Vermögen einen Ertrag abgeworfen hat oder nicht; *nur in Einzelfällen kann im Wege des Billigkeitserlaß der tatsächlichen Ertraglosigkeit des Vermögens Rechnung getragen werden*[419]." Ein solcher Billigkeitserlaß ergibt aber nur dann Sinn, wenn das Gesetz tatsächlich davon ausgeht, daß die Steuer grundsätzlich die Erträge des Vermögens belasten soll und aus diesen zu erbringen ist. Wenn mit BÖCKENFÖRDE und WEBER-GRELLET davon auszugehen wäre, daß die Vermögensteuer zulässigerweise die Substanz schmälern dürfte, so wäre nicht ersichtlich, aus welchem Rechtsgrund ein Billigkeitserlaß überhaupt in Betracht kommen sollte. Für die hier vertretene Auffassung spricht ferner, daß das Bundesverfassungsgericht selbst die Möglichkeit eines Billigkeitserlasses insbesondere dann in Betracht zieht und sogar fordert, wenn es bei strikter Vollziehung der gesetzlichen Regel zu Härten kommt, die einen Eingriff in eine grundrechtlich geschützte Rechtsposition bedeuten. Namentlich in einer Entscheidung zur Vermögensteuer hat das Bundesverfassungsgericht diese Auffassung vertreten und zunächst ausgeführt, daß die Vermögensteuer „rechtlich" nicht als Einkommensergänzungsteuer angelegt sei. Es ist dann zu der Wendung gekommen, daß die Vermögensteuer „allgemein keine Substanzsteuer sein soll", und hat schließlich dargelegt, daß in den Fällen, in denen die Anwendung eines Gesetzes zu einem Eingriff in verfassungsrechtlich geschützte Rechtsgüter kommen kann, bei der Prüfung des Eingreifens einer Härtefallregelung der „Wirkkraft der Grundrechte, insbesondere auch des Art. 14 GG Rechnung zu tragen (sei)[420]." Dies bedeutet, daß das Bundesverfassungsgericht bei Eingriffen in die Vermögenssubstanz eine Verletzung von Art. 14 GG annimmt und in solchen Fällen das Eingreifen von Härtefallregelungen zum Schutz des Steuerpflichtigen für erforderlich hält. Folglich spricht die zitierte Auffassung HENSELS – auch unter Zugrundelegung der Rechtsprechung des Bundesverfassungsgerichts – nicht gegen, sondern für das grundsätzliche Verbot einer Substanzsteuer und die allein zulässige Einstufung der Vermögensteuer als Sollertragsteuer.

Zum anderen verfehlt der Einwand, mit der Vermögensteuer als einer „echten" Substanzsteuer werde eine der ältesten Steuern abgeschafft, die historische

---

419 Vgl. H. WEBER-GRELLET, BB 1996, S. 1415 ff. (1416), Hervorhebung nicht im Original.

420 Vgl. BVerfG, Beschluß vom 27. Oktober 1975 – 1 BvR 82/73 –, in: NJW 1976, S. 101.

Entwicklung der Vermögensteuer vollständig. Die Vermögensteuer wurde ursprünglich erhoben, weil man den Ertrag des Vermögens nicht messen konnte[421]. Daher hat man zur Schätzung des Ertrages an der Substanz des Vermögens Maß genommen[422]. Besteuerungsgut waren aber nach wie vor die (geschätzten) Erträge. Die Vermögensteuer wurde im 19. Jahrhundert konsequenterweise zunächst wieder abgeschafft, als die Erträge zuverlässiger meßbar und in der Folge Steuern auf die nun nicht mehr nur schätzbaren, sondern meßbaren Erträge eingeführt wurden. Erst mit der Annahme, daß Vermögenseinkünfte gegenüber den Einkünften aus Arbeit größere Sicherheit und damit Leistungsfähigkeit bieten, wurde die Vermögensteuer als Ergänzungsteuer zur Einkommensteuer wiedereingeführt. Besteuert waren aber wiederum (potentielle) Erträge. Mit einer wie auch immer gearteten „Luxuskomponente" ist die Vermögensteuer nie begründet worden.

WEBER-GRELLET und BÖCKENFÖRDE zitieren zur Bekräftigung ihrer Auffassung, nach der die Vermögensteuer immer schon auch auf die bereits im Vermögensbesitz wohnende Leistungsfähigkeit gegründet gewesen sei, das Gutachten der Steuerreformkommission 1971. Dieses stellt jedoch zur (damaligen) Funktion der Vermögensteuer fest, daß „sie ihrer ganzen Zielsetzung nach als eine Steuer anzusehen ist, deren Höhe sich zwar nach dem Vermögen bemißt; sie soll aber aus den Erträgen dieses Vermögens entrichtet werden können[423]." Daher ist zumindest bis zum Jahr 1974 davon auszugehen, daß die Vermögensteuer als Sollertragsteuer konzipiert war.

Die Kommission selbst vertritt allerdings in Rz. 64 die *eigene* Auffassung, daß nicht erst die Erträge aus dem Vermögen, sondern bereits das Vermögen selbst eine besondere steuerliche Leistungsfähigkeit begründe. Sie vertritt diese Auffassung aber ausdrücklich deshalb, weil eine höhere Belastung der fundierten (Ist-) Erträge in der Form einer echten Zusatzsteuer oder Zuschlagsteuer zur Einkommensteuer als Alternative zur Vermögensteuer die besondere Leistungsfähigkeit von tatsächlich ertraglosem, aber potentiell ertragsfähigem Vermögen

---

421 Vgl. K. TIPKE, MDR 1995, S. 1177 ff. (1178): „Hilfslösung zu Zeiten, als noch keine Ist-Erträge ermittelt wurden.

422 Vgl. D. BIRK, DStJG Band 22 (1999), S. 7 ff. (11).

423 Vgl. Gutachten der Steuerreformkommission 1971, Schriftenreihe des Bundesministeriums der Finanzen Heft 17, Abschnitt 7, 2. Unterabschnitt Tz. 52; in FN 13 wird darauf hingewiesen, daß die Vermögensteuer insoweit noch heute ihrer ursprünglichen Zielsetzung (seit dem preußischen Ergänzungsteuergesetz) entspricht.

nicht ausreichend berücksichtigen würde[424]. Diese Begründung führt allerdings entgegen WEBER-GRELLET und BÖCKENFÖRDE in der Konsequenz nicht automatisch zu einer echten Substanzsteuer, sondern läßt sich mit dem Gedanken einer Sollertragsteuer im Sinne von KIRCHHOF und dem Zweiten Senat durchaus vereinbaren: Das nicht ertragbringend genutzte Vermögen macht deswegen leistungsfähig, weil es ertragbringend eingesetzt werden *kann*. Daß es ertragbringend eingesetzt werden wird, darf der Steuergesetzgeber nach KIRCHHOF und dem Zweiten Senat erwarten und aus diesem Grund eine Sollertragsteuer erheben[425]. Folglich läßt sich aus der Aussage der Kommission jedenfalls kein eindeutiges Votum für eine echte Substanzsteuer ableiten. Vielmehr können dieselben Ziele auch mit einer Sollertragsteuer erreicht werden. Außerdem hat sich an der steuer*technischen* Ausgestaltung der Vermögensteuer auch mit dem Vermögensteueränderungsgesetz 1974 nichts Grundlegendes geändert, wenngleich aus der Gesetzesbegründung hervorgeht, daß auch der Vermögensbesitz als solcher leistungsfähig mache und daher der Besteuerung unterworfen werde[426]. Wie soeben dargelegt, kann die zusätzliche Leistungsfähigkeit, die sich auf den Vermögensbesitz gründet, nicht nur in der Möglichkeit, das Vermögen zu verbrauchen, sondern gerade auch in der Ertragsfähigkeit des tatsächlich nicht ertragbringend genutzten Vermögens gesehen werden .

Richtigerweise muß an dieser Stelle zwischen dem Belastungsgrund einer Vermögensteuer und seiner steuertechnischen Umsetzung einerseits und der verfassungsrechtlichen Zulässigkeit des Belastungsgrundes andererseits unterschieden werden[427]. Wenn man als Belastungsgrund annimmt, der Vermögensbesitz vermittele eine erhöhte steuerliche Leistungsfähigkeit, so sagt dies noch nichts darüber aus, ob die Steuer als echte Substanzsteuer oder als Sollertragsteuer auszugestalten ist[428]. Dies hängt davon ab, ob man den Steuerpflichtigen, wenn

---

424 Vgl. Gutachten der Steuerreformkommission 1971, Schriftenreihe des Bundesministeriums der Finanzen, Heft 17, Abschnitt 7, 2. Unterabschnitt Tz. 64.

425 P. KIRCHHOF, VVDStRL Band 39, S. 213 ff. (274); DERSELBE, DStR 1984, S. 575 ff. (582); BVerfG, Beschluß vom 22. Juni 1995 – 2 BvL 37/91 –, in: BVerfGE 93, S. 121 ff. (135): „Wer hingegen Vermögen ungenutzt lässt, wird für Zwecke der Besteuerung so behandelt, als habe er Erträge erzielt."

426 Vgl. BT-Drucksache VI/3418, S. 51.

427 Vgl. M. JACHMANN, Verfassungsrechtliche Grenzen der Besteuerung, S. 51; K. OECHSLE, BB 1993, S. 1369 ff. (1372).

428 A.A. offenbar W. LEISNER, NJW 1995, S. 2591 ff. (2594), der der Auffassung ist, das Bundesverfassungsgericht hätte im Halbteilungsurteil der Vermögensbesitztheorie eine Absage erteilt. Nach der hier vertretenen Auffassung ist dies nicht so, denn unter allei-

überhaupt, nur für verpflichtet hält, sein Vermögen ertragbringend anzulegen und eben diesen Ertrag zu versteuern, oder ob man ihn für verpflichtet hält, sein Vermögen unabhängig von etwaigen Erträgen mit dem Fiskus zu teilen und sukzessiv abzugeben. Mit den von KIRCHHOF und dem Bundesverfassungsgericht geäußerten verfassungsrechtlichen Bedenken gegen die Erhebung einer echten Substanzsteuer hatten sich jedoch weder die Steuerreformkommission 1971 noch der Gesetzgeber 1974 auseinandergesetzt, so daß aus deren Stellungnahmen kein verfassungsrechtliches Votum für eine echte Vermögensteuer abgeleitet werden kann.

Da die vom Zweiten Senat für verfassungskonform erachtete Vermögensteuer in Form einer Sollertragsteuer Maß am Vermögen als Bemessungsgrundlage nimmt und dessen (potentielle) Erträge besteuert, ist die Ansicht, mit dem Urteil sei die Vermögensteuer als eine der ältesten Substanzsteuern abgeschafft, nicht zutreffend.

(e) Zur verfassungsrechtlichen Verankerung von Substanzabgaben

Auch die Kritik, daß echte Substanzabgaben bereits in der Verfassung vorgesehen seien und echte Substanzabgaben daher nicht verfassungsrechtlich unzulässig sein könnten, verfängt nicht. Bereits FRIAUF hat zutreffend darauf hingewiesen, daß Zölle und Vermögensabgabe nicht mit der Vermögensteuer vergleichbar sind und daher zur Begründung der Zulässigkeit einer echten Substanzsteuer auf ruhendes Vermögen nicht herangezogen werden können. Bei den Zöllen handelt es sich nämlich um die Besteuerung eines Verkehrsvorgangs, der der freien Disposition der Beteiligten unterliegt, während es sich bei der Vermögensteuer um den Zugriff auf nicht von den Beteiligten zur rechtsgeschäftlichen Disposition gestellte Eigentumsgegenstände handelt[429]. Auch die Vermögensab-

---

niger Anwendung der Fundustheorie dürfte nicht ertragbringendes Vermögen nicht der Besteuerung unterworfen werden. Die Fundustheorie geht davon aus, daß die Erträge aus Vermögen eine erhöhte steuerliche Leistungsfähigkeit aufweisen, weil sie sicherer sind. Dennoch ist nach der Fundustheorie erforderlich, daß überhaupt Erträge vorliegen. Daß die Vermögensteuer als Sollertragsteuer im Wege der typisierenden Ertragserwartung aber auch auf eigentlich ertragloses Vermögen zugreifen darf, hat das Bundesverfassungsgericht in BVerfGE 93, S. 121 ff. (140) ausdrücklich unter C.II. 4. b) ausgesprochen. Folglich hat es nicht die Fundustheorie in Reinform, sondern in einer Kombination mit der sog. Vermögensbesitztheorie angewandt.

429 Vgl. K. H. FRIAUF, StuW 1977, 59 ff. (63); ebenso P. KIRCHHOF, DStR 1984, S. 575 ff. (578).

gabe im Sinne von Art. 106 Abs. 1 Nr. 5 GG kann nicht zur Begründung der Zulässigkeit echter Substanzabgaben herangezogen werden. Ihre Entstehungsgeschichte belegt nämlich, daß diese allein im Zusammenhang mit der Bewältigung der Kriegsfolgelasten gesehen werden muß, keinesfalls dauerhaft als Instrument der Umverteilung ohne Rücksicht auf den Gehalt von Art. 14 GG zur Verfügung steht und als *einmalige Abgabe* nicht mit einer periodisch erhobenen Steuer, wie der Vermögensteuer, verglichen werden kann[430]. Darüberhinaus wurde die Vermögensabgabe auch vom Bundesverfassungsgericht als Abgabe angesehen, deren Bedingungen so ausgestaltet seien, daß „die Abgabe in aller Regel – wenn auch nicht in jedem Fall – aus den Erträgnissen des Vermögens aufgebracht werden kann. Die Vermögensabgabe ist also keine Steuer mit konfiskatorischem Effekt...[431]." Bereits bei der Vermögensabgabe handelte es sich demnach – zumindest in ihrer Gesetz gewordenen Ausgestaltung – um eine Art „Sollertragsabgabe". Folglich verfängt das Argument, daß echte Substanzabgaben verfassungsrechtlich vorgesehen seien, für Zwecke einer laufend erhobenen (!) Vermögensteuer nicht.

Auch der Einwand BÖCKENFÖRDES, das Grundgesetz enthalte kein Verfassungsrecht der Vermögensteuer[432], führt zu keinem anderen Ergebnis. Es ist zwar richtig, daß das Grundgesetz mit Ausnahme der Regelungen über die Aufkommens- und Gesetzgebungshoheit keine spezifischen Aussagen zum Wesen der Vermögensteuer trifft. Dies bedeutet allerdings nicht, daß der Gesetzgeber in der Ausgestaltung der Vermögensteuer völlig frei wäre. Zum einen rezipieren die in Art. 105 und 106 GG genannten Steuerbegriffe nicht die einfachgesetzliche Ausgestaltung dieser Steuern, sondern verweisen auf bestimmte bei Erlaß des Grundgesetzes existierende historische Steuertypen und schaffen so eigenständige verfassungsrechtliche Steuerbegriffe[433]. Die Merkmale der einzelnen

---

430 Vgl. K. H. FRIAUF, StuW 1977, S. 59 ff. (63 f.); P. KIRCHHOF, DStR 1984, S. 575 ff. (579); ebenso D. BIRK, in: Hübschmann/Hepp/Spitaler, § 4 AO Rn. 609, der darauf hinweist, daß die Vermögensabgabe den laufenden Vermögensertrag erheblich überstieg und daher unter normalen Umständen einen eigentumsrechtlich unzulässigen Besteuerungseingriff dargestellt hätte.

431 Vgl. BVerfG vom 14. Mai 1968 – 2 BvR 544/63 -, in: BVerfGE 23, 289 ff. (305) und insoweit von BIRK (vorherige FN) abweichend.

432 Vgl. E.-W. BÖCKENFÖRDE, Abweichende Meinung zum Beschluß des Zweiten Senats vom 22. Juni 1995 – 2 BvL 37/91 –, in: BVerfGE 93, S. 149 ff. (156).

433 Vgl. G. WACKE, „Verfassungsrecht und Steuerrecht", in: StbJb 1966/67, S. 75 ff. (88); K. VOGEL/C. WALDHOFF, in: Dolzer/Vogel/Graßhof (Hrsg.), BK, Vorbem. z. Art. 104a-115 Rn. 578.

Steuerarten sind daher dem traditionellen deutschen Steuerrecht zu entnehmen[434]. Zwar bilden diese Steuertypen nur wenig konkrete inhaltliche Maßstäbe für die Steuergesetze, sondern setzen lediglich äußerste Grenzen für den Gesetzgeber, die relevant werden, wenn Essentialia der jeweiligen Steuer verändert werden[435]. Im Fall der Vermögensteuer handelte es sich bei der Aufnahme dieses Steuertypus in das Grundgesetz aber um eine die Ertragsbesteuerung verstärkende Ergänzungsteuer, die nicht auf die Vermögenssubstanz einwirken sollte (s.o.). Daher würde der Gesetzgeber bei Ausgestaltung der Vermögensteuer als echter Substanzsteuer ein Essentialium der historischen Vermögensteuer verändern und damit einen anderen als den vom Grundgesetz vorgesehenen Einzelsteuerbegriff zugrundelegen[436].

Zum anderen muß sich der Gesetzgeber bei der Vermögensteuer im Rahmen der allgemeinen Grundrechtsgewährleistungen halten. Insoweit ist er wegen Art. 1 Abs. 3 GG gerade nicht frei, die Vermögensteuer nach Belieben auszugestalten. Da Art. 14 GG nach der hier vertretenen Auffassung Substanzeingriffe verbietet, kann die Vermögensteuer zulässigerweise nur auf einen Sollertrag zugreifen. Aus den genannten Gründen ist es auch nicht unzulässig, daß das Bundesverfassungsgericht mit seiner Entscheidung eine Gesetzesbegründung des Gesetzgebers im Jahr 1974, in dem die Vermögensteuer auch mit der Leistungsfähigkeit des Vermögens an sich begründet wurde, im nachhinein für verfassungswidrig erklärt[437]. Dies ist gerade Wesensmerkmal und Inhalt einer kassatorischen verfassungsgerichtlichen Entscheidung über ein Gesetz.

---

434 Vgl. G. Wacke, StbJb 1966/67, S. 75 ff. (88).

435 So das Bundesverfassungsgericht zur Umsatzbesteuerung öffentlich-rechtlicher Rundfunkanstalten, in dem es für den Begriff „Umsatz" einen privatwirtschaftlichen Leistungsaustausch als vorausgesetzt ansieht und dem Gesetzgeber unter Verweis auf diesen von der Verfassung bei der Umsatzsteuer implizit übernommenen Begriff die Möglichkeit der Fiktion der Unternehmerstellung und damit eines Umsatzes ausdrücklich untersagt hat. Vgl. BVerfG, Urteil vom 27. Juni 1971 – 2 BvF 1/68, 2 BvR 702/68 –, in: BVerfGE 31, S. 314 ff. (330 ff.).

436 Wie hier: K. Vogel/C. Waldhoff, in: Dolzer/Vogel/Graßhof (Hrsg.), BK, Vorbem. z. Art. 104a-115 Rn. 580.

437 Vgl. E.-W. Böckenförde, Abweichende Meinung des Richters Böckenförde zum Beschluß des Zweiten Senats vom 22. Juni 1995 – 2 BvL 37/91 –, in: BVerfGE 93, S. 149 ff. (159).

(f) Zur Einstufung der Vermögensteuer in der Rechtsprechung des Bundesverfassungsgerichts

Auch die Bezugnahme auf das Urteil des Bundesverfassungsgerichts im 43. Band, S. 1 ff. (7)[438] führt nicht zu einer abweichenden Beurteilung. Zunächst ist die vom Bundesverfassungsgericht in diesem Zusammenhang getroffene Aussage, die Vermögensteuer sei rechtlich nicht als Ertragsteuer angelegt, nicht eindeutig. Sie kann sich in dem Sinne auf die technische Ausgestaltung der Steuer bezogen haben, daß sie *steuerrechtstechnisch* nicht als Ertragsteuer konzipiert worden ist, weil sie in ihrer Bemessungsgrundlage an keine Ertragskomponenten, sondern an die Vermögenssubstanz anknüpft. Sie könnte auch so zu verstehen sein, daß die Vermögensteuer *verfassungsrechtlich* nicht als Ertragsteuer, sondern als echte Substanzsteuer angelegt ist. Die Frage, welche Aussage das Bundesverfassungsgericht treffen wollte, läßt sich nicht isoliert aus dieser Entscheidung, sondern nur aus der Zusammenschau mit seiner übrigen Rechtsprechung beantworten. Es kommt dabei darauf an, ob das Bundesverfassungsgericht eine echte Substanzbesteuerung als zulässig erachtet. Nur dann kann es in der in Bezug genommenen Entscheidung von einem Substanzsteuerkonzept ausgegangen sein.

Nach der oben dargelegten, mittlerweile als gefestigt zu bezeichnenden Rechtsprechung des Bundesverfassungsgerichts sind steuerliche Eingriffe in die Eigentumssubstanz regelmäßig verfassungswidrig. Konsequenterweise kann die Aussage im 43. Band, S. 1 ff. (7) dann nur so zu verstehen sein, daß die Vermögensteuer steuer*rechtstechnisch* nicht als Ertragsteuer ausgestaltet ist. Dies ist auch korrekt, da die Vermögensteuer nicht den Ertrag als Bemessungsgrundlage verwendet, sondern die Vermögenssubstanz. Für ein Sollertragsteuerkonzept spricht schließlich, daß das Bundesverfassungsgericht in dieser Entscheidung zum einen weiter ausgeführt hat, daß die Steuer in der Regel aus den Einkünften getragen werden könne und daher wie eine zusätzliche Einkommensteuer gewirkt habe, und zum anderen, daß es in der genannten Entscheidung zur Rechtfertigung der Vermögensteuer ausschließlich auf die Fundustheorie zurückgegriffen hat. Da nach der Rechtsprechung echte Substanzsteuern unzulässig sind, kann die Vermögensteuer aus der Sicht des Bundesverfassungsgerichts verfassungsrechtlich nur als Sollertragsteuer auszugestalten sein.

---

[438] Vgl. BVerfG, Beschluß vom 12. Oktober 1976 – 1 BvR 2328/73 –, in: BVerfGE 43, S. 1 ff. (7).

(g) Zur Vermögensteuer als Fehlbezeichnung und Fehlkonstruktion

Soweit WEBER-GRELLET geltend macht, daß die Bezeichnung und Ausgestaltung der Vermögensteuer für ihre Eigenschaft als Substanzsteuer spreche, ist ihm aus steuer*technischer* Sicht durchaus zuzustimmen, da die Vermögensteuer seit dem Reichsvermögensteuergesetz von 1922 tatsächlich als selbständige Steuer auf das Vermögen ausgestaltet ist und in ihrer Bemessungsgrundlage nicht an die Erträge anknüpft[439]. Allerdings handelt es sich hierbei um die steuer*technische* Ausgestaltung der Vermögensteuer. Diese sagt jedoch noch nichts über den Charakter der Vermögensteuer und damit über ihren Belastungsgrund und ihr Belastungsziel aus[440]. Daß die Vermögensteuer technisch an den Wert des Vermögens anknüpft, spricht deswegen nicht gegen eine Sollertragsteuer, weil bei einer Sollertragsteuer konzeptbedingt keine Ist-Erträge vorhanden sind, die die Bemessungsgrundlage bilden könnten. Aus diesem Grund muß ein anderer Maßstab für die erwarteten bzw. durchschnittlich zu erwartenden Erträge gewählt werden. Dies ist im bisherigen Vermögensteuerrecht der Wert des Vermögens gewesen. Folglich trägt die Vermögensteuer ihren Namen bereits historisch wegen der Anknüpfung an die Bemessungsgrundlage „Vermögen“[441]. Damit wird die „Vermögensteuer“, wenn sie zur Ermittlung des Sollertrags an das Vermögen als Bemessungsgrundlage anknüpft, auch nicht zur Fehlbezeichnung für eine Steuer, die lediglich das Ertragspotential des Vermögens belastet[442].

Hinsichtlich der Technik ist den Kritikern allerdings zuzugestehen, daß die Vermögensteuer bisher in der Tat zumindest teilweise keine Rücksicht auf die Ertragsfähigkeit der Vermögensteile genommen hat. Gerade dies hat aber im Halbteilungsurteil zur Kritik des Bundesverfassungsgerichts geführt. Bereits im ersten Leitsatz der Entscheidung heißt es daher, daß „die Bemessungsgrundlage

---

439 So auch M. JACHMANN, Verfassungsrechtliche Grenzen der Besteuerung, S. 51.

440 Ebenso J. ESCHENBACH, DStZ 1997, S. 413 ff. (415); K. TIPKE, „Über Vermögensteuerungerechtigkeit“, in: Kley/Sünner/Willemsen (Hrsg.), Festschrift für Wolfgang Ritter zum 70. Geburtstag, Köln 1997, S. 587 ff. (590 f.). Ähnlich ist dies auch bei der Umsatzsteuer. Diese besteuert zwar technisch zunächst den gesamten Umsatz, führt jedoch über den in der Systematik des UStG angelegten korrespondierenden Vorsteuerabzug dazu, daß auf einer jeden Stufe nicht der jeweils volle Umsatz besteuert wird, sondern letztlich nur die Wertschöpfung der jeweiligen Stufe.

441 Vgl. K. OECHSLE, BB 1993, S. 1369 ff. (1372).

442 Nach der sprachlichen Einschätzung der Kritiker müßte auch die Grundsteuer als Fehlbezeichnung eingestuft werden, weil diese keinen Grund und Boden entzieht.

auf die Ertragsfähigkeit der wirtschaftlichen Einheiten sachgerecht bezogen sein muß ...[443]." Das Gericht führt weiter aus, daß das persönliche Gebrauchsvermögen des Steuerpflichtigen bzw. seiner Familie von einer Sollertragsbesteuerung abzuschirmen sei[444]. Das persönliche Gebrauchsvermögen kann regelmäßig, da es den individuellen Lebensbedürfnissen dient, nicht ertragbringend genutzt werden. Da das Einfamilienhaus, das zu eigenen Wohnzwecken genutzt wird, nicht vermietet werden kann, ist eine Ertragsfähigkeit dieses Vermögensgegenstandes zunächst nicht gegeben. Es ist folglich, wie das Bundesverfassungsgericht zu Recht feststellt, von einer Sollertragsteuer freizustellen[445]. Soweit der Steuerpflichtige solche Vermögensgegenstände besitzt, die nicht zum persönlichen Gebrauchsvermögen gehören, aber dennoch typischerweise nicht ertragbringend genutzt werden oder genutzt werden können, wie zum Beispiel Gold, Edelsteine oder Kunstgegenstände, wurden diese nach der überkommenen Konzeption der Vermögensteuer unterworfen[446], mithin ein Ertrag unterstellt. Hier trifft die Kritik, daß die überkommene Vermögensteuer der (potentiellen) Ertragsfähigkeit indifferent gegenüberstehe, selbstverständlich zu. Fraglich ist allein, ob die überkommene Vermögensteuer insoweit den Anforderungen des Bundesverfassungsgerichts entspricht. Dies wäre dann der Fall, wenn man aus der ergänzenden Aussage des Gericht, daß der Gesetzgeber die Entscheidung treffen könne, die Ertragserwartung typisierend auf das Gesamtvermögen zu beziehen, auch wenn einzelne wirtschaftliche Einheiten nach der konkreten Anlageentscheidung des Eigentümers keine Erträge erbrächten[447], schlösse, daß der Steuerpflichtige verpflichtet sei, den in diesen Gegenständen verkörperten Vermögenswert anders, nämlich ertragbringend (zum Beispiel in Aktien) anzulegen[448]. Nach der hier vertretenen Auffassung wäre dies jedoch eine verfassungsrechtlich unzulässige Schlußfolgerung. Der Eigentümer eines Goldbarrens würde auf diese Weise steuerrechtlich gezwungen, über seinen Eigentumsgegen-

---

443 BVerfG, Beschluß vom 22. Juni 1995 – 2 BvL 37/91 –, in: BVerfGE 93, S. 121 ff. (121).

444 BVerfG, Beschluß vom 22. Juni 1995 – 2 BvL 37/91 –, in: BVerfGE 93, S. 121 ff. (141).

445 Vgl. R. WITTMANN, BB 1995, S. 1933 ff. (1934); M. JACHMANN, Freiheitsrechtliche Grenzen der Besteuerung, S. 50.

446 Vgl. §§ 110 Nr. 10, 11 und 12 BewG.

447 BVerfG, Beschluß vom 22. Juni 1995 – 2 BvL 37/91 –, in: BVerfGE 93, S. 121 ff. (140).

448 Dies schließen D. KRÜGER/E. KALBFLEISCH/S. KÖHLER, DStR 1995, S. 1452 ff. (1455) aus den Aussagen des Bundesverfassungsgerichtes.

stand zu verfügen, wenn er nicht reale Substanzverluste hinnehmen wollte. Dies würde jedoch keinen Eingriff in die Nutzungsgarantie mehr darstellen, sondern einem Eingriff in den Eigentumsbestand gleichkommen[449]. Das Bundesverfassungsgericht hat nicht ohne Grund an den Anfang seiner Ausführungen die Aussage gestellt, daß die Bemessungsgrundlage auf die Ertrags*fähigkeit* bezogen sein müsse. Daraus ergeben sich zwei mögliche verfassungsrechtlich zulässige Konsequenzen: Entweder sind solche Vermögensbestandteile, die von Haus aus nicht ertragsfähig sind, wie z.B. ein Goldbarren oder ein unbebautes Grundstück, von der Vermögensbesteuerung auszunehmen. Oder aber der Gesetzgeber bezieht sie im Wege der Typisierung in die Vermögensbesteuerung ein, hat dann aber (wiederum typisierend) den Steuersatz in der Form zu mäßigen, daß nur auf die tatsächliche Ertragsfähigkeit des gesamten Vermögens zugegriffen wird und hierbei Berücksichtigung findet, daß bestimmte Vermögensbestandteile regelmäßig überhaupt nicht ertragsfähig sind. Die preußische Ergänzungsteuer hatte dementsprechend durch § 4 Abs. 2 Nr. III ErgStG bewegliche körperliche Sachen von der Vermögensteuer ausgenommen, soweit diese nicht Grundstückszubehör oder Bestandteil des Betriebsvermögens waren, so daß die nicht ertragsfähigen Vermögensbestandteile der Vermögensteuer regelmäßig nicht unterworfen waren[450]. Da bei der bisherigen Vermögensteuer nicht ertragsfähige Vermögensbestandteile *nicht* aus der Bemessungsgrundlage ausgenommen waren, muß man unterstellen, daß in der Form des Steuersatzes Rücksicht auf diese Wirtschaftsgüter genommen wurde. Unterstellt man hingegen, daß dies nicht der Fall gewesen ist, so handelt es sich um einen verfassungsrechtlichen Mangel der alten Vermögensteuer, den der einfache (!) Gesetzgeber verursacht hat und der bei einer wiedereinzuführenden Vermögensteuer nicht wiederholt werden darf.

Soweit die ertragsfähigen Vermögensgegenstände keine *gleichmäßige* Ertragsfähigkeit aufweisen, sind sie entweder in der Bemessungsgrundlage mit ihrer Ertragsfähigkeit zu bewerten oder aber so mit einem solchen, möglicherweise differenzierten Steuersatz zu belegen, daß sichergestellt ist, daß die Steuer aus den typischerweise erwartbaren Erträgen erbracht werden kann[451]. Dann ist sichergestellt, daß die zu Recht von WEBER-GRELLET und BÖCKENFÖRDE kritisierte fehlende Anknüpfung der Steuer an die unterschiedliche Ertragsfähigkeit von unterschiedlichen Vermögensbestandteilen behoben wird. Da das Bundesverfas-

---

449 Ebenso M. JACHMANN, Verfassungsrechtliche Grenzen der Besteuerung, S. 51.

450 Vgl. K. OECHSLE, BB 1993, S. 1369 ff. (1371).

451 BVerfG, Beschluß vom 22. Juni 1995 – 2 BvL 37/91 –, in: BVerfGE 93, S. 121 ff. (140).

sungsgericht die Anknüpfung an die Ertrags*fähigkeit* des Vermögens aber ausdrücklich angemahnt hat, sprechen die oben dargelegten Bedenken der Kritiker nach der hier vertretenen Auffassung nicht gegen eine Sollertragsteuer und somit nicht gegen einen Substanzschutz, sondern lediglich für eine konsequente Behebung der bisherigen Mängel der Steuer. Die Bezeichnung und Ausgestaltung einer Steuer durch den einfachen (!) Gesetzgeber jedoch zum Prüfungsmaßstab für die verfassungsrechtliche (!) Zulässigkeit zu erheben, wie dies die Kritiker des Halbteilungsurteils tun, mündet geradewegs in eine *petitio principii.*

Daß auch die als Substanzsteuer angesehene Erbschaft- und Schenkungsteuer[452] für ihre Bemessungsgrundlage auf dieselbe Bewertung nach dem Bewertungsgesetz zurückgreift wie die Vermögensteuer, spricht ebenfalls nicht gegen eine Sollertrag-Vermögensteuer[453]. Auf das Bewertungsgesetz verweisen bzw. verwiesen neben der Erbschaft- und Schenkungsteuer und der Vermögensteuer auch die Grundsteuer und die ehemalige Gewerbekapitalsteuer[454]. Beide wurden bzw. werden nach ganz herrschender Auffassung wie die Vermögensteuer als Steuern angesehen, bei denen die Steuerbelastung aus den Erträgen zu leisten sein soll[455]. Im übrigen handelt es sich bei der Erbschaftsteuer im Gegensatz zur Vermögensteuer um eine Steuer, die an einen Übergang von Wirtschaftsgütern anknüpft, also im weitesten Sinne um eine Rechtsverkehrssteuer[456]. Die Wirtschaftsgüter befinden sich im Zeitpunkt des Steuerzugriffs gleichermaßen im Rechtsverkehr und nicht – wie bei der Vermögensteuer – in einem Ruhezustand.

---

452 Vgl. BVerfG, Beschluß vom 10. Februar 1976 – 1 BvL 8/73 –, in: BVerfGE 41, S. 269 ff. (281).

453 H. W. KRUSE, BB 1996, S. 717 ff. (717), weist darauf hin, daß die Einheitswerte um den Preis der Einheitlichkeit „keineswegs immer zu den Steuern paßten, bei denen sie angesetzt wurden." Dies bedeutet im Umkehrschluß, daß im Bewertungsgesetz Steuerarten zusammengefaßt wurden, die nicht zueinander passen.

454 §§ 12, 13 GewStG 1991; § 13 GrStG.

455 Vgl. BVerfG, Urteil vom 24. Januar 1962 – 1 BvR 845/58 –, in: BVerfGE 13, S. 331 ff. (345); BVerfG, Beschluß vom 21. Dezember 1966 – 1 BvR 33/64 –, in: BVerfGE 21, S. 54 ff. (64 ff.); BVerfG, Beschluß vom 18. Juni 1975 – 1 BvR 528/72 –, in: BVerfGE 40, S. 109 ff. (118); BVerfG, Beschluß vom 10. Februar 1976 – 1 BvL 8/73 –, in: BVerfGE 41, 269 ff. (281); H. W. KRUSE, BB 1996, S. 717 ff. (717); M. JACHMANN, Verfassungsrechtliche Grenzen der Besteuerung, S. 85.

456 Vgl. BFH, Urteil vom 22.09.1982 – II R 61/80 –, BStBl. II 1983, S. 179 f. (180); D. GEBEL, in: Troll/Gebel/Jülicher, Erbschaft- und Schenkungsteuergesetz, Einführung, Rn. 1; a.A. K. TIPKE, Die Steuerrechtsordnung Band II, Köln 1993, S. 751 f.

Außerdem erfaßt die Erbschaftsteuer beim Erben einen *Zuwachs* an Leistungsfähigkeit[457]. Insofern verfängt der Verweis auf die Gemeinsamkeit von Erbschaftsteuer und Vermögensteuer hinsichtlich der Bewertung nicht.

(h) Zur fehlenden Entwertung konkreter Eigentumsobjekte

Selbst wenn man mit BÖCKENFÖRDE und entgegen der hier vertretenen Auffassung[458] der Meinung wäre, die Steuerzahlung sei als allgemeine Geldleistung nur aus dem Vermögen zu leisten, so knüpfte doch der Vermögensteuertatbestand an den bloßen Besitz einzelner Eigentumsgegenstände an. Der Vermögensteuerpflichtige besitzt kein „Vermögen", sondern einzelne Eigentumsgüter, die gemeinsam das Gesamtvermögen im Sinne des VStG bilden. Auch wenn für Zwecke des Besteuerungsverfahrens die einzelnen Eigentumspositionen zum vermögensteuerlichen Gesamtvermögen addiert werden, so bleibt doch der Wert der einzelnen Vermögensgegenstände bzw. die aus dem Wert der einzelnen Vermögensgegenstände abgeleitete Ertragsfähigkeit materieller Steuergegenstand[459]. Dies wird an den §§ 114 ff. BewG deutlich, nach denen sich das vermögensteuerliche Gesamtvermögen aus den einzelnen eigentumsfähigen, vermögenswerten Gütern des Steuerpflichtigen zusammensetzt. Außerdem wird die steuerliche Leistungsfähigkeit, auf deren Abschöpfung die Vermögensteuer abzielt, in jedem Fall – unabhängig davon, ob man zur Begründung der Vermögensteuer die Theorie des Vermögensbesitzes oder die Fundustheorie heranzieht – durch die einzelnen Vermögensbestandteile und damit durch konkrete Eigentumsobjekte vermittelt. Leistungsfähig macht nicht das abstrakte Vermögen, sondern die Inhaberschaft über einzelne eigentumsfähige Güter. Soweit z.B. zur Begründung der Theorie des Vermögensbesitzes[460] ausgeführt wird, Vermögen vermittele Kreditwürdigkeit und mache deswegen *per se* leistungsfähiger, so gilt, daß eine Bank nur dann Kredite ausreichen wird, wenn sie sich durch konkrete eigentumsfähige Güter gesichert weiß, auf die sie im Rahmen von Sicherungsrechten oder gegebenenfalls in der Zwangsvollstreckung wird zurückgrei-

---

457 Vgl. zur verfassungsrechtlichen Rechtfertigung der Erbschaftsteuer als einer Substanzsteuer R. SEER, „Die neue Erbschaft- und Schenkungsteuer auf dem verfassungsrechtlichen Prüfstand", in: StuW 1997, S. 283 ff. (284 f.).

458 S.o. unter III. A. 1. d) (3).

459 Ebenso P. KIRCHHOF, DStR 1984, S. 575 ff. (581), nach dem die bewertungsabhängigen Steuern einem konkreten Eigentumsbestand zugeordnet sind, der vom Eigentümer nicht zur Disposition rechtsgeschäftlicher Neubewertung gestellt ist.

460 Näher dazu unten unter IV. A. 1. c).

fen können. Folglich können auch in diesem Zusammenhang nur einzelne eigentumsfähige Güter leistungsfähig machen. Da der Vermögensteuertatbestand an einzelne Eigentumsobjekte anknüpft, werden durch die Vermögensteuer, auch wenn die Zahlung aus anderen Mitteln erfolgt, natürlich die einzelnen Vermögensgegenstände und damit konkrete Eigentumsobjekte entwertet[461]. *Ceteris paribus* würde ein Verkäufer eines Wirtschaftsgutes, das mit einer Vermögensteuerpflicht behaftet ist, bei Anwendung der gängigen betriebswirtschaftlichen Theorie durch den Käufer einen geringeren Preis erzielen als wenn das Wirtschaftsgut nicht mit einer Vermögensteuerpflicht behaftet wäre, da der Käufer bei seiner Investitionsentscheidung den Preis nach der abgezinsten Summe der künftigen Auszahlungsüberschüsse, mit anderen Worten der Erträge über die Aufwendungen, bemißt. Da die Vermögensteuerzahlung als Aufwendung für das Wirtschaftsgut die künftigen Auszahlungsüberschüsse mindert, fällt der Preis bei einer Vermögensteuerpflicht zwingend geringer aus. Die Vermögensteuer entwertet somit konkrete Eigentumsobjekte.

Im übrigen ist die Belastungswirkung des staatlichen Eingriffs für den Steuerpflichtigen, unabhängig davon, ob ihm einzelne konkret definierte Vermögensbestandteile entzogen werden oder ob ihm ein staatlicher Leistungsbefehl überbracht wird, nach dem er die aufzugebenden Vermögensbestandteile selbst definieren darf, identisch. In beiden Fällen fehlt anschließend Eigentumssubstanz. Das Auswahlermessen des Steuerpflichtigen führt daher nicht dazu, daß der Eingriff entfällt[462]. Insoweit gilt das oben zum Eingriff von Besteuerung in den Schutzbereich des Art. 14 GG Gesagte entsprechend[463] und ist bereits aus diesem Grund die Auffassung, es würden durch eine Substanzsteuer keine konkreten Eigentumsobjekte entwertet und daher durch Art. 14 GG kein Substanzschutz vermittelt, abzulehnen.

(i) Zum Verhältnis der Schutzintensität von Eigentumsgebrauch und –bestand

Auch der von Teilen der Literatur unter Verweis auf die Entstehungsgeschichte von Art. 14 GG vorgebrachte Einwand, dieser differenziere hinsichtlich der

---

461 Vgl. H.-J. PAPIER, Der Staat Band 11 (1972), S. 483 ff. (508); W. RÜFNER, DVBl. 1970, S. 881 ff. (882).

462 Vgl. K. VOGEL/C. WALDHOFF, in: Dolzer/Vogel/Graßhof (Hrsg.), BK, Vorbem. z. Art. 104a-115 Rn. 542.

463 Vgl. oben unter III. A. 1. d).

durch ihn vermittelten Schutzintensität nicht nach dem „Aggregatzustand" des Vermögens, überzeugt nicht. Zwar zeigt die Entstehungsgeschichte richtigerweise, daß Art. 14 Abs. 2 S. 2 GG zur Erläuterung von Art. 14 Abs. 2 S. 1 dienen sollte. Zu diesem Zweck wurde auf Art. 153 Abs. 3 S. 2 der Weimarer Reichsverfassung zurückgegriffen und dieser zu Art. 14 Abs. 2 S. 2 GG umformuliert[464]. Nach der hier vertretenen Auffassung spricht dies jedoch nicht gegen das Ergebnis KIRCHHOFS und des Bundesverfassungsgerichts.

Offenbar war Art. 14 Abs. 2 S. 1 („Eigentum verpflichtet") erläuterungsbedürftig. Wenn die Erläuterung dann mit „Sein Gebrauch soll zugleich dem Allgemeinwohl dienen" vorgenommen wurde, dann folgt daraus zunächst nur, daß die Verpflichtung des Eigentums sich auf den *Gebrauch* des Eigentums bezieht. Beim bloßen „Haben und Halten" gebraucht der Eigentümer sein Gut jedoch nicht. Hier ist vielmehr Art. 14 Abs. 1 S. 1 GG in Bezug zu nehmen, der das Eigentum und damit nach der ständigen Rechtsprechung des Bundesverfassungsgerichts die Zuordnung des Eigentumsrechts an den Eigentümer (Bestandsgarantie) gewährleistet. Das Eigentum soll dem Eigentümer gerade nicht entzogen werden, außer durch eine entschädigungspflichtige Enteignung, Art. 14 Abs. 3 GG. Aus der Entstehungsgeschichte kann also durchaus eine unterschiedliche Schutzintensität abgeleitet werden, auch wenn die Ableitung nach der hier vertretenen Auffassung nicht aus der Zusammenschau von Abs. 2 Sätzen 1 und 2, sondern aus der eigentumsrechtlichen Bestandsgarantie und damit aus der Zusammenschau von Abs. 1 S. 1 und Abs. 2 erfolgt[465].

Zudem genießt auch eine Lohnforderung grundsätzlich keinen *geringeren* eigentumsrechtlichen Schutz nach Art. 14 GG als das konsolidierte Vermögen. Sie genießt aber einen *anderen* verfassungsrechtlichen Schutz, weil die Steuer nicht auf bereits bestehendes, in der Hand des Eigentümers befindliches Eigentum zugreift, sondern auf das Ergebnis einer beruflichen Tätigkeit. Zutreffender Schutzbereich für den Steuerzugriff auf den Arbeitslohn ist Art. 12 GG[466].

---

464 Vgl. v. DOEMMING/FÜSSLEIN/MATZ (HRSG.), JöR n.F. Band 1 (1951), S. 147.

465 Im Ergebnis ebenso: R. SEER, DStJG Band 23 (2000), S. 87 ff. (107), der jedoch die Unterscheidung nach konsolidiertem und nicht-konsolidiertem Vermögen dadurch rechtfertigt, daß das konsolidierte Vermögen deswegen einen gesteigerten Schutz verdiene, weil es in der Regel aus bereits versteuertem Vermögen bestehe und damit seiner Sozialpflichtigkeit bereits genüge getan habe.

466 Vgl. zu Recht D. JÄSCHKE, in: Lademann, Kommentar zum Einkommensteuergesetz, 4. Auflage 1997, § 2 Rn. 34; H.-W. ARNDT/A. SCHUMACHER, NJW 1995, S. 2603 ff.

Art. 14 GG schützt diejenigen vermögenswerten Rechtspositionen, die ein Grundrechtsträger *in der Vergangenheit* erworben hat. In dem Moment, in dem die Steuerpflicht zugreift, entsteht die Lohnforderung und damit verfassungsrechtlich geschütztes Eigentum aber gerade erst. Die Eigentumserwerbsphase, die nach wohl herrschender Auffassung noch nicht von der Eigentumsgarantie erfaßt wird[467], ist bei der Lohnforderung noch nicht abgeschlossen. Daher liegt im Steuerzugriff auf das Ergebnis der Erwerbsarbeit noch kein Eingriff in eine schutzfähige, in der Vergangenheit erworbene vermögenswerte Rechtsposition vor. Der Eigentumsschutz für die Lohnforderung beginnt gewissermaßen *nach* dem Steuerzugriff[468]. Selbiges gilt für eine Zinsforderung. Im übrigen führt die Lohnforderung aus gleichheitsrechtlicher Sicht im Zeitpunkt ihres Entstehens zu einem „Mehr" an Leistungsfähigkeit beim Arbeitnehmer. Zu vergleichen ist sie insoweit nicht mit konsolidiertem Vermögen, sondern mit der Zinsforderung, da die Lohnforderung den Ertrag der Nutzung der Arbeitskraft (des Humankapitals) darstellt, wie die Zinsforderung den Ertrag der Nutzung des (Geld-)Kapitals darstellt. Auch die Zinsforderung des Kapitalbesitzers führt bei diesem zu einer Mehrung der Leistungsfähigkeit, die derselben Einkommensteuerbelastung wie die Lohnforderung unterworfen wird. Dies gilt jedoch nicht für den Vermögensstamm. Er ruht unverändert und stellt kein besteuerungswürdiges „Mehr" an Leistungsfähigkeit dar. Auch das Humankapital unterliegt nicht der Vermögensteuer, obwohl heute die Arbeitskraft durchaus eine stetigere Einnahmequelle darstellen kann als zum Beispiel ein Aktienportfolio, dessen jährliche Dividenden keineswegs nach Grund oder Höhe gesichert sind. Deshalb ist das Humankapital in diesem Sinne dem klassischen „Vermögen" mit Blick auf die dadurch vermittelte Leistungsfähigkeit sehr ähnlich. Mittels des Vergleiches zwischen Arbeitnehmer und Kapitalbesitzer wird denn auch typischerweise die (häufig politische) Auseinandersetzung um die Vermögensteuer eingeleitet. Dabei wird

---

(2605); a.A. H. H. v. ARNIM, VVDStRL Band 39 (1981), S. 287 ff. (306); P. KIRCHHOF, Gutachten F für den 57. Deutschen Juristentag, S. F 14.

467 Vgl. R. WENDT, in: Sachs (Hrsg.), Grundgesetz, 1. Auflage, Art. 14 Rn. 43; H.-J. PAPIER, in: Maunz-Dürig, Komm z. GG, Art. 14 Rn. 222 ff.; H. D. JARASS, in: Jarass/Pieroth, Grundgesetz, Art. 14 Rn. 17; J. WIELAND, in: Dreier (Hrsg.), Grundgesetz, Art. 14 Rn. 151; H.-W. ARNDT/A. SCHUMACHER, NJW 1995, S. 2603 ff. (2605).

468 So zu Recht: F. KIRCHHOF, StuW 2002, S. 185 ff. (194), der einerseits feststellt, daß die Einkommensteuer aus beruflicher Tätigkeit zwar häufig erst nach deren Zufluß und damit bereits aus (übertragenem) Vermögen entrichtet wird, andererseits aber richtigerweise darauf hinweist, daß es sich hierbei um bloße Steuer*technik* handelt. Das Gehalt fließt wegen der Berufsausübung zu und unterliegt damit bei der Einkommensbesteuerung dem Schutz von Art. 12 GG.

jedoch folgendes unterschlagen: In dem Augenblick, in dem die Lohnforderung des Arbeitnehmers der Einkommensteuer unterlegen hat, stellt auch diese Vermögen im Sinne des Vermögensteuergesetzes dar und genießt denselben Schutz wie das (Geld-) Vermögen. Auch sie würde einer als echten Substanzsteuer konzipierten Vermögensteuer unterworfen. An dieser Stelle kehrt sich nun ein Argument der Kritiker um: Genauso wenig, wie erklärt werden kann, warum bei einer Sollertragsteuer der bereits als Sollertrag versteuerte Ertrag nochmals und zusätzlich mit der Einkommensteuer besteuert werden darf, wenn er sich zum Ist-Ertrag verdichtet und tatsächlich anfällt, ist nicht einzusehen, warum exakt dieselbe, in der Lohnforderung zum Ausdruck kommende Leistungsfähigkeit, die bereits bei ihrem Entstehen der Einkommensbesteuerung unterlegen hat, einer erneuten Besteuerung mittels einer Substanzvermögensteuer unterliegen dürfen sollte. Mit dem reinen Vermögensbestand ist ein „Mehr" an Leistungsfähigkeit gegenüber der mit dem Einkommen zugeflossenen und der Besteuerung bereits unterworfenen Leistungsfähigkeit nicht verbunden. Selbst wenn man die Lohnforderung bereits vor der Einkommensbesteuerung unter den Schutz des Art. 14 GG stellen würde, wären hier zwei unterschiedliche Sachverhalte und damit Vergleichsgruppen betroffen und müßte in diesem Zusammenhang Art. 14 GG auch unter dem Blickwinkel von Art. 3 Abs. 1 GG gelesen und ausgelegt werden[469]. Daher ist die unterschiedliche Behandlung des Eigentums in der Phase seines erstmaligen Zuflusses (noch kein Schutz aus Art. 14 GG) und des Ruhens (Schutz aus Art. 14 GG) auch dem Ergebnis nach durchaus begründet, da sich die Sachverhalte deutlich voneinander unterscheiden[470].

Soweit zusätzlich gegen die Sollertragsteuerkonzeption vorgebracht wird, daß die Vorbelastung des Vermögens mit Einkommensteuer auf manche Vermögen nicht zutreffe, weil Vermögen ererbt oder steuerfrei gebildet worden sein kann, sind diese Aussagen zwar grundsätzlich zutreffend. Indes ist dies noch kein Grund, das ruhende Vermögen mit einer Substanzabgabe zu belasten. Zum einen dürfte es schwierig sein, zu identifizieren, welches Vermögen in welchem Um-

---

469 Vgl. P. KIRCHHOF, DStR 1984, S. 575 ff. (582); DERSELBE, „Der Grundrechtsschutz des Steuerpflichtigen", in: AöR 128 (2003), S. 1 ff. (34). Nach dem BVerfG, Beschluß vom 27. September 1978 – 1 BvR 361/78 –, in: BVerfGE 49, S. 220 ff. (233), kann ein Verstoß gegen Art. 3 Abs. 1 GG zu einem Verstoß gegen Art. 14 GG führen. Dies ist deshalb richtig, weil eine Inhalts- und Schrankenbestimmung des Eigentums allen Vorgaben der Verfassung zu entsprechen hat, also auch Art. 3 Abs. 1 GG, widrigenfalls sie deswegen verfassungsrechtlich unzulässig ist und eine derartige gesetzliche Regelung dann gegen das Eigentumsgrundrecht verstoßen würde.

470 Vgl. R. WENDT, NJW 1980, S. 2111 ff. (2116).

fang einer Vorbelastung unterlegen hat und welches nicht. Mit einer pauschalen Substanzbesteuerung durch die Vermögensteuer würde in der Regel viel zu weit gegriffen, da nicht davon auszugehen ist, daß kein Vermögensbestandteil eines Steuerpflichtigen der vorherigen Einkommensbesteuerung unterlegen hat. Zum anderen trifft diese Aussage zumindest auf ererbte Vermögen so nicht zu. Diese Vermögen haben zunächst einer Einkommensbesteuerung bereits beim Erblasser oder dessen Vorfahren unterlegen. Dann haben sie in der Regel zusätzlich einer Erbschaftsbesteuerung beim Erben unterlegen. Schließlich gilt es, für steuerfrei gebildetes Vermögen zu bedenken, daß der Steuergesetzgeber die Möglichkeit der steuersparenden Vermögensbildung zielgerichtet in die Einkommensteuergesetzgebung aufgenommen und somit gewollt oder zumindest bewußt in Kauf genommen hat[471]. Diese Subventionstatbestände sprechen gegen eine spätere Kompensation von Einkommensteuerausfällen im Rahmen einer Vermögensteuer. Der diesbezüglich vertretenen Nachholfunktion der Vermögensteuer[472] wird zurecht entgegengehalten, daß Fehler der Einkommensbesteuerung bei dieser ausgemerzt werden müssen[473]. Daß der Gesetzgeber in der jüngeren Vergangenheit mit der Einschränkung von Verlustzuweisungsgesellschaften (§ 2b EStG) und der Ausweitung der Steuerpflicht bei privaten Veräußerungsgeschäften (§§ 22 Nr. 2, 23 EStG) bereits dafür gesorgt hat, daß weniger Vermögen steuerfrei gebildet wird, spricht ebenfalls gegen eine Nachholfunktion und somit gegen die Kritik hinsichtlich der fehlenden Vorbelastung mit Steuern. Zudem würde sich der Gesetzgeber, wollte er auf der einen Seite steuersparende Vermögensbildung einkommensteuerlich fördern und auf der anderen Seite das so gebildete Vermögen wegen einer fehlenden einkommensteuerlichen Vorbelastung mit einer substanzverzehrenden Vermögensteuer belegen, widersprüchlich verhalten und deshalb möglicherweise gegen das Rechtsstaatsprinzip (Art. 20 Abs. 3 GG) verstoßen. Dieses gebietet nämlich, daß der Gesetzgeber Regelungen so aufeinander abstimmt, daß den Normadressaten nicht gegenläufige Regelungen erreichen, die die Rechtsordnung widersprüchlich machen[474].

---

471 F. K. FROMME, „Das Dilemma der Vermögensteuer“, in: F.A.Z. vom 23. November 2002, S. 10.

472 Näher dazu unten unter IV. A. 1. d).

473 Vgl. H.-W. ARNDT, DStJG Band 22 (1999), S. 25 ff. (31).

474 BVerfG, Urteil vom 16. Dezember 1997 – 2 BvR 1991, 2004/95–, in: http://www.bundesverfassungsgericht.de, Abs. 62 (Verpackungsteuer der Stadt Kassel); kritisch zum Topos der Widerspruchsfreiheit: P. HÄBERLE, „Das nationale Steuerverfassungsrecht im

Schließlich ist den Kritikern zuzugeben, daß es schwer zu erklären ist, warum ein im Rahmen der Sollertragsbesteuerung bereits besteuerter fiktiver Ertrag bei seinem tatsächlichen Anfallen erneut und diesmal mit der Einkommensteuer belastet werden soll. Auch hier gilt das oben Gesagte. Die Leistungsfähigkeit des Steuerpflichtigen erhöht sich nur einmal, so daß grundsätzlich auch nur eine Besteuerung dieser Leistungsfähigkeit gerechtfertigt wäre[475]. Dies spricht jedoch nicht *für* eine Substanzsteuer, sondern *gegen* die Erhebung einer Vermögensteuer überhaupt[476]. Wenn man jedoch meint, auf eine Besteuerung des Vermögens im Ruhezustand nicht verzichten zu können, so spricht die grundsätzlich richtige Kritik an der Doppelerfassung derselben wirtschaftlichen Leistungsfähigkeit allenfalls für eine Sollertragsteuer, die bei der Ist-Ertragsteuer angerechnet wird, um eine effektive Doppelbesteuerung zu vermeiden. Besteuert würde so dem Grundsatz nach der Sollertrag, wenn dieser höher ist als der tatsächliche Ertrag, der Steuerpflichtige sein Vermögen also nicht durchschnittlich ertragbringend angelegt hat, oder aber der tatsächliche Ertrag, wenn dieser höher ist als der Sollertrag.

(j) Zur Unmöglichkeit einer Konfiskation durch Vermögensteuer

Der Aussage, daß es durch die Vermögensteuer unmöglich zu einer verfassungsrechtlich unzulässigen Konfiskation kommen könne, kann nach der hier vertretenen Auffassung nicht gefolgt werden. Es geht bei der Beurteilung der Frage, ob ein Steuergesetz zur Konfiskation und damit zum Verstoß gegen Art. 14 GG führt, nicht darum, ob sich ein Steuerpflichtiger vor „Verarmung" fürchten muß[477]. Es geht vielmehr um die Zuordnung einzelner vermögenswerter Güter zum Rechtsinhaber, die von diesem in der Regel erarbeitet worden sind und die Art. 14 GG nach der ständigen Rechtsprechung des Bundesverfassungsgerichts auch und vor allem aus diesem Grund schützt[478]. Dieser personale

---

Textstufenvergleich", in: Kirchhof/Lehner/Raupach/Rodi (Hrsg.), Staaten und Steuern, Festschrift für Klaus Vogel zum 70. Geburtstag, Heidelberg 2000, S. 139 ff. (153).

475 A.A. H. WEBER-GRELLET, BB 1996, S. 1415 ff. (1416), der dem Vermögen allein eine zusätzliche sachliche Leistungsfähigkeit beimißt, jedoch nicht mitteilt, worin diese begründet ist.

476 Ebenso H.-W. ARNDT/A. SCHUMACHER, NJW 1995, S. 2603 ff. (2604).

477 H. P. BULL, NJW 1996, S. 281 ff. (283).

478 Zum verfassungsrechtlichen Begriff des Eigentums als jedes auf eigene Leistung zurückzuführende Wirtschaftsgut in individueller Hand, vgl. BVerfG, Teilurteil vom 10. Mai 1962 – 1 BvL 31/58 –, in: BVerfGE 14, S. 221 ff. (241); BVerfG, Beschluß vom 3. März 1965 – 1 BvR 208/59 –, in: BVerfGE 18, S. 392 ff. (397); BVerfG, Urteil

Bezug würde aufgehoben, wenn der Staat die Vermögenssubstanz, bestehend aus eigentumsfähigen Vermögensgegenständen, bis zur Grenze der vermögensteuerlichen Freibeträge wegsteuern dürfte. Art. 14 GG schützt Eigentum insbesondere als Substrat eigener Leistung[479]. Dabei steht Art. 14 GG armen wie reichen Grundrechtsberechtigten gleichermaßen zur Seite. Die auf der eigenen Leistung des Steuerpflichtigen beruhende Zuordnung einzelner vermögenswerter Rechte zu ihrem Eigentümer und damit der Erfolg der eigenen Leistung würde durch eine Substanzbesteuerung partiell aufgehoben. Das ist unter dem Begriff „Konfiskation" zu verstehen. Konfiskation bedeutet nicht völlige Entrechtung im vermögensrechtlichen Bereich, wie BULL suggeriert. Konfisziert wird dementsprechend auch nicht das gesamte Vermögen, sondern eigentumsfähige Vermögensgegenstände[480]. Hierbei ist entgegen BULL, BÖCKENFÖRDE und BIRK[481] und mit SEER[482] zu berücksichtigen, daß das Ergebnis dieser Leistung der Besteuerung bereits unterlegen hat, der Staat einen Teil der eigenen Leistung also bereits abgeschöpft hat. Das hiergegen ins Feld geführte Argument, nach dem dann auch keine Verbrauchssteuern zulässig sein dürften, weil auch bei diesen bereits versteuertes Einkommen ein weiteres Mal der Besteuerung unterworfen wird, ist nach der hier vertretenen Auffassung deswegen nicht zwingend, weil bei der Vermögensteuer ruhendes Vermögen der Besteuerung unterworfen wird, während es sich bei der Verbrauchsbesteuerung um in Verkehr gebrachtes Eigentum bzw. Vermögen handelt.

Aber selbst wenn man die vorherige Besteuerung des Einkommens hinwegdenkt, zeigt gerade die Argumentation von BULL, daß eine reale Besteuerung der Substanz nicht zulässig ist: Er ist der Auffassung, es könne deswegen nie zu ei-

---

vom 28. Februar 1980 – 1 BvL 17/77 u.a. und 1 BvR 807/78 –, in: BVerfGE 53, S. 257 ff. (291 f.); BVerfG, Urteil vom 16. Juli 1985 – 1 BvL 5/80, 1 BvR 1023, 1052/83 und 1227/84 –, in: BVerfGE 69, S. 272 ff. (301).

479 Vgl. BVerfG, Teilurteil vom 10. Mai 1962 – 1 BvL 31/58 –, in: BVerfGE 14, S. 221 ff. (241); BVerfG, Beschluß vom 3. März 1965 – 1 BvR 208/59 –, in: BVerfGE 18, 392 ff. (397); BVerfG, Urteil vom 28. Februar 1980 – 1 BvL 17/77 u.a. und 1 BvR 807/78 –, in: BVerfGE 53, 257 ff. (291 f.); BVerfG, Urteil vom 16. Juli 1985 – 1 BvL 5/80, 1 BvR 1023, 1052/83 und 1227/84 –, in: BVerfGE 69, 272 ff. (301); H. H. V. ARNIM, VVDStRL Band 39 (1981), S. 287 ff. (304).

480 Vgl. M. JACHMANN, Verfassungsrechtliche Grenzen der Besteuerung, S. 49 (FN 293).

481 Vgl. H. P. BULL, NJW 1996, S. 281 ff. (282); E.-W. BÖCKENFÖRDE, Abweichende Meinung zum Beschluß des Zweiten Senats vom 22. Juni 1995 – 2 BvL 37/91 –, in: BVerfGE 93, S. 149 ff. (153); D. BIRK, DStJG Band 22 (1999), S. 7 ff. (16).

482 Vgl. R. SEER, DStJG Band 23 (2000), S. 87 ff. (107).

ner Konfiskation kommen, weil dem Vermögensinhaber, der keine anderen *Einkünfte* als die aus Vermögen habe, der vermögensteuerliche Freibetrag das Existenzminimum sichere[483]. Zum einen stellt der vermögensteuerliche Freibetrag jedoch keine Einkünfte steuerfrei, sondern den Wert von Vermögen. Dies gilt jedenfalls dann, wenn man mit BULL eine echte Substanzbesteuerung unterstellt. Zum anderen übersieht BULL, daß das Vermögen auch ertraglos sei kann. In diesem Fall wird dem Vermögensteuerpflichtigen zunächst Schritt für Schritt alles Vermögen bis hin zum vermögensteuerlichen Freibetrag durch die Substanzsteuer entzogen. Anschließend wird er das verbleibende ertraglose Vermögen konsumieren müssen, um leben zu können. Schließlich verbleibt dem Steuerpflichtigen ein Vermögen von Null, und er wird im Extremfall Sozialhilfe in Anspruch nehmen. Natürlich ist dieser Fall konstruiert und extrem, aber er zeigt, daß es durch eine echte Substanzbesteuerung durchaus auch zu Konfiskationen kommen kann und der Steuerbürger sich vor „Verarmung" fürchten darf. Im übrigen ist für eine verfassungsrechtlich unzulässige Konfiskation nicht erforderlich, daß dem Steuerpflichtigen sämtliches Vermögen durch den besteuernden Staat entzogen wird. Ausreichend ist es, daß dem Steuerpflichtigen Teile seiner Vermögenssubstanz entzogen werden. Auf dieser Linie befindet sich auch die fast durchgängige Rechtsprechung des Bundesverfassungsgerichts zur Zulässigkeit von Substanzeingriffen (s.o.).

(k) Zur Verkürzung des Potentials sozialer Korrekturmöglichkeiten

Auch das Argument, die Abschaffung echter Substanzsteuern verkürze die staatlichen Möglichkeiten, sozialen Schieflagen im Wege der Umverteilung korrigierend entgegenzuwirken, führt zu keinem anderen Ergebnis. Nach der hier vertretenen Auffassung gestattet Art. 14 GG gerade keine substanzentziehende Umverteilung. Diese ist nach dem Bonner Grundgesetz nur unter den Voraussetzungen der Art. 14 Abs. 3 und 15 GG zugelassen[484]. Wenn substanzentziehende Umverteilungen aber nicht zulässig sind, werden auch keine dem Gesetzgeber zustehenden Möglichkeiten verkürzt. Im übrigen hat die Vermögensteuer keine Umverteilungswirkungen, so daß dem Gesetzgeber mit der Vermögensteuer schon deshalb kein Korrekturmechanismus entzogen wird. Zum einen hat die Vermögensteuer mit einem Aufkommen von ca. 6 Mrd. DM im Jahr 1995 einen Anteil an den gesamten Steuereinnahmen von nur ca. 1-2 % gehabt. In-

---

483 Vgl. H. P. BULL, NJW 1996, S. 281 ff. (283).

484 Vgl. SCHMIDT-BLEIBTREU/KLEIN, 8. Auflage Neuwied/Kriftel/Berlin 1995, Art. 14 Rn. 4 a.E.

wieweit diese Steuereinnahmen von den Steuerpflichtigen wiederum durch Vermögens*erträge* gedeckt werden konnten, ist wegen der Technik der Vermögensbesteuerung, die diese Erträge nicht erfaßt, nicht zu ermitteln. Daß aber zumindest ein nicht unerheblicher Teil des Steueraufkommens aus den Erträgen erbracht werden konnte, darf vermutet werden. Folglich stellt das Bundesverfassungsgericht zu Recht im Halbteilungsurteil fest, daß die Vermögensteuer echte Umverteilungswirkungen nicht erzielen konnte.

Zum anderen ergibt sich aus der amtlichen Vermögensteuerstatistik, daß die Anzahl unbeschränkt vermögensteuerpflichtiger natürlicher Personen mit einem Gesamtvermögen von mehr als 1 Mio. DM im Zeitraum zwischen 1953 bis 1995 von 1.586 im Jahr 1953 auf 155.174 im Jahr 1995 angestiegen ist. Dies bedeutet eine knappe Verhundertfachung. Im selben Zeitraum ist das entsprechende Gesamtvermögen dieser Personen von 2,36 Mrd. € auf 287,86 Mrd. € gestiegen, hier eine gute Verhundertzwanzigfachung. Das durchschnittliche Gesamtvermögen dieser Personen hat sich nur moderat erhöht, nämlich von 1,49 Mio. € pro Person auf 1,86 Mio. €[485]. Dies bedeutet, daß im genannten Zeitraum eine Verbreiterung des Vermögens in der Bevölkerung mit dem Faktor 100 stattgefunden hat, ohne daß es einer steuerlichen Umverteilung mittels einer echten Substanzsteuer bedurft hätte. Dies zeigt, daß dem Staat auch ohne Substanzsteuern ausreichende Mittel zur Umverteilung zur Verfügung stehen.

(l) Zwischenergebnis

Es ist nach allem verfassungsrechtlich vorgegeben, daß die Vermögensteuer nicht als echte Substanzsteuer, sondern nur in der Form einer Sollertragsteuer erhoben werden darf. Zum einen verfehlt eine als echte Substanzsteuer ausgestaltete periodische Abgabe bereits ihren Charakter als *dauerhaftes* Einnahmeerzielungsinstrument. Durch das gezielte und wiederholte partielle Abschöpfen der Substanz beraubt sich eine solche Steuer der langfristigen Möglichkeit, staatliche Einnahmen aus den Vermögensgegenständen zu erzielen und damit ihrer Geeignetheit im Rahmen einer Verhältnismäßigkeitsprüfung[486]. Dem kann auch nicht entgegengehalten werden, der Vermögensinhaber erziele ja in aller

---

485 Quelle: Bundesministerium der Finanzen (Hrsg.), Amtliche Vermögensteuerstatistiken, in: Datensammlung zur Steuerpolitik, Stand: Februar 2003, in: www.bundesfinanzministerium.de.

486 Nach D. Birk, in: Hübschmann/Hepp/Spitaler, § 4 AO Rn. 607, fallen solche „Steuern" schon begrifflich nicht unter die Steuer im Sinne von Art. 105 ff. GG, da sie langfristig nicht zur Erzielung von Einnahmen führen.

Regel auch noch Einkommen und könne das durch eine echte Substanzsteuer in das Vermögen gerissene „Loch“ auf diese Weise wieder auffüllen[487]. Für die Beurteilung der verfassungsrechtlichen Zulässigkeit echter Substanzsteuern sind diese isoliert von etwaigem anderen Einkommen des Steuerpflichtigen zu betrachten. Zudem führt eine Substanzsteuer, die ohne Rücksicht auf erzielbare Erträge erhoben wird, zu einer verfassungsrechtlich unzulässigen schrittweisen Konfiskation von Vermögensbestandteilen und damit nicht nur zu einem Verstoß gegen die durch die Wesensgehaltsgarantie verbürgte prinzipielle Privatnützigkeit des Eigentums, sondern auch gegen die Eigentumsbestandsgarantie. Konfiskation bedeutet eben nicht nur Voll-, sondern auch Teilentziehung. Anderenfalls könnte auch eine Enteignung nie verfassungsrechtlich unzulässig sein, wenn der Enteignete noch weiteres Eigentum hätte. Nicht erforderlich ist, daß gegenständlich bestimmte Vermögensgegenstände durch die Besteuerung entzogen werden. Weil der Schutz der Eigentums- und in der Summe auch der Vermögenssubstanz – mit Ausnahme von staatlichen Ausnahmesituationen[488] – absolut ist, ist die Vermögensteuer als Instrument der Umverteilung ungeeignet. Eine substanzabschöpfende und -umverteilende Steuer verstößt damit gegen Art. 14 GG, da sie sich nicht im Rahmen einer zulässigen Inhalts- und Schrankenbestimmung des Eigentums hält. Sie ist darüberhinaus aber auch nicht erforderlich, da Umverteilungswirkungen bereits durch die progressive Einkommensteuer und eine stufenprogressive Erbschaftsteuer erzielt werden können und erzielt werden.

Allerdings ist die Vermögensteuer in der Tat als Sollertragsteuer mit Art. 14 GG vereinbar, wenn sie aus den erzielbaren Erträgen getragen werden kann, da in diesem Fall weder die prinzipielle Privatnützigkeit aufgehoben wird, noch ein Eingriff in den Eigentumsbestand vorgenommen wird[489]. Ob dem Steuerpflichtigen im Rahmen einer Vermögensteuer, die auf die Sollerträge zugreift, die (Soll-) Erträge vollständig im Wege der Steuer entzogen werden können, ist eine Frage des zulässigen Maßes der Besteuerung und wird im folgenden untersucht.

---

487 In diese Richtung H. P. BULL, NJW 1996, S. 281 ff. (284): „Dabei wird ganz abgesehen von dem Umstand, daß wer Vermögen hat, im allgemeinen auch noch Einkommen aus anderen Quellen hat.“

488 Vgl. BVerfG, Beschluß vom 22. Juni 1995 - 2 BvL 37/91 -, in: BVerfGE 93, S. 121 ff. (138 f.).

489 Vgl. M. JACHMANN, Verfassungsrechtliche Grenzen der Besteuerung, S. 50.

b) Halbteilung

War der Ansatz des Bundesverfassungsgerichts, die Vermögensteuer nur als Sollertragsteuer zuzulassen, auch von den Gegnern einer verfassungsrechtlichen Abgabenplafondierung noch gelegentlich akzeptiert worden[490], so ist der darüberhinausgehende, aus Art. 14 Abs. 2 S. 2 GG abgeleitete sog. „Halbteilungsgrundsatz" teilweise vehement bekämpft worden[491]. Das Bundesverfassungsgericht hat judiziert, daß auch der Vermögens*ertrag* am „Schutz der vermögenswerten Rechtsposition als Grundlage individueller Freiheit teilnimmt[492]." Nach Art. 14 Abs. 2 S. 2 GG diene der Eigentumsgebrauch zugleich dem privaten Nutzen **und** dem Allgemeinwohl. Da die Erträge aus dem Eigentumsgebrauch somit auf der einen Seite der steuerlichen Gemeinlast zugänglich sind, dem Steuerpflichtigen auf der anderen Seite aber auch ein privater Ertragsnutzen verbleiben müsse, dürfe die Vermögensteuer zu den übrigen Steuern nur dann hinzukommen, wenn die steuerliche Gesamtbelastung des Sollertrages in der Nähe einer hälftigen Teilung zwischen privater und öffentlicher Hand verbleibt. Daraus ist gelesen worden, daß dem Steuerpflichtigen nach Steuern die Hälfte der erzielten Vermögenserträge belassen werden müsse.

(1) Kritik am Halbteilungsgrundsatz

Der aus dem Wortlaut des Art. 14 Abs. 2 S. 2 GG entwickelte Halbteilungsgrundsatz ist in Literatur und Rechtsprechung fast einhellig auf Kritik gestoßen. Das FG Rheinland-Pfalz kritisiert, daß der Halbteilungsgrundsatz in wesentlichen Punkten nicht konkret[493] sei und sich sein Inhalt nur ansatzweise aus dem Text und der Systematik des Grundgesetzes ableiten lasse. Daher sei es auch Aufgabe des Bundesverfassungsgerichts und nicht der Finanzgerichte, den

---

490 So H. P. BULL, NJW 1995, S. 281 ff. (282).

491 Vgl. E.-W. BÖCKENFÖRDE, Abweichende Meinung zum Beschluß des Zweiten Senats vom 22. Juni 1995 – 2 BvL 37/91 –, in: BVerfGE 93, S. 149 ff. (153 ff.); H.-W. ARNDT/A. SCHUMACHER, NJW 1995, S. 2603 ff. (2604); H. P. BULL, NJW 1996, 281 ff. (283); J. ESCHENBACH, DStZ 1997, S. 413 ff. (414); H. WEBER-GRELLET, BB 1996, S. 1415 ff. (1417 f.); **a.A** S. SEEGER, in: L. Schmidt (Hrsg.), EStG, Kommentar, 22. Auflage 2003, § 2 Rn. 12; A. KLEIN, „Das neue Steuerverfassungsrecht – Eine Chance für den Steuerzahler ?!", in: BB 1996, S. 1807 ff. (1809).

492 Vgl. BVerfG, Beschluß vom 22. Juni 1995 – 2 BvL 37/91 –, in: BVerfGE 93, S. 121 ff. (138).

493 Ähnlich FG Münster, Urteil vom 20. September 1999 – 11 K 7976/97 E –, nrkr., in: EFG 2000, S. 130 ff. (131), mit der Bemerkung, daß die weitere Behandlung des Halbteilungsgrundsatzes völlig unpraktikabel erscheine.

Grundsatz anwendbar zu machen[494]. Nach WEBER-GRELLET läßt sich der Grundsatz überhaupt nicht aus der Verfassung entnehmen; er sei eine „freie Schöpfung des Gerichts[495].“ Das FG Münster kritisiert, daß der Halbteilungsgrundsatz dazu führen würde, daß gerade Beziehern größerer Einkommen dann keine höheren Steuern auferlegt werden dürften als 50 % ihrer Sollerträge, obwohl gerade diese besonders leistungsfähig seien. Schließlich spreche gegen die rechtliche Verbindlichkeit, daß Regelungen dieser Art dem Gesetzgeber vorbehalten bleiben müßten[496]. In dieselbe Richtung geht die Kritik, daß der Staat nach dem Diktum des Bundesverfassungsgerichts höhere Steuern nicht mehr bei den Beziehern größerer Einkommen abfordern könne und sich die erforderlichen Finanzmittel sodann bei den Beziehern geringerer Einkommen beschaffen müsse, obwohl diese finanziell weniger leistungsfähig seien. Dies führe dazu, daß die Bezieher hoher Einkommen von einer Vermögensteuer freizustellen seien und die Bezieher geringerer Einkommen der Vermögensteuer unterliegen können[497]. Da außerdem nach dem Halbteilungsurteil ein erheblicher Freibetrag zu gewähren sei, komme die Vermögensteuer nur noch für eine vermögende Mittelschicht in Betracht. Auf diese Weise mutiere die Vermögensteuer zu einer Art „Sandwichsteuer“[498] und bewirke einen disproportionalen Schutz vor allem der Vermögenden[499]. Ähnlich äußert sich das FG Düsseldorf, das kritisiert, daß solche Höchstgrenzen sozialstaatlichen Vorstellungen widerstritten[500]. Ferner rügt es, daß auch dem Gleichbehandlungsgrundsatz widersprochen würde, wenn die Bezieher von Einkommen, die dem einkommensteuerlichen Spitzensteuersatz

---

494 Vgl. FG Rheinland-Pfalz, Urteil vom 31. Juli 1996 – 1 K 1686/96 – rkr., in: EFG 1997, S. 367 ff. (369).

495 Vgl. H. WEBER-GRELLET, BB 1996, S. 1415 ff. (1417 f.).

496 Vgl. FG Münster, Urteil vom 20. September 1999 – 11 K 7976/97 E –, nrkr., in: EFG 2000, S. 130 ff. (131); **a.A.** R. HALACZINSKY, „Die Zukunft der einheitswertabhängigen Steuern“ in: Harzburger Steuerprotokoll 1995, Köln 1996, S. 161 ff. (162), der zwar einen Überschuß an gesetzgeberischen Bindungen in der Entscheidung bemängelt, diese aber als dem Bundesverfassungsgericht durch jahrzentelanges gesetzgeberisches „kreatives“ Unterlassen aufgedrängt ansieht.

497 Vgl. bereits E.-W. BÖCKENFÖRDE, Abweichende Meinung des Richters Böckenförde zum Beschluß des Zweiten Senats vom 22. Juni 1995 – 2 BvL 37/91 –, in: BVerfGE 93, S. 149 ff. (161 f.).

498 Vgl. R. SEER, in: Tipke/Lang, Steuerrecht, 17. Auflage, § 13 Rn. 74.

499 Vgl. M. MÖSTL, DStR 2003, S. 720 ff. (725): „paradox“.

500 Vgl. FG Düsseldorf, Urteil vom 5. November 1997 – 8 K 33409/97 E –, rkr., in: EFG 1998, S. 378 f. (379); ebenso H. WEBER-GRELLET, BB 1996, S. 1415 ff. (1418); ähnlich J. ESCHENBACH, DStZ 1997, S. 413 ff. (415).

unterliegen, von allen weiteren Abgaben befreit würden[501]. Darüberhinaus wird kritisiert, daß der Halbteilungsgrundsatz von den Einkommensmillionären ebenso die Hälfte verlange wie von den Einkommensschwachen und damit gegen das Sozialstaatsprinzip verstoße[502].

(2) Verfassungsrechtliche Fundierung des Halbteilungsgrundsatzes

Allerdings gibt es andere Stimmen im Schrifttum, die den Halbteilungsgrundsatz für begründet und verfassungsrechtlich fundiert halten[503]. Dies gebietet, die verfassungsrechtliche Ableitung des Halbteilungsgrundsatzes näher zu untersuchen und sich daran anschließend mit der geäußerten Kritik auseinanderzusetzen.

(a) Ableitung aus dem Wortlaut des Art. 14 Abs. 2 S. 2 GG ?

Das Bundesverfassungsgericht scheint den Halbteilungsgrundsatz aus dem Wort („zugleich") in Art. 14 Abs. 2 S. 2 GG abzuleiten[504], den es offenbar mit „grundsätzlich zu gleichen Teilen" übersetzt[505], wenngleich dies aus der Be-

---

501 Vgl. FG Düsseldorf, Urteil vom 5. Oktober 1997 – 8 K 33409/97 E –, rkr., in: EFG 1998, S. 378 f. (379).

502 Vgl. K. Tipke, Besteuerungsmoral und Steuermoral, Wiesbaden 2000, S. 42.

503 Vgl. exemplarisch: M. Jachmann, StuW 1996, S. 97 ff. (105), die der Auffassung ist, bei Überschreiten der Halbteilungsgrenze entstehe besonderer Rechtfertigungsbedarf; dieselbe, Verfassungsrechtliche Grenzen der Besteuerung, S. 64; H. Butzer, Freiheitsrechliche Grenzen der Steuer- und Sozialabgabenlast, S. 86; O. Geißler, Der Unternehmer im Dienste des Steuerstaats, S. 152 ff.; R. Seer, DStJG Band 23 (2000), S. 87 ff. (104 ff.); W. Leisner, NJW 1995, S. 2591 ff. (2591); K. Vogel, JZ 1996, S. 43 ff. (44); L. Schemmel, „Nicht stichhaltige Kritik am Halbteilungsgrundsatz, in: F.A.Z. vom 16. November 1999 (Briefe an die Herausgeber); A. Zühlsdorff, „Der „Halbteilungsgrundsatz" im Steuerrecht und im Recht des Bund-Länder-Finanzausgleichs (Teil I)", in: ThürVbl. 2001, S. 25 ff. (34).

504 A.A. offenbar G. Rose, „Der Steuerplafondierungsbefehl des BVerfG und seine Durchsetzung", in: DB 1997, S. 494 ff. (495), der meint, das Bundesverfassungsgericht habe den Halbteilungsgrundsatz aus einer „umfassenden verfassungsgerichtlichen Nachprüfung", die sich auf „sämtliche Bestimmungen des Grundgesetzes erstreckt hat", abgeleitet.

505 So interpretieren K. Tipke, MDR 1995, S. 1177 ff. (1179), M. Jachmann, StuW 1996, S. 97 ff. (103), H. Butzer, Freiheitsrechtliche Grenzen der Steuer- und Abgabenlast, S. 74, und O. Geißler, Der Unternehmer im Dienste des Steuerstaats, S. 133, die Aussagen des Bundesverfassungsgerichts.

gründung des Halbteilungsurteils so nicht hervorgeht. Sprachlich folgert das Bundesverfassungsgericht aus „zugleich" ausdrücklich nur, daß der Vermögensertrag „einerseits der steuerlichen Gemeinlast zugänglich (ist), andererseits dem Berechtigten ein privater Ertragsnutzen verbleiben (muß)[506]." Daß das BVerfG „zugleich" aber wohl mit „zu gleichen Teilen" übersetzt haben dürfte, ergibt sich aus den Aussagen des zuständigen Berichterstatters KIRCHHOF, der darlegt, daß dieses „Zugleich" nicht nur die Gleich*zeitigkeit*, sondern auch die Gleich*rangigkeit* von Privat- und Gemeinwohldienlichkeit bezeichne[507]. „Zugleich" sei kein bzw. nicht nur ein Zeitbegriff, sondern auch ein Wertbegriff[508]. Wenn aber Privat- und Gemeinwohldienlichkeit gleichwertig sein sollen, liege die Übersetzung mit „grundsätzlich zu gleichen Teilen" nahe. KIRCHHOF beruft sich zur Bekräftigung seiner Auffassung auf die Tradition des deutschen Steuerrechts und zitiert das zweite politische Testament von Friederich dem Großen, nach dem „Bürger, Bauer und Edelmann" mehr als die Hälfte des Einkommens zu belassen sei[509].

Diese Ableitung des Halbteilungsgrundsatzes aus dem Wortlaut des Art. 14 Abs. 2 S. 2 GG ist in der Literatur fast einhellig abgelehnt worden[510]. Es wird kritisiert, daß dem Wort „zugleich" keine Gleichwertigkeit der Belange „privatnütziger Eigentumsgebrauch" und „Allgemeinwohlinteressen" beigemessen

---

506 Vgl. BVerfG, Beschluß vom 22. Juni 1995 – 2 BvL 37/91 –, in: BVerfGE 93, S. 121 ff. (138).

507 Vgl. P. KIRCHHOF, in: Kirchhof/Söhn/Mellinghoff (Hrsg.), Einkommensteuergesetz, Kommentar, § 2 Rn. A 158; DERSELBE, „Grundlinien des Steuerverfassungsrechts in der Rechtsprechung des Bundesverfassungsgerichts", in: StbJb 1994/95, S. 5 ff. (7).

508 Vgl. P. KIRCHHOF, Stbg 1996, S. 1 ff. (2); DERSELBE, StbJb 1994/95, S. 5 ff. (7).

509 Vgl. P. KIRCHHOF, StbJb 1999/2000, S. 17 ff. (25).

510 Vgl. H. BUTZER, Freiheitsrechtliche Grenzen der Steuer- und Sozialabgabenlast, S. 76; O. GEIßLER, Der Unternehmer im Dienste des Steuerstaats, S. 134; M. JACHMANN, Verfassungsrechtliche Grenzen der Besteuerung, S. 60; H. P. BULL, NJW 1996, S. 281 ff. (282); K. TIPKE, Die Steuerrechtsordnung Band I, 2. Auflage, S. 452; DERSELBE, GmbHR 1996, S. 8 ff. (12); DERSELBE, Besteuerungsmoral und Steuermoral, S. 42; D. BIRK, in: Hübschmann/Hepp/Spitaler, § 4 AO Rn. 627; J. ESCHENBACH, DStZ 1997, S. 413 ff. (414); J. LANG, in: Festschrift für Klaus Vogel 2000, S. 173 ff. (178); H. WEBER-GRELLET, BB 1996, S. 1415 ff. (1418); J. WIELAND, Anmerkung zu BFH, Urteil vom 11.08.1999 – XI R 77/97 –, in: JZ 2000, S. 356 ff. (359); zweifelnd auch H.-G. DEDERER, StuW 2000, S. 91 ff. (96); a.A. W. LEISNER, NJW 1995, S. 2591 ff. (2594) – „konstruktive Auslegung"; DERSELBE, in: Isensee/Kirchhof (Hrsg.), Handbuch des Staatsrechts, Band VI, § 149 Rn. 151 – „Art. 14 Abs. 2 GG weist dabei auf die 50 %-Schwelle hin."

werden könne, sondern lediglich ein Nebeneinander[511] oder eine Gleichzeitigkeit[512]. Die Auslegung durch das Bundesverfassungsgericht überdehne eindeutig den Wortlaut[513], sie vergewaltige gar die Sprache[514]. Dem ist insoweit zuzustimmen, als die Auslegung des Wortes nicht zwingend ist[515], wenn man aus dem Wortlaut von „zugleich" ableiten will, daß eine Steuer von mehr als 50 % verfassungsrechtlich unzulässig ist. Umgekehrt ist die Auslegung des Bundesverfassungsgerichts immerhin möglich[516]. Daher würde es nicht gegen den Wortlaut des Art. 14 Abs. 2 S. 2 GG verstoßen, wenn man aus anderen Erwägungen zu dem Ergebnis käme, eine Steuer dürfe nicht mehr als 50 % der Erträge entziehen[517], da auch in diesem Fall die Nutzung des Eigentums über die Steuer auch und somit „zugleich" dem Allgemeinwohl zugute käme.

Auch die Entstehungsgeschichte von Art. 14 Abs. 2 S. 2 GG bietet keinen Anhaltspunkt dafür, daß „zugleich" in einem arithmetischen Sinn zu verstehen ist[518]. Im Gegenteil: Der dem Grundsatzausschuß in seiner 8. Sitzung von einem Redaktionskomitee vorgelegte Entwurf des Art. 14 Abs. 2 (damals Art. 17 Abs. 3) GG lautete: „Eigentum verpflichtet. Seine Ausübung findet ihre Schranken in den Lebensbedürfnissen der Allgemeinheit und der öffentlichen Ordnung[519]." Später wurde durch den Allgemeinen Redaktionsausschuß die Reihenfolge der Absätze geändert, und aus Abs. 3 wurde Abs. 2, der dann folgende Fassung erhielt: „Eigentum verpflichtet. Seine Ausübung findet ihre Grenze in den Lebensnotwendigkeiten der Gesamtheit und in der öffentlichen Ordnung des Ge-

---

511 Vgl. M. JACHMANN, Verfassungsrechtliche Grenzen der Besteuerung, S. 60; J. LANG, in: Festschrift für Klaus Vogel 2000, S. 173 ff. (180); O. GEIßLER, Der Unternehmer im Dienste des Steuerstaats, S. 133; J. ENGLISCH, StuW 2003, S. 237 ff. (246).

512 So H.-G. DEDERER, StuW 2000, S. 91 ff. (96); H. BUTZER, Freiheitsrechtliche Grenzen der Steuer- und Sozialabgabenlast, S. 76.

513 Vgl. J. ESCHENBACH, DStZ 1997, S. 413 ff. (414).

514 Vgl. H. SENDLER, „Streitigkeiten über den Streit um den Halbteilungsgrundsatz", in: NJW 2000. S. 482 ff. (483).

515 Vgl. K. TIPKE, GmbHR 1996, S. 8 ff. (12); H. BUTZER, Freiheitsrechtliche Grenzen der Steuer- und Sozialabgabenlast, S. 76.

516 Ebenso: H. BUTZER, Freiheitsrechtliche Grenzen der Steuer- und Sozialabgabenlast, S. 76.

517 Vgl. H. BUTZER, Freiheitsrechtliche Grenzen der Steuer- und Sozialabgabenlast, S. 137.

518 Insoweit zu Recht der BFH, Urteil vom 11. August 1999 – XI R 77/97 –, in: FR 1999, S. 1303 ff.(1305).

519 Vgl. V. DOEMMING/FÜSSLEIN/MATZ (HRSG.), JöR n.F. Band 1 (1951), S. 145.

meinwesens." Schließlich griff man, wie bereits dargestellt, auf die Formulierung des Art. 153 WRV zurück und erläuterte mit Satz 2 des Art. 14 Abs. 2 dessen Satz 1[520]. Da das Wort „zugleich" in den vorherigen Fassungen nicht einmal vorgesehen war und man schließlich nur zur Erläuterung der Grundpflicht des Eigentums („Eigentum verpflichtet") auf die entsprechende Vorschrift der WRV zurückgegriffen hat, kann daraus nicht auf den historischen Willen der Väter des Grundgesetzes geschlossen werden, „zugleich" als eine arithmetische Begrenzung der Sozialbindung des Eigentums einzuführen. Das Wort dient nur der Klarstellung der Verpflichtung des Eigentums *neben* der Garantiefunktion für den Eigentümer.

Ob die von KIRCHHOF in Bezug genommene Aussage Friedrichs des Großen in den Zusammenhang mit der Tradition des deutschen Steuerrechts gerückt werden und noch dazu zur Bekräftigung einer konstitutionellen Besteuerungsgrenze herangezogen werden kann, erscheint höchst zweifelhaft. Zum einen handelt es sich um ein *politisches* Testament, nicht um eine Rechtsquelle[521]. KIRCHHOF selbst kennzeichnet die Aussage daher folgerichtig selbst als einen Gedanken staats*politischer* Klugheit[522]. Daß dieser politische Gedanke Eingang in die deutsche Steuer*rechts*tradition und damit in das positive Recht gefunden hätte, ist jedoch durch nichts belegt[523]. Zum anderen scheint die These, daß das Grundgesetz diesen Gedanken bei der Formulierung von Art. 14 Abs. 2 aufgenommen hätte, einer Wunschvorstellung KIRCHHOFS entsprungen zu sein. Die Entstehungsgeschichte bietet dafür jedenfalls keinen Anhaltspunkt.

Dem Wort „zugleich" ist allerdings durchaus die Funktion einer Schranke der Eigentumsbegrenzung durch die Besteuerung beizumessen[524]. Es besagt, daß dem Eigentümer ein wie auch immer geartetes Stück Eigentum verbleiben muß. Aus dem Wort „zugleich" ist nämlich zu schließen, daß das Eigentum sowohl dem Allgemeinwohl als auch dem privaten Wohl des Eigentümers zu dienen hat.

---

520 Vgl. v. DOEMMING/FÜSSLEIN/MATZ (HRSG.), JöR n.F. Band 1 (1951), S. 147.

521 Vgl. H.-G. DEDERER, StuW 2000, S. 91 ff. (96).

522 Vgl. P. KIRCHHOF, StbJb 1999/2000, S. 17 ff. (25); ebenso: S. SEEGER, DStR 2000, S. 10 ff. (15): „Gebot praktischer Vernunft".

523 Im Gegenteil: Der Höchststeuersatz in der deutschen Einkommensteuer hat sich von 4 % in Preußen im Jahr 1891 bis zu 60 % im Jahr 1920 entwickelt. Hier von einer Tradition der Halbteilung zu sprechen, erscheint kaum gerechtfertigt.

524 Vgl. H. BUTZER, Freiheitsrechtliche Grenzen der Steuer- und Sozialabgabenlast, S. 76; R. SEER, FR 1999, S. 1280 ff. (1286).

Es sind also privates Interesse an der Eigentumsnutzung einerseits und Sozialbindung andererseits miteinander in einen „gerechten" Ausgleich zu bringen[525]. Ein *rein* sozialpflichtiges „Eigentum", das dem Eigentümer gar keinen privaten Nutzen beläßt, kann es jenseits von Enteignung und Sozialisierung nicht geben[526]. Mehr ist aus dem Wort „zugleich" allein jedoch nicht abzuleiten[527].

Somit ergibt sich die vom Bundesverfassungsgericht ausgesprochene 50 %-Grenze zumindest nicht zwingend aus dem Wortlaut des Art. 14 Abs. 2 S. 2 GG. Mit einem solchen Ansinnen würde der Wortlaut in der Tat überspannt. Dies bedeutet allerdings nicht, daß sich die Grenze nicht aus anderen Verfassungsbestimmungen ergibt.

(b) Spezielles steuerrechtliches Übermaßverbot aus Art. 106 Abs. 3 S. 4 Nr. 2 GG ?

Der Halbteilungsgrundsatz soll seiner Natur nach eine besondere Ausprägung des Übermaßverbotes darstellen. Dies ergibt sich aus den vom Bundesverfassungsgericht vor die Klammer gezogenen Ausführungen zur zulässigen steuerlichen Gesamtbelastung des Vermögens, nach denen „die Gesamtbelastung ... so aufeinander abzustimmen ist, daß das Belastungsgleichmaß gewahrt bleibt und eine *übermäßige Last* vermieden wird[528]." Der Halbteilungsgrundsatz wird in der Literatur, soweit ersichtlich, auch ausnahmslos so verstanden. Daher ist zu fragen, ob sich das Verbot der übermäßigen Belastung und in der Folge der Halbteilungsgrundsatz nicht bereits aus der Vorschrift des Art. 106 Abs. 3 S. 4

---

525 Vgl. J. LANG, in: Festschrift für Klaus Vogel 2000, S. 173 ff. (180); M. JACHMANN, Verfassungsrechtliche Grenzen der Besteuerung, S. 60.

526 Vgl. H.-J. PAPIER, in: Maunz-Dürig, Komm. z. GG, Art. 14 Rn. 375. Dies ergibt sich auch daraus, daß eine Beschränkung der Eigentumsgarantie auf das private Gebrauchsvermögen vom parlamentarischen Rat ausdrücklich abgelehnt worden war (s.o. unter III. A. 5) a) (4) (b)).

527 O. DEPENHEUER, in: v. Mangoldt/Klein/Starck, GG I, Art. 14 Rn. 389, leitet darüberhinaus aus Art. 14 Abs. 2 GG ab, daß das Eigentum primär dem Eigentümer und nur sekundär dem Wohl der Allgemeinheit dienen soll; ebenso R. SEER, FR 1999, S. 1280 ff. (1286), der darauf hinweist, daß Art. 14 Abs. 2 S. 2 GG ohne das Wort „zugleich" das Eigentum in den Dienst der Allgemeinheit stellen würde, im Umkehrschluß mit dem Wort „zugleich" aber eine primäre Privatnüzigkeit zum Ausdruck komme.

528 BVerfG, Beschluß vom 22. Juni 1995 - 2 BvL 37/91 -, in: BVerfGE 93, S. 121 ff. (135), Hervorhebung nicht im Original.

Nr. 2 GG[529] ergibt, der – an allerdings versteckter Stelle, nämlich bei der Festlegung der Grundsätze, nach denen der Gesetzgeber das Umsatzsteueraufkommen zwischen Bund und Ländern zu verteilen hat – dem Gesetzgeber aufgibt, eine „übermäßige Belastung der Steuerpflichtigen zu vermeiden."

STERN ist der Auffassung, Art. 106 Abs. 3 S. 4 Nr. 2 GG böte eine „klare Anweisung für den Steuergesetzgeber", eine Überbelastung der Steuerpflichtigen zu vermeiden[530]. Nach einer anderen Auffassung besitzt die Vorschrift keinerlei materielle Bedeutung für die Steuergesetzgebung. Die Vorschrift wolle lediglich einen Ausgabenwettlauf zwischen Bund und Ländern verhindern[531]. Sie könne schon deswegen keine weitergehende Bedeutung haben, weil nicht erst der die Umsatzsteuer verteilende, sondern bereits der die Umsatzsteuer erhebende Gesetzgeber die Höhe der Steuerbelastung für den Bürger beeinflusse[532].

Der letzten Auffassung ist entgegenzuhalten, daß der die Umsatzsteuer erhebende und der die Umsatzsteuer verteilende Gesetzgeber identisch sind. Nach Art. 105 Absätze 2 und 3 in Verbindung mit Art. 106 Abs. 3 S. 1 GG bedarf die Erhebung der Umsatzsteuer eines Bundesgesetzes mit Zustimmung des Bundesrates. Dasselbe gilt für das das Umsatzsteueraufkommen verteilende Gesetz nach Art. 106 Abs. 3 S. 3 GG. Es erscheint daher zu konstruiert, zwischen den beiden Gesetzgebern zu differenzieren. Deshalb ist die Antwort aus dem Sinn und Zweck der Vorschrift zu gewinnen. Zunächst handelt es sich bei der Norm des Art. 106 Abs. 3 S. 4 Nr. 2 GG um eine Vorschrift, die einen von mehreren materiellen Maßstäben für die gesetzliche Umsatzsteueraufteilung zwischen

---

529 In das Grundgesetz eingefügt als Art. 106 Abs. 4 S. 2 Nr. 3 durch das Finanzverfassungsgesetz vom 23. Dezember 1955, BGBl. I 1955, S. 817 f.

530 Vgl. K. STERN, Das Staatsrecht der Bundesrepublik Deutschland, Band II, München 1980, S. 1110; ebenso: K. VOGEL/C. WALDHOFF, in: Dolzer/Vogel/Graßhof (Hrsg.), BK, Vorbem. z. Art. 104a-115 Rn. 583; ähnlich O. DEPENHEUER, in v. Mangoldt/Klein/Starck, GG I, Art. 14 Rn. 166, der die Vorschrift als positivrechtlichen Ansatzpunkt charakterisiert, der eine übermäßige Belastung ausdrücklich untersage; R. SEER, FR 1999, S. 1280 ff. (1285) ist der Auffassung, daß eine Überbelastung des Steuerpflichtigen, die bei der Verteilung zu verhindern ist, erst recht schon bei der Erhebung zu vermeiden sei.

531 Vgl. T. MAUNZ, in: Mauz/Dürig, Grundgesetz, Art. 106 Rn. 60.

532 Vgl. K. VOGEL/C. WALDHOFF, in: Dolzer/Vogel/Graßhof (Hrsg.), BK, Vorbem. z. Art. 104a-115 Rn. 582, unter Verweis auf die Zweitbearbeitung des Kommentars durch VOGEL/WALTER, Art. 106 Rn. 181-183.

Bund und Ländern nach Art. 106 Abs. 3 S. 3 GG zum Inhalt hat. Der Sinn des Überbelastungsverbotes besteht darin, zunächst eine andere Aufteilung des Umsatzsteueraufkommens zwischen Bund und Ländern zu erwägen, ehe eine stärkere Belastung der Steuerpflichtigen, mit anderen Worten eine Erhöhung der Umsatzsteuer, vorgenommen wird. Insoweit ist auch die Behauptung als zu formalistisch und dem Zweck des Art. 106 Abs. 3 S. 4 Nr. 2 GG widersprechend abzulehnen, schon der die Umsatzsteuer erhebende Gesetzgeber und nicht erst der die Steuer verteilende Gesetzgeber beeinflusse die Steuerbelastung. Umsatzsteueraufkommen – und damit inzident die Belastung der Steuerpflichtigen – und Umsatzsteuerverteilung sind vielmehr aufeinander abzustimmen[533]. Allerdings handelt es sich bei der Vorschrift, unabhängig von der Frage, ob sie über das Umsatzsteuerrecht hinaus eine verbindliche Vorgabe für das gesamte Steuerrecht enthält[534], um objektives Verfassungsrecht[535]. Zwar spricht die Vorschrift dafür, daß der Staat trotz bestehender Aufgaben verpflichtet ist, eine Neubelastung der Steuerpflichtigen möglichst zu verhindern. Sie gewährt dem Steuerpflichtigen aber keine subjektiven, freiheitsrechtsähnlichen Rechte[536], die über die grundrechtlichen Gewährleistungen hinausgehen[537]. Folglich ermöglicht Art. 106 Abs. 3 S. 4 Nr. 2 GG keine Abwehr einer übermäßigen Besteuerung durch den Steuerpflichtigen[538].

(c) *Ableitung aus der Wesensgehaltsgarantie*

Möglicherweise ergibt sich der Halbteilungsgrundsatz aber auch aus der Wesensgehaltsgarantie des Eigentums (Art. 19 Abs. 2 i.V.m. Art. 14 Abs. 1 GG). Bei der Bestimmung von Inhalt und Schranken des Eigentums hat der Gesetzgeber die Sozialbindung des Eigentums zu berücksichtigen und zu verwirklichen. Die Wesensgehaltsgarantie des Eigentums setzt dem Gesetzgeber aber äußerste

---

533 Ähnlich J. W. Hidien, in: Dolzer/Vogel/Graßhof (Hrsg.), BK, Art. 106 Rn. 943.

534 E. Benda, „Die Wahrung verfassungsrechtlicher Grundsätze im Steuerrecht", in: DStZ 1984, S. 159 ff. (159), mißt der Vorschrift keine unmittelbare Bedeutung für das gesamte Steuerrecht bei, entnimmt ihr aber einen ungeschriebenen allgemeinen verfassungsrechtlichen Grundsatz.

535 Vgl. J. Wieland, DStJG Band 24 (2001), S. 29 ff. (41); J. W. Hidien, in: Dolzer/Vogel/Graßhof (Hrsg.), BK, Art. 106 Rn. 944; K.-A. Schwarz, in: v. Mangoldt/Klein/Starck, GG III, Art. 106 Rn. 89 – „nur akzidentielle Wirkung".

536 Vgl. K. Vogel/C. Waldhoff, in: Dolzer/Vogel/Graßhof (Hrsg.), BK, Vorbem. z. Art. 104a-115 Rn. 583; J. Wieland, DStJG Band 24 (2001), S. 29 ff. (41).

537 Vgl. W. Heun, in: Dreier (Hrsg.), Grundgesetz, Art. 106 Rn. 24.

538 Vgl. J. W. Hidien, in: Dolzer/Vogel/Graßhof (Hrsg.), BK, Art. 106 Rn. 944.

Grenzen, die er auch bei sozialbindenden Inhalts- und Schrankenbestimmungen nicht überschreiten darf. Danach darf der Gesetzgeber bei dem hier interessierenden Eingriff in die Nutzungsgarantie des Eigentums nicht jeden privaten Nutzen für den Eigentümer aufheben, weil Art. 14 GG neben dem Eigentumsbestand auch dessen prinzipielle Privatnützigkeit garantiert[539]. Verliert das Eigentum diese Privatnützigkeit vollständig und tritt an dessen Stelle eine ausschließliche oder fast ausschließliche Staatsnützigkeit des Eigentums, so erhält das Eigentum einen anderen als den von Art. 14 GG vorgesehenen Zweck und verdient die Bezeichnung „Eigentum" nicht mehr. Eine derartige Beschränkung der Eigentumsnutzung wäre verfassungsrechtlich unzulässig, wenn sie nicht – was bei der Besteuerung aus praktischen Gründen undenkbar ist – mit einer Entschädigungsleistung verbunden wäre[540]. Die Wesensgehaltsgarantie „Eigentum" wäre demnach verletzt, wenn dem Eigentümer praktisch *kein* privater Nutzen aus dem Eigentumsobjekt verbliebe. Allerdings ergibt sich aus der Wesensgehaltsgarantie keine Halbteilungsgrenze, da auch dem Eigentümer, der 25 % der Erträge behalten darf, ein nicht völlig untergeordneter Rest Privatnützigkeit verbleibt[541]. Auch in diesem Fall kann noch von dem Eigentumsobjekt als „Eigentum" gesprochen werden. Folglich ergibt sich die Halbteilungsgrenze nicht aus der Wesensgehaltsgarantie des Eigentums.

(d) Ableitung aus dem Verhältnismäßigkeitsprinzip

Ist damit festgestellt, daß weder der Wortlaut von Art. 14 Abs. 2 S. 2 GG noch das in Art. 106 Abs. 3 S. 4 Nr. 2 GG verankerte spezielle Übermaßverbot noch die verfassungsrechtliche Garantie des Wesensgehalts eine Steuerbegrenzung nach Maßgabe des Halbteilungsgrundsatzes fordern, so gilt es zu untersuchen, ob sich die Begrenzung der Steuerlast auf die Hälfte der (Soll-) Erträge

---

539 St. Rspr., vgl. nur BVerfG, Urteil vom 28. Februar 1980 – 1 BvL 17/77 u.a. und 1 BvR 807/78 –, in: BVerfGE 53, S. 257 ff. (290); H.-J. PAPIER, in: Maunz-Dürig, Komm. z. GG, Art. 14 Rn. 375.

540 Vgl. H.-J. PAPIER, in: Maunz-Dürig, Komm. z. GG, Art. 14 Rn. 375.

541 A.A. M. MÖSTL, DStR 2003, S. 720 ff. (726), der den Halbteilungsgrundsatz aus der objektiven Institutsgarantie privatnützigen Eigentums und nicht aus dem abwehrrechtlichen Übermaßverbot ableiten will, den Eingriff aber nur in Art. 2 Abs. 1 GG annimmt und nicht in Art. 14 GG. Der hier vertretenen Auffassung, nach der auch die Institutsgarantie erst verletzt ist, wenn die Privatnützigkeit nahezu vollständig aufgehoben ist, entspricht die Rechtsprechung des Bundesverfassungsgerichts zur Nutzungsgarantie bei Denkmälern. Vgl. hierzu: BVerfG, Beschluß vom 2. März 1999 – 1 BvL 7/91 –, in: BVerfGE 100, 226 ff. (242 f.).

möglicherweise aus dem allgemeinen Verhältnismäßigkeitsprinzip ergibt[542]. Wie oben dargelegt, stellt ein Vermögensteuergesetz, das nicht den Bestand des Eigentums verkürzt, sondern lediglich (Soll-) Erträge aus der Eigentumsnutzung entzieht, eine grundsätzlich zulässige Inhalts- und Schrankenbestimmung des Eigentums dar, die aber ihrerseits dem Grundsatz der Verhältnismäßigkeit entsprechen muß[543]. Das Bundesverfassungsgericht leitet den Grundsatz der Verhältnismäßigkeit aus dem Wesen der Grundrechte selbst[544], teilweise auch aus dem Rechtsstaatsprinzip ab[545]. Inhalt des Verhältnismäßigkeitsprinzips ist, daß die Grundrechte als Ausdruck eines allgemeinen Freiheitsanspruchs des Bürgers gegenüber dem Staat von der öffentlichen Gewalt jeweils nur so weit beschränkt werden dürfen, als es zum Schutz öffentlicher Interessen unerläßlich ist[546]. Der Grundsatz der Verhältnismäßigkeit berücksichtigt so die Wechselwirkungen zwischen den mit dem Eingriff verfolgten öffentlichen Interessen und der wertsetzenden Bedeutung des betroffenen Grundrechts für seinen Träger[547]. Er ist bei allen staatlichen Eingriffen in geschützte Grundrechtsbereiche zu beachten, somit auch im Bereich des Steuerrechts[548].

Zunächst ist der mit der Maßnahme verfolgte Zweck zu identifizieren und darauf zu überprüfen, ob er von der Rechtsordnung zugelassen wird, mithin ob er „legitim" ist. Anschließend ist zu prüfen, ob die Maßnahme geeignet, erforderlich und angemessen ist. Geeignet ist eine Maßnahme, wenn sie den angestrebten Zweck erfüllen kann. Erforderlich ist sie, wenn es keine den Grund-

---

542 Vgl. R. HERZOG, StuW 1993, S. 322 ff. (325); dazu auch J. LANG, in: Festschrift für Klaus Vogel 2000, S. 173 ff. (181).

543 Vgl. B. PIEROTH/B. SCHLINK, Grundrechte Staatsrecht II, Rn. 929.

544 Vgl. BVerfG, Beschluß vom 15. Dezember 1965 – 1 BvR 513/65 –, in: BVerfGE 19, S. 342 ff. (348); BVerfG, Urteil vom 15. Dezember 1983 – 1 BvR 209, 269, 362, 420, 440, 484/83 –, in: BVerfGE 65, S. 1 ff. (44).

545 Vgl. BVerfG, Beschluß vom 5. März 1968 – 1 BvR 579/67 –, in: BVerfGE 23, S. 127 ff. (133); BVerfG, Beschluß vom 24. April 1985 – 2 BvF 2, 3, 4/83 und 2/84 –, in: BVerfGE 69, S. 1 ff. (35); eingehend zu den unterschiedlichen Ableitungen des Verhältnismäßigkeitsgrundsatzes: A. VON ARNAULD, „Die normtheoretische Begründung des Verhältnismäßigkeitsgrundsatzes", in: JZ 2000, S. 276 ff.

546 Vgl. BVerfG, Urteil vom 11. Juni 1958 – 1 BvR 596/56 –, in: BVerfGE 7, S. 377 ff. (408, 410); BVerfG, Beschluß vom 15. Dezember 1965 – 1 BvR 513/65 –, in: BVerfGE 19, S. 342 (349).

547 Vgl. F. E. SCHNAPP, „Was können wir über das Sozialstaatsprinzip wissen ?", in: JuS 1983, S. 850 ff. (851).

548 Vgl. bereits W. RÜFNER, DVBl. 1970, S. 881 ff. (881).

rechtsträger weniger belastende Maßnahme gibt, die ebenso geeignet ist, den angestrebten Zweck zu erreichen. Angemessen oder verhältnismäßig im engeren Sinn ist eine Maßnahme, wenn die Schwere des Eingriffs noch in einem angemessenen Verhältnis zu dem Gewicht der durch die Maßnahme geförderten öffentlichen Belange steht[549]. Zweck der Steuererhebung bei der Vermögensteuer ist es, dem Staat Finanzmittel an die Hand zu geben, damit dieser seine Aufgaben erfüllen kann. Dieser Zweck ist ohne Frage legitim, da er in der Verfassung seine Anerkennung in den Art. 105 ff. GG findet, die die Besteuerungskompetenzen und die Steuerverteilung regeln. Die Verfassung erkennt den Zweck der Besteuerung damit als legitim an.

(i) Anwendbarkeit des Verhältnismäßigkeitsprinzips für die Besteuerung

Nach verbreiteter Auffassung soll das Verhältnismäßigkeitsprinzip im Bereich der grundrechtlichen Besteuerungsschranken keine Wirkkraft entfalten können. Der legitime Zweck der Besteuerung, Geldmittel für den Staat bereitzustellen, sei als Maßstab für die Kontrolle der Zweck-Mittel-Relation im Rahmen der Verhältnismäßigkeitsprüfung unbrauchbar, da jeder Steuereingriff geeignet und erforderlich sei, den Einnahmeerzielungszweck zu erreichen[550]. Außerdem setzten die rechtsstaatlichen Eingriffsschranken erst beim Steuereingriff, also bei der Lastenverteilung, nicht jedoch bereits bei der Lastenverursachung, und damit zu spät an, so daß das Übermaßverbot allenfalls bei der Umlage der als ge-

---

549 Vgl. statt vieler: K.-P. SOMMERMANN, in: v. Mangoldt/Klein/Starck, Das Bonner Grundgesetz, Kommentar, 4. Auflage, Band 2: Artikel 20 bis 78, München 2000, Art. 20 Abs. 3 Rn. 304; K. HESSE, „Bedeutung der Grundrechte“, in: Benda/Maihofer/Vogel (Hrsg.), Handbuch des Verfassungsrechts der Bundesrepublik Deutschland, 2. Auflage, Berlin/New York 1994, § 5 Rn. 67.

550 Vgl. H.-J. PAPIER, Der Staat Band 11 (1972), S. 483 ff. (485); DERSELBE, DVBl. 1980, S. 787 ff. (792 f.); DERSELBE, in: Maunz-Dürig, Komm. z. GG, Art. 14 Rn. 177; DERSELBE, „Steuerreform als Verfassungsproblem“, in: Stbg 1999, S. 49 ff. (52 f.); G. F. SCHUPPERT, in: Festschrift Wolfgang Zeidler Band I, S. 692 ff. (702 ff.); W. LEISNER, NJW 1995, S. 2591 ff. (2591); M. JACHMANN, StuW 1996, S. 97 ff. (102); D. BIRK, in: Hübschmann/Hepp/Spitaler, § 4 AO Rn. 537; R. SEER, FR 1999, S. 1280 ff. (1285); B.-O. BRYDE, in: v. Münch/Kunig, Grundgesetz-Kommentar, Art. 14 Rn. 66 (Stichwort: „Steuer- und Abgabenrecht“); M. MÖSTL, DStR 2003, S. 720 ff. (724); BVerfG, Beschluß vom 22. März 1983 – 2 BvR 475/78 –, in: BVerfGE 63, S. 343 ff. (367); kritisch: J. LANG, in: Festschrift für Klaus Vogel 2000, S. 173 ff. (181).

geben hinzunehmenden bereits verursachten Lasten eingriffsbeschränkende Wirkungen entfalten könne[551].

Dieser Auffassung ist insoweit zuzustimmen, als der Einnahmeerzielungszweck mit der Steuer regelmäßig erreicht wird und es zur Erzielung von Einnahmen kein den Steuerpflichtigen weniger belastendes und dennoch gleich geeignetes Mittel gibt[552], also Eignung und Erforderlichkeit dem Grundsatz nach zu bejahen sind[553]. Auch sind die mit den Steuereinnahmen zu deckenden Staatsausgaben bzw. die zu erfüllenden Staatsaufgaben als *Zweck* für die Verhältnismäßigkeitsprüfung irrelevant[554]. Die Steuern sind gesetzlich zweckungebunden[555], und es gilt der haushaltsrechtliche Grundsatz der Non-Affektation, so daß das Eingriffsmittel Steuer nicht einer bestimmten Ausgabe und somit auch nicht einer bestimmten Aufgabe zugeordnet und gegen diesen abgewogen werden kann.

Zwar vertritt VOGEL[556], der sich auf das von LORENZ VON STEIN formulierte Reproduktivitätsprinzip[557] bezieht und dieses an den heutigen Sozialstaat anpaßt[558], daß eine Steuererhebung unter Umständen dann nicht mehr erforderlich sei, wenn der Staat die Steuermittel in verfassungsrechtlich nicht gerechtfertigter Weise verwende. Verfassungsrechtlich gerechtfertigt sei nur die Verwendung im öffentlichen Interesse, durch die der Staat zum Wohl der Allgemeinheit beitrage. Eine unzweckmäßige Verwendung und eine daher nicht erforderliche Steuerer-

---

551 Vgl. H.-J. PAPIER, DVBl. 1980, S. 787 ff. (793).

552 Vgl. H.-J. PAPIER, Maunz-Dürig, Komm. z. GG, Art. 14 Rn. 177.

553 Vgl. M. JACHMANN, Verfassungsrechtliche Grenzen der Besteuerung, S. 56.

554 A.A. H. H. VON ARNIM, Besteuerung und Eigentum, VVDStRL Band 39 (1981), S. 286 ff. (316), nach dessen Auffassung die am schwersten eingreifende Steuerlast noch durch die am wenigsten dringliche Staatsaufgabe gerechtfertigt werden müsse.

555 § 3 Abs. 1 AO 1977: „Steuern sind Geldleistungen, die nicht eine Gegenleistung für eine besondere Leistung darstellen ...".

556 Vgl. K. VOGEL, in: Isensee/Kirchhof (Hrsg.), Handbuch des Staatsrechts, Band I, § 27 Rn. 65 ff.

557 Nachdem der Staat zur Erzeugung der Werte beiträgt, gibt der einzelne mit der Steuer einen Teil des Ergebnisses, zu dem der Staat bzw. die Gemeinschaft beigetragen hat, zurück. Jede Steuer muß nach VON STEIN aber mindestens soviel erzeugen, als sie selbst beträgt. Zitiert nach K. VOGEL, in: Isensee/Kirchhof (Hrsg.), Handbuch des Staatsrechts, Band I, § 27 Rn. 67 ff.

558 Indem er auch umverteilende Leistungen des Staates in die Betrachtung mit einbezieht.

hebung liege demgegenüber dann vor, wenn mehr Steuern erhoben würden, als Leistungen des Staates an die Gesamtheit der Bürger zurückfließen. Allerdings streite grundsätzlich eine Vermutung für eine produktive Verwendung der vom Staat beanspruchten Mittel, deren Überzeugungskraft jedoch mit einem steigenden Maß der Steuerbelastung abnehme. Nehme der Staat vom gesamtwirtschaftlich produzierten Ergebnis über die Besteuerung jedoch mehr in Anspruch, als er dem privatwirtschaftlichen Sektor überlasse, kehre sich die Beweislast zulasten des Staates um, der dann nachweisen müsse, daß das abgeschöpfte Ergebnis der Wirtschaftsleistung der Wirtschaft noch in gleichem Umfang zugute komme. Dies sei bei einer Abgabenquote jenseits der 50 % aber in höchstem Maße unwahrscheinlich, da der Wirkungsgrad staatlicher Institutionen in aller Regel geringer sei als der der Wirtschaft[559]. Es spricht in der Tat vieles für die Richtigkeit eines so formulierten Reproduktivitätsprinzips, insbesondere volkswirtschaftliche, aber auch (politische) Akzeptanzgesichtspunkte. Dennoch kann das Reproduktivitätsprinzip nur sehr global, und zwar bei der Staatsquote, ansetzen, da einzelne Steuern nicht einzelnen Aufgaben zugeordnet werden können. Es ist damit zur Beurteilung der Verhältnismäßigkeit der Steuerbelastung einer Einzelperson nicht geeignet. Die individuelle Belastung eines Steuerpflichtigen kann weit jenseits der 75 % Prozent liegen, während die Staatsquote sich unter der als kritisch angesehenen Marke von 50 % befindet. Von daher kann das Reproduktivitätsprinzip nur als Rechtsprinzip fungieren, das einer Konkretisierung durch den Gesetzgeber bedarf[560]. Eine freiheitsrechtliche Abwehrschranke für den einzelnen Steuerpflichtigen im Rahmen der Verhältnismäßigkeit des Eigentumseingriffs ist daraus nicht zu gewinnen.

Neben den Kriterien der Eignung und Erforderlichkeit, die bei der Steuererhebung zweifelsohne immer erfüllt sind, enthält der Verhältnismäßigkeitsgrundsatz aber auch noch das Kriterium der Angemessenheit, das auch als Verhältnismäßigkeit i.e.S. oder als Übermaßverbot bezeichnet wird. Im Rahmen dieses Kriteriums sind die Wertigkeit des Eigentumsgrundrechts und die Intensität des Eingriffs einerseits und die Gewichtigkeit des staatlichen Belangs der Einnahmeerzielung andererseits gegeneinander abzuwägen[561]. Nach einer Auffassung

---

559 Vgl. K. VOGEL, in: Isensee/Kirchhof (Hrsg.), Handbuch des Staatsrechts, Band I, § 27 Rn. 76 und Band IV, § 87 Rn. 102 f.

560 Vgl. K. VOGEL, in: Isensee/Kirchhof (Hrsg.), Handbuch des Staatsrechts, Band I, § 27 Rn. 65 (FN 131).

561 Vgl. hierzu W. LEISNER, in: Isensee/Kirchhof (Hrsg.), Handbuch des Staatsrechts, Band VI, § 149 Rn. 146.

kann das Übermaßverbot allerdings zumindest bei Fiskalzwecknormen wie der Einkommen- oder der Vermögensteuer nicht angewandt werden, weil die Deckung des staatlichen Finanzbedarfs kein abwägungsfähiger Zweck sei[562]. Dies wird damit begründet, daß die Steuereinnahmen wegen des Grundsatzes der Non-Affektation gerade nicht zur Erfüllung bestimmter Verwaltungszwecke dienen[563]. Das Kriterium der Angemessenheit darf jedoch auch im Zusammenhang mit dem Maß der Besteuerung nicht außer acht gelassen werden[564]. Ein Grund, warum der staatliche Einnahmeerzielungszweck als solcher kein abwägungsfähiger Zweck sein sollte, ist nicht ersichtlich[565]. Es geht nach der hier vertretenen Auffassung gerade nicht darum, die Höhe der Steuer mit *bestimmten* Ausgabenzwecke zu rechtfertigen[566]. Vielmehr ist der alle Singulärzwecke um-

---

562 Vgl. BVerfG, Beschluß vom 22. März 1983 – 2 BvR 475/78 -, in: BVerfGE 63, S. 343 ff. (367); K. TIPKE, Die Steuerrechtsordnung Band I, 2. Auflage, S. 418 f., allerdings immer im Zusammenhang mit der Frage nach den mit den Ausgaben verfolgten Zwecken. Ebenso H.-J. PAPIER, DVBl. 1980, S. 787 ff. (793).

563 Vgl. K. TIPKE, Die Steuerrechtsordnung Band I, 2. Auflage, S. 418.

564 Es wird jedoch von den meisten Autoren, die das Verhältnismäßigkeitsprinzip als für eine Steuerbegrenzung unfruchtbar ansehen, nicht einmal erwähnt. Wie hier: H. SÖHN, FinArch Band 46 (1988), S. 154 ff. (167); M. JACHMANN, Verfassungsrechtliche Grenzen der Besteuerung, S. 57; O. GEIßLER, Der Unternehmer im Dienste des Steuerstaats, S. 128; H.-G. DEDERER, StuW 2000, S. 9 ff. (94); tendenziell auch R. HERZOG, in: Festschrift 75 Jahre Reichsfinanzhof – Bundesfinanzhof, S. 105 ff. (109): „zumindest theoretisch denkbar“; kritisch: F. KIRCHHOF, StuW 2002, S. 185 ff. (198), nach dem die Grenze der Angemessenheit zwar bestehe, aber an dem Mangel der Quantifizierbarkeit materieller Wertungen in Geld leide.

565 Die Auffassung von J. ESCHENBACH, DStZ 1997, S. 413 ff. (414), nach der bei der Steuererhebung Ziel und Mittel identisch seien, vermag ebenfalls nicht zu überzeugen. *Ziel* ist nach der hier vertretenen Auffassung die staatliche Einnahmeerzielung, während das *Mittel* die Partizipation an der privatwirtschaftlichen Erfolgserzielung über die Steuer ist. Daß keine Ziel-Mittel-Identität vorliegt, wird noch deutlicher, wenn man sich die staatliche unternehmerische Betätigung als alternatives Mittel zur Zielerreichung vergegenwärtigt. Nach H.-J. PAPIER, DVBl. 1980, S. 787 ff. (793), werden der Eingriffszweck der Mittelbeschaffung und das dem Bürger auferlegte Steueropfer „im allgemeinen ... nicht im Verhältnis der Disproportionalität stehen.“ Woraus PAPIER dies schließt und anhand welcher Maßstäbe die Proportionalität zu beurteilen ist, teilt er jedoch nicht mit.

566 Dies tut aber D. BIRK, DStJG Band 22 (1999), S. 7 ff. (21), der davon ausgeht, daß das Ausgabenvolumen des Staates fest vorgegeben wäre, es folglich nur noch darum gehe, das Volumen gerecht auf die einzelnen Steuerpflichtigen zu verteilen. Nach der hier vertretenen Auffassung ist das Volumen aber gerade nicht fix. Zunächst ist die Frage zu stellen, wieviel der Staat einnehmen kann bzw. aus Gründen der Grundrechtsbindung

spannende Generalzweck „staatliche Einnahmeerzielung" gegen die über die Höhe der Steuer(n) vermittelte Intensität des Eingriffs in das einzelne Eigentumsgrundrecht abzuwägen.

Ergibt sich daraus eine grundrechtliche Schranke der Besteuerung und somit der Lastenverteilung, so wirkt diese mittelbar auch auf die Lastenverursachung zurück. Der Gesetzgeber, der weiß, daß er bestimmte Einnahmen nicht verfassungsgemäß erzielen kann, wird sich notwendigerweise in seinen Ausgabeentscheidungen einschränken müssen[567].

(ii) Erforderliche Konkretisierung des Übermaßverbotes

Geht es also darum, im Rahmen der Verhältnismäßigkeit i.e.S. eine Abwägung und einen Ausgleich zwischen den Belangen des Staates und den Belangen des Grundrechtsberechtigten vorzunehmen[568], so ist zunächst noch einmal festzustellen, daß der Staat im Rahmen der Inhalts- und Schrankenbestimmung das prinzipielle Recht hat, die Erträge aus dem Eigentum zu besteuern. Diese Rechtfertigung ergibt sich aus der Berechtigung, die Sozialbindung des Eigentums (Art. 14 Abs. 2 GG) im Rahmen der Inhalts- und Schrankenbestimmung zu aktualisieren[569]. Daß die Sozialbindung auch die Besteuerung umfaßt, ist aus der Kompetenzordnung des Grundgesetzes abzuleiten, die dem Gesetzgeber in Art. 105 und 106 GG das Recht zugesteht, Einkommen und Vermögen zu besteuern[570]. Bei dem vom Gesetzgeber zu bewerkstelligenden verhältnismäßigen Ausgleich zwischen Eigentümerinteressen und dem Wohl der Allgemeinheit hat

---

einnehmen *darf*, ehe man die Frage stellen kann, wie dieses Geld nun ausgegeben und auf die einzelnen Aufgaben verteilt werden kann. Dafür spricht auch und gerade der Grundsatz der Non-Affektation.

567 Daß dies auch tatsächlich geschieht, kann man an den Haushaltsberatungen in der laufenden Legislaturperiode erkennen, bei denen Ausgabeentscheidungen regelmäßig unter einen „Steuervorbehalt" gestellt werden und das Ergebnis der nächsten Steuerschätzung abgewartet wird, bevor konkrete Programme aufgelegt werden.

568 Vgl. BVerfG, Beschluß vom 12. März 1986 – 1 BvL 81/79 –, in: BVerfGE 72, S. 66 ff. (77 f.); BVerfG, Beschluß vom 10. Februar 1987 – 1 BvL 15/83 –, in: BVerfGE 74, S. 203 ff. (214); BVerfG, Beschluß vom 2. März 1999 – 1 BvL 7/91 –, in: BVerfGE 100, S. 226 ff. (240).

569 Vgl. O. DEPENHEUER, in: v. Mangoldt/Klein/Starck, GG I, Art. 14 Rn. 173; O. GEIßLER, Der Unternehmer im Dienste des Steuerstaats, S. 135.

570 Vgl. H.-J. PAPIER, in: Benda/Maihofer/Vogel (Hrsg.), Handbuch des Verfassungsrechts der Bundesrepublik Deutschland, § 18 Rn. 94.

dieser die grundlegende Entscheidung des Grundgesetzes für das Privateigentum zu achten. Ein wesentliches Element des verfassungsrechtlich garantierten Instituts „Eigentum" ist dessen prinzipielle Privatnützigkeit[571]. Insoweit stellt das Kriterium der Privatnützigkeit Grenzen für die gesetzgeberische Sozialbindung auf[572]. Der Gesetzgeber hat dafür Sorge zu tragen hat, daß weder die Freiheit des Grundrechtsberechtigten unverhältnismäßig verkürzt noch die Sozialbindung, hier in Gestalt der Einnahmeerzielung für staatliche Zwekke, mehr als verhältnismäßig vernachlässigt wird[573]. Allerdings sagt die dem Grunde nach bestehende Berechtigung noch nichts über das zulässige Maß der Besteuerung und damit über die Art und Weise des Ausgleichs zwischen dem Einnahmeerzielungsinteresse des Staates und den Eigentümerinteressen des Steuerpflichtigen aus[574]. Gesichert ist nur, daß das Prinzip der Verhältnismäßigkeit bewirken muß, daß die Regelungen des Gesetzgebers zur Bestimmung von Inhalt und Schranken, gemessen am sozialen Bezug und der sozialen Bedeutung des Eigentumsobjekts sowie mit Blick auf den Regelungszweck, nicht zu einer übermäßigen Belastung führen und den Eigentümer im vermögensrechtlichen Bereich nicht unzumutbar treffen[575]. Doch diese Erkenntnis allein führt nicht wesentlich weiter, da sie nicht hinreichend zu erkennen gibt, *wie* sozialer Bezug und privates Interesse gegeneinander abzuwägen sind und wann eine „übermäßige Belastung" vorliegt. Daher bedarf der verhältnismäßige Ausgleich von privat- und fremdnützigem Eigentumsgebrauch der Konkretisierung durch weitere, verfassungsrechtlich fundierte Maßstäbe.

---

571 BVerfG, Urteil vom 18. Dezember 1968 – 1 BvR 638, 673/64 und 200, 238, 249/65 –, in: BVerfGE 24, S. 367 ff. (389); BVerfG, Beschluß vom 7. Dezember 1977 – 1 BvR 734/77 –, in: BVerfGE 46, S. 325 ff. (334); BVerfG, Urteil vom 1. März 1979 – 1 BvR 532, 533/77 und 1 BvL 21/78 –, in: BVerfGE 50, S. 290 ff. (341); BVerfG, Beschluß vom 12. Juni 1979 – 1 BvL 19/76 –, in: BVerfGE 52, S. 1 ff. (30); BVerfG, Beschluß vom 23. Januar 1990 – 1 BvR 306/86 –, in: BVerfGE 81, S. 208 ff. (220); ausführlich zum Prinzip der Privatnützigkeit: R. REINHARDT, in: Reinhardt/Scheuner, Verfassungsschutz des Eigentums, Tübingen 1954, S. 14 ff.

572 Vgl. H.-J. PAPIER, in: Maunz-Dürig, Komm. z. GG, Art. 14 Rn. 376; R. REINHARDT, in: Reinhardt/Scheuner, Verfassungsschutz des Eigentums, S. 26.

573 Vgl. PIEROTH/SCHLINCK, Grundrechte, Staatsrecht II, Rn. 930; Vgl. auch M. JACHMANN, Verfassungsrechtliche Grenzen der Besteuerung, S. 55.

574 Wie hier: K. VOGEL, in: Isensee/Kirchhof (Hrsg.), Handbuch des Staatsrechts, Band IV, § 87 Rn. 89, der allerdings die Anwendung des Verhältnismäßigkeitsgrundsatzes ablehnt.

575 Vgl. O. DEPENHEUER, in: v. Mangoldt/Klein/Starck, GG I, Art. 14 Rn. 231.

(aa) Das Regel-Ausnahme-Verhältnis von grundrechtlich geschützter Freiheit und Grundrechtseingriff

Der Verhältnismäßigkeitsgrundsatz trägt seinem Wesen nach vornehmlich der Tatsache Rechnung, daß das Verhältnis der Freiheitsrechte zu seinen Schranken im Grundgesetz als Regel-Ausnahme-Verhältnis ausgestaltet ist[576]. Die individuelle Freiheit ist nach dem Grundgesetz die verfassungsrechtliche Regel[577], die Beschränkung dieser Freiheit hingegen die Ausnahme[578]. Dies gilt auch für Art. 14 GG[579]. Dieser Grundsatz kann nicht häufig genug betont werden, weil er in einer hochentwickelten Gesellschaft und einem dicht regulierten Staat gelegentlich in den Hintergrund gedrängt zu werden droht. Dieses Regel-Ausnahme-Verhältnis ist Ausgangs- und erster Anhaltspunkt dafür, wie der Ausgleich zwischen den widerstreitenden Interessen zu erfolgen hat.

Das Regel-Ausnahme-Verhältnis wird auch in Art. 14 Abs. 2 S. 2 GG deutlich: „Sein Gebrauch *soll zugleich* dem Allgemeinwohl dienen." Wäre der Eigentumsgebrauch nicht primär legitim eigennützig, so hätte es dieses Appells der Verfassung und der Einschränkung des Wortes „zugleich" nicht bedurft. Der Satz hätte dann heißen müssen: „Sein Gebrauch dient dem Allgemeinwohl." Oder: „Sein Gebrauch soll zugleich dem Eigentümer dienen." SEER hat daher zu

---

576 Das Bundesverfassungsgericht spricht vom „grundsätzlichen Freiheitsanspruch des Bürgers". Vgl. BVerfG, Urteil vom 8. Juli 1976 – 1 BvL 10 und 20/75, 1 BvR 148/75 –, in: BVerfGE 42, S. 263 ff. (294 f.); BVerfG, Beschluß vom 25. Oktober 1978 – 1 BvR 352/71 –, in: BVerfGE 49, S. 382 ff. (400); BVerfG, Beschluß vom 19. Juni 1985 – 1 BvL 57/79 –, in: BVerfGE 70, S. 191 ff. (201).

577 Vgl. U. DI FABIO, in: Maunz-Dürig, Komm. z. GG, Art. 2 Abs. 1 Rn. 2, der von einer „prinzipiellen Freiheitsvermutung" und einem „Vorrang der Freiheit" spricht; J. ISENSEE, „Das Grundrecht als Abwehrrecht und staatliche Schutzpflicht", in: Isensee/Kirchhof (Hrsg.), Handbuch des Staatsrechts, Band V § 111 Rn. 45: „Am Anfang steht das Rechtsgut der Freiheit des Individuums, die, grundsätzlich umfassend gedacht, um ihrer selbst willen besteht, während das staatliche Handeln notwendig begrenzt und darauf angewiesen ist, sich zu rechtfertigen." Das Bundesverfassungsgericht selbst spricht auch von einer „grundsätzlichen Freiheitsvermutung", vgl. BVerfG, Beschluß vom 13. Oktober 1971 – 1 BvR 280/66 –, in: E 32, S. 54 ff. (72).

578 Vgl. A. V. ARNAULD, JZ 2000, S. 276 ff. (279).

579 Dazu, daß das Eigentum von Verfassungs wegen a priori pflichtfrei und nicht pflichtgebunden ist, überzeugend: O. DEPENHEUER, „Der Eigentumsbegriff zwischen absoluter Verfügungsbefugnis und Sozialgebundenheit, in: Politische Studien 2000, Sonderheft 1, S. 29 ff. (37); ebenso: J. ENGLISCH, StuW 2003, S. 237 ff. (244).

Recht darauf hingewiesen, daß in den Worten „zugleich" und „soll"[580] die primäre Privatnützigkeit des Eigentums (-gebrauchs) zum Ausdruck kommt[581]. Das Eigentum hat in allererster Linie dem Berechtigten und erst in zweiter Linie dem Wohl der Allgemeinheit zu dienen[582]. Dies ergibt sich aber auch schon aus dem Wesen der Freiheitsrechte, die dem Grundsatz nach zunächst von der Prämisse der Freiheit und damit von einem Überwiegen der privaten Interessen ausgehen.

Demgegenüber steht die Sozialbindung des Eigentums als – allerdings grundgesetzlich vorgesehene und zum Zweck der Verwirklichung des Sozialstaatsprinzips auch erforderliche – Ausnahme zu der oben genannten Regel „Privatnützigkeit". Der Staat darf deshalb – und nur deshalb – mittels der Steuer seine Finanzausstattung sichern, weil er mit ihr Aufgaben im Interesse der Allgemeinheit erfüllt und so letztlich die Gemeinwohlbindung des Eigentums verwirklicht. Dennoch ist diese Gemeinwohlbindung im Verhältnis zu den Eigentümerinteressen grundsätzlich sekundärer Natur[583]. Daher hat der Ertrag aus der Eigentums-

---

580 Auch nach W. LEISNER, in: Isensee/Kirchhof (Hrsg.), § 149 Rn. 140 bedeutet „soll" eine Abschwächung des Sozialbindungsauftrages.

581 Vgl. R. SEER, DStJG Band 23 (2000), S. 87 ff. (105); ebenso: W. LEISNER, in: Isensee/Kirchhof (Hrsg.), § 149 Rn. 140; zustimmend: A. KLEIN, BB 1996, 1807 ff. (1810); **a.A.** P. KIRCHHOF, StbJb 1994/95, S. 5 ff. (8), nach dem „zugleich" die Gleichwertigkeit von Privatnützigkeit und Gemeinwohldienlichkeit konstituiere.

582 Vgl. O. DEPENHEUER, in: v. Mangoldt/Klein/Starck, GG I, Art. 14 Rn. 389.

583 Wie hier: K. H. FRIAUF, DStJG Band 12 (1989), S. 3 ff. (8), **a.A.** J. ESCHENBACH, DStZ 1997, S. 413 ff. (414), der Art. 14 Abs. 2 GG eine Wertentscheidung zugunsten eines von vorneherein sozialgebundenen Eigentums entnimmt. Dies überzeugt deshalb nicht, weil die Besteuerung das Rechtsgut „Eigentum" nicht konstituiert, also nicht den Inhalt des Eigentums beschreibt. Das bereits existierende Privateigentum wird vielmehr erst im Rahmen von Schrankenbestimmungen hinsichtlich der Sozialbindung durch die Besteuerung vom Gesetzgeber konkretisiert. Selbst wenn man a priori sozialgebundenes Eigentum annähme, sagte dies noch nichts über ein Rangverhältnis von Privatnützigkeit und Allgemeinwohldienlichkeit aus. Ebenfalls für von vorneherein sozialgebundenes Eigentum: H.-G. DEDERER, StuW 2000, S. 91 ff. (96), der allerdings zu Recht darauf verweist, daß die Allgemeininteressen um so stärker zu gewichten sind, als der Eigentumsgebrauch Dritte oder die Allgemeinheit in Mitleidenschaft zieht, die Abwägung daher nicht nur bis zum Gleichgewicht der Interessen, sondern auch zu einer Übergewichtung des öffentlichen Interesses führen kann. Er zieht jedoch nicht die Konsequenz und benennt, inwieweit die Ertragserzielung die Allgemeinheit so sehr in Mitleidenschaft zieht, als dadurch das Regel-Ausnahme-Verhältnis zu einem Übergewicht der Interessen der Allgemeinheit und damit zu einer mehr als hälftigen steuerlichen Partizipation an den Erträgen führen kann. Dazu, daß zwischen Inhalts- und Schrankenbestim-

nutzung primär dem Steuerpflichtigen zuzustehen. Würde ihm weniger als die Hälfte seines Ertrages belassen, so würde er sein Eigentum primär fremdnützig nutzen müssen. Dies wäre aber mit dem Regel-Ausnahme-Verhältnis zwischen Freiheitlichkeit und staatlichem Eingriff nicht zu vereinbaren[584].

Allerdings ist das Regel-Ausnahme-Verhältnis nicht unüberwindbar und daher nicht so zu verstehen, daß eine starke Sozialbindung des Eigentums unzulässig wäre. Denn in der Sozialbindung liegt eine Absage an eine Eigentumsordnung, in der das Individualinteresse einen unbedingten Vorrang vor den Interessen der Allgemeinheit hätte[585]. Das Regel-Ausnahme-Verhältnis trägt dieser Tatsache insofern Rechnung, als es der Privatnützigkeit keinen *unbedingten* Vorrang einräumt. Es postuliert lediglich einen *prinzipiellen* Vorrang. Eine stärkere Belastung des Steuerpflichtigen über die Hälfte hinaus würde sich – und dies ist der zweite Anhaltspunkt, in welcher Form die konfligierenden Interessen aufzulösen sind – dann rechtfertigen lassen, wenn der mit dem Eingriff verfolgte Zweck so wichtig wäre, daß er das freiheitsgrundrechtliche Regel-Ausnahmeverhältnis überwinden könnte. Dann, und nur dann wäre es dem Eigentümer zuzumuten, auf die *primäre* Privatnützigkeit zu verzichten und *ausnahmsweise* das Übergewicht des öffentlichen Interesses und damit eine primäre Fremdnützigkeit anzuerkennen.

Der Zweck der Besteuerung, das Einnahmeerzielungsinteresse der öffentlichen Hand, ist oben bereits als legitimer Zweck identifiziert worden, der einen Eingriff in das Eigentumsgrundrecht *dem Grunde nach* rechtfertigen kann. Er ist aber im verfassungsrechtlichen und verfassungstatsächlichen Regelfall nicht gewichtiger als das grundrechtlich geschützte Einnahmeerzielungsinteresse des

---

mungen zu unterscheiden ist und die Sozial*bindung* eine Schrankenziehung darstellt, überzeugend: W. LEISNER, in: Isensee/Kirchhof (Hrsg.), Handbuch des Staatsrechts, Band V, § 149 Rn. 134 ff.

584 Vgl. M. JACHMANN, StuW 1996, S. 97 ff. (104); DIESELBE, Verfassungsrechtliche Grenzen der Besteuerung, S. 64; K.-G. LORITZ, BB 1993, S. 225 ff. (229); DERSELBE, DStR 1995, Beihefter zu Heft 8, S. 3 ff. (6); A. MIELKE, „Spitzenbelastung: „Gegenwärtig nicht das Problem"?", in: StuW 1994, S. 232 ff. (235); L. SCHEMMEL, F.A.Z. vom 16. November 1999 (Briefe an die Herausgeber); a.A. D. BIRK, in: Hübschmann/Hepp/Spitaler, § 4 AO Rn. 615, der die Privatnüzigkeit nur dann als nicht mehr gegeben ansieht, wenn eine praktisch ausschließliche Fremdnützigkeit verlangt würde.

585 Vgl. BVerfG, Beschluß vom 12. Januar 1967 – 1 BvR 169/63 –, in: BVerfGE 21, S. 73 ff. (83); BVerfG, Beschluß vom 16. Februar 2000 – 1 BvR 242/91, 315/99 –, in: BVerfGE 102, S. 1 ff. (15).

Eigentümers. Im Gegenteil: In der Regel hat das private Interesse, an dem Erfolg der Eigentumsnutzung zu partizipieren, sogar den Vorrang. Dies folgt gerade aus dem verfassungsrechtlichen Regel-Ausnahme-Verhältnis. Die Verfassung gibt keinen Anhaltspunkt dafür, daß das Regel-Ausnahme-Verhältnis für die Besteuerung nicht zu gelten hätte. Die systematische Stellung der Grundrechte im Zusammenhang mit der Bindung auch des Gesetzgebers an diese indiziert vielmehr, daß die dort niedergelegten Prinzipien eine grundlegende Wertentscheidung im Verfassungsstaat sind, mithin auch für die Besteuerung gelten. ESCHENBACH hingegen ist der Auffassung, daß eine derartige pauschale Wertung „angesichts der vielen Faktoren, von denen die Höhe des zu befriedigenden Finanzbedarfs abhängt, nicht angängig sei[586].“ BIRK vertritt die Meinung, die Frage, ob der Bürger *unangemessen* (und damit unverhältnismäßig) belastet sei, hänge auch von dem Umfang der Aufgabenerfüllung und den Leistungen des Staates an seine Bürger ab[587]. Dies ist nach der hier vertretenen Auffassung deswegen unsystematisch, weil die vom Staat zu bewältigenden Aufgaben zum einen viel zu heterogen sind, um eine Abwägung durchführen zu können, und zum anderen der Grundsatz der Non-Affektation eine Abwägung zwischen den Interessen des Steuerpflichtigen und den Einzelaufgaben des Staates verbietet. Wollte man diesen Grundsatz im Rahmen der Abwägung unberücksichtigt lassen und auf die einzelnen, mehr oder minder wichtigen staatlichen Aufgaben rekurrieren, dann müßte in der Konsequenz auch der Ansatz von V. ARNIM zugrunde gelegt werden, nach dem auch die unwichtigste staatliche Aufgabe noch die höchste Steuer rechtfertigt[588]. Folglich hat der Staat seinem Bürger von dessen Eigentumsnutzung in der Regel mehr als die Hälfte zu belassen[589].

---

586 Vgl. J. ESCHENBACH, DStZ 1997, S. 413 ff. (415).

587 Vgl. D. BIRK, in: Hübschmann/Hepp/Spitaler, § 4 AO Rn. 628; offenbar ebenso: H.-J. PAPIER, Der Staat Band 11 (1972), S. 483 ff. (485), der ausführt, daß das Gebot der Proportionalität selbst eine konfiskatorische Steuer nicht ausschließen könne, sofern nur das damit verfolgte Ziel wichtig genug sei.

588 Vgl. H. H. V. ARNIM, in: VVDStRL Band 39 (1981), S. 286 ff. (316); im Ansatz ähnlich: K. H. FRIAUF, DStJG Band 12 (1989), S. 3 ff. (9 f.).

589 In diesem Sinne ebenfalls: M. JACHMANN, StuW 1996, S. 97 ff. (104); DIESELBE, Verfassungsrechtliche Grenzen der Besteuerung, S. 65, 78; H. BUTZER, Freiheitsrechtliche Grenzen der Steuer- und Sozialabgabenlast, S. 86; DERSELBE, StuW 1999, S. 227 ff. (241); O. GEIßLER, Der Unternehmer im Dienste des Steuerstaats, S. 141, 182; R. SEER, StuW 1997, 283 ff. (296); DERSELBE, FR 1999, S. 1280 ff. (1286); DERSELBE, DStJG Band 23 (2000), S. 87 ff. (106); K.-G. LORITZ, BB 1993, S. 225 ff. (229); DERSELBE,

Besteht allerdings eine staatliche Notsituation, so kann ein besonderes Einnahmeerzielungsinteresse des Staates *ausnahmsweise* vorübergehend eine stärkere Besteuerung rechtfertigen. Ein solches besonderes Einnahmeerzielungsinteresse kann sich dann ergeben, wenn der Staat über die verfassungsrechtlichen „Normalaufgaben" hinaus zusätzliche, besondere Aufgaben zu bewältigen hat. Dann nämlich besteht eine staatliche Sondersituation, die von der Verfassung, anders als die finanzwirtschaftliche „Normalsituation", nicht vorhergesehen ist und in der die extraordinären Aufgaben nicht mehr mit den „normalen" Einnahmen bewältigt werden können[590]. Zu denken ist hier beispielsweise an die Aufgaben und daraus resultierenden Sonderlasten im Zusammenhang mit der deutschen Wiedervereinigung oder an einen Krieg. Solche Sondersituationen können – nach Art eines verfassungsrechtlichen Notstands – dazu führen, daß die zulässige Intensität eines Besteuerungseingriffs über das oben abgeleitete Normalmaß von höchstens 50 % hinaus steigt. Allerdings ist nach der hier vertretenen Auffassung bei der Abwägung im Rahmen der Verhältnismäßigkeit zu berücksichtigen, ob der Staat eine verfassungsrechtliche Ausnahmesituation selbstverschuldet herbeigeführt hat und ob er die besonderen Aufgaben bei gehöriger Anstrengung anstelle einer Erhöhung der Abgabenquote durch Einsparungen zu erfüllen vermag. Anderenfalls könnte der Staat zulasten seiner Bürger zunächst verschwenderisch mit den Steuereinnahmen umgehen und anschließend einen Sonderbedarf wegen eines drohenden Staatsbankrotts reklamieren. Würde man letzteres zulassen, so könnte der Gesetzgeber auf „kaltem Wege" den Grundrechtsschutz der Bürger in untragbarer Weise aushöhlen[591]. Dies würde zu einer Funktionseinbuße des Privateigentums führen, die der Gesetzgeber nicht herbeiführen darf[592].

Ein in der dargestellten Weise aus der Verhältnismäßigkeit abgeleiteter Halbteilungsgrundsatz bewirkt einen angemessenen Ausgleich zwischen dem Interesse des Steuerpflichtigen an der privatnützigen Einnahmeerzielung einerseits und dem öffentlichen Einnahmeerzielungsinteresse andererseits, bietet aber auch

---

DStR 1995, Beihefter zu Heft 8, S. 3 ff. (6); K. H. Friauf, DStJG Band 12 (1989), S. 3 ff. (8 f.); kritisch: K. Tipke, Besteuerungsmoral und Steuermoral, S. 43.

590 Vgl. J. Lang, in: Festschrift für Klaus Vogel 2000, S. 173 ff. (184).

591 Außerdem diszipliniert der Halbteilungsgrundsatz im Hinblick auf die Ausgaben. Denn auch der Staat kann – wie ein Privater - prinzipiell nur auf der einen Seite ausgeben, was er zuvor auf der anderen Seite rechtmäßig einnimmt.

592 Vgl. P. Badura, in: Benda/Maihofer/Vogel (Hrsg.), Handbuch des Verfassungsrechts der Bundesrepublik Deutschland, § 10 Rn. 25.

ausreichend Flexibilität, um auf verfassungsrechtlich unvorhergesehene, exzeptionelle Situationen zu reagieren. Er sichert damit auch den vom Bundesverfassungsgericht im Halbteilungsurteil ausgesprochenen Krisenvorbehalt ab[593].

(ab) Besonderer sozialer Bezug als Grund für Abweichung vom Regel-Ausnahme-Verhältnis

Nach der ständigen Rechtsprechung des Bundesverfassungsgerichts muß der Gesetzgeber bei Inhalts- und Schrankenbestimmungen die dem Eigentum immanente grundsätzliche Privatnützigkeit[594] achten und darf diese nicht unverhältnismäßig einschränken[595]. Sein Spielraum variiert dabei je nach dem Anteil personaler und sozialer Komponenten des Eigentums[596]. Ob im Rahmen der Verhältnismäßigkeitsprüfung die Interessen des Allgemeinwohls ausnahmsweise stärker, also in Abweichung von dem Regel-Ausnahme-Verhältnis, zu gewichten sind als die Interessen des Eigentümers, hängt nicht nur von der Bedeutung des Eigentumsobjekts für den Eigentümer, sondern auch davon ab, in welchem sozialen Bezug das betroffene Eigentumsobjekt steht. Die Befugnis des Gesetzgebers, die Eigentümerrechte zu beschneiden, ist dementsprechend um so weiter, je mehr das Eigentumsobjekt in einem sozialen Bezug und einer sozialen Funktion steht[597]; hierfür sind die Eigenart und die Funktion des Eigen-

593 BVerfG, Beschluß vom 22. Juni 1995 – 2 BvL 37/91 –, in: BVerfGE 93, S. 121 ff. (138 f.).

594 Vgl. BVerfG, Urteil vom 18. Dezember 1968 – 1 BvR 638, 673/64 und 200, 238, 249/65 –, in: BVerfGE 24, S. 367 ff. (396); BVerfG, Beschluß vom 7. Dezember 1977 – 1 BvR 734/77 –, in: BVerfGE 46, S. 325 ff. (334); BVerfG, Urteil vom 1. März 1979 – 1 BvR 532, 533/77 und 1 BvL 21/78 –, in: BVerfGE 50, S. 290 ff. (341); BVerfG, Beschluß vom 12. Juni 1979 – 1 BvL 19/76 –, in: BVerfGE 52, S. 1 ff. (30); BVerfG, Beschluß vom 23. Januar 1990 – 1 BvR 306/86 –, in: BVerfGE 81, S. 208 ff. (220); BVerfG, Beschluß vom 28. April 1999 – 1 BvL 32/95, 1 BvR 2105/95 –, in: BVerfGE 100, S. 1 ff. (37).

595 Vgl. BVerfG, Beschluß vom 2. März 1999 – 1 BvL 7/91–, in: BVerfGE 100, S. 226 ff. (240 f.).

596 Vgl. BVerfG, Beschluß vom 28. April 1999 – 1 BvL 32/95, 1 BvR 2105/95 –, in: BVerfGE 100, S. 1 ff. (37).

597 Vgl. BVerfG, Beschluß vom 19. Juni 1985 – 1 BvL 57/79 –, in: BVerfGE 70, S. 191 ff. (201); BVerfG, Beschluß vom 9. Oktober 1991 – 1 BvR 227/91 –, in: BVerfGE 84, S. 382 ff. (385); P. BADURA, Benda/Maihofer/Vogel (Hrsg.), Handbuch des Verfassungsrechts der Bundesrepublik Deutschland, § 10 Rn. 27; DERSELBE, Staatsrecht, München 1986, Rn. C 81.

tumsobjekts von entscheidender Bedeutung[598]. Sie ist um so enger, je mehr das Eigentum eine personale Komponente aufweist; dies ist der Fall, soweit das Eigentum die persönliche Freiheit des einzelnen im vermögensrechtlichen Bereich in besonderer Weise sichert. Schließlich muß die Einschränkung der Eigentümerbefugnisse auf die soziale Funktion bezogen sein, indem sie diese absichert. Einschränkungen dürfen nicht weiter gehen, als der Schutzzweck reicht, dem die einschränkende Regelung dient[599]. Voraussetzung für eine gesetzgeberische Regelung ist aber zunächst, daß das Eigentumsobjekt überhaupt in einer sozialen Funktion steht[600].

Im Bereich des Mietrechts darf der Gesetzgeber dem Eigentümer beispielsweise Kündigungen aus bestimmten Gründen erschweren oder untersagen, weil Eigentum, das der Vermietung dient, für die Mieter eine ganz besondere soziale Funktion erfüllt. Die Mietwohnung bietet Sicherheit und Raum für die erforderliche Entfaltung der Persönlichkeit. Berücksichtigt man ferner, daß nicht jeder Bürger in der Lage ist, sich eigenes Wohneigentum zu leisten, dann ist es gerechtfertigt, Kündigungen aus bestimmten Gründen für den Vermieter auszuschließen, weil nur so die besonders wichtige soziale Funktion der Wohnung für den Mieter gesichert werden kann. Der soziale Bezug, in den der Vermieter die Wohnung mit der Vermietung gestellt hat, wiegt hier schwerer als das Interesse des Vermieters, die Wohnung anderweitig oder besser zu vermieten, und damit die (soziale) Funktion, die die Wohnung für den Vermieter erfüllt. Dies ändert sich in dem Moment, in dem der Vermieter sein Eigentum selbst nutzen will, denn zu diesem Zeitpunkt tritt das besondere personale Element der Eigentumsnutzung durch den Eigentümer in Konkurrenz zu dem besonderen sozialen Interesse des Mieters, in der Wohnung verbleiben zu können. Da die dem Eigentümer gewährleistete grundsätzliche Privatnützigkeit und Verfügungsbefugnis nicht ausgehöhlt werden darf, überwiegt hier das Interesse des Vermieters. Deshalb muß der Gesetzgeber ihm eine Möglichkeit zur Eigenbedarfskündigung belassen. Eine besondere soziale Komponente liegt häufig auch im Bereich des Grundeigentums vor, bei dem regelmäßig Rechte Dritter oder wichtige Gemein-

598 Vgl. BVerfG, Beschluß vom 2. März 1999 – 1 BvL 7/91 –, in: BVerfGE 100, S. 226 ff. (241).

599 Vgl. BVerfG, Beschluß vom 2. März 1999 – 1 BvL 7/91 –, in: BVerfGE 100, S. 226 ff. (241).

600 Vgl. BVerfG, Beschluß vom 23. April 1974 – 1 BvR 6/74 und 2270/73 –, in: BVerfGE 37, S. 132 ff. (140).

schaftsbelange in besonderer Weise tangiert werden[601]. In diesen Fällen kann eine stärkere Beschränkung der Eigentümerbefugnisse aufgrund der Situationsgebundenheit des Grundvermögens gerechtfertigt sein, wie dies zum Beispiel bei Denkmälern und im Bereich des Naturschutzes häufig der Fall ist[602]. Dennoch muß auch in diesen Fällen dem Eigentümer eine angemessene privatnützige Verwendung möglich bleiben; die Privatnützigkeit darf nicht, auch nicht nahezu vollständig, aufgehoben werden[603].

Für die Besteuerung von Erträgen aus der Eigentumsnutzung ergibt sich bei der Betrachtung unter dem Aspekt einer besonderen Sozialbindung oder -funktion keine Berechtigung des Gesetzgebers, die Erträge zu einem größeren Teil als der Hälfte an sich zu ziehen und damit von dem oben dargelegten Regel-Ausnahme-Prinzip abzuweichen. Das vom Eigentümer zur Ertragserzielung genutzte Vermögen steht in seiner Funktion als „Renditeobjekt" – und nur auf diese Funktion kommt es für die Besteuerung bei Fiskalzwecksteuern an – in keiner *besonderen* sozialen Funktion und keinem *besonderen* sozialen Bezug. Das ertragbringend genutzte Eigentum steht zwar ganz allgemein in einem sozialen Bezug, weil es am Markt genutzt wird, zu dessen Bestehen die Allgemeinheit und durch die Ordnung der Marktteilnahme auch der Staat beiträgt[604]. Dies führt jedoch nur dazu, daß eine gesetzgeberische Regelung und damit die Besteuerung *überhaupt* als Einschränkung der Eigentumsnutzung gerechtfertigt ist[605]. *Besondere* soziale Bezüge, die über diesen allgemeinen sozialen Bezug hinausgehen, zu einem Abweichen von dem Regel-Ausnahme-Prinzip führen und daher eine stärkere Besteuerung als die maximal hälftige rechtfertigen könnten, sind jedoch bei der schlicht ertragsorientierten Nutzung von Eigentum nicht gegeben. Die Eigentumsnutzung dient dem Eigentümer zur Ertragserzielung. Ebenso dient die Eigentumsnutzung durch den Eigentümer dem Staat zur Ertragserzielung, indem dieser an den Erträgen des Eigentümers über die Steuer partizipiert. Gerade weil die Interessen beider um die Nutzung der Erträge konkurrierender Seiten gleichgerichtet, ja sogar identisch sind, beide Seiten von den Erträgen zehren wollen

---

601 Vgl. P. BADURA, in: Benda/Maihofer/Vogel (Hrsg.), Handbuch des Verfassungsrechts der Bundesrepublik Deutschland, § 10 Rn. 343.

602 Kritisch gegenüber einem Regelvorrang dieser Belange vor denen des Eigentümers: W. LEISNER, in: Isensee/Kirchhof (Hrsg.), Handbuch des Staatsrechts, Band VI, § 149 Rn. 142.

603 Vgl. Beschluß vom 2. März 1999 – 1 BvL 7/91 –, in: BVerfGE 100, S. 226 ff. (243).

604 Vgl. K. H. FRIAUF, DStJG Band 12 (1989), S. 3 ff. (6).

605 Vgl. R. WENDT, NJW 1980, S. 2111 ff. (2116).

und sollen, ist das Interesse des Staates an der Ertragserzielung gerade nicht gewichtiger als das Interesse des Eigentümers. Folglich muß es bei dem Vorrang des privaten Interesses an der Ertragserzielung bleiben und stellt eine Teilung des Ertrages maximal in der Nähe einer hälftigen Teilung eine angemessene Kollisionslösung dar[606]. DEPENHEUER ist daher zu Recht der Auffassung, daß der „Halbteilungsgrundsatz in idealtypischer und allgemeingültiger Weise eine Grenze der Sozialpflichtigkeit markiert, jenseits derer hoheitliche Eigentumseingriffe unter besonderen Rechtfertigungsdruck geraten, der nur bei zwingenden Notwendigkeiten gegeben sein wird, d.h. bei unmittelbar bevorstehenden oder bereits eingetretenen und erheblichen Gefahren für überragende Güter des Allgemeinwohls[607]."

(ac) Konkretisierung durch das Subsidiaritätsprinzip

Nach einer neueren Strömung in der Literatur biete Art. 14 Abs. 2 S. 2 GG keinen Maßstab für die Wertigkeit von privatnützigem Eigentumsgebrauch einerseits und öffentlichem Einnahmeerzielungsinteresse andererseits im Rahmen der zwischen beiden Gegenpolen erforderlichen Abwägung. Ein solcher Abwägungsmaßstab ergebe sich aber aus dem Subsidiaritätsprinzip[608]. Das Subsidiaritätsprinzip, ein ungeschriebenes Strukturprinzip der Verfassung[609], das für den Bereich des Verhältnisses zwischen der Bundesrepublik Deutschland und der Europäischen Union mit Art. 5 EU über Art. 23 Abs. 1 S. 1 GG auch normativ Eingang in das Grundgesetz gefunden habe, bewirke, daß nur solche Aufgaben

606 Vgl. W. LEISNER, in: Isensee/Kirchhof (Hrsg.), Handbuch des Staatsrechts, Band VI, § 149 Rn. 141. Zur Anwendbarkeit des Verhältnismäßigkeitsgrundsatzes im Bereich des Art. 14 beim Ausgleich der Kollisionslage zwischen Freiheit und Sozialbindung: P. LERCHE, „Grundrechtsschranken" in: Isensee/Kirchhof (Hrsg.), Handbuch des Staatsrechts, Band V, § 122 Rn. 10 (FN 30).

607 Vgl. O. DEPENHEUER, in: v. Mangoldt/Klein/Starck, GG I, Art. 14 Rn. 223.

608 Vgl. H. BUTZER, Freiheitsrechtliche Grenzen der Steuer- und Sozialabgabenlast, S. 77 ff.; DERSELBE, StuW 1999, S. 227 ff. (239 ff.); M. JACHMANN, StuW 1996, S. 97 ff. (S. 103 f.); DIESELBE, „Grundthesen zu einer Verbesserung der Akzeptanz der Besteuerung, insbesondere durch Vereinfachung des Steuerrechts", in: StuW 1998, S. 193 ff. (197); DIESELBE, Verfassungsrechtliche Grenzen der Besteuerung, S. 27, 61; O. GEIẞLER, Der Unternehmer im Dienste des Steuerstaats, S. 136 ff.; R. SEER, FR 1999, S. 1280 ff. (1285); DERSELBE, DStJG Band 23 (2000), S. 87 ff. (103 f.); a.A. K. TIPKE, Die Steuerrechtsordnung Band I, 2. Auflage, S. 451 f.

609 Vgl. R. SEER, FR 1999, S. 1280 ff. (1285); T. OPPERMANN, „Subsidiarität als Bestandteil des Grundgesetzes, in: JuS 1996, S. 569 ff. (570).

dem Staat als größerer Einheit zugewiesen seien, die die kleineren Einheiten, also insbesondere der einzelne Bürger, aber auch die Familie, nicht zu bewältigen vermögen. Auf diese Weise sichere das Subsidiaritätsprinzip die bürgerlichen Freiheiten. Der Bürger sei als ein auf Freiheit angelegtes Wesen vorrangig für sich selbst und seine Familie verantwortlich und könne den Staat als Gemeinwesen daher nur nachrangig in Anspruch nehmen[610]. Die nachrangige Funktion des Staates werde erst dort aktiviert, wo der Mensch als die kleinste Einheit seine Freiheit nicht selbst verwirklichen könne. Dieser Subsidiarität staatlichen Handelns korrespondiere das Recht des Bürgers, primär eigennützig Erträge zu erzielen, um seiner Erstverantwortung genüge tun zu können[611]. Die Privatnützigkeit des Eigentums besitze damit einen abstrakten Vorrang vor dessen Einsatz zur Finanzierung staatlichen Handelns und setze der Sozialpflichtigkeit der Eigentumsnutzung damit eine abstrakte Obergrenze[612]. Wäre dies nicht so, träte der Einzelne die Verpflichtung, primär für sich selbst zu sorgen, an die Allgemeinheit ab. Nur wenn die Allgemeinheit die Erstverantwortung für den Einzelnen übernehmen müßte, wäre es gerechtfertigt, dem Bürger mehr als die Hälfte der erzielten Erträge zu entziehen[613]. Dies entspreche aber nicht dem Bild der Verfassung vom freien und selbstverantwortlichen Menschen. Damit führe der Grundsatz der Subsidiarität zu einem abstrakten Vorrang der privaten Eigentumsnutzung vor der Nutzung zugunsten des Staates und somit zu einer Deckelung der individuellen Steuerbelastung in der Form, daß der Staat nicht die Hälfte des Erworbenen abschöpfen dürfe[614].

Die Existenz des Subsidiaritätsprinzips als Verfassungsprinzip und insbesondere seine Wirkung auf die zulässige Intensität der Abgabenbelastung sind nicht

---

610 Vgl. R. SEER, StuW 1997, S. 283 ff. (296).

611 Vgl. H. BUTZER, Freiheitsrechtliche Grenzen der Steuer- und Sozialabgabenlast, S. 81 f.; DERSELBE, in: StuW 1999, S. 227 ff. (240); O. GEIßLER, Der Unternehmer im Dienste des Steuerstaats, S. 136 ff.

612 Vgl. M. JACHMANN, Politische Studien 2000, S. 78 ff. (83); DIESELBE, Verfassungsrechtliche Grenzen der Besteuerung, S. 61; O. GEIßLER, Der Unternehmer im Dienste des Steuerstaats, S. 140 f.; H. BUTZER, Freiheitsrechtliche Grenzen der Steuer- und Sozialabgabenlast, S. 86.

613 Vgl. H. BUTZER, Freiheitsrechtliche Grenzen der Steuer- und Sozialabgabenlast, S. 82; DERSELBE, in: StuW 1999, S. 227 ff. (241).

614 Vgl. M. JACHMANN, Politische Studien 2000, S. 78 ff. (84); R. SEER, StuW 1997, S. 283 ff. (296); L. SCHEMMEL, F.A.Z. vom 16.11. 1999 (Briefe an die Herausgeber).

unbestritten[615]. Nach DEDERER könne das Subsidiaritätsprinzip allein über die Grundrechte normative Wirkungen entfalten. Dies aber auch nur, soweit der Einzelne und der Staat um Aufgabenzuständigkeiten konkurrierten. Bei der Abgabenerzielung konkurrierten Privater und Staat aber nicht um Zuständigkeiten, da die Abgabenerzielung eine dem Staat allein vorbehaltene Aufgabe sei, mithin der Anwendungsbereich eines Subsidiaritätsprinzips gar nicht eröffnet sei[616]. Ferner würde selbst bei Anwendung des Subsidiaritätsgrundsatzes dieser auch nur dazu führen, daß das Existenzminimum steuerfrei zu stellen wäre. Auch bei einer stärkeren Belastung der Ertragserzielung als der Hälftigen drohe kein Abgleiten der Steuerpflichtigen „in den existenzsichernden Schoß des Staates[617]".

Zunächst besitzt der Grundsatz der Subsidiarität im einfachen Recht seit langem Geltung für den Bereich des Sozialhilferechts. § 2 Abs. 1 BSHG versagt demjenigen Sozialhilfe, der sich selbst helfen kann oder von anderen, besonders von Angehörigen, Hilfe erhält bzw. Anspruch auf Hilfe hat. Damit ist nicht nur das Verhältnis vom Einzelnen zum Staat und damit von der kleinsten zur größten Einheit erfaßt. In der Bezugnahme auf die Hilfe von Angehörigen kommt zum Ausdruck, daß nach dem Einzelnen die nächstgrößere Einheit, nämlich die Familie, zur Hilfe verpflichtet ist, ehe der Staat, sozusagen als „letzte Instanz", Sozialhilfe zu leisten hat. Dieser grundlegende Aufbau der Gesellschaft von unten nach oben hat, unabhängig davon, ob er eine fundamentale verfassungsrechtliche Wertentscheidung[618] oder nur eine politische Klugheitsregel darstellt[619],

---

615 Die Existenz bejahend: D. MERTEN, „Sozialrecht. Sozialpolitik" in: Benda/Maihofer/Vogel (Hrsg.), Handbuch des Verfassungsrechts der Bundesrepublik Deutschland, § 20 Rn. 61; H. SODAN, „Vorrang der Privatheit als Prinzip der Wirtschaftsverfassung", in: DÖV 2000, S. 361 ff. (386 f.); R. SEER, FR 1999, S. 1280 ff. (1285 f.); H. H. RUPP, „Die Unterscheidung von Staat und Gesellschaft", in: Isensee/Kirchhof (Hrsg.), Handbuch des Staatsrechts, Band I, § 28 Rn. 51 ff.; O. DEPENHEUER, in: v. Mangoldt/Klein/Starck, GG I, Art. 14 Rn. 205; **a.A.** R. HERZOG, StuW 1993, S. 322 ff. (323); DERSELBE, in: Maunz-Dürig, Komm. z. GG, Art. 20 (VIII. Die Verfassungsentscheidung für die Sozialstaatlichkeit) Rn. 63; DERSELBE, „Subsidiaritätsprinzip und Staatsverfassung", in: Der Staat Band 2 (1963), S. 399 ff. (415 ff.).

616 Vgl. H.-G. DEDERER, StuW 2000, S. 91 ff. (97); zweifelnd an der Anwendbarkeit ebenfalls P. FISCHER, FR 1999, S. 1292 ff. (1293).

617 Vgl. H.-G. DEDERER, StuW 2000, S. 91 ff. (97); in diese Richtung auch: J. ENGLISCH, StuW 2003, S. 237 ff. (246 f.).

618 So R. WENDT, „Familienbesteuerung und Grundgesetz", in: in: Lang, Joachim (Hrsg.), Die Steuerrechtsordnung in der Diskussion, Festschrift für Klaus Tipke zum 70. Geburtstag, Köln 1995, S. 47 ff. (59).

spätestens mit der Neufassung von Art. 23 GG auch positiven Eingang in die Verfassung gefunden[620]. Zwar dient die Struktursicherungsklausel des Art. 23 Abs. 1 S. 1 GG eigentlich nur dazu, dafür Sorge zu tragen, daß bei der Ausrichtung eines gemeinsamen Europas bestimmte, als fundamental erachtete Prinzipien eingehalten werden, die bei der Übertragung von Aufgaben auf die Europäische Union nicht preisgegeben werden dürfen[621]. Auch wenn das Subsidiaritätsprinzip in diesem Zusammenhang dazu dient, Aufgabenzuständigkeiten zwischen den verschiedenen staatlichen Ebenen und der überstaatlichen Ebene „Europa" so zu verteilen, daß nur solche Aufgaben von der nächsthöheren staatlichen oder überstaatlichen Ebene erfüllt werden, die die nächstniedrigere staatliche Ebene nicht erfüllen kann[622], läßt die Nennung des Subsidiaritätsprinzips in einem Atemzug mit dem Demokratieprinzip, dem Rechtsstaatsprinzip, dem Sozialstaatsprinzip und dem Föderalismus sowie den Grundrechten, die allesamt wesentliche Strukturprinzipien des Grundgesetzes darstellen, jedoch den Schluß zu, daß auch das Subsidiaritätsprinzip vom Verfassungsgesetzgeber als ein fundamentales, wenn auch ansonsten ungeschriebenes[623] Verfassungsprinzip der Bundesrepublik Deutschland angesehen wird, das auch im Verhältnis zwischen Staat und Bürger gilt[624].

Inhaltlich besitzt das Subsidiaritätsprinzip nicht nur eine rein kompetenzielle Komponente. BUTZER hat unter Verweis auf ISENSEE dargelegt, daß das Subsidiaritätsprinzip zwei Wirkungsebenen besitzt, deren zweite Ebene als organisationsrechtlicher Maßstab den kompetenziellen Vorrang der kleineren Einheit vor der größeren begründet. Zudem stellt sich in diesem Zusammenhang nicht nur die Frage, *ob* eine Aufgabe von der größeren Einheit besser erfüllt werden kann,

---

619 So vor allem die früher vertretene Auffassung: vgl. R. HERZOG, in: Maunz-Dürig, Komm. z. GG, Art. 20 (VIII. Die Verfassungsentscheidung für die Sozialstaatlichkeit) Rn. 63; DERSELBE, in: Der Staat Band 2 (1963), S. 399 ff. (415 ff.); noch unentschieden: BVerfG, Beschluß vom 20. Oktober 1981 – 1 BvR 404/78 -, in BVerfGE 58, S. 233 ff. (253): „Es kann dahinstehen, ob das Subsidiaritätsprinzip überhaupt Verfassungsrang hat."

620 Vgl. T. OPPERMANN, JuS 1996, S. 569 ff. (573).

621 Vgl. H. BUTZER, Freiheitsrechtliche Grenzen der Steuer- und Sozialabgabenlast, S. 80.

622 Im Verhältnis verschiedener staatlicher Ebenen kommt die Geltung eines Subsidiaritätsprinzips vor allem bei den Gesetzgebungskompetenzen in Art. 70 und 72 Abs. 2 GG zum Ausdruck.

623 Vgl. R. SEER, FR 1999, S. 1280 ff. (1285); T. OPPERMANN, JuS 1996, S. 569 ff. (570).

624 Vgl. H. BUTZER, Freiheitsrechtliche Grenzen der Steuer- und Sozialabgabenlast, S. 80.

sondern auch *in welchem Umfang* eine legitim begründete Kompetenz besteht[625]. Das „wie“ bzw. „wie viel“ ist als Frage nach dem zulässigen Umfang der staatlichen Aufgabenübernahme ebenfalls Bestandteil der kompetenziellen Ebene des Subsidiaritätsprinzips. Auf seiner ersten Ebene aber sichert das Subsidiaritätsprinzip als eine „Funktionssperre“ bürgerliche Freiheit, indem es dem Staat insgesamt dort funktionelle Grenzen setzt und einen prinzipiellen Vorrang individueller Freiheit gegenüber staatlicher Betätigung begründet, wo die kleinere Einheit die freiheitssichernde Aufgabe selbst erfüllen kann[626]. Mit anderen Worten: Der öffentliche Zweck rechtfertigt eine staatliche Maßnahme nur dann, wenn die Aufgabe nicht in gleicher Weise, in hinreichendem Umfang und ohne den eingesetzten staatlichen Zwang erfüllt werden kann[627]. Die beiden Ebenen des kompetenziellen Vorrangs und der Funktionssperre berühren sich in der Frage des Umfangs einer legitim begründeten Kompetenz. Der zulässige Umfang der staatlichen Aufgabenübernahme endet dort, wo die Bürger die Freiheit besser sichern als der Staat. Die „Funktionssperre“ ergibt sich bereits aus den Grundrechten. Das Grundgesetz geht von der primären Eigenverantwortlichkeit des Einzelnen aus[628]. Es stellt die Würde des Menschen in Art. 1 Abs. 1 GG an den Anfang und garantiert die freie Entfaltung der Persönlichkeit in Art. 2 Abs. 1 GG. Aus der Zusammenschau dieser beider Vorschriften ergibt sich das Bild des Menschen, von dem das Grundgesetz ausgeht. Dieses Bild eines freien Individuums, dessen Freiheit die Regel[629] und dessen staatliche Beschränkung in seiner Freiheit die Ausnahme ist, wird durch die Funktion der nachfolgenden Grundrechte bestärkt[630]. Dies zeigt, daß bereits die Grundrechte den Grundsatz der Subsidiarität in sich tragen, indem sie davon ausgehen, daß der Einzelne allein oder in Verbindung mit anderen Individuen (Art. 9 Abs. 1 GG) die Freiheit

---

625 Vgl. H. BUTZER, Freiheitsrechtliche Grenzen der Steuer- und Sozialabgabenbelastung, S. 82 (FN 72).

626 Vgl. H. BUTZER, Freiheitsrechtliche Grenzen der Steuer- und Sozialabgabenlast, S. 81; H. SODAN, DÖV 2000, S. 361 ff. (368 f.), kommt mit dem „Vorrang der Privatheit“ bei anderer Diktion zu demselben Ergebnis.

627 Vgl. H. H. RUPP, in: Isensee/Kirchhof (Hrsg.), Handbuch des Staatsrechts, Band I, § 28 Rn. 51.

628 Vgl. P. BADURA, DÖV 1989, S. 491 ff. (493) – „Primat der Selbstverantwortung“; ebenso: U. DI FABIO, Die Grundlagen der Gemeinschaft, in: F.A.Z. vom 22. Oktober 2003, S. 8.

629 Zum „Prinzip Freiheit“: D. MERTEN, in: Benda/Maihofer/Vogel (Hrsg.), Handbuch des Verfassungsrechts der Bundesrepublik Deutschland, § 20 Rn. 58.

630 Vgl. O. GEIẞLER, Der Unternehmer im Dienste des Steuerstaats, S. 137.

in der Regel besser zu sichern vermag als der Staat. So verstanden, erfüllt das Subsidiaritätsprinzip seine Funktion als freiheitssicherndes Gebot staatlicher Zurückhaltung.

Bei dem in Rede stehenden Ausgleich zwischen Eigentumsnutzung einerseits und Sozialbindung andererseits tritt eine weitere Facette des Subsidiaritätsprinzips zutage. Das Grundgesetz appelliert primär an den Eigentümer, der Verpflichtung des Eigentums auch auf das Wohl der Allgemeinheit aufgrund seiner Eigentümerfreiheit *freiwillig* nachzukommen[631]. Art. 14 Abs. 2 S. 2 GG fordert ihn auf, den Gebrauch zugleich dem Wohl der Allgemeinheit zu widmen. Das Grundgesetz macht dies zwar nicht zu einer einklagbaren Rechtspflicht[632], äußert aber in diesem Zusammenhang eine Verfassungserwartung[633]. Erst wenn der Eigentümer der Verfassungserwartung nicht freiwillig nachkommt, aktualisiert sich die Gemeinwohlverantwortung des Staates, im Wege der Gesetzgebung (Art. 14 Abs. 1 S. 2 GG) dem Wohl der Allgemeinheit zur Durchsetzung zu verhelfen. Somit besteht zwischen der freiwilligen und selbstverantwortlichen Sozialbindung durch Ausübung der Eigentümerfreiheit und derjenigen durch staatlichen Eingriff im Wege der gesetzlichen Verpflichtung des Eigentumsgebrauchs auf das Gemeinwohl ein Subsidiaritätsverhältnis[634]. Der Unternehmer, der Eigentum an Produktionsmitteln nutzt und dabei Arbeitnehmer beschäftigt, kommt seiner Gemeinwohlverantwortung nicht nur durch Zahlung der Steuern nach, sondern sichert über den gezahlten Lohn auch seinen Arbeitnehmern Freiheit. Thesauriert er erzielte Gewinne im Unternehmen, statt sie zu entnehmen, sichern diese nicht nur die Kapitalausstattung des Unternehmens, sondern auch die Sicherheit der Arbeitsplätze und damit die individuelle Freiheit der Arbeitnehmer. So kann auch freiwilliges Handeln dem Allgemeinwohl dienen, ohne daß hierzu staatliche Eigentumsbindungen ausgesprochen werden müßten. Daher fordert das Subsidiaritätsprinzip auch den Vorrang der Privatinitiative vor der sozialstaatlichen Intervention. Ein freiwilliger allgemeinwohl-

---

631 Vgl. J. ISENSEE, „Grundrechtsvoraussetzungen und Verfassungserwartungen", in: Isensee/Kirchhof (Hrsg.), Handbuch des Staatsrechts, Band V, § 115 Rn. 175; O. DEPENHEUER, in: v. Mangoldt/Klein/Starck, GG I, Art. 14 Rn. 205.

632 Vgl. J. ISENSEE, in: Isensee/Kirchhof (Hrsg.), Handbuch des Staatsrechts, Band V, § 115 Rn. 173.

633 Vgl. J. ISENSEE, in: Isensee/Kirchhof (Hrsg.), Handbuch des Staatsrechts, Band V, § 115 Rn. 170 – „Prototyp einer Verfassungserwartung".

634 Vgl. M. JACHMANN, Verfassungsrechtliche Grenzen der Besteuerung, S. 27; ebenso R. REINHARDT, in: Reinhardt/Scheuner, Verfassungsschutz des Eigentums, S. 26 f.

dienlicher Gebrauch läßt sich aber nur in dem Maß verwirklichen, in dem dem Gemeinwohlverpflichteten auch die erforderlichen Mittel zur Verfügung stehen. Daher führt das Subsidiaritätsprinzip mit dem Vorrang der Privatinitiative auch zum Vorrang der Privatnützigkeit.

Bezogen auf die kompetenzielle Ebene des Subsidiaritätsprinzips verfängt der erste Einwand DEDERERS, daß der Private zur Abgabenerhebung nicht zuständig sei, im vorliegend zu beurteilenden Zusammenhang nicht. Natürlich ist der Bürger zur Abgabenerhebung nicht zuständig. Wie oben dargelegt, beschränkt das Subsidiaritätsprinzip die staatliche Aufgabenübernahme aber nicht nur dem Grunde, sondern auch dem Umfang nach. Insoweit kommt es nicht auf die zweifelsohne bestehende Alleinzuständigkeit des Staates für die Besteuerung an. Der zweite Einwand DEDERERS, nach dem auch bei Anwendung des Subsidiaritätsgrundsatzes nur eine Freistellung des Existenzminimums von der Besteuerung gefordert werden könne, weil der Bürger damit alles habe, um nicht in den existenzsichernden Schoß des Staates abzugleiten, überzeugt ebenfalls nicht. Er berücksichtigt nicht die Verankerung des Subsidiaritätsprinzips im grundlegenden Freiheitsgedanken des Grundgesetzes. Die individuelle Freiheit zu sichern und für seine Bedürfnisse - nicht nur für das Existenzminimum - zu sorgen, ist nach dem Bild der Verfassung vom freien Menschen primär seine ureigene Aufgabe. Man würde die Freiheitsvermutung des Grundgesetzes grundlegend verkennen, wenn man den Subsidiaritätsgrundsatz darauf verkürzte, dem Bürger und Steuerpflichtigen sein Existenzminimum belassen zu müssen. Hinsichtlich jeglicher weiterer Bedürfnisse, die über grundlegende, wie z.B. Essen, Trinken und Schlafen, die durch das Existenzminimum abgesichert sind, hinausgehen, würde der Bürger in diesem Fall zu einem Mündel des Staates. Ein weitgehender Versorgungs- und Wohlfahrtsstaat, der dem Einzelnen einen übermäßigen Teil seiner Einkünfte nimmt, um so die Kosten einer umfassenden Versorgung zu finanzieren, ist aber mit dem verfassungsrechtlichen Subsidiaritätsgedanken, der grundlegenden Freiheitsvermutung des Grundgesetzes und dem grundgesetzlichen Menschenbild nicht zu vereinbaren[635]. Anderenfalls würde der Staat im Gegenzug verpflichtet, die Bedürfnisse des „Entmündigten“ in immer größerem Umfang zu befriedigen. Daher sichert die Beachtung des Subsidiaritätsprinzips auch den Staat gegen steigende Forderungen seiner Bürger, weil in den Fällen, in de-

---

635 Ähnlich H.-J. PEZZER, „Verfassungsrechtliche Perspektiven der Familienbesteuerung“. in: Fürst/Herzog/ Umbach (Hrsg.), Festschrift für Wolfgang Zeidler Band I, Berlin/New York 1987, S. 757 ff. (765).

nen Eigeninitiative möglich ist, die staatliche Intervention unzulässig wird[636]. Außerdem begünstigt die Beachtung des Subsidiaritätsprinzips die Erreichung des staatlichen Finanzierungsziels. Weil der Staat über die Steuererhebung an dem Ergebnis der ertragsorientierten Eigentumsnutzung partizipiert, ist er zwingend darauf angewiesen, daß die Grundrechtsträger diese in bestmöglichem Maße verwirklichen. Dies werden sie aber nur dann tun, wenn sie von ihrer Initiative auch nennenswert profitieren. Indem der Staat sich diesen Egoismus zunutze macht, wird der Eigennutz, wie ISENSEE treffend festgestellt hat, zum „Vehikel des öffentlichen Finanznutzens". Als solcher ist der Eigennutz wesentliche Grundlage des Steuerstaates[637]. Je höher die Steuerlast aber wird, desto geringer ist die Wahrscheinlichkeit, daß die Individuen den Eigennutz noch als solchen erkennen und ihn als Triebfeder für die Ertragserzielung empfinden[638]. Mit einer dergestalt verringerten Leistungsbereitschaft würde aber auch das Steueraufkommen zurückgehen und damit das Gegenteil dessen erreicht, was mit einer höheren Steuerbelastung bewirkt werden sollte[639].

So verstanden, liefert das Subsidiaritätsprinzip einen weiteren Anhaltspunkt dafür, wie im Rahmen der Verhältnismäßigkeit im engen Sinn die Gewichtung von öffentlichem Interesse einerseits und privatem Interesse andererseits bei der Bestimmung der zulässigen Eingriffsintensität zu erfolgen hat: Das Subsidiaritätsprinzip stützt und verstärkt das bereits oben aus den Grundrechten abgeleitete Regel-Ausnahme-Verhältnis und zeigt, daß die primär legitim eigennützige Ertragserzielung wegen der primären Eigenverantwortung des Einzelnen für sich selbst, seine Familie, aber auch für das Gemeinwohl, einen grundsätzlichen Vorrang vor der staatsnützigen Ertragserzielung genießt[640].

---

636 Vgl. R. SEER, FR 1999, S. 1280 ff. (1285); H. BUTZER, Freiheitsrechtliche Grenzen der Steuer- und Sozialabgabenlast, S. 82.

637 Vgl. J. ISENSEE, in: Isensee/Kirchhof (Hrsg.), Handbuch des Staatsrechts, Band V § 115 Rn. 246.

638 Vgl. K. TIPKE, Besteuerungsmoral und Steuermoral, S. 43, weist zu Recht darauf hin, daß der Leistungswille nicht erst geschwächt wird, wenn die Steuerbelastung an das Existenzminimum heranrückt.

639 Auch wenn ein psychologischer „breaking point" bei 50 % nicht im Rahmen einer fundierten empirischen Analyse nachgewiesen ist, worauf K. TIPKE, Besteuerungsmoral und Steuermoral, S. 43, zutreffend hinweist, so spricht doch bereits der gesunde Menschenverstand dafür, daß die Leistungsbereitschaft mit steigender Steuerbelastung (bei einem insgesamt nicht geringen Steuerniveau) nachläßt.

640 Ebenso: O. DEPENHEUER, in: v. Mangoldt/Klein/Starck, GG I, Art. 14 Rn. 207.

(ad) Zwischenergebnis

Eine Begrenzung der Steuerlast nach Maßgabe des Halbteilungsgrundsatzes ergibt sich aus dem Übermaßverbot. Der im Rahmen der Verhältnismäßigkeit im engen Sinne zu findende Ausgleich zwischen den Interessen des Allgemeinwohls und den Eigentümerinteressen bewegt sich maximal in der Nähe einer hälftigen Teilung und resultiert aus dem grundlegenden Vorrang der Freiheit vor staatlichem Eingriff und dem fehlenden Übergewicht der staatlichen über die privaten Einnahmeerzielungsinteressen[641].

(3) Berechtigung der Kritik am Halbteilungsgrundsatz ?

Nachdem sich der Halbteilungsgrundsatz nach der hier vertretenen Auffassung aus dem Verhältnismäßigkeitsprinzip ergibt, ist dieses Ergebnis an der von Teilen der Literatur geäußerten Kritik zu verproben[642].

(a) Ungerechtfertigte Einschränkung des Gesetzgebers

BIRK kritisiert, daß das Übermaßverbot nicht zu einer Steuerbegrenzung nach Maßgabe des Halbteilungsgrundsatzes führen könne. Was eine „übermäßige" Belastung sei, könne nicht isoliert aus der Intensität der Steuerbelastung abgelesen werden. Die Angemessenheit der Belastung hänge von den mit den Steuereinnahmen erfüllten Aufgaben des Staates ab. Darüber zu entscheiden, sei aber Aufgabe des demokratisch legitimierten Gesetzgebers[643]. Diesem müsse auch die Entscheidung darüber überlassen werden, in welchem Umfang er Infrastrukturleistungen gegenüber seinen Bürgern erbringe[644]. Wenn man aus Art. 14 GG

---

641 Im Ergebnis ebenso: G. ROSE, „Der Steuer-Plafondierungsbefehl des BVerfG und seine Durchsetzung", DB 1997, S. 494 ff. (497). Da das Übermaßverbot nicht nur im Rahmen von Art. 14 GG, sondern auch im Rahmen von Art. 2 Abs. 1 GG zu berücksichtigen gewesen wäre, ist auch die von H. P. BULL geäußerte Kritik, das Bundesverfassungsgericht habe Art. 14 GG in Abweichung von seiner bisherigen Rechtsprechung nur ins Spiel gebracht, um sich der Formulierung des „zugleich" bedienen zu können, verfehlt. Auch das Bundesverfassungsgericht leitet den Halbteilungsgrundsatz aus dem Übermaßverbot ab, wenn auch nicht allzu deutlich.

642 P. FISCHER, FR 1999, 1292 ff. (1293) hat gefordert, „die Argumente Punkt für Punkt in Rede und Gegenrede auszudiskutieren." Diesem Anliegen dienen die folgenden Ausführungen.

643 Vgl. D. BIRK, DStJG Band 22 (1999), S. 7 ff. (21); DERSELBE, in: Hübschmann/Hepp/Spitaler, § 4 AO Rn. 628; ebenso J. WIELAND, DStJG Band 24 (2001), S. 29 ff. (47).

644 Vgl. H. P. BULL, NJW 1996, S. 281 ff. (282).

den Halbteilungsgrundsatz ableite, dann interpretiere man Art. 14 GG als eine Ausgabenbegrenzungsnorm für den Gesetzgeber. Als solche stünde diese im Grundrechtskatalog schon systematisch falsch. Wenn man Art. 14 GG hingegen nicht als Ausgabenbegrenzungsnorm verstehe, dann könne man ihn nur noch als Umverteilungsvorschrift interpretieren, weil bei Beachtung des Halbteilungsgrundsatzes ohne Einschränkung der Staatsaufgaben die unteren und mittleren Einkommen stärker mit Steuern belastet werden müßten[645].

Dem ist folgendes entgegenzuhalten: Selbstverständlich ist die Beurteilung des Umfangs und der Dringlichkeit der Staatsaufgaben die ureigene Aufgabe des Parlaments. Nichtsdestotrotz ist der Gesetzgeber hierbei wegen Art. 1 Abs. 3 GG an die Grundrechte und folglich auch an Art. 14 GG gebunden. Die Vorstellung, eine demokratisch legitimierte Mehrheit könne der Gesamtheit der Bürger Belastungen in beliebiger Höhe auferlegen, solange nur der Gleichheitssatz gewahrt bleibe[646], ist mit der Funktion der Grundrechte als Minderheitenschutzrechte nicht in Einklang zu bringen. Der Minderheitenschutz wird eben gerade dort aktuell, wo die demokratisch legitimierte parlamentarische Mehrheit zulasten der im Abstimmungsprozeß unterlegenen Minderheit Entscheidungen treffen und deren Rechte beschneiden kann[647]. Mehrheit allein legitimiert nicht[648]. Anders gewendet: Der Grundrechtsschutz dient gerade dazu, ihn (auch) gegen die demokratisch legitimierte Staatsgewalt einsetzen zu können[649]. Dies erkennt auch das Bundesverfassungsgericht für das Steuerrecht an[650]. Daher wird Art. 14 GG in diesem Zusammenhang auch nicht in eine Ausgabenbegrenzungsnorm „umfunktioniert". Die Ausgabenbegrenzung des Staates ist dem Grundrechtsschutz seiner Bürger vielmehr immanent. Weil die Bürger auch hinsichtlich der Belastung mit Steuern wegen Art. 14 GG nicht rechtlos gestellt sind und der Staat damit nicht über grenzenlose Einnahmen verfügt, kann er nicht alle von

---

645 Vgl. D. BIRK, DStJG Band 22 (1999), S. 7 ff. (21 f.).

646 Vgl. J. WIELAND, DStJG Band 24 (2001), S. 29 ff. (43).

647 Vgl. H. BUTZER, StuW 1999, S. 227 ff. (237); K. VOGEL, in: Festschrift für Klaus Tipke, S. 93 ff. (100), bemerkt unter Verweis auf KANT zu Recht, daß das demokratische Prinzip *keinen* Vorrang vor den Gewährleistungen einer gerechten Rechtsordnung genießt.

648 Vgl. K. TIPKE, Die Steuerrechtsordnung Band I, 2. Auflage, S. 240.

649 Vgl. P. KIRCHHOF, Diskussionsbeitrag zu den Referaten von Kirchhof, Wieland und Lang, DStJG Band 24 (2001), S. 137.

650 Vgl. BVerfG, Beschluß vom 22. März 1983 – 2 BvR 475/78 –, in: BVerfGE 63, S. 343 ff. (368).

ihm möglicherweise gewünschten Aufgaben erfüllen können. Es entspricht im übrigen einem Gebot der Logik, daß ein Haushalt – privater wie öffentlicher – nur so viel an Ausgaben tätigen kann, wie er Einnahmen erzielt. Daher gilt auch für den Staat, daß er nur solche Aufgaben nach Art und Umfang übernehmen kann, die er durch verfassungsrechtlich zulässig erzielte Einnahmen decken kann. Würde man in Verkehrung dieser natürlichen Reihenfolge beim Ausgabengesetzgeber beginnen und dessen Beschlußfassung über zu leistende Aufgaben und in diesem Zusammenhang zu deckende Ausgaben gleichsam nur noch mathematisch korrekt (im Sinne von gleichheitsgerecht) auf die Steuerpflichtigen verteilen, dann könnte der Gesetzgeber Steuerlasten beschließen, die keinen Kernbestand des Erfolgs eigener Betätigung beließen, wie das Bundesverfassungsgericht zu Recht fordert[651], sondern den Erfolg eigener Betätigung zu 100 Prozent wegsteuerten.

Auch führt der Verweis BIRKS auf den Zusammenhang zwischen der Höhe der Belastung und den Aufgaben, die mit den Steuern finanziert werden, nicht zu einer anderen Beurteilung. Nimmt man den Grundsatz der Non-Affektation ernst[652], dann hängt die Beurteilung eines „Übermaßes“ der Besteuerung ausschließlich von der Intensität der Steuerbelastung und mithin von der Intensität des Eigentumseingriffs ab, nicht aber auch von den mit den Steuereinnahmen erfüllten Staatsaufgaben. Ihr Umfang und ihre Dringlichkeit können zur Rechtfertigung der Eingriffsintensität dann nicht herangezogen werden. Hält man den Grundsatz der Non-Affektation dagegen in diesem Zusammenhang für unanwendbar, etwa weil er sich aus Bundes- und damit einfachem Recht, nicht aber unmittelbar aus der Verfassung ergibt[653], dann muß tatsächlich bei jeder Staatsausgabe hinterfragt werden, ob diese Staatsaufgabe so dringlich ist, daß sie

---

651 Vgl. BVerfG, Beschluß vom 25. September 1992 – 2 BvL 5, 8, 14/91 –, in: BVerfGE 87, 153 ff. (169) und BVerfG, Beschluß vom 22. Juni 1995 – 2 BvL 37/91 –, in: BVerfGE 93, S. 121 ff. (137).

652 So M. JACHMANN, StuW 1996, S. 97 ff. (105); DIESELBE, Verfassungsrechtliche Grenzen der Besteuerung, S. 31.

653 Vgl. G. KISKER, in: Isensee/Kirchhof (Hrsg.), Handbuch des Staatsrechts, Band IV, § 89 Rn. 77; T. MAUNZ, in: Maunz-Dürig, Komm. z. GG, Art. 105 Rn. 10; C. WALDHOFF, „Die Zwecksteuer“, in: StuW 2002, S. 285 ff. (298), m.w.N (FN 154) bezeichnet den Grundsatz der Non-Affektation als nicht verfassungskräftig; M. JACHMANN, Verfassungsrechtliche Grenzen der Besteuerung, S. 31, ist der Auffassung, daß der Grundsatz der Non-Affektation bei der Beurteilung des gegenwärtigen Steuersystems zugrundezulegen ist, auch wenn ihm kein Verfassungsrang zukommt.

eine weitere Erhöhung der Steuerlast zu rechtfertigen vermag[654]. In diesem Zusammenhang wäre für jede einzelne Aufgabe und Ausgabe zu prüfen, ob sie, dem Subsidiaritätsgrundsatz entsprechend, nicht ebenso gut – möglicherweise sogar besser und effizienter – vom Individuum erfüllt werden könnte. Zudem wäre eine höhere Belastung für Aufgaben, die von so hohem Gewicht sind, daß sie eine (Mehr-) Belastung der Bürger grundsätzlich rechtfertigen würden, nur dann zulässig, wenn der Staat nicht in der Lage wäre, die Ausgabendeckung auch auf einem anderen, den Steuerpflichtigen weniger belastenden Wege zu erreichen. Solange der Bundesrechnungshof Jahr für Jahr die Verschwendung von Steuergeldern in Höhe von mehreren Milliarden Euro aufdeckt[655], ist zumindest in diesem Volumen eine Deckung der Staatsaufgaben durch Besteuerung unverhältnismäßig, weil Einsparungen als milderes und genauso effizientes Mittel zur Verfügung stehen[656]. Mittelbar führen beide Auffassungen zwar in der Tat dazu, daß der Staat in seinen Aufgaben beschränkt wird. Es darf aber – neben der bereits erwähnten Tatsache, daß dies dem Grundrechtsschutz der Bürger immanent ist – nicht außer acht gelassen werden, daß diese Einschränkung nur *ceteris paribus* gilt. Der Staat ist durchaus in der Lage, höhere Einnahmen zu erzielen. Dies ist jedoch nicht nur auf dem Wege höherer und möglicherweise verfassungswidriger Steuern möglich, sondern auch dadurch, daß er die privaten Wirtschaftssubjekte in die Lage versetzt, höhere Einnahmen zu erzielen, an denen er dann partizipiert. Hierfür die richtigen Rahmenbedingungen zu schaffen und auf diese Weise höhere Einnahmen zu erzielen, ist ebenfalls die ureigene Aufgabe des Parlaments, belastet die Bürger weniger und ist daher auch unter den Gesichtspunkten der Verhältnismäßigkeit und Subsidiarität der vorzugswürdige Weg.

Schließlich bewirkt der Halbteilungsgrundsatz auch nicht, daß der Staat überhaupt keine Aufgaben in sinnvollem Umfang mehr erfüllen könnte. Lediglich

---

654 Nach Auffassung des Bundesverfassungsgerichts ist die Verwendung des Steueraufkommens **nicht** geeignet, der Steuerbelastung Einhalt zu gebieten. Vgl. BVerfG, Urteil vom 27. Juni 1991 – 2 BvR 1493/89 –, in: BVerfGE 84, S. 239 ff. (268 f.).

655 Die Schätzungen des Bundes der Steuerzahler zur Steuerverschwendung belaufen sich sogar auf rund 30 Mrd. € pro Jahr, vgl. F.A.Z. vom 1. Oktober 2003, S. 13.

656 Eine mit diesem Argument gegen den Solidaritätszuschlag erhobene Verfassungsbeschwerde hat das Bundesverfassungsgericht unter Verweis auf seine Rechtsprechung zu den von Ausgabeentscheidungen unabhängigen Grenzen einer zulässigen Besteuerung im Grundfreibetrags- und im Halbteilungsurteil nicht zur Entscheidung angenommen. Vgl. BVerfG, Beschluß vom 19. November 1999 – 2 BvR 1167/96 –, in: www.bundesverfassungsgericht.de.

solche Aufgaben, die auch bei der höchstmöglichen Besteuerung (nach Maßgabe des Halbteilungsgrundsatzes) nicht mehr finanzierbar sind, können nicht mehr erfüllt werden. Daß damit der Staat handlungsunfähig würde[657] oder als Staatsaufgabe nicht viel mehr als den Schutz von Freiheit und Eigentum zuließe[658], kann bei Steuereinnahmen im dreistelligen Milliardenbereich[659] auch bei Massenarbeitslosigkeit und drängenden Problemen der sozialen Sicherungssysteme[660] nicht ernsthaft behauptet werden[661]. Zudem resultiert der verengte Handlungsspielraum des sozialstaatlichen Gesetzgebers nicht aus Einnahmeausfällen, die einer konsequenten Umsetzung des Halbteilungsgrundsatzes folgen könnten. Er resultiert vielmehr aus einer Ausgabenpolitik der Vergangenheit, die kreditfinanziert wurde und daher zu einer eklatanten Belastung der laufenden Haushalte mit Zinsaufwendungen geführt hat[662], die existierende Steuereinnah-

---

657 Nach S. SEEGER, DStR 2000, S. 10 ff. (15), „würde die sofortige kompromißlose Umsetzung des Halbteilungsgrundsatzes in den Staatsbankrott führen." Indes besteht durchaus die Möglichkeit für den Gesetzgeber, zur Vermeidung eines solchen Bankrotts, wenn er denn wirklich drohte, Steuervergünstigungen radikal abzubauen.

658 So der Vorwurf von J. WIELAND, DStJG Band 24 (2001), S. 29 ff. (44). Tatsächlich hat der Staat im Sozialbudget des Jahres 1999 Zuweisungen an die Sozialversicherungsträger in Höhe von 480 Mrd. DM vorgenommen. Es wurden zudem Soziale Hilfen (Sozialhilfe, Wohngeld etc.) in Höhe von 94 Mrd. DM und Leistungen für den Familienleistungsausgleich in Höhe von 57 Mrd. DM gewährt. Quelle: A. OECKL (BEGR.), Taschenbuch des öffentlichen Lebens Deutschland 2001/2002.

659 Im Jahr 2001 betrug das Steueraufkommen rund 446,2 Mrd. €; Quelle: Bundesministerium der Finanzen (Hrsg.), Datensammlung zur Steuerpolitik, S. 33, in: www.bundesfinanzministerium.de. Die kassenmäßigen Steuereinnahmen im Jahr 2001 betrugen sogar 483 Mrd. €; Quelle: Statistisches Bundesamt, in: www.destatis.de.

660 Auf diese verweisen E.-W. BÖCKENFÖRDE, Abweichende Meinung zum Beschluß des Zweiten Senats vom 22. Juni 1995 - 2 BvL 37/91 -, in: BVerfGE 93, S. 149 ff. (164). Die öffentlichen Einnahmen im Rahmen der Sozialversicherungen betrugen im Jahr 2001 weitere 444 Mrd. Euro.

661 So aber H. P. BULL, NJW 1996, S. 281 ff. (282), der die Diskrepanz von privatem Reichtum und öffentlicher Armut anprangert; H.-J. PAPIER, in: Festschrift für Klaus Vogel 2000, S. 117 ff. (119), kritisiert zu Recht die verbreitete Ideologie, daß jede den privaten Haushalten entzogene und statt dessen durch den Staat ausgegebene Geldeinheit das Gemeinwohl mehre.

662 Im Bundeshaushalt 2001 wurden allein Zinsaufwendungen am Kapitalmarkt in Höhe von 77 Mrd. € bei Gesamtausgaben in Höhe von 477 Mrd. € offen ausgewiesen. Dies entspricht einer Quote von rund 16 %. Quelle: Bundesministerium der Finanzen (Hrsg.), Übersichten zum Bundeshaushaltsplan 2001, in: www.bundesfinanzministerium.de. Im

men der Verwendung für sozialstaatliche Zwecke unwiderruflich entzieht[663]. Er resultiert ferner aus einer steuerpolitischen „Subventionitis", die ein System vermissen läßt, Steuergeschenke als Wahlkampfhilfe mißbraucht und im übrigen weitgehend ungerecht ist[664]. Aus dem unsystematischen steuerlichen Subventionsdschungel resultiert auch, was BULL völlig zu Recht kritisiert: die Möglichkeit, durch geschickte und legale Steuergestaltung eine leistungs- und sozialgerechte Abgabenbelastung zu vermeiden[665].

Damit wird auch deutlich, warum Art. 14 GG nicht automatisch zu einer Umverteilungsnorm von unten nach oben mutiert[666]. Der Gesetzgeber wird durch den Halbteilungsgrundsatz nicht gezwungen, die Bezieher geringerer Einkommen stärker zu belasten. Zum einen ist der Gesetzgeber durchaus in der Lage, die Ausgaben sinnvoll zu begrenzen. Erst wenn er dies nicht tut, sondern auf seinem selbstgegebenen Aufgabenkatalog und –umfang beharrt, muß er in der politischen (nicht notwendig in der verfassungsrechtlichen[667]) Auseinandersetzung rechtfertigen, ob bestimmte Aufgaben wirklich so dringlich sind, daß sie eine stärkere Belastung der niedrigeren Einkommensgruppen rechtfertigen. Zum anderen ist der Staat in der Lage, seine Einnahmen dadurch zu erhöhen, daß er die Einnahmemöglichkeiten und die Leistungsbereitschaft der Wirtschaftssubjekte fördert und auf diese Weise zu einer verbesserten Einnahmebasis gelangt. Diese ermöglicht es ihm, auf eine Erhöhung der allgemeinen Steuerbelastung zu verzichten und dennoch Aufgaben in gleichem oder sogar größerem Umfang zu

---

Jahr 2000 betrugen die Zinsaufwendungen allein des Bundes 79 Mrd. DM, vgl. F. KIRCHHOF, StuW 2002, S. 1569 ff. (1569).

663 So richtigerweise: K. VOGEL, NJW 1996, S. 1257 ff. (1258 f.).

664 Die Tonnagebesteuerung, die Schiffsbeteiligungen zu lukrativen, steuermindernden Anlageobjekten für Besserverdienende gekürt hat, sich für den Normalverdiener aber in der Regel nicht eignet, gehört in diese Kategorie ebenso, wie die Steuerfreistellung von Sonn-, Feiertags- und Nachtarbeit, die zwar dem Arbeitnehmer zukommt, dem Gewerbetreibenden, Freiberufler oder Landwirt, der sonn- oder feiertags arbeitet, aber nicht.

665 Vgl. H. P. BULL, NJW 1996, S. 281 ff. (282); ebenso: J. LANG, NJW 2000, S. 457 ff. (459).

666 Vgl. K. TIPKE, Steuerrechtsordnung Band I, 2. Auflage, S. 415: „Durch einen progressiven Einkommensteuertarif wird auch dann eine Umverteilung von oben nach unten bewirkt, wenn der Spitzensteuersatz unter 50 % der Bemessungsgrundlage liegt, niemals eine Umverteilung von unten nach oben, wie die Agitation von Linken, zumal in Wahlkämpfen, glauben machen will."

667 Dies hängt davon ab, ob man den Grundsatz der Non-Affektation hier für anwendbar hält oder nicht.

erfüllen[668]. Schließlich kann demselben Ziel auch durch den Abbau der zahllosen steuerlichen Subventionsvorschriften, die auch und gerade Besserverdienende überproportional entlasten, gedient werden[669].

Somit beschränken die Garantien von Freiheit und Eigentum über das Übermaßverbot das Budgetrecht des Parlaments tatsächlich. Dies ist aber in der Verfassung so angelegt, weil die Grundrechte als Minderheitenschutzrechte ausgeprägt sind und diesen Schutz vor jeglichen staatlichen Eingriffen gewähren. Daß diese Grundrechte daher den Gesetzgeber wie in anderen gesetzgeberischen Entscheidungen mittelbar auch in seinem Budgetrecht einschränken können, ist dem System der Grundrechte und damit der Verfassung immanent.

(b) Verstoß gegen das Sozialstaatsprinzip

Der bereits bei der Beurteilung der Zulässigkeit von Substanzsteuern eingeführte Einwand, eine Einschränkung des Gesetzgebers dahingehend, daß dieser echte Substanzsteuern nicht erheben dürfe, verstoße gegen das Sozialstaatsprinzip, wird auch gegenüber dem Halbteilungsgrundsatz erhoben[670]. Wenn der Gesetzgeber hinsichtlich der Beteiligung an den Erträgen der Privaten auf maximal die Hälfte limitiert werde, könne er seinen Auftrag zur Schaffung eines sozial gerechten Staates nicht mehr ausreichend erfüllen. Er werde empfindlich in seinem auf dem Sozialstaatsprinzip beruhenden, weiten Gestaltungsspielraum beschnitten, der es ihm unter anderem ermögliche, materielle Ungleichheiten, die sich aus dem freien Spiel der Marktkräfte ergeben, (umverteilend) zu korrigieren[671]. Gerade das Eigentum bedrohe als Quelle materieller Ungleichheit die

---

668 Dies übersieht H. P. BULL, NJW 1996, S. 281 ff. (282), wenn er – zu Recht – die Kapitalflucht ins Ausland und die Nutzung von Steuerschlupflöchern beklagt. Die Kapitalflucht wäre geringer, wenn die Steuersätze niedriger wären. So könnte eine Senkung der Steuersätze zu einer Erhöhung des Steueraufkommens führen. Ebenso führte der Abbau von Steuerprivilegien zu einem „Mehr“ an Gerechtigkeit **und** einem „Mehr an Steuereinnahmen.

669 Das Volumen der steuerlichen Subventionen von Bund und Ländern betrug nach Angaben des BMF im Jahr 2001 rund 23 Mrd. Euro. Quelle: Bundesministerium der Finanzen (Hrsg.), Bericht der Bundesregierung über die Entwicklung der Finanzhilfen des Bundes und der Steuervergünstigungen für die Jahre 1999-2002 (18. Subventionsbericht), S. 12 und Anlage 5.

670 Vgl. H. WEBER-GRELLET, BB 1996, S. 1415 ff. (1418); H. P. BULL, NJW 1996, S. 281 ff. (282).

671 Vgl. H. P. BULL, NJW 1996, S. 281 ff. (284).

freiheitliche Rechtsordnung. Wenn man seine Akkumulation nicht begrenze, sondern es unter einen absoluten Schutz stelle, bestehe die Gefahr, daß sich die Ungleichheit ungestört potenzieren könne und die freiheitliche Rechtsordnung sich so selbst aufhebe[672]. Das Grundgesetz habe aber durch die Einführung des Sozialstaatsprinzips den Staat dazu verpflichtet, für einen Ausgleich der sozialen Gegensätze zu sorgen und eine gerechte Sozialordnung zu schaffen. Insoweit sichere das Grundgesetz keine unbegrenzte Eigentumsakkumulation[673]. Schließlich widerspreche eine Steuerplafondierung auf 50 % der Erträge auch sozialstaatlichen Vorstellungen, die eine progressive Besteuerung erforderlich machten[674].

Richtig an dieser Auffassung ist, daß es Aufgabe des Gesetzgebers ist, dem verfassungsrechtlichen Sozialstaatsauftrag nachzukommen. Was der Gesetzgeber, auch der eigentumsbeschränkende, für „sozial" zu halten hat, ergibt sich jedoch – abgesehen von äußersten Richtschranken, wie dem zu gewährleistenden Existenzminimum – weder aus dem Wortlaut der Vorschrift des Art. 20 Abs. 1 S. 1 GG noch aus dessen Entstehungsgeschichte[675]. Der Gesetzgeber hat daher in diesem Zusammenhang einen grundsätzlich weiten Gestaltungsspielraum. Er bestimmt im Wege des demokratischen Mehrheitsentscheides, was im einzelnen sozialstaatlich geboten ist[676]. Daraus jedoch zu folgern, jede Einschränkung dieses Gestaltungsspielraums, gleich aus welchem Grund, stelle einen Verstoß gegen das Sozialstaatsprinzip dar, mündet in folgenden Fehlschluß: Was heißt „sozial"? Weil die Verfassung „sozial" nicht genauer definiert hat, bestimmt dies der einfache Gesetzgeber. Kann der einfache Gesetzgeber eine ihm vorschwebende Bestimmung nicht erlassen, weil ihm an anderer Stelle Grenzen gesetzt sind, verstoßen diese Grenzen gegen das Sozialstaatsprinzip. Folglich kann der Gesetzgeber die Bestimmung doch erlassen.

---

672 Vgl. E.-W. Böckenförde, Abweichende Meinung zum Beschluß des Zweiten Senats vom 22. Juni 1995 – 2 BvL 37/91 –, in: BVerfGE 93, S. 149 ff. (162 f.); H. P. Bull, NJW 1996, S. 281 ff. (284).

673 Vgl. H. P. Bull, NJW 1996, S. 281 ff. (284).

674 Vgl. H. Weber-Grellet, BB 1996, S. 1415 ff. (1418).

675 Vgl. hierzu: F. E. Schnapp, JuS 1998, S. 873 ff. (874).

676 BVerfG, Beschluß vom 18. Juni 1975 – 1 BvL 4/74 –, in: BVerfGE 40, S. 121 ff. (133); BVerfG, Beschluß vom 12. Oktober 1976 – 1 BvL 9 /74 –, in: BVerfGE 43, S. 13 ff. (19); BVerfG, Beschluß vom 29. Mai 1990 – 1 BvL 20, 26, 184 und 4/86 –, in: BVerfGE 82, S. 60 ff. (85).

Diese Interpretation des Sozialstaatsprinzips übersieht, daß der Gestaltungsspielraum des Gesetzgebers bei der Umsetzung des Sozialstaatsauftrags von Verfassungs wegen eben *nicht* unbeschränkt ist. Zwar bestimmt der Gesetzgeber, was im einzelnen sozialstaatlich geboten ist[677]. Bei dieser Beurteilung hat der *einfache* Gesetzgeber aber die ihm von der *Verfassung* an anderer Stelle, vor allem bei den Grundrechten, vorgegebenen Werte und gezogenen Grenzen zu beachten. Art. 1 Abs. 3 GG bindet den Gesetzgeber an die nachfolgenden Grundrechte. Er macht dabei keine Ausnahme für den gestaltenden Sozialgesetzgeber. Weil der Halbteilungsgrundsatz aus dem Grundrecht auf Eigentum folgt, das der Verfassungsgesetzgeber dem einfachen Gesetzgeber zum Schutz befohlen hat, verkürzt er auch nicht in ungerechtfertigter Weise den Gestaltungsspielraum des sozialstaatlichen Gesetzgebers. Vielmehr besteht an dieser Stelle wegen der erforderlichen Achtung des Grundrechts auf Eigentum überhaupt kein Gestaltungsspielraum des Gesetzgebers, dem Eigentümer zur Erreichung von sozialen Zielen mehr als die Hälfte der aus dem Eigentum erzielten Erträge zu entziehen. Da hier ein Gestaltungsspielraum insoweit von vorneherein nicht besteht, kann er durch den Halbteilungsgrundsatz auch nicht in unzulässiger Weise eingeschränkt werden[678]. Wollte man vertreten, daß das Eigentum nur in den durch den Sozialgesetzgeber abgesteckten Grenzen gewährleistet würde, so würde das Schutzniveau des Art. 14 GG dem Schutzniveau von Art. 2 Abs. 1 GG angeglichen, bei dem die allgemeine Handlungsfreiheit nur in den Grenzen der einfachen Gesetze gewährleistet wird. Dann aber machte eine Differenzierung zwischen den Grundrechten aus Art. 2 Abs. 1 GG und Art. 14 GG keinen Sinn mehr. Art. 14 GG wäre schlicht überflüssig.

Auch der Einwand, der Gesetzgeber habe die Aufgabe, Gefahren, die von einer Konzentration von Eigentum auf die Freiheit und die Gesellschaftsordnung insgesamt ausgingen, abzuwenden, greift im Zusammenhang mit dem Halbteilungsgrundsatz nicht Platz. Das Grundgesetz schützt das Eigentum ungeachtet der Größe des Vermögens. Gefahren für die Eigentumsordnung insgesamt drohen auch nicht wegen der Größe bestimmter Vermögen, sondern wegen der damit verbundenen Konzentration von Macht und der Ausschaltung von Wettbewerb. Die Aufgabe der Abwehr dieser Gefahren erfüllt aber vor allem das Kartellrecht; es stellt dabei zu Recht nicht auf die Größe des Vermögens, sondern

677 Vgl. F. E. SCHNAPP, JuS 1998, S. 873 ff. (877).

678 Vgl. H. BUTZER, Freiheitsrechtliche Grenzen der Steuer- und Sozialabgabenlast, S. 66 f.

auf Umsatzgrößen und zusätzlich auf die Gefahr von Einschränkungen des Wettbewerbs durch marktbeherrschende Stellungen ab[679].

Schließlich ist der Vorwurf, sozialstaatliche Vorstellungen machten eine progressive Besteuerung erforderlich und die Halbteilung verhindere eine solche, zu undifferenziert. Zunächst ist festzustellen, daß die Besteuerung in der heutigen Form, also insbesondere eine Besteuerung nach der individuellen Leistungsfähigkeit, bei der Einkommensteuer bereits ein Produkt sozialstaatlicher Vorstellung ist[680]. Dies wird insbesondere dann deutlich, wenn man dieser Form der Besteuerung die Alternative „Kopfsteuer" gegenüberstellt. Nicht jeder Bürger leistet den gleichen Beitrag zum staatlichen Finanzbedarf, sondern derjenige, der ein größeres Einkommen bezieht, leistet einen größeren Beitrag. Damit stellt die individuelle Besteuerung nach der Höhe des Einkommens bereits eine sozialstaatlich motivierte Umverteilung durch die Besteuerung dar[681]. Auch die Progression ist Ausdruck sozialstaatlicher Umverteilung[682]. Durch sie steigt der Umverteilungsgrad weiter[683]. Es mag richtig sein, daß die herrschende sozialstaatliche (im Sinne von sozialpolitische) Meinung der Auffassung zuneigt, eine progressive Besteuerung sei gerechter als eine lineare. Zutreffend ist wohl auch die Auffassung, daß ein progressiver Tarif mit dem Leistungsfähigkeitsprinzip vereinbar ist, es also nicht gegen das Prinzip der Besteuerung nach der individuellen Leistungsfähigkeit verstößt[684]. *Verfassungsrechtlich* zwingend ist die progressive Besteuerung jedoch keineswegs[685], wenngleich sie aus sozialstaatlichen

---

679 Vgl. §§ 19, 36 Abs. 1 GWB.

680 Der Grundsatz der Besteuerung nach der Leistungsfähigkeit ergibt sich aus dem Gleichheitsgrundsatz (Art. 3 Abs. 1 GG) in Verbindung mit dem Sozialstaatsprinzip. Er besitzt Verfassungsrang. Vgl. BVerfG, Beschluß vom 29. Mai 1990 – 1 BvL 20, 26, 184 und 4/86 –, in: BVerfGE 82, S. 60 ff. (86).

681 Vgl. K. TIPKE, Die Steuerrechtsordnung Band I, 2. Auflage, S. 401.

682 Vgl. K. TIPKE, Die Steuerrechtsordnung Band I, 2. Auflage, S. 403; A. NACKE, in: Littmann/Bitz/Pust, Das Einkommensteuerrecht, § 32a Rn. 4; i.E. auch M. JACHMANN, Verfassungsrechtliche Grenzen der Besteuerung, S. 19.

683 Vgl. K. TIPKE, Die Steuerrechtsordnung Band I, 2. Auflage, S. 403.

684 Vgl. K. TIPKE, Die Steuerrechtsordnung Band I, 2. Auflage, S. 403; im Ergebnis auch J. LANG, „Prinzipien und Besteuerung von Einkommen", DStJG Band 24 (2001), S. 49 ff. (57).

685 Vgl. K. TIPKE, Die Steuerrechtsordnung Band I, 2. Auflage, S. 404 f.; D. JÄSCHKE, in: Lademann, EStG, § 2 EStG Rn. 357; M. ELICKER, „Kritik der direkt progressiven Einkommensbesteuerung", in: StuW 2000, S. 3 ff. (17): „Das Gerechte ist das Proportionale." A.A. offenbar: A. NACKE, in: Littmann/Bitz/Pust, Das Einkommensteuerrecht,

Erwägungen vernünftig ist. Aber selbst wenn man der Auffassung wäre, eine progressive Besteuerung sei erforderlich, so würde der Halbteilungsgrundsatz eine progressive Besteuerung nicht unmöglich machen. Die Progression würde lediglich bei 50 % gekappt. Unterhalb der verfassungsrechtlich vorgegebenen Halbteilungsgrenze würde die progressive Besteuerung durchaus stattfinden. Und: Auch durch einen progressiven Steuertarif, der auf 50 % gekappt ist, würde eine Umverteilung von oben nach unten stattfinden und niemals eine Umverteilung von unten nach oben[686]. Auch eine gekappte progressive Besteuerung entspricht somit durchaus dem Grundsatz der Besteuerung nach der Leistungsfähigkeit[687] und verwirklicht eine sozialstaatlich motovierte Umverteilung.

(c) Disproportionaler Schutz allein der Vermögenden

Gegen den Halbteilungsgrundsatz wird im Zusammenhang mit der Vermögensteuer ferner eingewandt, dieser bewirke einen disproportionalen Schutz allein der Vermögenden. Die Steuerbelastung mit Einkommensteuer schöpfe bei den „Vermögenden" in der Regel bereits das durch den Halbteilungsgrundsatz vorgegebene maximale Besteuerungspotential aus, wenn diese ihr Vermögen ertragbringend angelegt haben, so daß bei ihnen für eine zusätzliche Belastung mit Vermögensteuer kein Raum mehr sei. Die Inhaber von besonders hohen Vermögen würden daher durch den Halbteilungsgrundsatz privilegiert[688]. Die „Geringvermögenden" würden wegen der vom Bundesverfassungsgericht geforderten vermögensteuerlichen Freibeträge, die sich in der Nähe des Wertes eines Einfamilienhauses bewegen sollen, erst gar nicht mit Vermögensteuer belastet. Die effektive Belastung mit Vermögensteuer hätten folglich allein diejenigen zu tragen, die sich zwischen „arm" und „reich" bewegten und bei denen sich die Einkommensteuerbelastung der Ist-Erträge des Vermögens wegen insgesamt

---

§ 32a Rn. 4; BVerfG, Urteil vom 24. Juni 1958 – 2 BvF 1/57 –, in: BVerfGE 8, S. 51 ff. (68): „... würde eine formale Gleichbehandlung von Reich und Arm durch Anwendung desselben Steuersatzes dem Gleichheitssatz widersprechen."

686 So zu Recht: K. TIPKE, Die Steuerrechtsordnung Band I, 2. Auflage, S. 415.

687 A.A. FG Düsseldorf, Urteil vom 5. November 1997 – 8 K 4409/97 E –, in: EFG 1998, S. 378 f. (379).

688 Vgl. E.-W. BÖCKENFÖRDE, Abweichende Meinung zum Beschluß des Zweiten Senats vom 22. Juni 1995 – 2 BvL 37/91 –, in: BVerfGE 93, S. 149 ff. (161 f.); P. FISCHER, FR 1999, S. 1292 ff. (1294); J. WIELAND, JZ 2000, S. 357 ff. (359).

geringerer Einkünfte nicht im Bereich des Spitzensteuersatzes bewege[689]. ARNDT hat dafür den Begriff des „Sandwich-Bürgers" geprägt[690]. Die Vermögensteuer würde damit zu einer „Sandwich-Steuer". Dadurch werde eine Vermögensteuer mit degressiver Wirkung nahegelegt und so das Kriterium der Leistungsfähigkeit außer Kraft gesetzt[691]. FISCHER kritisiert, daß auf diese Weise zwischen dem Schutz durch die Halbteilungsgrenze und dem Schutz des Existenzminimums „verfassungsrechtliches Niemandsland" entstehe, obwohl der Schutz vor einer steuerlichen Überlast an jedem Punkt der Progressionskurve und nicht nur bei den Beziehern hoher Einkommen wirken müsse[692].

Die genannte Kritik greift berechtigte Bedenken gegenüber einer Verzerrung der Besteuerung nach der Leistungsfähigkeit auf. In der Tat wäre es ungerecht im Sinne des Gleichheitssatzes, wenn die Bezieher hoher Einkommen wegen des Halbteilungsgrundsatzes vor einer zusätzlichen Steuerlast geschützt würden, während die Bezieher geringerer Einkommen einer zusätzlichen Vermögensteuer entgegensehen müßten[693]. Indes vermag diese berechtigte Kritik nicht das Verbot einer Übermaßbesteuerung nach Maßgabe des Halbteilungsgrundsatzes zu überwinden. Vielmehr sind beide Prinzipien, die in diesem Fall kollidierendes Verfassungsrecht darstellen, miteinander in Einklang zu bringen[694]. Das Verbot der Übermaßbesteuerung in Gestalt des Halbteilungsgrundsatzes läßt eine Besteuerung der Erträge, die über die Hälftigkeitsgrenze hinausgeht, aus freiheitsgrundrechtlichen Gründen nicht zu. Wird die Hälftigkeitsgrenze eingehalten, so folgt daraus keineswegs, daß die Bezieher höchster Einkommen gleichermaßen steuerfrei gestellt würden. Bei Überschreiten der Schwelle müßten sie weiterhin jeden zusätzlich verdienten Euro in der steuerlichen Gesamtbelastung mit 50 % versteuern. Wie bereits dargelegt, ist dem Grundgesetz ein verfassungsrechtliches Gebot, Einkommen progressiv zu besteuern, nicht zu ent-

---

689 Vgl. E.-W. BÖCKENFÖRDE, Abweichende Meinung zum Beschluß des Zweiten Senats vom 22. Juni 1995 – 2 BvL 37/91 –, in: BVerfGE 93, S. 149 ff. (161 f.); P. FISCHER, FR 1999, S. 1292 ff. (1294).

690 Vgl. H.-W. ARNDT, BB 1996, Beilage 7 zu Heft 14, S. 1 ff. (2).

691 Vgl. E.-W. BÖCKENFÖRDE, Abweichende Meinung zum Beschluß des Zweiten Senats vom 22. Juni 1995 – 2 BvL 37/91 –, in: BVerfGE 93, S. 149 ff. (162).

692 Vgl. P. FISCHER, FR 1999, S. 1292 ff. (1295); ebenfalls kritisch: M. BALKE, in: Tipke/Lang, Steuerrecht, 15. Auflage, 1996, § 12 Rn. 73.

693 Vgl. D. KRÜGER/E. KALBFLEISCH/S. KÖHLER, DStR 1995, S. 1452 ff. (1454).

694 So auch R. SEER, „Replik zu Peter Fischer „Im Stich gelassene Richter"", in: FR 1999, S. 1296 f. (1297).

nehmen. Eine progressive Besteuerung ist gleichheitsrechtlich zulässig und sozialstaatlich vertretbar, aber keineswegs erforderlich[695]. Genausowenig ist dem Grundgesetz ein bestimmtes Maß der Progression zu entnehmen. Noch weniger ist dem Grundgesetz ein Gebot zu entnehmen, den Grenzsteuersatz unbeschränkt ansteigen zu lassen[696]. Auch der Grenzsteuersatz der Einkommensteuer endet derzeit bei 48,5 %[697]. Er ist als solcher mit Sicherheit nicht verfassungswidrig. Daher widerspricht es auch nicht dem Gleichheitssatz, die steuerliche Gesamtbelastung wegen des Primats der privatnützigen Ertragserzielung bei 50 % zu kappen. Die Besteuerung jedes zusätzlichen Euros mit 50 % verstößt nicht gegen den Gleichheitssatz. Allerdings muß dem Gebot der vertikalen Steuergerechtigkeit unterhalb der Schwelle von 50 % Rechnung getragen werden, indem die größeren Einkommen stärker belastet werden als die kleineren[698]. Dies spricht auch das Bundesverfassungsgericht im Halbteilungsurteil aus, wenn es fordert, „unterhalb dieser Obergrenze die Erträge nach Maßgabe der Gleichheit in folgerichtigen Übergängen zu belasten[699]." Dies bedeutet, daß die steuerliche *Gesamtbelastung* unterhalb der Schwelle von 50 % so abgestuft werden muß, daß die Bezieher von geringeren Einkommen auch insgesamt geringere Steuern zahlen. Wird dieses Erfordernis beachtet, dann ist auch der Einwand TIPKES, der Halbteilungsgrundsatz verlange die Hälfte der Erträge von Einkommensmillionären und Einkommensschwachen, unberechtigt, da der Halbteilungsgrundsatz nur eine Belastungs*obergrenze* darstellt und unterhalb dieser Obergrenze der Grundsatz der vertikalen Steuergerechtigkeit einzuhalten ist, so daß von Einkommensschwachen keineswegs die Hälfte verlangt werden darf.

Es ist Sache des Gesetzgebers, dafür zu sorgen, daß dem Gebot der vertikalen Steuergerechtigkeit auch bei Anwendung des Halbteilungsgrundsatzes Rechnung getragen wird. Es existieren durchaus Möglichkeiten, dies zu erreichen. Zum einen kann die Gesamtsteuerbelastung für alle Steuerpflichtigen unter das Maß von 50 % gesenkt werden. Dann ist es möglich, bei allen Steuerpflichtigen Vermögensteuer zu erheben und so der Steuergerechtigkeit genüge zu tun. Erste

---

695 Vgl. K. TIPKE, Die Steuerrechtsordnung Band I, 2. Auflage, S. 403 f.

696 K. TIPKE, a.a.O., S. 416, ist der Auffassung, daß Art. 2, 12 und 14 eine konfiskatorische oder expropriierende Progression nicht zulassen.

697 Vgl. § 32a Abs. 1 EStG.

698 Vgl. R. SEER, FR 1999, S. 1296 f. (1297); D. KRÜGER/E. KALBFLEISCH/S. KÖHLER, DStR 1995, S. 1452 ff. (1454).

699 Vgl. BVerfG, Beschluß vom 22. Juni 1995 – 2 BvL 37/91 –, in: BVerfGE 93, S. 121 ff. (138).

Schritte hierzu sind vom Gesetzgeber mit dem Steuerentlastungsgesetz 1999/2000/2002[700] unternommen. Zum anderen kann eine Anrechnung der gezahlten Vermögensteuer auf die Einkommensteuer (alternativ auch ein Abzug der gezahlten Vermögensteuer von der einkommensteuerlichen Bemessungsgrundlage) erfolgen, die ebenfalls dazu führt, daß die Erträge aus dem Vermögen nicht doppelt mit Einkommensteuer und Vermögensteuer erfaßt werden und die Belastung auf diese Weise unterhalb der 50 %-Schwelle gehalten wird. Schließlich könnte der Gesetzgeber auf die Erhebung der Vermögensteuer insgesamt verzichten. In diesem Fall wären die Inhaber mittlerer Vermögen ebenfalls nicht schlechter gestellt als die Inhaber größerer Vermögen. Welche dieser Möglichkeiten umgesetzt wird, hat der Gesetzgeber zu entscheiden. Derzeit hat man die Wahl getroffen, eine Vermögensteuer nicht zu erheben. Träfe der Gesetzgeber aber künftig eine andere Entscheidung, könnte er durch eine der anderen Möglichkeiten sicherstellen, daß es auch bei Einhaltung der Halbteilungsgrenze nicht zu Verzerrungen bei der vertikalen Steuergerechtigkeit kommt.

(d) International keine Parallele

Schließlich wird gegen die Ableitung eines Halbteilungsgrundsatzes aus dem Eigentumsgrundrecht eingewandt, daß dieser auch rechtsvergleichend keine Parallele finde[701]. Zwar werde in keinem anderen Staat Europas bestritten, daß die Steuer einen Eingriff in das Eigentum darstelle[702], nirgendwo sonst werde aber aus dem Eigentumsgrundrecht eine Steuerdogmatik abgeleitet[703].

Fraglich ist zunächst, ob ein Rechtsvergleich mit den übrigen europäischen Staaten zur Auslegung der deutschen Verfassung herangezogen werden kann. Für die Rechtsvergleichung als „fünfte Auslegungsmethode" wird HÄBERLE zitiert[704]. Dieser fordert, daß die Rechtsvergleichung in die Grundrechtsauslegung eingebaut werden sollte, räumt aber ein, daß die Vergleichung nur eines der

---

700 BGBl. I 1999, S. 402 ff.

701 Vgl. K. TIPKE, Besteuerungsmoral und Steuermoral, S. 35; J. WIELAND, DStJG Band 24 (2001), S. 29 ff. (42); umfassender europäischer Rechtsvergleich bei: K. TIPKE, Die Steuerrechtsordnung Band I, 2. Auflage, S. 446 ff. und bei P. HÄBERLE, in: Festschrift für Klaus Vogel 2000, S. 139 ff.

702 A.A. ausdrücklich J. WIELAND, DStJG Band 24 (2001), S. 29 ff. (42).

703 Vgl. K. TIPKE, Besteuerungsmoral und Steuermoral, S. 35 f.

704 P. HÄBERLE, „Grundrechtsgeltung und Grundrechtsinterpretation im Verfassungsstaat", in: JZ 1989, S. 913 ff. (916 ff.).

(dann) fünf Auslegungskriterien sei und „mindestens“ den fünften Platz einnehmen solle[705]. Ob die Verfassungsvergleichung überhaupt als Auslegungskriterium heranzuziehen ist, kann hier offen bleiben. Denn sie ist jedenfalls nicht zur Widerlegung des Halbteilungsgrundsatzes geeignet. TIPKES Untersuchung hat nämlich gezeigt, daß die Verfassungen Österreichs, der Schweiz und Spaniens ebenfalls vor übermäßiger, konfiskatorischer Besteuerung schützen[706]. Eine solche hat aber nun das Bundesverfassungsgericht für den Fall des Überschreitens der Hälftigkeitsgrenze festgestellt und damit die – offenbar auch in den anderen europäischen Staaten – gepflegte Leerformel[707] vom Verbot der übermäßigen Besteuerung mit Leben gefüllt. Selbst wenn man die Verfassungsvergleichung als fünfte Auslegungsmethode in Erwägung ziehen will, widerspricht das auf Grundlage der ersten vier Auslegungskriterien gefundene Ergebnis „Halbteilung“ damit nicht dem fünften Kriterium. Soweit TIPKE bei seiner rechtsvergleichenden Untersuchung gesetzliche Grenzen der Gesamtbelastung durch Einkommen- und Vermögensteuer in den Niederlanden, Spanien, Schweden und Dänemark beschreibt[708], handelt es sich um *einfachgesetzliche* Belastungsgrenzen, die daher einen unmittelbaren *Verfassungs*vergleich nicht gestatten. Daß ein „Halbteilungsgrundsatz“ in den übrigen europäischen Staaten (noch) nicht vertreten wird, ist deshalb noch kein Grund, das vom Bundesverfassungsgericht aus der Auslegung von Art. 14 GG gewonnene und nach dem oben Ausgeführten auch zu Recht gewonnene Ergebnis als verfassungswidrige Verfassungsauslegung zu brandmarken[709].

(4) Zwischenergebnis

Art. 14 GG bewirkt eine Begrenzung der individuellen Steuerlast auf eine Eigentumsnutzung nach Maßgabe des Halbteilungsgrundsatzes. Die Begrenzung erfolgt aber entgegen dem Bundesverfassungsgericht nicht aus dem Wortlaut des Art. 14 Abs. 2 S. 2 GG, da „zugleich“ nicht mit „zu gleichen Teilen“ übersetzt werden kann. Sie ergibt sich aber aus dem Übermaßverbot. In diesem Zusammenhang zeigt der Wortlaut des Art. 14 Abs. 2 S. 2 GG, daß das grundrechtliche Regel-Ausnahme-Verhältnis zwischen individueller Freiheit und staatli-

---

705 Vgl. P. HÄBERLE, JZ 1989, S. 913 ff. (917).

706 Vgl. K. TIPKE, Die Steuerrechtsordnung Band I, 2. Auflage, S. 446 f.

707 Vgl. H. BUTZER, StuW 1999, S. 227 ff. (229).

708 Vgl. K. TIPKE, Besteuerungsmoral und Steuermoral, S. 47.

709 J. LANG, in: Tipke/Lang, Steuerrecht, 17. Auflage, § 4 Rn. 223, bezeichnet die Dogmatik des Halbteilungsgrundsatzes denn auch als „international wegweisend“.

chem Eingriff auch im Rahmen der sozialgebundenen Eigentumsfreiheit Geltung besitzt. Eine besonders hohe Intensität der Sozialbindung läßt sich aus der ertragsorientierten Eigentumsnutzung nicht entnehmen, so daß hier eine Umkehrung des Regel-Ausnahme-Verhältnisses auch bei der Eigentumsnutzung nicht in Betracht kommt. Schließlich deutet auch der verfassungsrechtliche Grundsatz der staatlichen Subsidiarität in diese Richtung. Er vermag das Regel-Ausnahme-Verhältnis zu unterstreichen und zu verstärken.

(5) Halbteilung als Obergrenze für die steuerliche Gesamtlast

Eine Vermögensteuer, die – wie die 1996 ausgelaufene – ein Prozent des Gesamtvermögens nach Abzug der Schulden ausmachte, würde diese Halbteilungsgrenze isoliert noch nicht überschreiten. Unterstellt man beispielsweise für ein Unternehmen einen durchschnittlichen Ertrag von 5 % vor Steuern auf das eingesetzte Eigenkapital, verblieben dem Steuerpflichtigen nach der Vermögensteuer noch 4 % Rendite. Die Vermögensteuer würde somit von den Erträgen 20 % entziehen. Für die Beurteilung der Verhältnismäßigkeit dieses Steuerzugriffs und damit für die Halbteilungsgrenze kommt es jedoch nicht nur auf die isolierte Vermögensteuerlast, sondern zusätzlich auch auf die steuerliche Gesamtbelastung durch die Vermögensteuer und andere Steuern an[710]. Der Steuerpflichtige wird in seiner Eigentumsnutzung nämlich nicht nur durch eine einzelne Steuerart und den darin begründeten Eingriff belastet. Die Belastungswirkungen bestehen vielmehr darin, daß dieselben Erträge, die Produkt der Eigentumsnutzung sind, der kumulativen Belastung durch mehrere Steuerarten und damit mehreren einzelnen Eingriffen unterworfen werden, die sich in ihren Wirkungen zu einer Gesamtlast addieren, im genannten Beispiel neben der Vermögensteuer vor allem durch die Einkommen- oder Körperschaftsteuer und die Gewerbesteuer.

---

710 Vgl. P. KIRCHHOF, VVDStRL Band 39 (1981), S. 213 ff. (238 ff.); DERSELBE, in: Isensee/Kirchhof (Hrsg.), Handbuch des Staatsrechts, Band IV, § 88 Rn. 103; K.-G. LORITZ, BB 1993, S. 225 ff. (228); DERSELBE, DStR 1995, Beihefter zu Heft 8, S. 3 ff. (6); J. LÜCKE, „Der additive Grundrechtseingriff sowie das Verbot der übermäßigen Gesamtbelastung des Bürgers", in: DVBl. 2001, S. 1469 ff. (1476); W. FRENZ, Unternehmensteuerkonzeptionen im Lichte des Eigentumsgrundrechts und des Leistungsfähigkeitsprinzips", in: StuW 1997, S. 116 ff. (120); F. KIRCHHOF, StuW 2002, S. 185 ff. (192); zustimmend auch W. SCHÖN, „Verfassungsrechtliche Rahmenbedingungen der Unternehmensbesteuerung, in: StbJb 1998/99, S. 57 ff. (68 f.); F. HUFEN, „Berufsfreiheit – Erinnerung an ein Grundrecht", in: NJW 1994, S. 2913 ff. (2916); H. BUTZER, StuW 1999, S. 227 ff. (233); tendenziell auch H.-J. PAPIER, Stbg 1999, S. 49 ff. (53).

Für die Berücksichtigung kumulativer Wirkungen mehrerer Eingriffe im Rahmen des Übermaßverbotes hat LÜCKE den Begriff der *additiven Grundrechtseingriffe* geprägt[711]. Voraussetzung für die Addition mehrer Grundrechtseingriffe sei die Belastung desselben Grundrechtsträgers durch mehrere zeitgleiche, demselben Zweck dienende und dasselbe Grundrechtsgut (dieselbe Grundrechtsbetätigung) berührende staatliche Eingriffe. Die Eingriffe können auch sukzessive erfolgen. Voraussetzung ist dann allerdings, daß die früheren Eingriffe bei Hinzutreten eines späteren noch fortwirken, also eine andauernde Belastung infolge der früheren Eingriffe besteht[712]. Die belastenden Wirkungen der einzelnen Eingriffe sind sodann zu addieren und die Gesamtintensität dieser Eingriffe im Rahmen der Verhältnismäßigkeitsprüfung gegen den identischen Eingriffszweck abzuwägen. Das Verbot eines übermäßigen Einzeleingriffs wird so zum Verbot einer übermäßigen Gesamtbelastung[713].

Der Ansatz von LÜCKE, den dieser explizit auf den Bereich der Besteuerung überträgt[714], überzeugt. Richtigerweise kann es für den Freiheitsschutz des Bürgers nicht darauf ankommen, ob der Staat übermäßig belastende Eingriffe dadurch vermeidet, daß er diese Eingriffe in mehrere, für sich betrachtet nicht übermäßig belastende Einzeleingriffe aufteilt. Besonders deutlich wird dies bei einer Steuer. Könnte der Staat eine übermäßige Steuerbelastung von zum Beispiel 99 % der Erträge allein rechtstechnisch vermeiden, indem er im Rahmen seines Steuererfindungsrechts zusätzlich zur Einkommensteuer zwei neue Steuerarten schafft, die ebenfalls an das Ergebnis der Eigentumsnutzung anknüpfen und jede der dann drei Steuern mit je 33 % Steuersatz – in isoliert betrachtet verfassungsrechtlich unproblematischer Weise – auf die Erträge zugreift, dann würde die Funktion des Übermaßverbotes, die Freiheit der Bürger zu sichern[715], und mit ihr der Eigentumsschutz letztendlich leer laufen[716]. Dies erkennt auch das Bundesverfassungsgericht im Halbteilungsurteil an, wenn es ausführt, daß „die Gesamtbelastung durch eine Besteuerung des Vermögenserwerbs, des Vermögensbestandes und der Vermögensverwendung vom Gesetzgeber so auf-

---

711 Vgl. J. LÜCKE, DVBl. 2001, S. 1469 ff. (1470).

712 Vgl. J. LÜCKE, DVBl. 2001, S. 1469 ff. (1470 f.).

713 Vgl. J. LÜCKE, DVBl. 2001, S. 1469 ff. (1477).

714 Vgl. J. LÜCKE, DVBl. 2001, S. 1469 ff. (1475 f.).

715 BVerfG, Urteil vom 22. Mai 1990 – 2 BvG 1/88 –, in: BVerfGE 81, S. 310 ff. (338).

716 So auch F. KIRCHHOF, StuW 2002, S. 185 ff. (192): „denn Art. 14 GG schützt den Freiheitsbereich, ohne auf die Rechtstechnik von Zugriffen zu achten."

einander abzustimmen sei, daß eine übermässige Last vermieden wird[717]." Auch die herrschende Auffassung in der Literatur bezieht den Halbteilungsgrundsatz, soweit sie ihn für verfassungsrechtlich begründet hält, auf die steuerliche *Gesamt*belastung[718]. Welche Belastungen im einzelnen zur Ermittlung der für die Halbteilungsgrenze maßgeblichen Gesamtlast zu addieren sind, hat das Bundesverfassungsgericht nicht mitgeteilt. Sie ergeben sich aber aus den o.g. Voraussetzung des additiven Grundrechtseingriffs[719].

c) Schutz des persönlichen Gebrauchsvermögens

Neben der Halbteilungsgrenze leitet das Bundesverfassungsgericht aus Art. 14 GG eine weitere Schranke für die Vermögensteuer ab. Weil das der persönlichen Lebensführug dienende Vermögen in besonderer Weise der Funktion diene, die persönliche Freiheit des Einzelnen zu sichern, und daher einen besonderen Schutz verdiene und weil dieses Vermögen steuerlich bereits vorbelastet sei, dürfe der Steuergesetzgeber auf die wirtschaftliche Grundlage der persönlichen Lebensführung nicht mit einer Sollertragsteuer zugreifen[720].

Indes ist fraglich, ob die Verschonung des persönlichen Gebrauchsvermögens daraus resultiert, daß es bei seiner Bildung steuerlich, etwa mit Einkommensteuer, vorbelastet ist[721]. Auch wenn dies nicht der Fall wäre und das persönliche Gebrauchsvermögen nicht erarbeitet, sondern ererbt wäre, käme nach der hier

---

717 BVerfG, Beschluß vom 22. Juni 1995 – 2 BvL 37/91 –, in: BVerfGE 93, S. 121 ff. (135); ebenfalls für die Berücksichtigung der *Gesamtbelastung*, wenngleich aus dem Blickwinkel des Art. 3 Abs. 1 GG: F. KIRCHHOF, StuW 2002, S. 185 ff. (189).

718 Vgl. H. HOHMANN, „Berufsfreiheit (Art. 12 GG) und Besteuerung", in: DÖV 2000, S. 409; K. TIPKE, Die Steuerechtsordnung Band I, 2. Auflage, S. VI, S. 450; M. JACHMANN, StuW 1996, S. 97 ff. (104); O. GEIẞLER, Der Unternehmer im Dienste des Steuerstaats, S. 157 f.; R. SEER, DStJG Band 23 (2001), S. 87 ff. (123); K. VOGEL/C. WALDHOFF, in: Dolzer/Vogel/Graßhof (Hrsg.), BK, Vorbem. z. Art. 104a-115 Rn. 546; F. KIRCHHOF, StuW 2002, S. 185 ff. (192); M. JACHMANN, Verfassungsrechtliche Grenzen der Besteuerung, S. 82.

719 Siehe dazu unten im 3. Kapitel unter I. E.

720 Vgl. BVerfG, Beschluß vom 22. Juni 1995 – 2 BvL 37/91 -, in: BVerfGE 93, 121 ff. (140 f.); ebenso G. FELIX, „Konsequenzen aus den Entscheidungen des Bundesverfassungsgerichts zur Vermögens- und Erbschaftsbesteuerung", in: BB 1995, S. 2241 ff (2244); kritisch: K. TIPKE, GmbHR 1996, S. 8 ff. (10); W. FLUME, DB 1995, S. 1779 ff. (1779).

721 So aber P. KIRCHHOF, in: Kirchhof/Birk/Lehner (Hrsg.), Steuern im Verfassungsstaat, S. 27 ff. (47).

vertretenen Auffassung eine Besteuerung dieses Gebrauchsvermögens nicht in Betracht. Dies resultiert daraus, daß das persönliche Gebrauchsvermögen, entsprechend dem einkommensteuerlichen Existenzminimum, dem Kernbereich der Lebensführung dient und, weil es der Lebensführung dient, für eine ertragbringende Nutzung nicht zur Verfügung steht und daher dem steuerlichen Zugriff nicht zugänglich ist[722]. Die Zulässigkeit einer Sollertragsteuer ist oben damit begründet worden, daß diese nur in die Nutzungsgarantie des Eigentums eingreift, nicht jedoch in die Bestandsgarantie. Die an die Entscheidung des Eigentümers, ein Gut nicht zu nutzen, anknüpfende Steuer berührt aber nur dann nur die Nutzungsgarantie, wenn der Eigentümer die Steuer aus den Erträgen hätte entrichten können, die er erzielt hätte, wenn er sich zur ertragbringenden Nutzung entschieden hätte. Da das persönliche Gebrauchsvermögen jedoch nur für den persönlichen Gebrauch, nicht jedoch für eine mögliche Ertragserzielung zur Verfügung steht, darf der Gesetzgeber eine ertragbringende Nutzung gerade nicht unterstellen und deshalb auch keine Steuer auf diese nicht ertragbringende Nutzung erheben[723]. Täte er es doch, so würde die Steuer keinen grundsätzlich zulässigen Eingriff in die Nutzungsgarantie, sondern einen unzulässigen Eingriff in die Bestandsgarantie bewirken, weil eine solche Steuer zwangsläufig das der persönlichen Lebensführung dienende Vermögen in seiner Substanz verringern würde, ohne daß für den Steuerpflichtigen die Möglichkeit bestünde, dieser Substanzverringerung durch ertragbringenden Einsatz dieser Vermögensgegenstände entgegenzuwirken.

Daß das Bundesverfassungsgericht mindestens den Wert von durchschnittlichen Einfamilienhäusern als Richtschnur für das Maß des von einer Sollertragsteuer freizustellenden persönlichen Gebrauchsvermögens festgelegt wissen will, ist vom Zweiten Senat insoweit zumindest dem Grundsatz nach plausibel dargelegt, als ein Einfamilienhaus neben dem ebenfalls freizustellenden Hausrat und Auto ein für den Durchschnitt der Bevölkerung typisches Gebrauchsvermögen darstellt[724]. Das Bundesverfassungsgericht hatte in seinem Urteil zum einkommensteuerlichen Existenzminimum den Sozialhilfesatz als objektiven Ver-

---

722 Ähnlich K. Tipke, Die Steuerrechtsordnung Band II, 1. Auflage, S. 797: „Vermögensteuer-Existenzminimum".

723 So auch: R. Wittmann, BB 1995, S. 1933 ff. (1934).

724 Vgl. BVerfG, Beschluß vom 22. Juni 1995 – 2 BvL 37/91 –, in: BVerfGE 93, 121 ff. (140); zustimmend statt vieler: W. Mannek, NWB Beilage 1/1996 zu Heft 9, S. 1 ff. (12).

gleichsmaßstab bemüht[725]. Obwohl gelegentlich vertreten wird, beim persönlichen Gebrauchsvermögen fehle ein vergleichbarer objektiver Maßstab[726], kann zumindest als erster Anhaltspunkt das sozialhilferechtliche Schonvermögen im Sinne von § 88 BSHG herangezogen werden. Nach § 88 Abs. 2 Nr. 7 BSHG ist dem Anspruchsberechtigten ein angemessenes Hausgrundstück zu belassen. Nach Nr. 3 muß der angemessene Hausrat verschont werden. Wenn dieses Schonvermögen schon bei der Sozialhilfe unangetastet bleiben muß, darf es jedenfalls – sozusagen als existenzielles Substanzminimum – auch nicht durch eine Vermögensteuer gemindert werden. Es bildet daher die absolute Untergrenze des von der Vermögensteuer auszunehmenden persönlichen Gebrauchsvermögens. Insofern hat sich das Bundesverfassungsgericht mit der Forderung nach der Freistellung eines durchschnittlichen Einfamilienhauses nebst Hausrat und Auto im Rahmen eines auch von der übrigen Rechtsordnung anerkannten Rahmens bewegt. Dieser Rahmen ist, da es bei dem vermögensteuerlich zu verschonenden Vermögen in der Regel um das Substrat *eigener* Leistung handelt, während die Sozialhilfe *fremde* Leistungen gewährt, obwohl eigenes Schonvermögen vorhanden ist, im Zweifel zugunsten der Vermögensinhaber großzügig auszulegen. Der vermögensteuerliche Freibetrag dürfte daher das sozialhilferechtliche Schonvermögen zu überschreiten haben[727].

Soweit indes vertreten wird, auch das der Alterssicherung dienende Vemögen sei zwingend von einer Sollertragsteuer freizustellen[728], begegnet dies aus frei-

---

725 Vgl. BVerfG, Beschluß vom 25. Septemeber 1992 – 2 BvL 5, 8, 14/91 –, in: BVerfGE 87, S. 153 ff. (170 f.).

726 So O. GEIßLER, Der Unternehmer im Dienste des Steuerstaats, S. 145.

727 Auf die umstrittene Frage, ob der im Freibetrag zu berücksichtigende Wert eines durchschnittlichen Einfamilienhauses wegen der regionalen Unterschiede nach der teuersten deutschen Lage oder nach einer vergleichsweise günstigen Lage zu bemessen ist, wird im Rahmen der vorliegenden Arbeit bewußt nicht eingegangen, da die Arbeit – mit Ausnahme der Ausführungen zur Halbteilung – nicht mit weiteren Streitigkeiten um Werte überfrachtet werden soll. Im Zweifel ist aber der Wert in der teuersten Region anzunehmen, da nur so sichergestellt ist, daß die Freistellung des persönlichen Gebrauchsvermögens bei allen Bürgern gelingt. Vgl. zum Streitstand H.-W. ARNDT, BB 1996, Beilage 7, S. 1 ff. (18), sowie O. GEIßLER, Der Unternehmer im Dienste des Steuerstaats, S. 146, jeweils m.w.N. einerseits und K. TIPKE, GmbHR 1996, S. 8 ff. (11), sowie W. MANNEK, NWB Beilage1/1996, S. 3 ff. (12), andererseits.

728 So die PRESSESTELLE DES BVERFG, „Verfassungswidrige Besteuerung des einheitsbewerteten Vermögens, insbesondere des Grundvermögens bei Vermögen- und Erbschaftsteuer", in: BB 1995, S. 1779 f. (1780); P. KIRCHHOF, Stbg 1996, S. 1 ff. (5);

heitsrechtlicher Sicht verfassungsrechtlichen Bedenken, obwohl eine solche Freistellung als eine die private Altersvorsorge fördernde Lenkungsmaßnahme und daher mit Blick auf die Sicherung der Renten in politischer Hinsicht in höchstem Maße wünschenswert wäre. Schließlich wird das der Alterssicherung dienende Vermögen in aller Regel ertragbringend angelegt. Sowohl Sparguthaben als auch private Lebensversicherungen als auch Eigentumswohnungen erzielen bei dem Eigentümer in aller Regel tatsächlich Erträge, die die Leistungsfähigkeit in der Zeit vor Eintritt der Altersruhephase tatsächlich erhöhen. Es handelt sich dabei, anders als bei dem der privaten Lebensführung dienenden Vermögen, also um tatsächlich ertragsfähiges Vermögen. Wenn eine Vermögensteuer so ausgestaltet ist, daß sie nur an den Erträgen partizipiert und nicht die Substanz konfisziert, ist nicht einzusehen, warum das der Alterssicherung dienende Vermögen freigestellt werden *muß*, weil nach der hier vertretenen Auffassung Grund für die Freistellung des persönlichen Gebrauchsvermögens ist, daß dieses nicht ertrags*fähig* ist, das der Alterssicherung dienende Vermögen hingegen sehr wohl Erträge erwirtschaften kann. Zwar kann argumentiert werden, eine vermögensteuerliche Belastung dieses Altersversorgungsvermögens verringere das im Alter zur Verfügung stehende Versorgungspotential, also gleichermaßen ein Alters*verbrauchs*vermögen und somit das der künftigen privaten Lebensführung dienende Vermögen. Dies führt indes höchstens dazu, den der Alterssicherung dienenden Vermögens*stamm* freizustellen. Dieser darf aber wegen des Verbots der Substanzbesteuerung ohnehin nicht angetastet werden. Warum die Freistellung in gleicher Weise auch für die Vermögenserträge gelten soll, kann nicht überzeugend erklärt werden. Auch die Sicherung der Kontinuität des Lebensstandards[729] überzeugt als Begründung nach der hier vertretenen Auffassung nicht. Die aus einer als Altersvorsorge angeschafften und vermieteten Eigentumswohnung stammenden Mieterträge dienen nicht dem persönlichen Gebrauch im Alter. Folglich dürfen sie auch im Rahmen des Halbteilungsgrundsatzes besteuert werden. Diese Steuer verringert auch nicht die Kontinuität des Lebensstandards, zumal die Kontinuität des Lebensstandards vor allem von dem individuell zur Alterssicherung eingesetzen und damit angesparten Vermögen abhängt. Das Ausnehmen von privatem Alterssicherungsvermögen aus einer Vermögensbesteuerung obliegt daher dem Gesetzgeber, der eine Förderung der

---

G. FELIX, BB 1995, S. 2241 ff. (2244); M. JACHMANN, Verfassungsrechtliche Grenzen der Besteuerung, S. 64; O. GEIßLER, Der Unternehmer im Dienste des Steuerstaats, S. 146; R. HALACZINSKY, Stbg 1995, S. 504 ff. (506).

729 Vgl. G. FELIX, BB 1995, S. 2241 ff. (2244); M. JACHMANN, Verfassungsrechtliche Grenzen der Besteuerung, S. 64.

privaten Altersvorsorge und damit eine steuerliche Verschonungssubvention beschließen kann. Verfassungsrechtlich zwingend ist dies nach der hier vertretenen Auffassung hingegen nicht[730].

6. Ergebnis: Aus Art. 14 GG folgende verfassungsrechtliche Bindungen

Damit folgen aus Art. 14 GG folgende verfassungsrechtliche Schranken-Schranken für eine künftige Vermögensteuer: Eine Vermögensteuer darf nicht darauf angelegt sein, in die Vermögenssubstanz einzugreifen und diese — auch nur partiell — zu entziehen. Aus diesem Grund ist eine Vermögensteuer nur in Form einer Sollertragsteuer zulässig. Eine Sollertragsteuer darf der Gesetzgeber deshalb erheben, weil er mit ihr nicht in die Zuordnung der Eigentumssubstanz der Güter zu deren Eigentümer eingreift, sondern lediglich die Nutzung der Vermögensgüter reglementiert. Eine solche Sollertragsteuer darf aber nur in der Form erhoben werden, daß der Gesetzgeber Erträge, die der Eigentümer bei einer ertragbringenden Nutzung der Vermögensgüter typischerweise hätte erzielen können, besteuert. Daher darf das persönliche Gebrauchsvermögen, bei dem typischerweise keine Erträge erzielt werden (können), nicht mit einer Sollertragsteuer belegt werden. Für das restliche Vermögen darf der Gesetzgeber hingegen typische Sollerträge unterstellen, diese aber im Rahmen der steuerlichen Gesamtbelastung maximal zur Hälfte entziehen. Eine darüberhinausgehende Steuerbelastung ist mit dem Eigentumsgrundrecht nicht zu vereinbaren.

B. Vereinbarkeit mit Art. 12 Abs. 1 GG

Zu untersuchen ist ferner, ob die Vermögensbesteuerung neben Art. 14 GG auch eine Einschränkung aus der Berufsfreiheit (Art. 12 Abs. 1 GG) erfahren kann. Erforderlich wäre hierfür zunächst, daß der Schutzbereich der Berufsfreiheit durch die Vermögensteuer tangiert würde. Dann müßte die Vermögensteuer

---

730 Eine Freistellung könnte allenfalls aus gleichheitsrechtlicher Sicht geboten sein, weil die Pensionen der Beamten, die kapitalisiert durchaus erhebliche Vermögenswerte erreichen können, nicht der Vermögensbesteuerung unterworfen werden, zur Altersvorsorge bestimmtes Kapitalvermögen von Freiberuflern nach der überkommenen Konzeption hingegen der Vermögensteuer unterläge. Vgl. dazu K. SCHELLE, Vermögensteuer, S. 48.

einen Eingriff in dieselbe darstellen. Eine daraus resultierende Einschränkung der Berufsfreiheit wäre verfassungsrechtlich gerechtfertigt, wenn sie die verfassungsrechtlichen Schranken-Schranken einer Berufsbeschränkung einhält, insbesondere verhältnismäßig ist.

1. Schutzbereich von Art. 12 Abs. 1 GG

Schutzbereich von Art. 12 Abs. 1 GG ist der Beruf. Art. 12 Abs. 1 S. 1 GG ordnet an, daß „alle Deutschen das Recht haben, Beruf, Arbeitsplatz und Ausbildungsstätte frei zu wählen." Satz 2 ermöglicht die Regelung der Berufsausübung durch Gesetz oder aufgrund eines Gesetzes. Trotz der vordergründigen Unterscheidung zwischen Berufswahl und Berufsausübung entnimmt die heute ganz herrschende Meinung Art. 12 Abs. 1 GG ein *einheitliches* Grundrecht der Berufsfreiheit mit einem einheitlichen Schutzbereich, das unter einem einheitlichen Gesetzesvorbehalt steht[731]. Lediglich hinsichtlich der Anforderungen an eine verfassungsrechtliche Rechtfertigung wird seit dem Apothekenurteil des Bundesverfassungsgerichts zwischen Berufswahl- und Berufsausübungsregelungen unterschieden[732]. Beruf ist jede auf Dauer angelegte Tätigkeit, die der Schaffung und Erhaltung einer Lebensgrundlage dient und nicht schlechthin gemeinschädlich ist[733]; er umfaßt somit gewerbliche, freiberufliche, andere selbständige und nicht-selbständige Tätigkeiten[734]. Dabei konkretisiert die Berufsfreiheit das Grundrecht auf freie Entfaltung der Persönlichkeit im Bereich der individuellen Leistung und Existenzerhaltung[735]. Seinem sachlichen Umfang nach erstreckt sich der grundrechtliche Schutz der Berufsfreiheit auf den Beruf in all seinen Aspekten[736]. Aus diesem Grund schützt Art. 12 Abs. 1 GG nicht nur die berufliche Betätigung als solche, sondern grundsätzlich auch die wirt-

---

731 Vgl. BVerfG, Beschluß vom 11. Juni 1958 – 1 BvR 596/56 –, in: BVerfGE 7, S. 377 ff. (400 f.); st Rspr.; H. D. JARASS, in: Jarass/Pieroth, Art. 12 Rn. 1; B. PIEROTH/ B. SCHLINK, Grundrechte Staatsrecht II, Rn. 808.

732 BVerfG, Beschluß vom 11. Juni 1958 – 1 BvR 596/56 –, in: BVerfGE 7, S. 377 ff. (378, Leitsatz 5).

733 Vgl. BVerfG, Beschluß vom 11. Juni 1958 – 1 BvR 596/56 –, in: BVerfGE 7, S. 377 (397).

734 Vgl. G. MANSSEN, in: v. Mangoldt/Klein/Starck, GG I, Art. 12 Rn. 33.

735 Vgl. BVerfG, Beschluß vom 16. März 1971 – 1 BvR 52, 665, 667, 754/66 –, in: BVerfGE 30, S. 292 ff. (334).

736 BVerfG, Urteil vom 17. Februar 1998 – 1 BvF 1/91 –, in: BVerfGE 97, S. 228 ff. (253).

schaftliche Verwertung der beruflich erbrachten Leistung[737], mit anderen Worten die Erträge einer solchen Betätigung, da Art. 12 GG dem Menschen das Recht zur Arbeit nicht um seiner selbst willen gewährleistet[738], sondern damit er eine Existenzgrundlage schaffen und ausbauen kann[739].

In Bezug auf eine Vermögensteuer kann der Schutzbereich von Art. 12 GG überhaupt nur tangiert sein, wenn die Steuer an berufsbezogenes Vermögen anknüpft. Dies tut die Vermögensteuer, da sie sowohl Betriebsvermögen gewerblicher, land- und forstwirtschaftlicher wie auch selbständiger (freiberuflicher) Betriebe als auch grundsätzlich solches Vermögen erfaßt, das der Ausübung einer sonstigen beruflichen Tätigkeit dient[740]. Sie kann den Schutzbereich in zweifacher Hinsicht betreffen. Zum einen ist sie geeignet, den Umfang und die Zusammensetzung des beruflich genutzten Vermögens zu beeinflussen, da der Steuerpflichtige geneigt sein wird, die Belastung mit Vermögensteuer zu reduzieren. Soweit möglich, wird der Steuerpflichtige zu diesem Zweck versuchen, weniger kapitalintensiv zu wirtschaften und, zum Beispiel durch geeignete Leasingtransaktionen, das betriebliche Vermögen zu reduzieren. Wenn der Umfang des dem Betrieb gewidmeten Vermögens (auch) nach Maßgabe der vermögensteuerlichen Belastung bestimmt wird, so wirkt sich eine Vermögensteuer im Rahmen eines Unternehmens oder freien Berufs mittelbar auch auf die im Rahmen von Art. 12 GG geschützte Investitionsfreiheit[741] aus[742]. Dies ist unabhängig davon, ob die Vermögensteuer als Substanzsteuer oder als Sollertragsteuer eingestuft wird. Zum anderen kann die Vermögensteuer den Schutzbereich von

---

737 BVerfG, Urteil vom 17. Februar 1998 – 1 BvF 1/91 –, in: BVerfGE 97, S. 228 ff. (253).

738 Vgl. R. Seer, DStJG Band 23 (2000), S. 87 ff. (94); K. H. Friauf, DStJG Band 12 (1989), S. 3 ff. (26): „nicht als Hobby, sondern allein als Mittel zum Erwerb".

739 Vgl. R. Herzog, StbJb 1985/1986, S. 27 ff. (30); derselbe, StuW 1993, S. 322 ff. (325); H.-W. Arndt/A. Schumacher, „Einkommensbesteuerung und Grundrechte", in: AöR Band 118 (1993), S. 513 ff. (582).

740 Beispielsweise ist die entgeltliche private Vermietung eines Hauses (einkommensteuerlich nach § 21 EStG) berufliche Tätigkeit im Sinne des Art. 12 GG, obwohl sie gleichzeitig eine Eigentumsnutzung im Sinne von Art. 14 GG darstellt. Das dieser beruflichen Tätigkeit dienende Grundvermögen wird von der Vermögensteuer erfaßt. Im folgenden soll aber der Einfachheit halber von betrieblichem Vermögen ausgegangen werden.

741 Zur Invesititionsfreiheit als Schutzgut des Art. 12 GG: R. Breuer, „Freiheit des Berufs", in: Isensee/Kirchhof (Hrsg.), Handbuch des Staatsrechts, Band VI, § 147 Rn. 63; R. Scholz, in: Maunz-Dürig, Komm. z. GG, Art. 12 Rn. 124; G. Manssen, in: v. Mangoldt/Klein/Starck, GG I, Art. 12 Abs. 1 Rn. 65.

742 Vgl. P. Kirchhof, AöR 128 (2003), S. 1 ff. (26).

Art. 12 GG auch insoweit betreffen, als sie, da die Vermögensteuer als Sollertragsteuer auszugestalten ist (s.o.), an das mögliche Ergebnis einer erwerbswirtschaftlichen Betätigung anknüpft und dieses verringert[743]. Die Besonderheit der Sollertragsteuer besteht zwar darin, daß sie nicht nur tatsächliche Erträge entzieht, sondern auch solche, die nicht erzielt worden sind, aber hätten erzielt werden können. Die Freiheit, durch Nutzung von betrieblichem Vermögen Erträge zu erzielen und auch deren Höhe zu determinieren, wird aber von Art. 12 GG umfassend geschützt[744]. Eine Sollertragsteuer, die auch an die Nichtnutzung von beruflich genutztem Vermögen negative Folgen, nämlich eine Steuerlast knüpft, berührt diese Freiheit des Berufstätigen ebenfalls.

2. Abgrenzung zum Schutzbereich von Art. 14 GG

An dieser Stelle stellt sich zwangsläufig die Frage nach der Abgrenzung der Schutzbereiche der Grundrechte auf Eigentum und Berufsfreiheit. Nach der einprägsamen Formel von WITTIG schützt Art. 12 GG den Erwerb, während Art. 14 GG das Erworbene, das Ergebnis der Betätigung schützt[745]. Danach wäre für eine Vermögensteuer im beruflichen bzw. betrieblichen Bereich nur Art. 12 GG einschlägig, weil diese das Ergebnis einer beruflichen Vermögensnutzung besteuern würde. Nach der Auffassung des Bundesverfassungsgerichts ist die Frage, unter welchen Voraussetzungen eine Berufsregelung auch die Eigentumsgarantie berühren kann, danach zu beurteilen, welche Freiheitsbereiche durch eine Regelung betroffen sind. Greift ein hoheitlicher Akt eher in die Freiheit der individuellen Erwerbs- und Leistungstätigkeit ein, so ist der Schutzbereich des

743 So auch K. H. FRIAUF, DStJG Band 12 (1989), S. 3 ff. (26); R. HERZOG, StbJb 1985/86, S. 26 ff. (30); R. SEER, FR 1999, S. 1280 ff. (1282); K. VOGEL, in: Isensee/Kirchhof (Hrsg.), Handbuch des Staatsrechts, Band IV, § 87 Rn. 84; K. VOGEL/C. WALDHOFF, in: Dolzer/Vogel/Graßhof (Hrsg.), BK, Vorbem. z. Art. 104a-115 Rn. 563; R. SCHOLZ, in: Maunz-Dürig, Komm. z. GG, Art. 12 Rn. 415, für die Einkommensteuer; M. JACHMANN, StuW 1996, S. 97 ff. (101); DIESELBE, „Die Gewerbesteuer im System der Besteuerung von Einkommen", in: Seeger, Siegbert (Hrsg.), Perspektiven der Unternehmensbesteuerung, DStJG Band 25 (2002), S. 195 ff. (198 f.); D. BIRK, in: Hübschmann/Hepp/Spitaler, § 4 AO Rn. 553; G. F. SCHUPPERT, in: Festschrift Wolfgang Zeidler Band I, S. 691 ff. (708).

744 Vgl. F. KIRCHHOF, StuW 2002, S. 185 ff. (194).

745 Vgl. P. WITTIG, „Bundesverfassungsgericht und Grundrechtssystematik", in: Ritterspach/Geiger (Hrsg.), Festschrift für Gebhardt Müller, Tübingen 1970, S. 575 ff. (590, FN 67); so auch BVerfG, Beschluß vom 16. März 1971 – 1 BvR 52, 665, 667, 754/66 –, in: BVerfGE 30, S. 292 ff. (335).

Art. 12 GG berührt; begrenzt er mehr die Innehabung und Verwendung vorhandener Vermögensgüter, so kommt der Schutz des Art. 14 GG in Betracht[746]. Gerade bei der unternehmerischen und selbständigen beruflichen Betätigung wird aber deutlich, daß beide Grundrechte so nur nach Art einer „Faustformel" voneinander abgegrenzt werden können[747]. In diesen Fällen werden Vermögensgüter innegehabt und verwandt, gerade um berufliche Erwerbs- und Leistungstätigkeit zu ermöglichen. Setzt ein Unternehmer oder Selbständiger zum Zweck der erwerbswirtschaftlichen Betätigung Betriebsvermögen in Form von Sach- und Geldkapital ein, so hat eine darauf zugreifende Steuer wie die Vermögensteuer daher nicht nur Auswirkungen auf die eigentumsrechtlich geschützten Vermögensgegenstände (s.o.), sondern auch Rückwirkungen auf die konkrete Ausgestaltung der unternehmerischen Betätigung, mithin seine Berufsausübung[748].

In diesen Fällen beeinträchtigt die Steuer gerade nicht nur *einen* grundrechtlich geschützten Freiheitsbereich, sondern die Freiheitsbereiche von Art. 12 *und* Art. 14 GG. Daher ist es nicht zweckmäßig, die Schutzbereiche von Art. 12 und Art. 14 GG im Wege einer differenzierten Grundrechtskonkurrenzlehre voneinander abzugrenzen[749]. Vielmehr gelten in diesem Fall beide Grundrechte nebeneinander. Deshalb muß die Steuer beiden Grundrechten und ihren Schranken, somit auch Art. 12 GG entsprechen[750].

---

746 BVerfG, Beschluß vom 16. März 1971 – 1 BvR 52, 665, 667, 754/66 –, in: BVerfGE 30, S. 292 ff. (334 f.).

747 Vgl. D. Birk, in: Hübschmann/Hepp/Spitaler, § 4 AO Rn. 552.

748 Vgl. D. Birk, in: Hübschmann/Hepp/Spitaler, § 4 AO Rn. 553; P. Kirchhof, AöR 128 (2003), S. 1 ff. (23); nach M. Jachmann, Politische Studien, Sonderheft 1/2000, S. 78 ff. (81), ist Art. 12 GG nur für die persönliche berufliche Betätigung des Unternehmers relevant, während die berufliche Betätigung in einem Betrieb als wirtschaftlich zusammengehörige Funktionseinheit Eigentumsnutzung im Sinne von Art. 14 GG und daher diesem zuzuordnen sei.

749 Vgl. K.-G. Loritz, BB 1993, S. 225 ff. (227).

750 Vgl. P. Kirchhof, AöR 128 (2003), S. 1 ff. (23); O. Depenheuer, in: v. Mangoldt/Klein/Starck, GG I, Art. 14 Rn. 130 ff.; O. Kimminich, in: Dolzer/Vogel/Graßhof (Hrsg.), BK, Art. 14 Rn. 130; H.-J. Papier, in: Maunz-Dürig, Komm. z. GG, Art. 14 Rn. 220; M. Jachmann, StuW 1996, S. 97 ff. (101); O. Geißler, Der Unternehmer im Dienste des Steuerstaats, S. 124; R. Seer, FR 1999, S. 1280 ff. (1284); derselbe, DStJG Band 23 (2000), S. 87 ff.(94).

3. Eingriff in den Schutzbereich von Art. 12 Abs. 1 GG

Zu untersuchen ist aber, ob eine Vermögensteuer in den Schutzbereich von Art. 12 GG eingreift. Das Bundesverfassungsgericht hat zum Verhältnis von Berufsfreiheit und Abgabenbelastungen bereits in frühen Entscheidungen geurteilt, daß die durch Art. 12 GG verbürgte Berufs*wahl*freiheit durch Abgabenbelastungen nur verletzt sein kann, wenn diese die wirtschaftliche Tätigkeit „in aller Regel wirtschaftlich unmöglich mache[751]." Diese Aussage ist später dahingehend konkretisiert worden, daß „die betroffenen Berufsangehörigen in aller Regel und nicht nur in Ausnahmefällen nicht mehr in der Lage sind, den gewählten Beruf ganz oder teilweise zur Grundlage ihrer Lebensführung zu machen[752]." In diesem Fall schlage die Abgabenerhebung in eine Verwaltungsfunktion mit Verbotscharakter um.

Eine solche erdrosselnde Wirkung kann der Vermögensteuer unzweifelhaft nicht zugeschrieben werden, da ihre Erhebung bis zum Jahr 1995 in der Regel nicht dazu geführt hat, daß die betroffenen Berufsangehörigen durch die Vermögensteuer gleichermaßen ruiniert worden und ihre beruflichen Tätigkeiten wegen der Vermögensteuer wirtschaftlich unmöglich geworden wären[753]. Insbesondere konnten die Unternehmen die Vermögensteuer in der Regel als Kostenfaktor über die Preise ihrer Produkte und Dienstleistungen auf die Endverbraucher überwälzen[754]. Daher kann die Vermögensteuer allenfalls als Be-

---

751 Vgl. BVerfG, Beschluß vom 30. Oktober 1961 – 1 BvR 833/59 –, in: BVerfGE 13, S. 181 ff. (187 und Leitsatz 2); BVerfG, Teilurteil vom 10. Mai 1962 – 1 BvL 31/58 –, in: BVerfGE 14, S. 76 ff. (101); BVerfG, Urteil vom 22. Mai 1963 – 1 BvR 78/56 –, in: BVerfGE 16, S. 147 ff. (165); BVerfG, Beschluß vom 15.Oktober 1963 – 1 BvL 29/56 –, in: BVerfGE 17, S. 135 ff. (137); BVerfG, Beschluß vom 8. Dezember 1970 – 1 BvR 95/68 –, in: BVerfGE 29, S. 327 ff. (334); BVerfG, Beschluß vom 1. April 1971 – 1 BvL 22/67 –, in: BVerfGE 31, S. 8 ff. (29).

752 Vgl. BVerfG, Beschluß vom 23. Oktober 1958 – 1 BvR 458/58 –, in: BVerfGE 8, S. 222 ff. (228); BVerfG, Urteil vom 23. März 1960 – 1 BvR 216/51 –, in: BVerfGE 11, S. 30 ff. (42); BVerfG, Teilurteil vom 10. Mai 1962 – 1 BvL 31/58 –, in: BVerfGE 14, S. 76 ff. (101); BVerfG, Beschluß vom 15.Oktober 1963 – 1 BvL 29/56 –, in: BVerfGE 17, S. 135 ff. (137); BVerfG, Beschluß vom 8. Dezember 1970 – 1 BvR 95/68 –, in: BVerfGE 29, S. 327 ff. (332).

753 Dazu, daß die Steuerlast insgesamt derzeit bei vernünftigem Wirtschaften nicht zu ruinösen Wirkungen führt: K. TIPKE, Die Steuerrechtsordnung Band I, 2. Auflage, S. 436.

754 Vgl. G. WÖHE, Die Steuern des Unternehmens, 6. Auflage, München 1991, S. 256 f.

rufs*ausübungs*regelung, nicht jedoch als Berufs*wahl*regelung in die Berufsfreiheit eingreifen.

Hinsichtlich der ebenfalls durch Art. 12 Abs. 1 GG verbürgten Berufs*ausübungs*freiheit[755] hat das Bundesverfassungsgericht ursprünglich vertreten, ein unmittelbarer Eingriff in die Berufsfreiheit liege bei Steuernormen vor, wenn diese wirtschaftlenkenden Charakter hätten. In diesem Fall berühre eine Norm die von ihr Betroffenen „vornehmlich und unmittelbar in ihrer beruflichen Betätigung[756].“ Das Kriterium der Unmittelbarkeit hat das Bundesverfassungsgericht aber bald fallengelassen. Die Berufsfreiheit könne nicht nur durch unmittelbare oder gezielte Regelungen betroffen sein, sondern auch durch solche Regelungen, die infolge ihrer spürbaren tatsächlichen Auswirkungen geeignet seien, den Schutzbereich[757] des Art. 12 Abs. 1 GG mittelbar zu beeinträchtigen[758]. Steuerliche Vorschriften brächten solche Wirkungen mit sich und seinen daher an Art. 12 GG zu messen, wenn sie „infolge ihrer Gestaltung in einem engen Zusammenhang mit der Ausübung eines Berufes stehen und eine berufsregelnde Tendenz verfolgen[759]“ bzw. „objektiv eine berufsregelnde Tendenz deutlich erkennen lassen[760].“ Das Bundesverfassungsgericht hatte zunächst offengelassen, ob für das Kriterium der „objektiv berufsregelnden Tendenz“ erforderlich ist,

---

755 Diese seit dem Apotheken-Urteil vorgenommene Differenzierung nach Wahl- und Ausübungsfreiheit betrifft allerdings in erster Linie die (unterschiedlichen) Anforderungen an die Rechtfertigung eines Eingriffs auf den unterschiedlichen Ebenen eines *einheitlichen* Grundrechts der Berufsfreiheit.

756 BVerfG, Urteil vom 22. Mai 1963 – 1 BvR 78/56 –, in: BVerfGE 16, S. 147 ff. (162).

757 Das Bundesverfassungsgericht unterscheidet bei der Vereinbarkeit der Besteuerung mit Art. 12 GG nicht strikt zwischen Schutzbereich und Eingriff. Dasselbe gilt für Teile der Literatur.

758 BVerfG, Beschluß vom 30. Oktober 1961 – 1 BvR 833/59 –, in: BVerfGE 13, S. 181 ff. (186), allerdings zu einer Berufswahlregelung; BVerfG, Beschluß vom 12. Oktober 1977 – 1 BvR 217, 216/75 –, in: BVerfGE 46, S. 120 ff. (137).

759 BVerfG, Beschluß vom 30. Oktober 1961 – 1 BvR 833/59 -, in: BVerfGE 13, S. 181 ff. (187).

760 BVerfG, Urteil vom 22. Mai 1963 – 1 BvR 78/56 –, in: BVerfGE 16, S. 14 ff. (162); BVerfG, Beschluß vom 12. Oktober 1976 – 1 BvR 197/73 –, in: BVerfGE 42, S. 374 ff. (384); BVerfG, Beschluß vom 11. Oktober 1977 – 1 BvR 343/73, 83/74, 183 und 428/75 –, in: BVerfGE 47, S. 1 ff. (21); BVerfG, Beschluß vom 29. November 1989 – 1 BvR 1402, 1528/87 –, in: BVerfGE 81, S. 108 ff. (121); BVerfG, Urteil vom 8. April 1997 – 1 BvR 48/94 –, in: BVerfGE 95, S. 267 ff. (302); BVerfG, Urteil vom 17. Februar 1998 – 1 BvF 1/91 –, in: BVerfGE 97, S. 228 ff. (254).

daß eine Steuer auf einen bestimmten Beruf zielt[761], später aber geurteilt, daß allgemeine Steuergesetze, die mit einem unspezifischen Adressatenkreis ohne unmittelbare Beziehung zu einem bestimmten Beruf an generelle Merkmale, wie Gewinn, Ertrag, Umsatz oder Vermögen, anknüpfen, den Anforderungen an einen mittelbaren Eingriff nicht genügen[762]. Solche Vorschriften griffen allein in die wirtschaftliche Betätigungsfreiheit ein und seien daher an Art. 2 Abs. 1 GG zu messen[763]. Für das Merkmal der berufsregelnden Tendenz sei vielmehr erforderlich, daß die Abgabe nach der Intention des Gesetzgebers den „Entschluß zur Wahl oder Art der Ausübung eines Berufs steuert" oder eine solche Wirkung objektiv besitzt[764]. Dies scheint zu bedeuten, daß eine Steuer, die eine „objektiv berufsregelnde Tendenz" aufweist, Lenkungszwecke verfolgen muß[765]. Im Halbteilungsurteil hat das Bundesverfassungsgericht geäußert, daß der Gesetzgeber bei Vermögenseinheiten, die einer landwirtschaftlichen, gewerblichen oder freiberuflichen Tätigkeit gewidmet sind, mit Blick auf Art. 12 Abs. 1 GG in Verbindung mit Art. 3 Abs. 1 GG die steuerlichen Auswirkungen einer Neubewertung des Grundbesitzes zu bedenken haben wird[766]. Dies wiederum indiziert, daß das Bundesverfassungsgericht nunmehr die Berufsfreiheit auch bei solchen Steuern, die nicht an einen bestimmten Beruf anknüpfen oder nicht Lenkungszwecken dienen, sondern ganz allgemeine Abgabepflichten, die an die Bemessungsgrundlage „Vermögen" anknüpfen, auferlegen, als berührt ansieht. In einer späteren Entscheidung hat das Bundesverfassungsgericht bei der Prüfung des Eingriffs ebenfalls nicht mehr auf die gesetzgeberische Intention, sondern auf die materielle Betroffenheit des Schutzbereichs abgestellt. Es hat geurteilt, daß

---

761 BVerfG, Beschluß vom 10. Mai 1962 – 1 BvL 31/58 –, in: BVerfGE 14, S. 76 ff. (100).

762 BVerfG, Beschluß vom 11. Oktober 1977 – 1 BvR 343/73, 83/74, 183 und 428/75 –, in: BVerfGE 47, S. 1 ff. (21); ebenso hinsichtlich der LPG-Altschulden: BVerfG, Urteil vom 8. April 1997 – 1 BvR 48/94 –, in: BVerfGE 95, S. 267 ff. (302 f.), mit dem Argument, die Entscheidung, Schuldverhältnisse bestehen zu lassen, beziehe sich auf alle Wirtschaftszweige.

763 BVerfG, Beschluß vom 5. März 1974 – 1 BvL 27/72 –, in: BVerfGE 37, S. 1 ff. (17 f.); BVerfG, Beschluß vom 12. Oktober 1976 – 1 BvR 197/73 –, in: BVerfGE 42, S. 374 ff. (384); BVerfG, Beschluß vom 8. Juni 1977 – 2 BvR 499/74 und 1024/75 –, in: BVerfGE 45, S. 142 ff. (181).

764 BVerfG, Beschluß vom 8. April 1987 – 2 BvR 909, 934, 935, 936, 938, 941, 942, 947/82, 64/83 und 142/84 –, in: BVerfGE 75, S. 108 ff. (153 f.).

765 So die „Übersetzung" von D. Birk, in: Hübschmann/Hepp/Spitaler, § 4 AO Rn. 555: „interventionistische Zwecke".

766 BVerfG, Beschluß vom 22. Juni 1995 – 2 BvL 37/91 –, in: BVerfGE 93, S. 121 ff. (142).

eine berufsregelnde Tendenz dann anzunehmen sei, wenn die gesetzlichen Vorschriften nach Entstehungsgeschichte und Inhalt im Schwerpunkt Tätigkeiten betreffen, die typischerweise beruflich ausgeübt werden[767]. Kurz darauf hat das Bundesverfassungsgericht hingegen geurteilt, daß es nicht genüge, „daß eine Regelung oder ihre Anwendung unter bestimmten Umständen Rückwirkungen auf die Berufstätigkeit entfaltet[768].“ So verworren und uneinheitlich die Rechtsprechung des Bundesverfassungsgerichts auch ist, im Ergebnis hat es bis heute noch keine Steuer wegen Verstoßes gegen Art. 12 GG für verfassungswidrig gehalten[769].

In der Literatur wird – der ursprünglichen Rechtsprechung des Bundesverfassungsgerichts folgend – zum Teil vertreten, daß eine Steuer, die keinen gezielten (finalen) Lenkungscharakter habe, den Schutzbereich des Art. 12 Abs. 1 GG nicht betreffen könne. Der Umstand, daß eine Steuer an Tatbestände anknüpfe, die berufliche Tätigkeiten seien, führe noch nicht dazu, daß eine Berufsregelung vorliege[770]. Diese Auffassung knüpft an den klassischen Eingriffsbegriff an, der durch die Merkmale der Unmittelbarkeit, Finalität und der rechtlichen Wirkung gekennzeichnet ist, und fordert für mittelbare Eingriffe mit dem Bundesverfassungsgericht eine zumindest „objektiv berufsregelnde Tendenz“, also eine Steuernorm mit Lenkungscharakter[771]. Nach dieser Auffassung fehlt bei der Regelbesteuerung, die an Bemessungsgrundlagen wie Gewinn, Ertrag, Umsatz oder Vermögen anknüpft, die berufsregelnde Tendenz und somit die unmittelbare Beziehung zu einem Beruf[772]. Nach einer weiteren Auffassung in der Literatur sollen die *Gestaltungswirkungen* einer solchen Steuer als Eingriff an Art. 12 GG zu messen sein, wenn diese für den Gesetzgeber voraussehbar waren. Auf den

---

767 BVerfG Urteil vom 17. Februar 1998 – 1 BvF 1/91 –, in: BVerfGE 97, S. 228 ff. (254).

768 BVerfG, Urteil vom 12. Mai 1998 – 1 BvR 1640/97 –, in: BVerfGE 98, S. 218 ff. (258).

769 Ausführlich dazu K. TIPKE, Die Steuerrechtsordnung Band I, 2. Auflage, S. 432 f.

770 Vgl. P. SELMER, Steuerinterventionismus und Verfassungsrecht, Frankfurt a. M. 1972, S. 221, 244 ff.; P. TETTINGER, in: Sachs (Hrsg.), Grundgesetz, 1. Auflage, Art. 12 Rn. 73; J. WIELAND, in: Dreier (Hrsg.), Grundgesetz, Art. 12 Rn. 79; H. D. JARASS, in: Jarass/Pieroth, GG, Art. 12 Rn. 13; M. GUBELT, in: v. Münch/Kunig, Grundgesetz-Kommentar, Art. 12 Rn. 43.

771 Vgl. S. LANGER, „Strukturfragen der Berufsfreiheit“ in: JuS 1993, S. 203 ff. (208); B. PIEROTH/B. SCHLINK, Grundrechte Staatsrecht II, Rn. 238; J. WIELAND, in: Dreier (Hrsg.), Grundgesetz, Art. 12 Rn. 79; H. D. JARASS, in: Jarass/Pieroth, GG, Art. 12 Rn. 13; M. GUBELT, in: v. Münch/Kunig, Grundgesetz-Kommentar, Art. 12 Rn. 43.

772 Vgl. R. MELLINGHOFF, DStR 2003, Beihefter 3 zu Heft 20-21, S. 3 ff. (12).

zielgerichteten Einsatz dieser Gestaltungswirkungen, also auf eine Lenkungsabsicht, komme es hingegen nicht an[773]. Nach mittlerweile wohl herrschender Auffassung in der Literatur berühren hingegen alle Steuern, die berufsregelnde *Wirkungen* haben, also auch bloße *Belastungs*wirkungen erzeugen, Art. 12 GG in seinem Schutzbereich. Nach dieser Auffassung wirkt auch die Besteuerung des Ergebnisses der beruflichen Tätigkeit berufsregelnd[774].

Allein die letzte Auffassung vermag zu überzeugen. Die ursprünglich restriktive Tendenz der Rechtsprechung, nur bei einer berufsregelnden Tendenz einen Eingriff in den Schutzbereich des Art. 12 GG anzunehmen, überzeugt nicht, weil sie mit der heutigen Grundrechtsdogmatik, vor allem mit dem modernen Eingriffsbegriff, nicht mehr übereinstimmt. Eingriff ist nach heute herrschender Auffassung jedes staatliche Handeln, das dem einzelnen ein Verhalten, das in den Schutzbereich eines Grundrechts fällt, unmöglich macht, gleich ob diese Wirkung final oder unbeabsichtigt, unmittelbar oder mittelbar, rechtlich oder tatsächlich, mit oder ohne Befehl oder Zwang eintritt[775]. Auch nicht vom Gesetzgeber intendierte Folgen hoheitlichen Handelns sind grundrechtsrelevant[776]. Art. 12 GG gewährt daher im Grundsatz Schutz vor jeglichen hoheitlichen Einwirkungen, die infolge ihrer tatsächlichen Auswirkungen geeignet sind, die Be-

---

773 Vgl. D. BIRK, in: Hübschmann/Hepp/Spitaler, § 4 AO Rn. 561.

774 Vgl. P. KIRCHHOF, „Empfiehlt es sich, das Einkommensteuergesetz zur Beseitigung von Ungleichbehandlungen und zur Vereinfachung neu zu ordnen ?“, Gutachten F für den 57. Deutschen Juristentag, München 1998, S. 16; DERSELBE, AöR 128 (2003), S. 1 ff. (23); R. SCHOLZ, in: Maunz-Dürig, Komm. z. GG, Art. 12 Rn. 415; K. TIPKE, Die Steuerrechtsordnung Band I, 2. Auflage, S. 434; K. VOGEL/C. WALDHOFF, in: Dolzer/Vogel/Graßhof (Hrsg.), BK, Vorbem. z. Art. 104a-115 Rn. 563; H.-J. PAPIER, Der Staat Band 11 (1972), S. 483 ff. (495); M. JACHMANN, StuW 1996, S. 97 ff. (101); DIESELBE, Verfassungsrechtliche Grenzen der Besteuerung, S. 41; R. SEER, FR 1999, S. 1280 ff. (1284); R. BREUER, „Die staatliche Berufslenkung und Wirtschaftslenkung“, in: Isensee/Kirchhof (Hrsg.), Handbuch des Staatsrechts, Band VI, § 148 Rn. 31 f.; H. HOHMANN, DÖV 2000, S. 406 ff. (408 f.); ebenso: H. SIMON, Abweichende Meinung zum Beschluß des Ersten Senats vom 11. Oktober 1977 – 1 BvR 343/73 u.a. –, in: BVerfGE 47, S. 34 ff. (38); F. KIRCHHOF, StuW 2002, S. 185 ff. (194); R. HERZOG, StuW 1993, S. 322 ff. (325).

775 B. PIEROTH/B. SCHLINK, Grundrechte Staatsrecht II, Rn. 240; A. BLECKMANN/R. ECKHOFF, „Der mittelbare Grundrechtseingriff“, in: DVBl. 1988, S. 373 ff. (382).

776 Vgl. G. F. SCHUPPERT, in: Festschrift Wolfgang Zeidler Band I, S. 691 ff. (708); H. HOHMANN, DÖV 2000, S. 406 ff. (408); B. WEBER-DÜRLER, „Zur Tagung der Vereinigung der Deutschen Staatsrechtslehrer 1997 in Osnabrück“, in: DVBl. 1997, S. 1366 ff. (1368, Leitsatz 5).

rufsfreiheit zu beeinträchtigen[777]. Entscheidend ist allein die materielle Betroffenheit des Grundrechtsinhabers[778]. Anders wäre die Funktion des Art. 12 GG, dem Grundrechtsträger im beruflichen Bereich eine grundsätzliche Freiheit vor staatlichen Beeinträchtigungen zu gewährleisten, angesichts der vielfältigen Gestaltungsmittel der öffentlichen Hand nicht wirkungsvoll aufrechtzuerhalten[779]. HOHMANN hat zu Recht darauf hingewiesen, daß die Folgen einer hohen Steuer für die Berufsfreiheit sehr viel gravierender sein können als z. B. die gezielte Regelung von Arbeitszeiten, die ganz unzweifelhaft eine Berufsausübungsregelung darstellt[780]. Am Erfordernis der „objektiv berufsregelnden Tendenz" ist daher nicht festzuhalten[781]. Darüberhinaus führt die Rechtsprechung des Bundesverfassungsgerichts zur „objektiv berufsregelnden Tendenz" mit ihren einzelfallbezogenen Abgrenzungsversuchen zu unvorhersehbaren Ergebnissen und überzeugt bereits aus diesem Grund nicht[782]. Bei der Weinwirtschafts- und der Künstlersozialversicherungsabgabe lehnte das Bundesverfassungsgericht die „berufsregelnde Tendenz" ab, weil sie „nur formal" an eine berufliche Tätigkeit anknüpfe[783]. Bei der Werkfernverkehrsteuer hingegen hat es eine Berufsregelung angenommen, obwohl hier kein bestimmter, sondern verschiedens-

---

777 Vgl. R. SCHOLZ, in: Maunz-Dürig, Komm. z. GG, Art. 12 GG Rn. 302; BVerfG, Beschluß vom 30. Oktober 1961 – 1 BvR 833/59 –, in: BVerfGE 13, S. 181 ff. (185 f.); BVerfG, Beschluß vom 11. Oktober 1977 – 1 BvR 343/73, 83/74, 183 und 428/75 –; in:BVerfGE 47, S. 1 ff. (21); BVerfG, Beschluß vom 29. November 1989 – 1 BvR 1402, 1528/87 –, in: BVerfGE 81, S. 108 ff. (121 f.); BVerfG, Beschluß vom 26. Juni 2001 – 1 BvR 558, 1428/91 –, in: www.bundesverfassungsgericht.de, Abs. 60; K. TIPKE, Die Steuerrechtsordnung Band I, 2. Auflage, S. 431; P. KIRCHHOF, AöR 128 (2003), S. 1 ff. (26).

778 Vgl. H.-J. PAPIER, „Art. 12 GG – Freiheit des Berufs und Grundrecht der Arbeit", in: DVBl. 1984, S. 801 ff. (805); H. SODAN, DÖV 1987, S. 858 ff. (863); R. BREUER, in: Isensee/Kirchhof (Hrsg.), Handbuch des Staatsrechts, Band VI, § 148 Rn. 30 f.; G. MANSSEN, in: v. Mangoldt/Klein/Starck, GG I, Art. 12 Abs. 1 Rn. 71; H. HOHMANN, DÖV 2000, S. 406 ff. (408); R. SEER, FR 1999, S. 1280 ff. (1281); K. H. FRIAUF, DStJG Band 12 (1989), S. 3 ff. (26).

779 Vgl. G. MANSSEN, in: v. Mangoldt/Klein/Starck, GG I, Art. 12 Abs. 1 Rn. 71.

780 Vgl. H. HOHMANN, DÖV 2000, S. 406 ff. (408).

781 Ebenso: BVerwG, Urteil vom 7. Dezember 1995 – 3 C 23.94 –, in: DVBl. 1996, S. 807 f. (807).

782 Vgl. G. MANSSEN, in: v. Mangoldt/Klein/Starck, GG I, Art. 12 Abs. 1 Rn. 71.

783 BVerfG, Beschluß vom 5. März 1974 – 1 BvL 27/72 –, in: BVerfGE 37, S. 1 ff. (17 ff.); BVerfG, Beschluß vom 8. April 1987 – 2 BvR 909/82 u.a. –, in: BVerfGE 75, S. 108 ff. (154).

te Beruf betroffen waren[784]. Zu § 128a AFG, der Arbeitgeber verpflichtete, der Bundesanstalt für Arbeit das Arbeitslosengeld für solche ehemaligen Arbeitnehmer zu erstatten, die durch ein Wettbewerbsverbot in ihrer beruflichen Tätigkeit eingeschränkt sind, hat das Bundesverfassungsgericht entschieden, daß die Berufsausübung von Arbeitgebern dadurch berührt ist, daß ihnen durch § 128a AFG[785] an die Berufstätigkeit anknüpfende finanzielle Lasten aufgebürdet werden[786]. Da diese Lasten den Arbeitgebern unabhängig von ihrer Zugehörigkeit zu einer bestimmten Berufsgruppe und auch nicht mit dem Ziel einer Berufs*lenkung* auferlegt werden, liegt auch hier keine „objektiv berufsregelnde Tendenz[787]" im Sinne der ursprünglichen Rechtsprechung vor. Bei § 128a AFG handelt es sich im weitesten Sinne um eine (weitere) vom Arbeitgeber zu tragende (Sozial-) Abgabe. Gleichwohl stellte das Bundesverfassungsgericht in dieser Entscheidung eine Berufsausübungsregelung fest. Es ist aber nicht nachvollziehbar, warum bei Steuern, die an die Berufsausübung anknüpfen, ein spezifischer Adressatenkreis für das Vorliegen eines Eingriffs erforderlich sein soll, bei einer Abgabe nach § 128a AFG hingegen nicht.

Darüberhinaus zeigen sich gerade im Steuerrecht die Schwierigkeiten, eine „objektiv berufsregelnde Tendenz" festzustellen. Die Abgrenzung einer Steuernorm mit objektiv berufsregelnder Tendenz, also einer beruflichen Lenkungsnorm von einer reinen Fiskalzwecknorm, ist heute in vielen Fällen kaum noch möglich, weil der Einnahmeerzielungszweck einer Steuer häufig gleichberechtigt neben einem Lenkungszweck steht und beide Zwecke untrennbar miteinander verbunden sind[788]. So besitzt die Tabaksteuer eindeutig das gesundheitspolitische Ziel, den Tabakkonsum (möglichst auf Null) zu reduzieren und damit natürlich auch die Tabakindustrie überflüssig zu machen (berufsregelnde Tendenz). Andererseits besitzt die Tabaksteuer das Ziel, dem Fiskus möglichst hohe Einnahmen zu bescheren (Fiskalinteresse). Ähnliches gilt für die sog. Ökosteuer.

---

784 BVerfG, Urteil vom 22. Mai 1963 – 1 BvR 78/56 –, in: BVerfGE 16, S. 147 ff. (163).

785 Jetzt: § 148 SGB III.

786 BVerfG, Beschluß vom 10. November 1998 – 1 BvR 2296/97, 1081/97 –, in: BVerfGE 99, S. 202 ff. (211).

787 So aber erneut BVerfG, Urteil vom 8. April 1007 – 1 BvR 48/94 –, in: BVerfGE 95, S. 267 ff. (302); BVerfG, Urteil vom 17. Februar 1997 – 1 BvF 1/91 –, in: BVerfGE 97, S. 228 ff. (254); BVerfG, Urteil vom 14. Juli 1998 – 1 BvR 1640/97 –, in: BVerfGE 98, S. 218 ff. (258).

788 Vgl. R. BREUER, in: Isensee/Kirchhof (Hrsg.), Handbuch des Staatsrechts, Band VI, § 148 Rn. 30; O. GEIßLER, Der Unternehmer im Dienste des Steuerstaats, S. 122.

Folglich ist das Kriterium der „berufsregelnden Tendenz" zur Feststellung eines Eingriffs nicht nur nicht erforderlich, es ist auch untauglich[789]. Richtigerweise ist bei der Prüfung eines Eingriffs darauf abzustellen, ob eine der hoheitlichen Gewalt zurechenbare Maßnahme den Grundrechtsträger in seiner beruflichen Tätigkeit mit negativen Wirkungen erfaßt[790]. Wirkt sich die Maßnahme nicht nur unerheblich auf die berufliche Betätigung aus, so liegt ein Eingriff vor[791]. Bei Steuern ist dies der Fall, wenn sie an die berufliche Tätigkeit anknüpfen[792].

Zwar zielt die Vermögensteuer primär auf die Erzielung von Steueraufkommen und damit nicht unmittelbar auf die Reglementierung einer beruflichen Betätigung ab. Sie besitzt daher keinen unmittelbar berufsregelnden Charakter im Sinne des klassischen Eingriffsbegriffs. Auch trifft sie ganz allgemein alle Steuerpflichtigen unabhängig von ihrem Beruf und darüberhinaus auch Privatleute und verfolgt keine Lenkungszwecke. Deshalb ist sie nach der bisher überwiegenden Rechtsprechung des Bundesverfassungsgerichts und nach Teilen der Literatur auch als mittelbare Einwirkung nicht an Art. 12 GG zu messen, weil es insoweit an der berufsregelnden Tendenz fehlt. Nach der hier vertretenen Auffassung kommt es aber für einen Eingriff in Art. 12 GG lediglich darauf an, ob die Vermögensteuer an eine berufliche Tätigkeit anknüpft und bei dieser belastende Wirkungen hervorruft. Die Vermögensteuer ist aber, wie oben bereits dargelegt, geeignet, den Umfang und die Zusammensetzung des beruflich genutzten Vermögens zu beeinflussen, da der Steuerpflichtige versucht sein wird, die Belastung mit Vermögensteuer zu reduzieren. Soweit möglich, wird der Steuerpflichtige versuchen, weniger kapitalintensiv zu wirtschaften und zum Beispiel

---

789 Vgl. R. Breuer, in: Isensee/Kirchhof (Hrsg.), Handbuch des Staatsrechts, Band VI, § 148 Rn. 30; O. Geißler, Der Unternehmer im Dienste des Steuerstaats, S. 122.

790 G. Manssen, in: v. Mangoldt/Klein/Starck, GG I, Art. 12 Abs. 1 Rn. 73; R. Breuer, Isensee/Kirchhof (Hrsg.), Handbuch des Staatsrechts, Band VI, § 148 Rn. 31; i.E. auch: P. Tettinger, in: Sachs (Hrsg.), Grundgesetz, Art. 12 Rn. 130.

791 Bagatelleingriffe stellen keine rechtfertigungsbedürftigen Eingriffe dar. Vgl. B. Pieroth/B. Schlink, Grundrechte Staatsrecht II, Rn. 248; D. Birk, in: Hübschmann/Hepp/Spitaler, § 4 AO Rn. 561; ebenso: H. Hohmann, DÖV 2000, S. 406 ff. (409), der dies aus dem römisch-rechtlichen Grundsatz *„de minimis non curat preator"*, also dem Prinzip, daß sich das Gericht nicht mit geringfügigen Streitigkeiten befassen soll, ableitet; a.A. K. Stern, Das Staatsrecht der Bundesrepublik Deutschland, Band III/2, S. 204 ff.

792 G. Manssen, in: v. Mangoldt/Klein/Starck, GG I, Art. 12 Abs. 1 Rn. 74; R. Scholz, in: Maunz-Dürig, Komm. z. GG, Art. 12 Rn. 415; K. H. Friauf, DStJG Band 12 (1989), S. 3 ff. (26); i.E. auch H.-G. Dederer, StuW 2000, S. 91 ff. (95).

durch geeignete Leasingtransaktionen das betriebliche Vermögen zu reduzieren. Folglich beeinträchtigt die Vermögensteuer im Rahmen eines Unternehmens oder einer selbständigen Berufstätigkeit mittelbar die im Rahmen von Art. 12 GG geschützte Investitionsfreiheit[793] und wirkt sich somit wie eine Berufsregelung aus[794]. Da diese Wirkungen für den Gesetzgeber vorhersehbar sind, käme man, auch wenn man der Auffassung folgte, die für das Vorliegen eines Eingriffs *Gestaltungswirkungen* verlangt, zu einem Eingriff. Zudem entzieht sie dem Grundrechtsträger berufliche Erträge, löst damit eine faktisch wirkende Betroffenheit des Bürgers bei seiner beruflichen Betätigung aus und greift schon aus diesem Grund in die Berufsfreiheit ein[795].

4. Regelungsvorbehalt und Schranken-Schranken

Mit der Feststellung eines Eingriffs ist aber noch nicht die Feststellung der Verfassungswidrigkeit verbunden. Der Gesetzgeber ist nach Art. 12 Abs. 1 S. 2 GG grundsätzlich befugt, regelnd in die Berufsfreiheit einzugreifen. Solche Eingriffe müssen jedoch verhältnismäßig sein. Die Verhältnismäßigkeit von Eingriffen in die Berufsfreiheit hat das Bundesverfassungsgericht seit dem Apotheken-Urteil anhand der sog. Drei-Stufen-Theorie geprüft. Danach erstreckt sich die Regelungsbefugnis des Gesetzgebers gleichermaßen auf Berufswahl- und Berufsausübungsregelungen, jedoch in unterschiedlicher Intensität. Je stärker der Eingriff in die Berufsfreiheit ist, desto höher sind die spezifischen Rechtfertigungsanforderungen. Da eine Berufswahlregelung einen intensiveren Eingriff in die Berufsfreiheit darstellt als eine Berufsausübungsregelung, sind dort die Rechtfertigungsanforderungen höher. Regelungen der Berufsausübung sind danach verfassungsrechtlich gerechtfertigt, wenn vernünftige Erwägungen des Gemeinwohls diese als zweckmäßig erscheinen lassen. Objektive Beschränkungen der Zulassung zu einem Beruf sind hingegen nur zulässig, wenn sie der Abwehr nachweisbarer oder höchstwahrscheinlich schwerwiegender Gefahren für ein überragend wichtiges Gemeinschaftsgut dienen[796]. Die Drei-Stufen-Lehre

---

793 Zur Invesititionsfreiheit als Schutzgut des Art. 12 GG: R. BREUER, in: Isensee/Kirchhof (Hrsg.), Handbuch des Staatsrechts, Band VI, § 147 Rn. 63; R. SCHOLZ, in: Maunz-Dürig, Komm. z. GG, Art. 12 Rn. 124; G. MANSSEN, in: v. Mangoldt/Klein/Starck, GG I, Art. 12 Abs. 1 Rn. 65.

794 Vgl. P. KIRCHHOF, AöR 128 (2003), S. 1 ff. (26).

795 Vgl. K. TIPKE, Die Steuerrechtsordnung Band I, 2. Auflage, S. 434.

796 BVerfGE 7, 377 ff. (408).

des Bundesverfassungsgerichts ist jedoch nichts anderes als eine grobe Strukturierung der Verhältnismäßigkeitsprüfung, die für bestimmte, typische Eingriffsintensitäten spezifische Rechtfertigungsanforderungen artikuliert[797]. In vielen Fällen ist die Abgrenzung zwischen Berufsausübungs- und Berufswahlregelungen nur schwer möglich[798]. So können Berufsausübungsregelungen in die Nähe von Berufswahlregelungen rücken, wenn sie in ihren Wirkungen auf die freie Berufswahl Einfluß haben[799]. Eine Steuer, die eine berufliche Betätigung wirtschaftlich vollständig unrentabel machte, wäre als erdrosselnde Steuer in ihren Wirkungen berufswahlbeschränkend, obwohl es sich eigentlich um eine Berufsausübungsregelung handelt[800]. Zudem existieren Berufsausübungsregelungen, die die Berufsausübung kaum beeinträchtigen, wie zum Beispiel handelsrechtliche Aufbewahrungspflichten, während andere Regelungen die Freiheit stärker einschränken, wie zum Beispiel das Ladenschlußgesetz. Für beide Regelungen gleiche Anforderungen an die Rechtfertigung zu stellen, leuchtet nicht ein. Aus diesem Grund ist – allerdings ausgehend von der Drei-Stufen-Theorie – bei Art. 12 GG eine umfassende Verhältnismäßigkeitsprüfung anzustellen, die Intensität der Belastungswirkungen zu ermitteln und diese den verfolgten öffentlichen Zwecken gegenüberzustellen[801]. Nur wenn diese von solchem Gewicht sind, daß die Schwere des Eingriffs unter Berücksichtigung der Bedeutung des Grundrechts für den Grundrechtsträger als gerechtfertigt erscheint, ist ein solcher Eingriff zulässig. Die Drei-Stufen-Theorie bietet hierfür lediglich grobe Anhaltspunkte. Zu denselben Ergebnissen dürfte man letztlich auch kommen, wenn man der Drei-Stufen-Theorie des Bundesverfassungsgerichts folgt, eine Berufsausübungsregelung identifiziert und dort eine erforderliche[802] und heute auch vom Bundesverfassungsgericht vorgenommene stufenspezifische Verhältnismäßigkeitsprüfung durchführt[803].

---

797 Vgl. G. MANSSEN, in: v. Mangoldt/Klein/Starck, GG I, Art. 12 Abs. 1 Rn. 195.

798 G. MANSSEN, in: v. Mangoldt/Klein/Starck, GG I, Art. 12 Abs. 1 Rn. 136.

799 Vgl. S. LANGER, JuS 1993, S. 203 ff. (204); BVerfG, Beschluß vom 30. Oktober 1961 – 1 BvR 833/59 – , in: BVerfGE 13, S. 181 ff. (186 f.).

800 Vgl. R. SCHOLZ, in: Maunz-Dürig, Komm. z. GG, Art. 12 Rn. 416.

801 Vgl. P. TETTINGER, in: Sachs (Hrsg.), Grundgesetz, 1. Auflage, Art. 12 Rn. 114 ff.; so auch: W. LEISNER, „Differenzierung nach Betriebsgröße“, in: DVBl. 1989, S. 1025 ff. (1029 f.); im Ansatz auch: J. WIELAND, in: Dreier (Hrsg.), Grundgesetz, Art. 12 Rn. 107, 110.

802 Vgl. M. GUBELT, in: v. Münch/Kunig, Grundgesetz-Kommentar, Art. 12 Rn. 49.

803 So J. WIELAND, in: Dreier (Hrsg.), Grundgesetz, Art. 12 Rn. 144.

a) Vereinbarkeit einer echten Substanzsteuer mit Art. 12 Abs. 1 GG

Eine echte Substanzsteuer ist nicht nur nicht mit Art. 14 GG zu vereinbaren, sondern verstößt jedenfalls dann auch gegen Art. 12 Abs. 1 GG, wenn eine solche Steuer nicht mehr aus den durch die berufliche Tätigkeit erwirtschafteten Erträgen erbracht werden kann und sie daher dem Berufstätigen sukzessive die Substanz entzieht, die er zu seiner erwerbswirtschaftlichen Tätigkeit benötigt. Der durch eine Jahressteuer regelmäßige, wenngleich auch nur partielle Entzug von Substanz führt bei der beruflichen Betätigung denknotwendig langfristig zu einer Einstellung derselben. Eine solche Steuer hat daher langfristig Wirkungen, die einem Berufswahlverbot gleichkommen und verstoßen aus diesem Grund gegen das Recht der Berufsfreiheit. Dies ist unter dem Stichwort „Erdrosselung" zu verstehen[804]. Allerdings kann nicht von einem Grundrechtsverstoß ausgegangen werden, wenn nur bei einzelnen Unternehmern erdrosselnde Wirkungen eintreten. Maßgeblich ist vielmehr, ob sich solche Wirkungen bei einem gedachten durchschnittlichen Unternehmer zeigen. Nur wenn die Besteuerung im Regelfall zu Substanzeingriffen führt, ist Art. 12 Abs. 1 GG durch eine Steuer verletzt. Darüberhinaus muß dem Berufstätigen jedoch auch ein angemessener Ertrag verbleiben[805]. Auch hier sind nicht die Wirkungen einer einzelnen Steuer maßgeblich, sondern die steuerliche Gesamtbelastung, die auf der beruflichen Betätigung lastet[806]. Darüberhinaus ist zu berücksichtigen, ob eine Steuer in der Regel abgewälzt werden kann[807].

b) Vereinbarkeit einer Sollertragsteuer mit Art. 12 Abs. 1 GG

Der partielle Entzug von im Rahmen der Berufstätigkeit erwirtschafteten (Soll-) Erträgen durch eine Vermögensteuer ist oben als Berufsausübungsregelung im Sinne der Drei-Stufen-Theorie identifiziert worden und dient der allgemeinen Staatsfinanzierung und damit unzweifelhaft vernünftigen Erwägungen des Gemeinwohls. Das Mittel der Steuererhebung ist auch geeignet, dem Zweck der Staatsfinanzierung zu dienen, weil es dieses Ziel fördert. Außerdem ist die Steuererhebung erforderlich, weil kein gleich geeignetes und weniger einschneidendes Mittel zur Verfügung steht. Fraglich ist allerdings, ob eine Vermögen-

---

804 Vgl. R. SCHOLZ, in: Maunz-Dürig, Komm. z. GG, Art. 12 Rn. 416; P. KIRCHHOF, Gutachten F für den 57. Deutschen Juristentag, S. F 20.

805 Vgl. K. TIPKE, Die Steuerrechtsordnung Band I, 2. Auflage, S. 434.

806 Vgl. H. HOHMANN, DÖV 2000, S. 406 ff. (409).

807 Näheres zur Berücksichtigung von Steuerüberwälzungsmöglichkeiten im 3. Kapitel unter I. E. 5).

steuerbelastung auch verhältnismäßig im engen Sinne wäre. Dies wiederum hängt vom Maß des Steuerzugriffs, genauer von der steuerlichen Gesamtbelastung, ab. In dem Maß, in dem der über die Steuer abgeschöpfte Anteil des Staates an den (Soll-) Erträgen steigt, erhöht sich das Rechtfertigungserfordernis für den eingreifenden Gesetzgeber. Als Gegengewicht ist bei der Abwägung die wertsetzende Bedeutung des Grundrechts für seinen Träger zu berücksichtigen. Die Berufsfreiheit dient vornehmlich dazu, ihrem Träger die Schaffung und Erhaltung einer Lebensgrundlage zu ermöglichen. Dies ist nur über die privatnützige Ertragserzielung möglich. An dieser Stelle stehen sich erneut das private Interesse an der privatnützigen Ertragserzielung und das Interesse des Staates gegenüber, an diesen Erträgen zu partizipieren. Die Abwägung muß daher – entsprechend der Abwägung bei Art. 14 GG – das freiheitsrechtliche Regel-Ausnahme-Verhältnis in gleicher Weise wahren und auch das Subsidiaritätsprinzip achten. Bei der Berufsausübung tritt der Grundsatz der Subsidiarität sogar noch deutlicher zutage. Der Einzelne ist primär verpflichtet, sich die Grundlage zur Befriedigung seiner Bedürfnisse durch berufliche Betätigung selbst zu schaffen. Erst wenn er dazu nicht in der Lage ist, greift die subsidiäre Verantwortung der Gemeinschaft ein und hat der Bürger Anspruch auf staatliche Unterstützung und Fürsorge der Gemeinschaft. Aus diesem Grund gilt der grundsätzliche Vorrang der privatnützigen vor der fremdnützigen Ertragserzielung auch im Rahmen der Berufsfreiheit und darf der vom Staat beanspruchte Anteil am Ergebnis der Berufstätigkeit regelmäßig maximal die Hälfte des beruflichen Ergebnisses betragen[808]. Bestimmend für die Hälftigkeitsgrenze ist auch hier die steuerliche Gesamtlast nach Maßgabe des additiven Grundrechtseingriffs.

Es ergibt sich somit ein Gleichlauf der Belastungsobergrenze für Vermögenseinkünfte und Einkünfte aus beruflicher Betätigung. Auch die Einkünfte aus beruflicher Betätigung geniessen Schutz nach Maßgabe des Halbteilungsgrundsatzes. Dies zeigt, daß die Vorwürfe der Kritiker, der Halbteilungsgrundsatz schütze Vermögenseinkünfte mehr als Lohnansprüche, unzutreffend sind.

---

808 Im Ergebnis ebenso: M. JACHMANN, Verfassungsrechtliche Grenzen der Besteuerung, S. 65; DIESELBE, StuW 1996, S. 97 ff. (104); O. GEIßLER, Der Unternehmer im Dienste des Steuerstaats, S. 141; R. SEER, FR 1999, S. 1280 ff. (1286); DERSELBE, DStJG Band 23 (2000), S. 87 ff. (103 f.); W. LEISNER, NJW 1995, S. 2591 ff. (2595).

C. Vereinbarkeit mit Art. 2 Abs. 1 GG

Die Vermögensteuer ist auf ihre Vereinbarkeit mit Art. 2 Abs. 1 GG nicht zu prüfen, weil sie in das Eigentumsgrundrecht und die Berufsfreiheit eingreift, die als Spezialgrundrechte Art. 2 Abs. 1 GG vorgehen. Folgt man der hier vertretenen Auffassung nicht, so ist die Vermögensteuer auf ihre Vereinbarkeit mit Art. 2 Abs. 1 GG als Auffanggrundrecht[809] und „Grundrecht auf Steuerfreiheit[810]" zu prüfen.

Abgesehen von formalen rechtsstaatlichen Anforderungen an ein Vermögensteuergesetz hätte der Gesetzgeber auch im Rahmen von Art. 2 Abs. 1 GG den Grundsatz der Verhältnismäßigkeit zu beachten. Obwohl in diesem Fall kein Eingriff in die Freiheitsgrundrechte aus Art. 12 und Art. 14 GG vorläge, hätte der Gesetzgeber der Tatsache Rechnung zu tragen, daß diese Grundrechte, wenn auch nicht formal, so doch dem Inhalt nach betroffen sind[811]. MÖSTL vertritt die Auffassung, daß trotz der tatbestandlichen Anknüpfung der Vermögensteuer an das Innehaben von Eigentumsgegenständen der Eingriff nicht in Art. 14 GG, sondern Art. 2 Abs. 1 GG erfolge, weil die Steuer nur aus dem Vermögen zu leisten sei. Es sei aber naheliegend, daß Art. 14 GG materiell nicht dadurch entwertet werden dürfe, daß die Belastungen zwar nur in Art. 2 Abs. 1 GG eingriffen, tatbestandlich aber an Freiheitsbetätigungen anknüpften, die von Art. 14 GG geschützt sind. Die objektiven Grundrechtsgehalte entfalteten typischerwei-

---

809 Vgl. F. KIRCHHOF, StuW 2002, S. 185 ff. (195), der aber Art. 14 und Art. 12 GG als einschlägige Grundrechte ansieht.

810 Vgl. G. WACKE, StbJb 1966/67, S. 75 ff. (107); R. WEBER-FAS, NJW 1975, S. 1945 ff. (1948): „etwas überspitzt".

811 So das BVerfG, Beschluß vom 5. Februar 2002 – 2 BvR 305, 348/93 –, in: BVerfGE 105, S. 17 ff. (32), das im Anschluß an die Aussage, daß kein Anlaß bestehe, in dem Verfahren zu entscheiden, wie im einzelnen die im Hinblick auf Art. 14 GG gezogenen verfassungsrechtlichen Grenzen der Besteuerungsgewalt zu bestimmen sind, andeutet, daß den Freiheitsgrundrechten im Rahmen der Verhältnismäßigkeitskontrolle bei Art. 2 Abs. 1 GG, der bei Steuergesetzen jedenfalls anwendbar sei, Rechnung getragen werden könne; so wohl auch H. D. JARASS, in: Jarass/Pieroth, Grundgesetz, Art. 14 Rn. 5; ähnlich der BFH, Urteil vom 11. August 1999 – XI R 77/97 –, in: FR 1999, S. 1303 ff. (1305 f.), der anerkennt, daß Art. 2 Abs. 1 GG Schutz bietet, aber feststellt, daß eine Verletzung desselben nicht vorliege, wenn die spezifische Eigentumsgarantie des Art. 14 Abs. 1 GG nicht berührt sei. Hier ist dem BFH allerdings einem Zirkelschluß unterlegen. Wenn die spezifische Eigentumsgarantie berührt ist, so bietet Art. 14 GG Schutz. Art. 2 Abs. 1 GG ist in diesem Fall nicht einmal anwendbar.

se immer dort ihre Schutzdimension, wo es an einem Eingriff fehle. So dürfe der objektive Gehalt der Eigentumsgarantie auch für den Fall eines Eingriffs nur in das Vermögen nicht verletzt werden. Aus der objektiven Institutsgarantie privatnützigen Eigentums leitet er den Halbteilungsgrundsatz in Gestalt einer „weicheren objektivrechtlichen Direktive“ ab. Als Ausprägung des abwehrrechtlichen Übermaßverbots lehnt er den Halbteilungsgrundsatz hingegen ausdrücklich ab[812]. Ist der Halbteilungsgrundsatz aber mit MÖSTL eine objektivrechtliche Direktive im Rahmen des Eigentumsgrundrechts, so wirkt er sich im Rahmen von Art. 2 Abs. 1 GG wiederum als Abwehrrecht aus. Systematisch kann der objektive Gehalt der Eigentumsgarantie in Gestalt des Halbteilungsgrundsatzes nur bei der Prüfung der Verhältnismäßigkeit des Eingriffs in Art. 2 Abs. 1 GG Berücksichtigung finden. Der Verhältnismäßigkeitsgrundsatz hat aber abwehrrechtliche Funktion. Folglich würde der Halbteilungsgrundsatz auch bei Annahme eines Eingriffs in Art. 2 Abs. 1 GG eine Ausprägung des abwehrrechtlichen Übermaßverbots darstellen und nicht nur den Gesetzgeber in Form einer weichen Direktive binden. Dies führt dazu, daß, selbst wenn man der Auffassung von MÖSTL im Ansatz folgt, der Halbteilungsgrundsatz gilt und über die Hälftigkeitsgrenze hinausgehende Eingriffe abzuwehren vermag.

IV. Gleichheitsrechtliche Bindungen

Unter I. wurde bei den Anforderungen an eine verfassungsrechtliche Rechtfertigung bereits dargelegt, daß die Vermögensteuer auch den Anforderungen der Gleichheitsrechte, insbesondere des Art. 3 Abs. 1 GG, zu entsprechen hat. Im folgenden werden daher die gleichheitsrechtlichen Bindungen des Gesetzgebers untersucht, die dieser bei seiner Entscheidung über eine Wiedereinführung und bei der Ausgestaltung einer Vermögensteuer von Verfassungs wegen zu beachten hätte.

A. Vereinbarkeit mit Art. 3 Abs. 1 GG

Nach Art. 3 Abs. 1 GG sind alle Menschen vor dem Gesetz gleich. Die Gleichheit ist ein Gebot und ein Erfordernis der Gerechtigkeit. Die steuerliche

812 Vgl. M. MÖSTL, DStR 2003, S. 720 ff. (725 f.)

Gleichheit der Menschen ist ein klassischer Anwendungsfall des Gleichheitssatzes. Die französische Revolution richtete sich auch gegen die steuerlichen Privilegien des Adels. Die „egalité" forderte eine gleichmäßige Belastung aller Steuerpflichtigen. Deshalb sollte nach Art. 13 der französischen Erklärung der Menschen- und Bürgerrechte von 1789 der für die Unterhaltung der öffentlichen Macht und die Kosten der Verwaltung notwendige „gemeinschaftliche Beitrag ... unter alle Bürger des Staates ... eingeteilt werden[813]." Bezogen auf das Steuerrecht bedeutet dies, daß grundsätzlich alle Bürger zur Finanzierung des Staates mittels der Steuern heranzuziehen sind. Allerdings beantwortet dies noch nicht die Frage, *„wie"*, also in welchem Verhältnis untereinander die Bürger zur Staatsfinanzierung beizutragen haben. Art. 134 WRV begründete einen speziellen Gleichheitssatz für die Besteuerung: „Alle Staatsbürger ohne Unterschied tragen im Verhältnis ihrer Mittel zu allen öffentlichen Lasten nach Maßgabe der Gesetze bei." Die Gleichheit aller Staatsbürger „im Verhältnis ihrer Mittel" würde man heute mit „nach Maßgabe ihrer finanziellen Leistungsfähigkeit" übersetzen[814]. Das Grundgesetz kennt im Gegensatz zur Weimarer Reichsverfassung einen speziellen steuerlichen Gleichheitssatz nicht. Dies liegt daran, daß in der Weimarer Republik die Rechtssetzungsgleichheit erst allmählich als Teil der Gleichheit vor dem Gesetz anerkannt wurde[815]. Daher bedurfte es damals noch des Art. 134 WRV, der den Gleichheitssatz im Steuerrecht auch für den Gesetzgeber verbindlich machte. Heute ist anerkannt, daß die Gleichheit vor dem Gesetz auch die Rechtssetzungsgleichheit beinhaltet. Eines speziellen steuerlichen Gleichheitssatzes (analog Art. 134 WRV) bedarf es daher zur Bindung des Gesetzgebers an den Grundsatz der Steuergerechtigkeit heute nicht mehr. Dieser ergibt sich heute schon aus Art. 3 Abs. 1 GG[816]. Aus dem Grundsatz der Steuergerechtigkeit wiederum wird der Grundsatz der Besteuerung nach der (wirtschaftlichen oder finanziellen) Leistungsfähigkeit als steuerrechtliches Fundamentalprinzip abgeleitet[817]. Jeder soll nach seinen finanziellen Kräften

---

813 Zitiert nach BVerfG, Urteil vom 27. Juni 1991 – 2 BvR 1493/89 – , in: BVerfGE 84, S. 239 ff. (269).

814 Vgl. E. BENDA, DStZ 1984, S. 159 ff. (160); P. KIRCHHOF, AöR 128 (2003), S. 1 ff. (3).

815 Vgl. BVerfG, Urteil vom 27. Juni 1991 – 2 BvR 1493/89 –, in: BVerfGE 84, S. 239 ff. (270).

816 Vgl. BVerfG, Beschluß vom 17. Januar 1957 – 1 BvL 4/54 –, in: BVerfGE 6, S. 55 ff. (S. 70); BVerfG, Beschluß vom 17. November 1998 – 1 BvL 10/98 –, in: BStBl. II 1999, S. 509 ff. (511); E. BENDA, DStZ 1984, S. 159 ff. (160).

817 Vgl. BVerfG, Beschluß vom 11. Oktober 1977 – 1 BvR 343/73, 83/74, 183 und 428/75 –, in: BVerfGE 47, S. 1 ff. (29); BVerfG, Beschluß vom 17.11.1998 – 1 BvL

zum gesamten Steueraufkommen und damit zur Finanzierung des Staates beitragen[818]. Damit bildet der Grundsatz der Besteuerung nach der Leistungsfähigkeit eine bereichsspezifische Konkretisierung des Gleichheitssatzes für das Steuerrecht[819]. Dies gilt jedenfalls für die Fiskalzwecksteuern. Der Gleichheitssatz wird aber nicht abschließend durch das Leistungsfähigkeitsprinzip konkretisiert. Der Gesetzgeber kann zum einen Lenkungs- und Verschonungstatbestände schaffen, die vom Ziel einer reinen Verteilungsgerechtigkeit abweichen. Zum anderen kann der Gesetzgeber Typisierungen vornehmen, um die Messung der Leistungsfähigkeit zu erleichtern und um die Besteuerungspraxis praktikabel und effizient zu gestalten.

Nachdem festgestellt ist, daß die Verteilung der Lasten mittels des Maßstabes der Leistungsfähigkeit zu erfolgen hat, ist allerdings fraglich, *wie* die Leistungsfähigkeit des Steuerpflichtigen und in der Konsequenz die nach Art. 3 Abs. 1 GG zulässige Steuerbelastung in einem Vielsteuersystem festzustellen ist. Eigentlich läge es nahe, die finanzielle und damit die steuerliche Leistungsfähigkeit einer Person insgesamt zu beurteilen und darauf basierend deren erforderlichen Gesamtbeitrag zur Staatsfinanzierung abzuleiten[820]. Das Bundesverfassungsgericht prüft indes regelmäßig nicht, ob der *Gesamtbeitrag*, also die Gesamtbelastung mit Steuern, zu einer Gleichbehandlung aller steuerpflichtigen Staatsbürger im Sinne des Gleichheitssatzes führt. Es ist der Auffassung, daß der Gesetzgeber bei der Auswahl des Steuergegenstandes und der Bestimmung des Steuersatzes einen weitreichenden Entscheidungsspielraum habe und daß das Gebot der gleichmäßigen Belastung den Gesetzgeber nicht in seinem Entschei-

---

10/98 –, in: BStBl. II 1999, S. 509 ff. (511); ausführlich dazu: K. VOGEL/C. WALDHOFF, in: Dolzer/Vogel/Graßhof (Hrsg.), BK, Vorbem. z. Art. 104a-115 Rn. 516 ff.; vgl. auch K. STERN, Das Staatsrecht der Bundesrepublik Deutschland, Band II, S. 1109.

818 BVerfG, Beschluß vom 22. Juni 1995 – 2 BvL 37/91–; in: BVerfGE 93, S. 121 ff. (135); BVerfG, Beschluß vom 17. November 1998 – 1 BvL 10/98 –, in: BStBl. II 1999, S. 509 ff. (511).

819 BVerfG, vom 3. November 1982 – 1 BvR 620/78 –, in: BVerfGE, 61, S. 319 ff. (343 ff.); BVerfG, Beschluß vom 4. Dezember 2002 – 2 BvR 400/98 und 1735/00 –, in: www. bundesverfassungsgericht.de, Abs. 50.

820 So jedenfalls für einzelne Finanzquellen: F. KIRCHHOF, StuW 2002, S. 185 ff. (189); tendenziell auch BVerfG, Beschluß vom 22. Juni 1995 – 2 BvL 37/91 –, in: BVerfGE 93, S. 121 ff. (135).

dungsspielraum bei der Auswahl des Steuergegenstandes einschränke[821]. Infolgedessen beschränkt es die Prüfung der Besteuerung nach der individuellen Leistungsfähigkeit auf den Binnenbereich einer einzelnen Steuerart und damit darauf, ob die isolierte Belastung mit *einer* Steuer dem Grundsatz der Besteuerung nach der Leistungsfähigkeit entspricht[822]. Ob beispielsweise die Belastung des Gewinns eines Unternehmens mit Einkommen- *und* Gewerbesteuer einerseits und die Belastung einer freiberuflichen Praxis nur mit Einkommensteuer andererseits dem Grundsatz der Besteuerung nach der Leistungsfähigkeit und damit der *iustitia distributiva* gerecht wird, prüft es hingegen nicht. Ebensowenig prüft es die Vermögensteuer darauf, ob ihre Erhebung überhaupt Leistungsfähigkeit abschöpft[823]. Begründet wird dies vom Bundesverfassungsgericht damit, daß der Grundgesetzgeber die in Art. 105 und 106 GG erwähnten Steuerarten in ihrer historisch gewachsenen Bedeutung aufgenommen und als zulässige Form der Besteuerung anerkannt habe[824]. Daraus resultiert nach Ansicht des Bundesverfassungsgerichts, daß eine dort anerkannte Steuer nicht *per se* gegen Art. 3 Abs. 1 GG verstoßen könne. Das Grundgesetz folge insoweit keinem perfektionistischen Gleichheitssatz[825]. Diese Aussage unterstützt die wohl herrschende Staatsrechtslehre[826].

---

821 BVerfG, Urteil vom 27. Juni 1991 – 2 BvR 1493/89 –, in: BVerfGE 84, S. 239 ff. (271); BVerfG, Beschluß vom 17. Novemeber 1998 – 1 BvL 10/98 –, in: BStBl. II 1999, S. 509 ff. (511); P. KIRCHHOF, AöR 128 (2003), S. 1 ff. (37).

822 Vgl. BVerfG, Beschluß vom 17. November 1998 – 1 BvL 10/98 –, in: BStBl. II 1999, 509 ff. (511).

823 BVerfG, Beschluß vom 22. Juni 1995 – 2 BvL 37/91 –, in: BVerfGE 93, S. 121 ff. (134).

824 BVerfG, Beschluß vom 4. Februar 1958 – 2 BvL 31, 33/56 –, in: BVerfGE 7, S. 244 ff. (252); BVerfG, Teilurteil vom 10. Mai 1962 – 1 BvL 31/58 –, in: BVerfGE 14, S. 76 ff. (91); BVerfG, Beschluß vom 23. Juli 1963 – 2 BvL 11/61 –, in: BVerfGE 16, S. 306 ff. (317); BVerfG, Beschluß vom 22. Juni 1995 - 2 BvL 37/91 –, in: BVerfGE 93, S. 121 ff. (134 f.).

825 Vgl. M. MÖSTL, DStR 2003, S. 720 ff. (722).

826 Vgl. P. KIRCHHOF, DStR 1984, S. 575 ff. (578); DERSELBE, in: Kirchhof/Söhn/Mellinghoff (Hrsg.), EStG, § 2 Rn. A 151; DERSELBE, StuW 1996, S. 3 ff. (7); W. RÜFNER, in: Dolzer/Vogel/Graßhof (Hrsg.), BK, Art. 3 Abs. 1 Rn. 199 f.; K. VOGEL, „Zur Auslegung des Art. 106 Grundgesetz“, in: Lang, Joachim (Hrsg.), Die Steuerrechtsordnung in der Diskussion, Festschrift für Klaus Tipke, S. 93 ff. (101 f.); C. STARCK, in: v. Mangoldt/Klein/Starck, GG I, Art. 3 Abs. 1 Rn. 88 (FN 357); a.A. D. BIRK, DStJG Band 22 (1999), S. 7 ff. (10).

Indes ist diese Auslegung des Art. 3 Abs. 1 GG und der Art. 105, 106 GG nicht überzeugend. Art. 3 Abs. 1 GG fordert vom Gesetzgeber Gleichheit bei der Rechtssetzung. Dies ergibt sich aus der Bindung des Gesetzgebers an die Grundrechte in Art. 1 Abs. 3 GG. Wenn der Gleichheitssatz im Steuerrecht zumindest für das Gebiet der Finanzzwecksteuern fordert, die Lasten nach Maßgabe der wirtschaftlichen Leistungsfähigkeit zu verteilen, dann muß gefragt werden, ob ein vom Gesetzgeber ausgewählter Steuertatbestand im Zusammenwirken mit der Bemessungsgrundlage eine solche Leistungsfähigkeit des Steuerpflichtigen abbildet[827], die nicht bereits an anderer Stelle im zulässigen Rahmen durch eine Steuer (voll) abgeschöpft worden ist. Es ist daher durchaus denkbar, daß eine Steuerart *per se* bzw. *in toto*[828] gegen den Gleichheitssatz verstößt, wenn sie nicht (mehr) vorhandene Leistungsfähigkeit abschöpft.

Auch Art. 105 und 106 GG können nach der hier vertretenen Auffassung nicht zur Begründung dafür herangezogen werden, daß eine dort erwähnte Steuer nicht dem Gleichheitssatz widersprechen kann. Zum einen regelt Art. 106 GG explizit nur die Verteilung der Erträge der Besteuerung[829]. Über die grundrechtlichen Voraussetzungen und Grenzen der Besteuerung sagt er nichts aus[830]. Das Finanzverfassungsrecht stellt insoweit Staatsorganisationsrecht und keinen besonderen Grundrechtskanon dar[831]. In einem Rechtsstaat muß aber die gerechte Lastenverteilung als grundrechtlicher Maßstab Vorrang vor der Verteilung des Steueraufkommens an die Gebietskörperschaften haben[832]. Zum anderen liefert auch die Gesetzgebungsgeschichte zur Finanzverfassung keinerlei Anhaltspunkt dafür, daß der Verfassungsgeber die in Art. 105 und 106 GG verankerten Steuern auf ihre Vereinbarkeit mit den Grundrechten, auch nicht auf ihre Vereinbarkeit mit Art. 3 Abs. 1 GG geprüft hätte[833]. Er hat sich bei der Formulierung des

---

827 Vgl. K. TIPKE, Die Steuerrechtsordnung Band I, 2. Auflage, S. 298.

828 Vgl. K. TIPKE, „Vom Konglomerat herkömmlicher Steuern zum System gerechter Steuern", in: BB 1994, S. 437 ff. (439); DERSELBE, in: Festschrift für Wolfgang Ritter, S. 587 ff. (590).

829 Vgl. P. JACOBI, FR 1987, S. 413 ff. (419); K. TIPKE, Besteuerungsmoral und Steuermoral, S. 29.

830 Vgl. D. BIRK, DStJG Band 22 (1999), S. 7 ff. (10); K. TIPKE, Die Steuerrechtsordnung Band I, 2. Auflage, S. 301.

831 Vgl. J. LANG, in: Tipke/Lang, Steuerrecht, 17. Auflage, § 3 Rn. 3, 6.

832 Vgl. J. LANG, in: Tipke/Lang, Steuerrecht, 17. Auflage, § 3 Rn. 5.

833 Vgl. V. DOEMMING/FÜSSLEIN/MATZ (HRSG.), JöR Band 1 n. F., S. 748 ff. In den Materialien findet sich nicht einmal eine Andeutung eines Grundrechtes; gleicher Auffassung:

Art. 106 GG lediglich am überkommenen Bestand der Steuern und nicht etwa am Konzept gleichmäßiger Lastentragung orientiert[834]. Die Tradition dieser Steuern begründet aber kein System gerechter Steuern[835]. Dementsprechend trifft Art. 106 GG auch keine Aussage über den materiellen Gerechtigkeitswert der dort erwähnten Steuern. Nur wenn diese Steuern *insgesamt* dem Grundsatz gerechter Lastenverteilung entsprechen, sind sie mit Art. 3 Abs. 1 GG vereinbar[836]. Wäre dies anders, dann würden Art. 105 und 106 GG zu einer Verteilung der Staatslasten führen können, die mit dem Gedanken der Leistungsfähigkeit, daraus folgend mit dem Gedanken der *iustitia distributiva* und daraus folgend mit dem Gedanken der Gleichheit nicht zu vereinbaren sind. Deshalb ist es richtig, wenn LANG die Auffassung vertritt, daß der Erkenntnisfortschritt im Bereich der Grundrechte dazu zwingen könne, den historischen Katalog des Art. 106 GG zu revidieren[837].

Bezogen auf eine Person kann es zu einem bestimmten Zeitpunkt immer nur *eine* finanzielle Leistungsfähigkeit geben, unabhängig davon, wie viele Steuerarten auf diese finanzielle Leistungsfähigkeit partiell zugreifen, und unabhängig davon, mit wie vielen Indikatoren diese Leistungsfähigkeit gemessen werden kann. TIPKE hat zutreffend dargelegt, daß es für alle Steuern nur das gespeicherte Einkommen als die allen Steuern gemeinsame und einzige Steuerquelle gebe[838]. Die finanzielle Leistungsfähigkeit des Bürgers drückt sich einzig und al-

---

D. BIRK, DStJG Band 22 (1999), S. 7 ff. (10); K. TIPKE, Besteuerungsmoral und Steuermoral, S. 29; DERSELBE, MDR 1995, S. 1177 ff. (1178); insoweit zustimmend: K. VOGEL, in: Festschrift für Klaus Tipke, S. 93 ff. (101), der jedoch meint, daß der Verfassungsgeber implizit davon ausgegangen sei, daß die in Art. 106 GG genannten Steuern der Art nach verfassungsrechtlich zulässig seien.

834 Vgl. C. TRZASKALIK, „Inwieweit ist die Verfolgung ökonomischer, ökologischer und anderer öffentlicher Zwecke durch Instrumente des Abgabenrechts zu empfehlen“, Gutachten E für den 63. Deutschen Juristentag, München 2000, S. 45; J. LANG, in: Tipke/Lang, Steuerrecht, 17. Auflage, § 3 Rn. 3.

835 Vgl. K. TIPKE, BB 1994, S. 437 ff. (439); C. TRZASKALIK, Gutachten E für den 63. Deutschen Juristentag, S. 45; D. BIRK, DStJG Band 22 (1999), S. 7 ff. (10).

836 Vgl. D. BIRK, DStJG Band 22 (1999), S. 7 ff. (9 f); K. TIPKE, Besteuerungsmoral und Steuermoral, S. 29.

837 Vgl. J. LANG, in: Tipke/Lang, Steuerrecht, 15. Auflage, § 4 Rn. 101.

838 K. TIPKE, Die Steuerrechtsordnung Band I, 2. Auflage, S. 301; zustimmend: C. TRZASKALIK, Gutachten E für den 63. Deutschen Juristentag, S. 55 (FN 210); zustimmend ebenfalls: M. JACHMANN, Verfassungsrechtliche Grenzen der Besteuerung,

lein im gespeicherten Einkommen, dem Vermögen aus. Daher sind die auf diese Leistungsfähigkeit zugreifenden Steuern entgegen dem Bundesverfassungsgericht und entgegen der herrschenden staatsrechtlichen Auffassung neben ihrer isolierten gleichheitsrechtlichen Betrachtung auch in ihrer Gesamtwirkung auf die Vereinbarkeit mit dem Gleichheitssatz zu beurteilen. Für die Verteilungsgerechtigkeit kann es nicht darauf ankommen, ob eine einzelne Steuer in ihrem Binnenbereich gleichheitskonform ausgestaltet ist. Entscheidend ist vielmehr, daß die staatliche Gesamtausgabenlast gleichheitsgerecht verteilt wird. Anderenfalls würde es möglich, über Sondersteuern Teilen der Bürger Lasten aufzuerlegen, obwohl diese Gruppen über keine höhere finanzielle Leistungsfähigkeit verfügen als diejenigen Gruppen, die von einer solchen Sondersteuer nicht betroffen sind. Im Halbteilungsurteil hat das Bundesverfassungsgericht daher richtigerweise erstmals angemerkt, daß die „*Gesamtbelastung* vom Gesetzgeber so aufeinander abzustimmen (ist), daß das Belastungs*gleichmaß* gewahrt ... wird[839].“ Aus diesem Grund ist zunächst zu untersuchen, ob die Vermögensteuer *in toto* dem Grundsatz gerechter Lastenverteilung überhaupt entsprechen kann[840].

1. Vereinbarkeit der Vermögensteuer „in toto“ mit dem Grundsatz gerechter Lastenverteilung

Die Vermögensteuer insgesamt entspricht dem Grundsatz gerechter Lastenverteilung und damit Art. 3 Abs. 1 GG, wenn das Vermögen die Leistungsfähigkeit des Steuerpflichtigen dergestalt zutreffend abbildet, daß die daran anknüpfende Vermögensteuer im Zusammenwirken mit den übrigen Steuern den Steuerpflichtigen entsprechend seiner individuellen Leistungsfähigkeit belastet. Das Vermögen als solches ist als Indikator der wirtschaftlichen Leistungsfähigkeit geeignet, da es an die vorhandenen Werte anknüpft, die der Steuerpflichtige zur

---

S. 39; nach anderer Auffassung können Steuern aus Einkommen *und* Vermögen erbracht werden. Allerdings ist Vermögen nichts anderes als gespeichertes Einkommen.

839 BVerfG, Beschluß vom 22. Juni 1995 –2 BvL 37/91 –, in: BVerfGE 93, S. 121 ff.(135), Hervorhebungen nicht im Original; **a.A.** BVerfG, Beschluß vom 17. November 1998 – 1 BvL 10/98 –, in: BStBl. II 1999, S. 509 ff. (511), mit der lapidaren Aussage, daß sich etwas anderes auch nicht aus dem Halbteilungsurteil ergebe, indes ohne ein Wort der Begründung.

840 Im Ergebnis wohl auch: D. KRÜGER/E. KALBFLEISCH/S. KÖHLER, DStR 1995, S. 1452 ff. (1454), die davon ausgehen, daß im Extremfall eine ersatzlose Streichung ganzer Steuerarten eingefordert werden kann.

Bedürfnisbefriedigung, aber auch zur Steuerzahlung einsetzen kann. Fraglich ist jedoch, ob das Vermögen *neben* dem Einkommen, das seinerseits Indikator der wirtschaftlichen Leistungsfähigkeit ist und bereits im Rahmen der Einkommensteuer besteuert wird, ein eigenständiges „Mehr“ an Leistungsfähigkeit aufzeigen kann, das es rechtfertigen würde, dem Steuerpflichtigen neben der Einkommensteuerbelastung eine weitere, selbständige (Vermögen-) Steuerlast aufzuerlegen.

a) Fundustheorie

Wie bereits dargelegt, wurde die Vermögensteuer ursprünglich mit der Überlegung gerechtfertigt, daß Vermögenseinkünfte im Vergleich zu Arbeitseinkünften besonders sicher seien, der Steuerpflichtige daher keine Vorsorge zu treffen habe und aus diesem Grund ein größerer Anteil seines Einkommens frei verfügbar sei. Daraus resultiere eine erhöhte Leistungsfähigkeit, die durch die Steuer abgeschöpft werden könne[841]. Heute geht die ganz herrschende Auffassung davon aus, daß fundiertem Einkommen keine höhere Leistungsfähigkeit korrespondiert als unfundiertem[842]. Dies ist aus mehreren Gründen zutreffend. Zum einen sind Vermögenseinkünfte heute nicht notwendigerweise sicherer als Arbeitseinkünfte[843]. Unternehmerisches Vermögen ist dem unternehmerischen Risiko ausgesetzt. Kapitalvermögen ist zwar derzeit nur einem geringen Inflationsrisiko ausgesetzt, allerdings hat die an der Börse geplatzte „New-Economy-Seifenblase“ deutlich gezeigt, daß auch Kapitalvermögen mit zum Teil erheblichen Kursrisiken belegt ist und Dividenden ebenso wie der Wert der Substanz keineswegs als dauerhaft gesichert gelten können. Zudem unterliegt auch der Einkunftserzielung aus gewerblicher, selbständiger und land- und forstwirtschaftlicher Arbeit dienendes Vermögen der Vermögensteuer. Diese Einkünfte sind aufgrund des unternehmerischen Risikos ebenfalls keineswegs sicherer als solche aus nichtselbständiger Arbeit, wie eine jährlich neue Rekordzahl an Insolvenzen zeigt. Auf der anderen Seite sind die Arbeitseinkünfte erzielenden Arbeitnehmer durch Kündigungsschutz, Entgeltfortzahlung im Krankheitsfall, berufsgenossenschaftliche Unfallversicherung, Arbeitslosengeld und andere soziale Sicherungsnetze heute vergleichsweise gut gegen den Verlust ihrer Ein-

---

841 Beispielsweise: C. STARCK, in: v. Mangoldt/Klein/Starck, GG I, Art. 3 Abs. 1 Rn. 88 (FN 357).

842 Vgl. statt vieler: K. TIPKE, Die Steuerrechtsordnung Band II, 1993, S. 775 ff.; D. BIRK, DStJG Band 22 (1999), S. 7 ff. (15); H.-W. ARNDT, DStJG Band 22 (1999), S. 25 ff. (28); K. SCHELLE, Vermögensteuer, Wiesbaden 1990 S. 39.

843 Vgl. K. TIPKE, MDR 1995, S. 1177 ff. (1180).

künfte abgesichert, so daß diese im Vergleich zu den Vermögenseinkünften nicht als unsicherer gelten können[844].

b) Theorie des mühelosen Ertrags

Nach einer weiteren Auffassung sollen die Vermögenseinkünfte deswegen zu einer stärkeren steuerlichen Belastung herangezogen werden können, weil diese im Vergleich zu Arbeitseinkünften mühelos erzielt werden können[845].

Allerdings können Vermögenseinkünfte keinesfalls zwangsläufig und nicht einmal regelmässig als mühelos erzielt angesehen werden. Diese Theorie hat offensichtlich den vielzitierten Kuponschneider im Blick[846]. Die Vermögensteuer erfaßt aber auch gewerbliches, land- und forstwirtschaftliches Vermögen sowie solches Vermögen, das einer selbständigen beruflichen Tätigkeit dient. Erträge, die durch den Einsatz dieses Vermögens erzielt werden, fallen dem Vermögensinhaber keineswegs ohne Mühe zu, sondern erfordern in gleicher Weise wie Arbeitseinkommen Mühe und Anstrengung. Genau genommen handelt es sich hierbei um Arbeitseinkommen, das zusätzlich durch Einsatz von Vermögen unterstützt wird. Dieses Vermögen macht übrigens durch seinen Einsatz regelmäßig auch das Arbeitseinkommen von Arbeitnehmern müheloser. Beispielsweise dienen aufwendige technische Anlagen der Arbeitsunterstützung und der (körperlichen) Arbeitserleichterung. Darüberhinaus ist selbst das Einkommen der „Kuponschneider" heute kaum noch sinnvoll ohne Arbeitseinsatz zu erzielen. Als Beispiel hierfür können Tausende von Kleinanlegern dienen, die sich Ende der neunziger Jahre täglich für mehrere Stunden der Verwaltung ihres – in der Regel kleinen – (Aktien-) Vermögens im Rahmen des sog. „Daytradings" gewidmet haben. Aber auch größere ererbte Vermögen können heute kaum ohne Arbeitseinsatz ertragbringend verwaltet werden. Dies zeigen Ver-

---

844 Vgl. K. TIPKE, Die Steuerrechtsordnung Band II, 1993, S. 776; H.-W. ARNDT, DStJG Band 22 (1999), S. 25 ff. (28).

845 Vgl. P. BECHSTEIN, Die Rechtfertigung von Einzelsteuern unter besonderer Berücksichtigung der verfassungsrechtlichen Anforderungen, dargestellt am Beispiel der Vermögensteuer", Tübingen 1997, S. 64 ff.; auch das BVerfG, Beschluß vom 12. Oktober 1976 – 1 BvR 2328/73 –, in: BVerfGE 43, S. 1 ff. (7), war der Auffassung, daß es „verfassungsrechtlich nicht zu beanstanden (ist), wenn das in der Regel „leistungslos" aus dem Vermögen fließende Einkommen durch Einkommen- und Vermögensteuer stärker besteuert wird als das Einkommen, das aus der Verwendung der Arbeitskraft fließt."

846 Vgl. K. TIPKE, Die Steuerrechtsordnung Band II, S. 781; H.-W. ARNDT, DStJG Band 22 (1999), S. 25 ff. (29); J. LANG, in: Tipke/Lang, Steuerrecht, 17. Auflage, § 4 Rn. 106.

mögensverwaltungsgesellschaften deutscher Industriellenfamilien, die sich zum Teil mit einer Vielzahl von Angestellten der Verwaltung der Vermögen widmen, um möglichst optimale Erträge zu erzielen[847]. Von müheloser Ertragserzielung kann daher auch bei Vermögenseinkünften nicht gesprochen werden[848].

c) Vermögensbesitztheorie

Nach der unter den Befürwortern einer Vermögensteuer heute wohl herrschenden Auffassung resultiert eine erhöhte steuerliche Leistungsfähigkeit daraus, daß der Vermögensbesitz als solcher leistungsfähig mache. Das Vermögen als solches verschaffe Bedürfnisbefriedigungspotential und könne unabhängig von seinen Erträgen aufgezehrt werden. Daher sei ein Steuerpflichtiger mit Vermögen bei gleichem Einkommen leistungsfähiger als ein Steuerpflichtiger ohne Vermögen[849]. Im übrigen vermittele die Existenz von Vermögen Kreditfähigkeit, soziales Ansehen und Arbeitsmarktelastizität. Es sei daher auch zu Steuerpflichten heranzuziehen[850].

Diese Auffassung verschleiert die Tatsache, daß das Vermögen Einkommen der Vergangenheit, also gespeichertes Einkommen, ist. Soweit es in der Vergangenheit bereits der Einkommensteuer unterlegen hat, resultiert aus der Tatsache des Vermögensbesitzes allein keine zusätzliche Leistungsfähigkeit, die nicht bereits der Einkommensteuer unterlegen hätte[851].

---

847 Vgl. auch K. SCHELLE, Vermögensteuer, S. 40.

848 Vgl. K. TIPKE, Die Steuerrechtsordnung Band II, 1. Auflage, S. 781 f.; H.-W. ARNDT, DStJG Band 22 (1999), S. 25 ff. (29).

849 Vgl. Gutachten der Steuerreformkommission 1971, Schriftenreihe des Bundesministeriums der Finanzen, Heft 17, Abschnitt 7 2. Unterabschnitt, Rn. 64, 70, **a.A** Teile der Kommission, Rn. 71.

850 Vgl. D. BIRK, DStJG Band 22 (1999), S. 7 ff. (15 f.); H. WEBER-GRELLET, BB 1996, S. 1415 ff. (1417).

851 Ebenso: K. TIPKE, MDR 1995, S. 1177 ff. (1180); K. SCHELLE, Vermögensteuer, S. 39; P. ESSENS/A. RIJKERS, Thesen zum Jahreskongreß der European Association of Tax Law Professors (EATLP) 2003, und D. GUTMANN, Referat auf dem Jahreskongreß der EATLP, beide zitiert nach H.-G. HORLEMANN, „The Notion of Income from Capital", in: StuW 2003, S. 271 ff. (273); **a.A.** C. SACCHETTO/CASTALDI, „Relationship between Personal Income Tax on Income from Capital and other Taxes on Income from Capital (Corporate Income Tax, Wealth Tax, Inheritance and Gift Tax and Real-Estate Tax)", in: General Report on „The Notion of Income from Capital", in www.eatlp.org, S. 30

BIRK hingegen ist der Auffassung, daß Leistungsfähigkeit aus Einkommen und Leistungsfähigkeit aus Vermögen verschiedener Natur seien. Die Vermögensleistungsfähigkeit bilde sich durch Akkumulation von Einkommen neu, unabhängig davon, ob das Einkommen versteuert sei oder nicht[852]. Daß Vermögen Einkommenszugang in der Vergangenheit sei, rechtfertige es bereits dem Grunde nach nicht, die Vermögensleistungsfähigkeit unberücksichtigt zu lassen. Es müsse aber die steuerliche Vorbelastung bei der Höhe der Belastung berücksichtigt werden[853].

Formal möchte man argumentieren, eine Berücksichtigung bei der Höhe könne nur in Betracht kommen, wenn man dem Grunde nach anerkennt, daß es sich bei Vermögen um Einkommen der Vergangenheit und damit prinzipiell um denselben Leistungsfähigkeitsindikator handelt. Aber auch in der Sache überzeugt die Argumentation BIRKS nicht. Leistungsfähigkeit bedeutet Bedürfnisbefriedigungspotential. Bedürfnisse können aber nur durch verfügbare finanzielle Mittel befriedigt werden. Diese fließen idealtypisch als Einkommen zu, vermitteln dadurch Leistungsfähigkeit und werden aus diesem Grund und in diesem Zusammenhang besteuert. Neue Leistungsfähigkeit kann nur durch neues (versteuertes) Einkommen gebildet werden. Nur dann bildet sich das Vermögen neu. Es gibt also keinen ökonomischen Unterschied zwischen der Einkommensleistungsfähigkeit und der Vermögensleistungsfähigkeit. Dies liegt daran, daß Vermögen nichts anderes ist als (noch) nicht zur Bedürfnisbefriedigung eingesetztes Einkommen.

Derjenige Steuerpflichtige, der im Monat Januar Einkommen bezieht und es erst im Februar ausgibt, kann sich insgesamt nicht mehr leisten, als ein anderer Steuerpflichtiger, der dasselbe Einkommen bezogen und es bereits im Monat Januar ausgegeben hat. Trotzdem hat der Steuerpflichtige im ersten Fall am

---

ff., die aber zwischen Vermögen und dem aus dem Vermögen resultierenden Einkommen unterscheiden und deswegen der Auffassung sind, diese seien unabhängig voneinander zu beurteilen. Diese Auffassung setzt sich aber nicht mit dem Argument auseinander, daß, nachdem besteuertes Einkommen zu ruhendem Vermögen wird, sich daraus keine zusätzliche Leistungsfähigkeit ergibt. Daß die Erträge aus Vermögen zusätzliche Leistungsfähigkeit vermitteln, ist völlig unzweifelhaft, da diese neues, bislang noch nicht versteuertes Einkommen darstellen.

852 D. BIRK, DStJG Band 22 (1999), S. 7 ff. (16); ebenso: ARBEITSGRUPPE ALTERNATIVE WIRTSCHAFTSPOLITIK, „Vermögensbesteuerung für mehr Gerechtigkeit und mehr Beschäftigung" (Auszüge), in: www.einblick.dgb.de/archiv/9923/tx992301.htm, S. 3.

853 D. BIRK, DStJG Band 22 (1999), S. 7 ff. (23).

Stichtag 31. Januar ein Vermögen in Höhe seines Einkommens, der zweite Steuerpflichtige hingegen keines. Ein *zusätzliches* Bedürfnisbefriedigungspotential ist mit diesem Vermögen aber nicht verbunden. Es ist daher nicht einsichtig, warum im ersten Fall das Vermögen am 31. Januar eine *neue* Quelle der Bedürfnisbefriedigung sein soll[854]. Dieses Beispiel zeigt, daß ein Steuerpflichtiger mit Vermögen bei gleichem Einkommen nicht leistungsfähiger ist als ein Steuerpflichtiger ohne Vermögen, wenn dieses Vermögen nicht ererbt, sondern durch Konsumverzicht erspart worden ist. Da Vermögen – abgesehen von Erbschaften, Lottogewinnen u.ä. – aber nur in Form von nicht-konsumiertem Einkommen gebildet werden kann, sind Bezieher gleicher Einkommen, über die Totalperiode betrachtet, logisch zwingend gleich leistungsfähig, und zwar unabhängig von einem unterschiedlichen Vermögensstand an einem bestimmten Stichtag. Gleiche Leistungsfähigkeit ist aber nach dem Gleichheitssatz, also aus Gründen der Gerechtigkeit, gleich zu besteuern[855]. Folglich dürfen diese beiden im Rahmen von Art. 3 Abs. 1 GG zu vergleichenden Steuerpflichtigen auch nicht unterschiedlich besteuert werden. Eine nicht durch den sachlichen Differenzierungsgrund „unterschiedliche wirtschaftliche Leistungsfähigkeit" gerechtfertigte unterschiedliche Besteuerung würde aber ausgelöst, wenn das Vermögen des ersten Steuerpflichtigen am 31. Januar einer Vermögensbesteuerung unterworfen würde, der zweite Steuerpflichtige hingegen keine Vermögensteuerlast zu tragen hätte.

Eine andere Frage ist die, ob die Leistungsfähigkeit durch die Einkommensteuer bereits im zulässigen Rahmen *vollständig* abgeschöpft worden ist. Ist dies nicht der Fall, so besteht unter dem Blickwinkel der Besteuerung nach der Leistungsfähigkeit (Art. 3 Abs. 1 GG) und somit aus *gleichheitsrechtlicher* Sicht grundsätzlich kein Einwand, die verbleibende Leistungsfähigkeit bis zur freiheitsrechtlich maßgebenden Grenze (erneut) in die Pflicht zu nehmen. An dieser Stelle wirkt sich jedoch der *freiheitsrechtliche* Eigentumsschutz aus. In dem Moment, in dem der (Einkommen-) Steuergesetzgeber Einkommen in die Sphäre des Eigentümers entläßt, hat er den von ihm für richtig erachteten Anteil des Staates bereits vereinnahmt. Was er dem Steuerpflichtigen von seiner erworbenen Leistungsfähigkeit beläßt, wird vom eigentumsrechtlichen Substanzschutz erfaßt (s.o.).

---

854 So aber D. BIRK, DStJG Band 22 (1999), S. 7 ff. (16).

855 Vgl. K. STERN, Das Staatsrecht der Bundesrepublik Deutschland, Band II, S. 1109.

Anderer Auffassung ist diesbezüglich das Bundesverfassungsgericht im Urteil zur Rentenbesteuerung. Dort führt es aus, eine Sperre für eine erneute Besteuerung der Sozialversicherungsrenten ergebe sich nicht aus dem verfassungsrechtlichen Eigentumsschutz, sondern aus dem Verbot, solche Einnahmen einkommensteuerlich doppelt zu belasten[856]. Woher das Bundesverfassungsgericht dieses Verbot ableitet, teilt es allerdings nicht mit. Da ein Verbot der doppelten einkommensteuerlichen Erfassung, zumal der sukzessiven, weder im Einkommensteuergesetz noch in einem anderen Steuergesetz statuiert wird, kann dieses Verbot nur aus der Verfassung abzuleiten sein[857]. Da nach Auffassung des Bundesverfassungsgerichts ein freiheitsrechtlicher Schutz nicht einschlägig sein soll, muß das Verbot sich aus dem Leistungsfähigkeitsprinzip und damit aus dem Gleichheitssatz ergeben. Das hätte zur Konsequenz, daß eine einmal besteuerte Leistungsfähigkeit, selbst wenn diese beim ersten Steuerzugriff nicht vollständig ausgeschöpft worden ist, nicht ein zweites Mal zur (Einkommens-) Besteuerung herangezogen werden dürfte. Warum dies allerdings nur im Binnenbereich einer Steuer gelten soll, nicht aber im Zusammenwirken mehrerer Steuern, die auf dieselbe ökonomische Leistungsfähigkeit zugreifen, kann aus der Perspektive der Lastengleichheit nicht begründet werden[858]. Entweder die Einkommensteuer schöpft die vorhandene Leistungsfähigkeit beim ersten Mal bis an die Grenze des Zulässigen aus. Dann ist eine erneute Besteuerung derselben Leistungsfähigkeit, gleich ob mit der Einkommensteuer oder einer anderen Steuer, nicht zulässig, und es ergibt sich ein Verbot der Doppelbelastung. Oder aber die steuerliche Leistungsfähigkeit ist nicht (voll) ausgeschöpft, und eine erneute Besteuerung ist aus gleichheitsrechtlicher Sicht zulässig. Dann aber muß es dem Gesetzgeber obliegen, zu entscheiden, ob dies mittels der Einkommensteuer oder mittels einer anderen Steuerart, also z.B. der Vermögensteuer, erfolgt. Hält man das vom Bundesverfassungsgerichts ausgesprochene Verbot der steuerlichen Doppelerfassung für begründet und wendet man dieses – gleichheitsrechtlich zutreffend – über die steuerliche Gesamtbelastung derselben Leistungsfähigkeit an, so ergibt sich dasselbe Ergebnis wie aufgrund des hier vertretenen freiheits-

---

856 BVerfG, Urteil vom 6. März 2002 – 2 BvL 17/99 –, in: www.bundesverfassungsgericht.de, Abs. 229; ausführlich zum Verbot der doppelten einkommensteuerlichen Erfassung: A. LIESENFELD, „Besteuerung von Renten und Pensionen“, in: DStR 2002, S. 1833 ff. (1836).

857 Nach A. LIESENFELD, DStR 2002, S. 1833 (1836), hat das Bundesverfassungsgericht das Verbot der doppelten einkommensteuerlichen Erfassung mit Verfassungsrang ausgestattet.

858 So aber A. LIESENFELD, DStR 2002, S. 1833 ff. (1836 f.)

rechtlichen Ansatzes, nach dem nach der ersten einkommensteuerlichen Erfassung das gespeicherte Einkommen von einem eigentumsrechtlichen Substanzschutz erfaßt wird. In diesem Fall kann eine bereits beim erstmaligen Zufluß mit Einkommensteuer belastete Leistungsfähigkeit nicht ein weiteres Mal mit Vermögensteuer belegt werden, wenn kein zusätzliches Leistungsfähigkeitsmoment hinzutritt[859]. Folglich ist die Theorie des Vermögensbesitzes bereits aus diesem Grund abzulehnen[860].

Davon abgesehen kann auch nicht erklärt werden, warum das durch Ersparnis und somit durch zeitweiligen Konsumverzicht gebildete Vermögen mit einer Abgabe belegt wird, während der sofortige Konsum mit einer solchen Abgabe nicht belegt wird[861]. Auf diese Weise diskriminiert eine Vermögensteuer den späteren Konsum, also das Investieren und Sparen, gegenüber dem sofortigen, ohne dafür einen vernünftigen Grund erkennen zu lassen[862]. Auch gesellschaftliches Ansehen und Kreditwürdigkeit bewirken keine echte Erhöhung der Leistungsfähigkeit. Denn Kredite müssen, selbst wenn sie aufgrund von Vermögen gewährt werden, zurückgezahlt werden und mindern im Zeitpunkt der Tilgung die aktuelle Leistungsfähigkeit des Steuerpflichtigen, ohne daß sich dies korrespondierend auf die steuerliche Leistungsfähigkeit auswirkte. In der Technik der Vermögensbesteuerung hatte dies richtigerweise seinen Niederschlag darin gefunden, daß Schulden bei der Ermittlung der Bemessungsgrundlage vom Rohvermögen zu subtrahieren waren. Die Fähigkeit, Kredit zu erlangen, erhöht damit nicht die Leistungsfähigkeit. Gesellschaftliches Ansehen bewirkt nicht nur Vermögen, sondern zum Beispiel auch eine fundierte Ausbildung oder soziales Engagement, ohne daß diese Sachverhalte einer Steuer unterliegen würden. Auch diese erhöhen nicht die (finanzielle !) Leistungsfähigkeit[863], auf die es bei der Steuer aus gleichheitsrechtlicher Sicht allein ankommt.

---

859 Vgl. P. BAREIS, DB 1996, S. 1153 ff. (1154).

860 Im Ergebnis ebenso: H.-W. ARNDT, DStJG Band 22 (1999), S. 25 ff. (29).

861 Es kann auch nicht argumentiert werden, der Sofortkonsum werde statt der Vermögensteuer, die das Sparen trifft, mit der Umsatzsteuer belastet. Auch das Sparen ist nur aufgeschobener Konsum, der im Zeitpunkt der Verwendung der Ersparnisse ebenfalls mit Umsatzsteuer belegt wird. Folglich würde allein das Sparen mit einer zusätzlichen Steuer belastet.

862 Vgl. K. TIPKE, BB 1994, S. 437 ff. (441); kritisch auch J. LANG, Diskussionsbeitrag zu den Referaten von Birk, Arndt und Meincke, DStJG Band 22 (1999), S. 59.

863 Vgl. H.-W. ARNDT, DStJG Band 22 (1999), S. 25 ff. (29).

Zusammenfassend ist festzuhalten, daß das Vermögen allein durchaus ein tauglicher Indikator für steuerliche Leistungsfähigkeit sein kann. Das setzt aber voraus, daß nicht dieselbe Leistungsfähigkeit bereits mit einem anderen Indikator, nämlich mit dem Einkommen, erfaßt und schon bei diesem der Besteuerung unterworfen wird. Nur dadurch, daß ein- und dieselbe Leistungsfähigkeit mit zwei verschiedenen Indikatoren gemessen werden kann, erhöht sie sich nämlich noch nicht. Neben einer Einkommensteuer hat der Indikator Vermögensbesitz nur dann als Anknüpfungspunkt für eine weitere Steuer eine gleichheitsrechtliche Berechtigung, wenn man der Auffassung wäre, die mit dem Einkommen zugeflossene Leistungsfähigkeit habe noch nicht in maximal zulässiger Höhe der Einkommensbesteuerung unterlegen. Gegen diesen Ansatz spricht aber der freiheitsrechtliche Substanzschutz und aus gleichheitsrechtlicher Sicht ein Verbot der steuerlichen Doppelbelastung.

d) Nachholfunktion

Zur Begründung der Vermögensteuer wird neben der Fundus- und der Vermögensbesitztheorie angeführt, diese ergänze die Einkommensbesteuerung in solchen Fällen, in denen diese zu unangemessenen Ergebnissen führe, wie bei der Nichtbesteuerung von Veräußerungsgewinnen und der einkommensteuersparenden Vermögensbildung im Privatvermögen, die ebenfalls die Leistungsfähigkeit erhöhten[864].

Die Nachholfunktion trägt dem grundsätzlich berechtigten Anliegen Rechnung, sämtliche Faktoren, die die Leistungsfähigkeit eines Steuerpflichtigen erhöhen, auch tatsächlich zu erfassen. Die Vermögensteuer ist jedoch hierzu nicht das geeignete Instrument, weil sie unabhängig von Grund und Höhe einer existierenden steuerlichen Vorbelastung mit Einkommen- oder Erbschaftsteuer pauschal das gesamte Vermögen des Steuerpflichtigen erfaßt[865]. Dieser Einwand

---

864 Vgl. hierzu das Gutachten der Steuerreformkommission 1971, Schriftenreihe des Bundesministeriums der Finanzen, Heft 17, Abschnitt 7 Unterabschnitt 2, Rn. 69; H.-W. ARNDT, DStJG Band 22 (1999), S. 25 ff. (31); D. BIRK, DStJG Band 22 (1999), S. 7 ff. (22); H. P. BULL, NJW 1996, S. 281 ff. (282).

865 Vgl. bereits das Gutachten der Steuerreformkommission 1971, Schriftenreihe des Bundesministeriums der Finanzen, Heft 17, Abschnitt 7 Unterabschnitt 2 Rn. 69; K. TIPKE, Die Steuerrechtsordnung Band II, S. 784; K. SCHELLE, Vermögensteuer, S. 42 f.; P. BECHSTEIN, Die Rechtfertigung der Einzelsteuern unter besonderer Berücksichtigung der verfassungsrechtlichen Anforderungen, dargestellt am Beispiel der Vermögensteuer, S. 70.

gegen die Nachholfuktion läßt sich auch nicht mit einem Hinweis auf die Möglichkeit der Typisierung der steuerlichen Vorbelastung und des gemäßigten Zugriffs auf die Vermögensleistungsfähigkeit überwinden[866]. Die generell zulässige Typisierung[867] ist nur dort ein taugliches und zulässiges Mittel, wo die Abweichungen der Realität von dem unterstellten Typus und daher die aus der Typisierung eigentlich resultierenden Verletzungen des Gleichheitssatzes nach Zahl und Maß gering sind[868]. Die existierenden steuerpflichtigen Vermögen sind aber viel zu heterogen, als daß man einen in diesem Sinne regelmäßig „gerechten" Typus ermitteln könnte[869]. Aus diesem Grund ist die Typisierung hier auch nicht zulässig. Abgesehen davon ist es zweckmäßiger, die erkannten Mängel der Einkommensbesteuerung bei dieser zu beheben[870], wie dies durch das Steuerentlastungsgesetz 1999 ff. mit der Verlängerung der „Spekulationsfrist" für Grundvermögen und andere Wirtschaftsgüter auf zehn Jahre bzw. ein Jahr bereits geschehen ist. Konsequent fortgeführt, würde die Einkommensbesteuerung auch sämtliche privaten Veräußerungsgewinne sowie die sonstigen, bisher nicht steuerbaren oder steuerpflichtigen Einkommen, wie z.B. Lottogewinne, erfassen, da diese realisierten Einkommen die Leistungsfähigkeit des Steuerpfichtigen tatsächlich erhöhen.

Daneben darf nicht außer Betracht bleiben, daß der Gesetzgeber um einer breiten privaten Vermögensbildung willen bewußt steuerliche Subventionstatbestände geschaffen hat, die es ermöglichen, Vermögen ohne vorherige einkommensteuerliche Belastung beim Vermögenszugang (Einkommen) zu bilden. Diese Entscheidungen würden konterkariert, wenn man heute mit dem Argument, das so gebildete Vermögen hätte einer Einkommensteuerbelastung nicht unter-

---

866 So D. Birk, DStJG Band 22 (1999), S. 7 ff. (23).

867 Dazu P. Kirchhof, „Besteuerung nach Gesetz", in: Drenseck/Seer (Hrsg.), Festschrift für Heinrich Wilhelm Kruse zum 70. Geburtstag, Köln 2001, S. 17 ff. (19 ff.)

868 Vgl. hierzu K. Tipke, Die Steuerrechtsordnung Band I, 2. Auflage, S. 351, 356; D. Birk, in: Hübschmann/ Hepp/Spitaler, § 4 AO Rn. 493; BVerfG, Urteil vom 20. Dezember 1966 – 1 BvR 320/57, 70/63 –, in: BVerfGE 21, S. 12 ff. (26 ff); BVerfG, Beschluß vom 18. Mai 1971 – 1 BvL 7, 8/69 –, in: BVerfGE 31, S. 119 ff. (130 ff.); G. Jochum, „Verfassungsrechtliche Vorgaben steuerlicher Privilegierungen", in: UVR 2002, S. 348 ff. (351); M. Jachmann, StuW 1998, S. 193 ff. (205).

869 D. Birk, DStJG Band 22 (1999), S. 7 ff. (23), ist selbst der Auffassung, daß „Vermögenssubstanz als Vermögenszugang in der Vergangenheit regelmäßig ganz unterschiedlich steuerlich vorbelastet sein kann und wird." Ebenso: K. Tipke, in: Festschrift für Wolfgang Ritter, S. 587 ff. (592).

870 Vgl. K. Tipke, Die Steuerrechtsordnung Band II, 1. Auflage, S. 784.

legen, eine nachholende Besteuerung dieses Vermögens ins Auge fassen würde. Folglich ist die Nachholfunktion aus gleichheitsrechtlicher Sicht insgesamt nicht geeignet, eine Vermögensteuer neben der Einkommensbesteuerung zu rechtfertigen.

e) Ergänzungsfunktion zur Erbschaftsteuer

Die Vermögensteuer wird ferner damit zu rechtfertigen versucht, daß sie eine Ergänzung zur Erbschaftsteuer darstelle, indem die zu Lebzeiten des Erblassers zu leistende Vermögensteuer eine Art Vorauszahlung auf die von den Erben zu entrichtende Erbschaftsteuer sei. Die Vermögensteuer mindere so zwar die Vermögensneubildung. Infolgedessen falle aber auch die Erbschaftsteuer später niedriger aus. Ohne diese Vorauszahlungen in Form der Vermögensteuer müsse die Erbschaftsteuer insgesamt höher ausfallen, um Steuerausfälle zu vermeiden[871].

ARNDT hat diese Auffassung zu recht als zynisch gekennzeichnet und dargelegt, daß die Erben dann maximal entlastet würden, wenn die Vermögensteuer das gesamte Erbe bereits im Vorfeld aufgezehrt hätte[872]. Aber auch inhaltlich ist dieser Rechtfertigungsversuch fragwürdig. Erbschaftsteuer und Vermögensteuer betreffen zwei unterschiedliche Steuersubjekte und damit auch zwei unterschiedliche Träger von Leistungsfähigkeit. Mit der Erbschaftsteuer werden die Erben belastet, während die Vermögensteuer auf den Erblasser zugreift. Anders als im angelsächsischen Recht ist die Erbschaftsteuer keine Nachlasssteuer, sondern eine Erbanfallsteuer, bei der die dem Erben zugewachsene zusätzliche Leistungsfähigkeit besteuert wird[873]. Erbschaftsteuer und Vermögensteuer haben daher nur faktische, aber keinerlei rechtliche Berührungspunkte. Im übrigen ist im Zuge der Nichtbehebung der vom Bundesverfassungsgericht gerügten Mängel der Vermögensteuer zur Sicherung des Steueraufkommens neben der Grunderwerbsteuer auch die Erbschaftsteuer bereits erhöht worden, so daß auch aus diesem Grund die Rechtfertigung einer wiedereinzuführenden Vermögen-

---

871 So das Gutachten der Steuerreformkommission 1971, Schriftenreihe des Bundesministeriums der Finanzen, Heft 17, Abschnitt 7 Unterabschnitt 2 Rn. 73-75.

872 Vgl. H.-W. ARNDT, DStJG Band 22 (1999), S. 25 ff. (31).

873 Vgl. J. P. MEINCKE, Erbschaftsteuer- und Schenkungssteuergesetz, Kommentar, 13. Auflage, München 2002, § 1 Rn. 8; A. PAHLKE, in: Christoffel/Geckle/Pahlke, Erbschaftsteuergesetz, Freiburg/Berlin/München 1998, Einführung Rn. 3.

steuer mit dem Argument, anderenfalls müßte die Erbschaftsteuer erhöht werden, scheitern muß.

f) Kontrollfunktion

Schließlich wird eine Vermögensteuer auch mit dem Argument gerechtfertigt, die turnusmäßige Ermittlung des Vermögens eines Steuerpflichtigen lasse Rückschlüsse darauf zu, ob der Steuerpflichtige einkommensteuerlich zu erfassende Einkünfte hinterzogen habe[874]. Darüberhinaus soll eine solche Kontrollfunktion auch im Zusammenhang mit der Erbschaftsbesteuerung bestehen. Die Angaben der Erben in der Erbschaftsteuererklärung sollen anhand der Vermögensteuererklärungen auf ihre Vollständigkeit überprüft werden können. Allerdings ist eine solche Kontrollfunktion zum einen nicht nötig, da es ausreichend rechtliche Möglichkeiten zur Kontrolle im Rahmen des einkommen- und erbschaftsteuerlichen Besteuerungsverfahrens gibt. Zum anderen ist, selbst wenn die Kontrollfunktion als zusätzlicher Sicherungsmechanismus bestehen soll, sehr fraglich, ob er tatsächlich zu mehr Sicherheit führt, da ein findiger Steuerpflichtiger kaum Vermögen in der Vermögensteuererklärung deklarieren wird, das er durch unversteuerte Einnahmen gebildet hat[875]. Selbiges gilt für die Erbschaftsteuer. ARNDT hat deshalb treffend vorgeschlagen, diejenigen, die so hinterzogene Steuern offenbaren, nicht mit einer Vermögensteuer, sondern mit einer „Dummensteuer" zu belegen[876]. Wenn man die Vermögensbesteuerung wirklich allein auf die Kontrollfunktion stützen wollte, böte es sich statt dessen an, turnusmäßig eine Vermögensaufstellung vom Steuerpflichtigen zu verlangen, eine Steuer auf das Vermögen aber nicht zu erheben. Es ist nämlich nicht zu begründen, warum allein aus Kontrollzwecken eine Steuer erhoben werden muß, die den Steuerpflichtigen zusätzlich belastet, wenn die Kontrollzwecke auch auf weniger einschneidende Weise erfüllt werden können.

g) Zwischenergebnis

Geht man davon aus, daß der Gleichheitsgrundsatz nicht nur im Binnenbereich einer Steuer anwendbar ist, sondern in seiner steuerrechtlichen Ausprägung als Grundsatz der Besteuerung nach der individuellen Leistungsfähigkeit

---

874 Vgl. das Gutachten der Steuerreformkommission 1971, Schriftenreihe des Bundesministeriums der Finanzen, Heft 17, Abschnitt 7 Unterabschnitt 2 Rn. 66.

875 Vgl. K. TIPKE, Die Steuerrechtsordnung Band II, 1. Auflage, S. 786.

876 H.-W. ARNDT, DStJG Band 22 (1999), S. 25 ff. (31).

auf die steuerliche Gesamtbelastung einer Fiskalquelle zu beziehen ist, dann existiert neben einer Einkommensteuer keine gleichheitsrechtliche Rechtfertigung für die zusätzliche Erhebung einer Vermögensteuer, weil dem Vermögen selbst keine zusätzliche Leistungsfähigkeit innewohnt, die nicht bereits mit der Einkommensteuer abgeschöpft wäre.

Lehnt man sowohl den freiheitsrechtlichen Substanzschutz für einmal zugeflossenes Einkommen als auch ein gleichheitsrechtliches, über mehrere Steuerarten wirkendes Verbot der steuerlichen Doppelerfassung ab, so kann man die Vermögensteuer gleichheitsrechtlich überhaupt nur dann rechtfertigen, wenn man vorträgt, die steuerliche Leistungsfähigkeit des Einkommens sei bei der Einkommensteuer noch nicht in voller (zulässiger) Höhe ausgeschöpft worden. Unterstellt man, daß das Vermögen bei seinem Zugang als Einkommen in Höhe von 100 der Einkommensteuer mit einem durchschnittlichen Steuersatz von 45 % belegt gewesen ist, dann verbliebe bei Beachtung des Halbteilungsgrundsatzes für eine zusätzliche Besteuerung mit einer Vermögensteuer noch ein geringer Raum von 5 % des ursprünglichen Bruttoeinkommens, also 5. Bezogen auf das zugeflossene Nettovermögen von 55 entspräche dies einem Steuersatz von 9,09 %, der aber nur einmal erhoben werden dürfte, alternativ 10 Jahre lang mit 0,9 %. Eine solche Besteuerung wäre gleichheitsrechtlich möglich und freiheitsrechtlich zulässig. Dies entspricht jedoch nicht dem Konzept einer laufend erhobenen, und nicht nur auf 10 Jahre beschränkten Vermögensteuer und ist auch nicht der Ansatz, der von den Apologeten der Vermögensteuer verfolgt wird. Folglich ist die Vermögensbesteuerung auch unter dem Gesichtspunkt der Nachholung einer bei der Einkommensbesteuerung noch nicht vollständig ausgeschöpften Leistungsfähigkeit abzulehnen.

Eine *eigene* Leistungsfähigkeit kann dem Vermögen bestenfalls insoweit zuerkannt werden, als der Steuerpflichtige in die Lage versetzt wird, durch den Einsatz seines Vermögens Erträge zu erwirtschaften. Auf diese Weise könnte eine Besteuerung des Vermögens in der Form einer Sollertragsteuer, die ja gerade an die Möglichkeit einer Ertragserzielung anknüpft, aus gleichheitsrechtlicher Sicht gerechtfertigt werden. Indes ist das Leistungsfähigkeitsprinzip ein Prinzip der Ist-Leistungsfähigkeit, nicht der Soll-Leistungsfähigkeit[877]. Da derjenige, der Vermögen nicht nutzt, in tatsächlicher Hinsicht nicht leistungsfähig ist, weil er aus dem Vermögen keine Erträge erzielt, rechtfertigt die bloße Existenz von

---

877 Vgl. K. VOGEL/C. WALDHOFF, in: Dolzer/Vogel/Graßhof (Hrsg.), BK, Vorbem. z. Art. 104a-115 Rn. 525 m.w.N.

Vermögen vor dem Hintergrund des Leistungsfähigkeitsprinzips keine Soll-Ertragsteuer. Außerdem ist es aus gleichheitsrechtlicher Sicht schwierig zu begründen, warum beim Vermögen das Erwerbspotential besteuert werden soll, bei der Arbeitskraft hingegen nicht. Derjenige der sein Potential, Erträge durch den Einsatz seiner Arbeitskraft zu erzielen, nicht nutzt, wird für sein Faulenzen schließlich nicht mit einer Steuer belegt[878].

Aus diesen Gründen ist eine Vermögensteuer nach der hier vertretenen Auffassung auch in der Form einer Sollertragsteuer gleichheitsrechtlich neben einer Einkommensteuer überhaupt nicht zu rechtfertigen und verstößt damit *in toto* gegen Art. 3 Abs. 1 GG.

Allerdings steht diese Auffassung im offenen Widerspruch zur Rechtsprechung des Bundesverfassungsgerichts, die der Zweite Senat auch im Halbteilungsurteil vertreten hat, und darüberhinaus auch im Widerspruch zur herrschenden staatsrechtlichen Literatur. Mit Rücksicht darauf, daß der Gesetzgeber sich im Falle einer Wiedereinführung der Vermögensteuer in der Form einer Sollertragsteuer auf das Votum des Bundesverfassungsgerichts berufen kann, wird für den Fortgang der Untersuchung davon ausgegangen, daß der Gesetzgeber trotz der oben genannten gleichheitsrechtlichen Argumente wegen seines weiten Gestaltungsspielraums grundsätzlich frei ist, eine Vermögensteuer wiedereinzuführen[879].

2. Vorgaben des Gleichheitssatzes im Binnenbereich der Vermögensteuer

Der Gesetzgeber muß aber bei der Ausgestaltung einer wiedereinzuführenden Vermögensteuer die Bindungen, die der Gleichheitssatz im Binnenbereich der Vermögensteuer erzeugt, beachten. Nachdem aus den oben genannten eigentumsgrundrechtlichen Erwägungen eine Vermögensteuer nur in Form einer Sollertragsteuer, nicht jedoch in Form einer echten Substanzabgabe, vom Gesetzgeber wiedereingeführt werden kann, kommt dem Gleichheitssatz vor allem für die

878 Vgl. D. Birk, DStJG Band 22 (1999), S. 7 ff. (20). Allerdings würde eine Besteuerung des Arbeitspotentials mittelbar zur Arbeit zwingen, wenn man nicht steuerliche Nachteile in Kauf nehmen wollte, und daher mittelbar mit dem in Art. 12 Abs. 2 GG verankerten Verbot des Arbeitszwangs in Konflikt geraten. Unter diesem Aspekt wäre eine Ungleichbehandlung möglicherweise gerechtfertigt.

879 Im Ergebnis auch H.-W. Arndt, DStJG Band 22 (1999), S. 25 ff. (32 f.).

Ausrichtung der Vermögensteuer auf das Sollertragsteuerkonzept, die Freistellung des persönlichen Gebrauchsvermögens, die Möglichkeit von Privilegierungen und für das Gebot der effektiven Durchsetzung von materiellen Steuernormen Bedeutung zu.

a) Ertragsfähigkeit als gleichheitsrechtlicher Maßstab für die Ausgestaltung der Vermögensteuer

Da das *Ertragspotential* (Einkommen) des Vermögens der einzige überhaupt tragfähige Belastungsgrund für eine Vermögensteuer ist, ist die Besteuerung wegen des aus Art. 3 Abs. 1 GG abgeleiteten Gebots der Folgerichtigkeit auch auf die Ertragsfähigkeit des Vermögens auszurichten. Die Bewertung muß zwar nicht zwingend an die Ertragsfähigkeit der Wirtschaftsgüter anknüpfen und daher nicht für alle Wirtschaftsgüter Ertragswerte ermitteln[880]. Sie kann theoretisch auch Verkehrswerte zugrunde legen. Allerdings muß dann über den auf den Verkehrswert anzuwendenden Steuersatz gewährleistet werden, daß die Vermögensteuer nur auf die Erträge zugreift und die Substanz nicht verletzt wird[881]. Daraus resultiert im Ergebnis das Gebot einer im Verhältnis der Ertragsfähigkeit der einzelnen Vermögensbestandteile zueinander realitätsgerechten Bewertung, wenn man bei der Vermögensteuer mit einem einheitlichen Steuersatz für alle Vermögensbestandteile operieren will[882]. Systematisch richtig sind daher grundsätzlich nur Ertragswerte[883].

---

880 J. ESCHENBACH, DStZ 1997, S. 413 ff. (415); **a.A.** W. LEISNER, „Ertragswertverfahren – sachgerechte Bewertung des Grundbesitzes, in: DB 1996, S. 595 ff. (597); D. KRÜGER/ E. KALBFLEISCH/S. KÖHLER, DStR 1995, S. 1452 ff. (1455), die den Ertragswert als „eindeutig vorzuziehende Maßstabsgröße“ ansehen; so auch H.-W. ARNDT, BB 1996, Beilage 7, S. 1 ff. (10); für den Ertragswert als Bemessungsgrundlage: P. KIRCHHOF, VVDStRL Band 39 (1981), S. 213 ff. (275); M. JACHMANN, Verfassungsrechtliche Grenzen der Besteuerung, S. 86.

881 Kritisch hinsichtlich der praktischen Umsetzbarkeit einer solchen Vorgabe: K. TIPKE, GmbHR 1996, S. 8 ff. (10). TIPKE bevorzugt daher eindeutig Ertragswerte bei einem einheitlichen Steuersatz.

882 BVerfG, Beschluß vom 22. Juni 1995 –2 BvL 37/91 –, in: BVerfGE 93, 121 ff. (140); M. MÖSTL, DStR 2003, S. 720 ff. (723).

883 Vgl. D. MEYDING, DStR 1992, S. 1113 ff. (1115).

b) Freistellung des persönlichen Gebrauchsvermögens

Das Bundesverfassungsgericht hat darüberhinaus geurteilt, daß der Gesetzgeber in diesem Rahmen die Ertragserwartung typisierend auf das Gesamtvermögen beziehen dürfe, auch wenn dies nach der konkreten Anlageentscheidung des Eigentümers keine Erträge erbringen sollte[884]. Nach der hier vertretenen Auffassung führt diese Möglichkeit der Typisierung dazu, daß zumindest das der persönlichen Lebensführung der Steuerpflichtigen dienende Gebrauchsvermögen von der Besteuerung auszunehmen ist, weil diese Gegenstände regelmäßig nicht zur Ertragserzielung eingesetzt werden bzw. eingesetzt werden können und daher insoweit keine Leistungsfähigkeit unterstellt werden kann[885]. Damit wären die Voraussetzungen des Typus „ertragsfähiges Vermögen" und damit der Belastungsgrundentscheidung nicht erfüllt. Die zulässige Typisierung setzt ja voraus, daß die durch die Typisierung eintretenden Härten und Ungerechtigkeiten nur eine kleine Zahl von Personen, also untypische Fälle, betreffen und der daraus resultierende Verstoß gegen den Gleichheitssatz nicht sehr intensiv ist[886]. Würde dem typischerweise nicht ertragbringend angelegten persönlichen Gebrauchsvermögen zu Vereinfachungszwecken ein Ertrag unterstellt, so wären die Verstöße gegen den Grundsatz der Besteuerung nach der Leistungsfähigkeit nicht nur zahlreich, sondern gerade der Regelfall. Aus diesem Grund ist eine Einbeziehung des persönlichen Gebrauchsvermögens in die typisierende, auf das Gesamtvermögen bezogene Ertragserwartung auch aus gleichheitsrechtlichen Gründen nicht zulässig[887]. Das Bundesverfassungsgericht leitet die Ausnahme des persönlichen Gebrauchsvermögens von der Vermögensteuer allerdings freiheitsrechtlich ab und fordert in diesem Zusammenhang Freibeträge in der Größenordnung eines durchschnittlichen Einfamilienhauses zuzüglich Hausrat und Auto (s.o.)[888]. Daß das der Alterssicherung dienende Vermögen nicht zum freizustellenden gehört, ist bereits oben dargelegt worden.

---

884 Vgl. BVerfG, Beschluß vom 22. Juni 1995 – 2 BvL 37/91 –, in: BVerfGE 93, 121 ff. (140).

885 Vgl. M. JACHMANN, Verfassungsrechtliche Grenzen der Besteuerung, S. 50; R. WITTMANN, BB 1995, S. 1933 ff. (1934).

886 G. JOCHUM, UVR 2002, S. 348 ff. (351).

887 Kritisch, indes ohne sich mit der Freistellung des persönlichen Gebrauchsvermögens unter dem Gesichtspunkt der fehlenden Ertragsfähigkeit auseinanderzusetzen: K. TIPKE, GmbHR 1996, S. 8 ff. (10).

888 BVerfG, Beschluß vom 22. Juni 1995 – 2 BvL 37/91 –, in: BVerfGE 93, 121 ff. (141); insgesamt kritisch dazu: H. P. BULL, NJW 1996, S. 281 ff. (284); W. FLUME, NJW

Der Typisierung zugänglich sind aber solche Vermögensgegenstände, die – nutzte man sie ertragbringend – auch tatsächlich Erträge abwerfen würden. Schwierigkeiten bereiten in diesem Zusammenhang allerdings solche Wirtschaftsgüter, die in der Realität regelmäßig keine Erträge abwerfen[889]. Zu nennen sind hier zum Beispiel Gold, Edelsteine, Kunstgegenstände und Antiquitäten. Diese Güter haben vor allen Dingen eine Wertaufbewahrungsfunktion für ihre Eigentümer. Wenn sie überhaupt Erträge abwerfen, dann nur durch Wertsteigerungen, die erst beim Verkauf realisiert werden, nicht jedoch während der Besitzzeit. Es ist daher aus *gleichheitsrechtlicher* Sicht höchst fraglich, ob diese Wirtschaftsgüter im Rahmen der typisierten Ertragserwartung überhaupt einer Vermögensteuer unterworfen werden können, da sie die Voraussetzungen einer Typisierung insoweit nicht erfüllen, als sie regelmäßig nicht ertrags*fähig* sind. Da das Leistungsfähigkeitsprinzip (Art. 3 Abs. 1 GG) ein Ist-Prinzip ist[890], eine Ist-Leistungsfähigkeit sich bei grundsätzlich ertragsunfähigen Vermögensgegenständen jedoch nur über Veräußerungsgewinne realisiert, wären die Verstöße gegen den Gleichheitssatz bei Einbeziehung auch der grundsätzlich ertragsunfähigen Vermögensbestandteile der Regelfall. Eine auch diese Vermögensgegenstände einbeziehende Typisierung ist daher eigentlich nicht zulässig. Das Bundesverfassungsgericht scheint mit der ausgesprochenen Typisierungsbefugnis allerdings auch das tatsächlich nicht ertragsfähige Vermögen der Sollertragsbesteuerung unterwerfen zu wollen. Dies kann indes aus gleichheitsrechtlicher Sicht (Stichwort: Ertragsfähigkeit) überhaupt nur dann gerechtfertigt werden, wenn man der Auffassung wäre, der Eigentümer könne gezwungen sein, statt der gewählten, nicht ertragbringenden Anlageform auch eine solche zu wählen, die Erträge generiert. Der Eigentümer eines Barrens Gold würde dann gezwungen, den darin verkörperten Wert z.B. als Festgeld anzulegen, das Zinsen abwirft. In diesem Sinne wäre das „Vermögen“, wenn man von der jeweiligen Anlageform abstrahiert, potentiell ertragsfähig. Dieser gleichheitsrechtlich durchaus denkbare Ansatz stößt jedoch an freiheitsrechtliche Grenzen. *Freiheitsrechtliche* Grundlage für die Zuläsigkeit einer Sollertragsbesteuerung war der Gedanke, daß es sich bei der Steuer nur um einen Eingriff in die Nutzungsbefugnis des

---

1995, S. 1779 f. (1779), bezeichnet den verfassungsrechlichen Anspruch auf steuerliche Freistellung des privaten Gebrauchsvermögens als „fragwürdig“ und eine darauf bezogene Regelung als „unmöglich“; demgegenüber bezeichnet G. FELIX, BB 1995, S. 2241 ff. (2244) die Freistellung als „faszinierend“.

889 Vgl. J. LANG, in: Tipke/Lang, Steuerrecht, 17. Auflage, § 4 Rn. 101: „Vermögen geborener Ertragslosigkeit“.

890 Vgl. K. TIPKE, in: Festschrift für Wolfgang Ritter, S. 587 ff. (591); P. KIRCHHOF, StuW 1996, S. 3 ff. (8).

Eigentumsgegenstandes handelt, wenn die nicht ertragbringende Nutzung besteuert wird. Der Zwang zum „Umtausch“ in ertragbringende Vermögensgegenstände würde allerdings keinen verfasungsrechlich zulässigen Eingriff in die Nutzungsgarantie des konkreten Eigentumsgegenstandes mehr darstellen, sondern einen verfassungsrechlich unzulässigen Eingriff in den Eigentumsbestand bewirken[891]. Diese *freiheitsrechtlichen* Erwägungen zwingen daher verfassungsrechtlich dazu, solche Eigentumsgegenstände, die – abgesehen von mehr oder weniger zufälligen Wertsteigerungen – kein Ertragspotential beinhalten, von einer Vermögensteuer insgesamt auszunehmen und Wertsteigerungen leistungsfähigkeitsgerecht und damit im Einklang mit Art. 3 Abs. 1 GG nur dann zu besteuern, wenn diese tatsächlich realisiert werden[892]. Das hierfür allein taugliche Instrument ist die Einkommensteuer.

c) Möglichkeit der Privilegierung von Betriebsvermögen aus gleichheitsrechtlicher Sicht

In der politischen Diskussion wird häufig gefordert, Betriebsvermögen von der Vermögensteuer freizustellen und ausschließlich Privatvermögen mit Vermögensteuer zu belasten[893]. Eine Privilegierung von Betriebsvermögen wirft aus Sicht von Art. 3 Abs. 1 GG aber zwei Probleme auf.

Auf den ersten Blick ist es nämlich aus gleichheitsrechtlichen Gründen fragwürdig, Inhaber von Privatvermögen zu belasten und Inhaber von Betriebsvermögen von solchen Belastungen freizustellen. Hier würden zwei vergleichbare Gruppen von Vermögen, nämlich privates und Betriebsvermögen, unterschiedli-

---

891 Vgl. M. Jachmann, Verfassungsrechliche Grenzen der Besteuerung, S. 51; **a.A.** für den Fall des Goldes offenbar D. Krüger/E. Kalbfleisch/S. Köhler, DStR 1995, S. 1452 ff. (1455), allerdings ohne Begründung.

892 Im Ergebnis ebenso bereits P. Kirchhof, VVDStRL Band 39 (1981), S. 213 ff. (275): „Ertragsunfähiges Vermögen ist von der Soll-Ertragsteuer auszunehmen.“

893 SPD-Wahlprogramm 1998, S. 20; o.V., „Scheel: Bei der Besteuerung den Halbteilungsgrundsatz beachten“, in: F.A.Z. vom 22.11.2002, S. 13; **a.A.** Deutsches Institut für Wirtschaftsforschung (Hrsg.), Gutachten im Auftrag von ver.di, IG Metall und Hans-Böckler-Stiftung, „Argumente für die Wiedereinführung der Vermögensteuer, die Anhebung der Erbschaftsteuer und die Mindestbesteuerung von Unternehmensgewinnen“, in: www.einblick.dgb.de/archiv/0218/tx021801.htm; anders auch die gemeinsame Bundesratsinitiative von Niedersachsen und Nordrhein-Westfalen aus dem November 2002, die eine Einführung auch für betriebliches Vermögen vorsah, Quelle: „Rot-Grün fällt bei der Vermögensteuer um“, in: Spiegel-Online vom 26.11.2002; im Gegensatz dazu nur für eine Belastung der Betriebsvermögen: W. Flume, DB 1995, S. 1779 f (1779).

chen Behandlungen unterworfen[894]. Eine solche Ungleichbehandlung kann allerdings gleichheitsrechtlich gerechtfertigt werden, wenn sich sachliche Gründe des Allgemeinwohls für eine solche Privilegierung anführen lassen und der Gesetzgeber eine bewußte und ausdrückliche Entscheidung trifft, mit der Privilegierung Subventionsziele zu verfolgen[895]. Und tatsächlich existieren solche sachlichen Gründe für eine Privilegierung. Zum einen wird die Vermögensteuer nach Möglichkeit von den Unternehmen über die Preise auf die Kunden und damit letztendlich auf Endverbraucher, also Privatpersonen, übergewälzt. Dies geschieht unabhängig davon, ob letztere über ein „Mehr" an Leistungsfähigkeit verfügen oder nicht[896]. Die Steuer trifft im Ergebnis also nicht denjenigen, bei dem ein „Mehr" an Leistungsfähigkeit wegen der Existenz von Vermögen vermutet wird[897]. Dies würde es rechtfertigen, auf die Erhebung einer betrieblichen Vermögensteuer zu verzichten. Zum anderen tragen die Unternehmen dort, wo eine Überwälzung der Vermögensteuer aufgrund des Preisgefüges am Markt *nicht* gelingt, die Vermögensteuer zu Lasten ihrer Gewinne, bei fehlenden Gewinnen zu Lasten ihrer Substanz. Zudem führt eine betriebliche Vermögensteuer dazu, daß die Unternehmen vorrangig fremdfinanziert arbeiten werden, weil im Umfang der Substitution von Eigen- durch Fremdkapital die Vermögensteuerlast gesenkt werden kann. Dies führt dazu, daß die ohnehin geringe Eigenkapitaldecke deutscher Unternehmen, insbesondere im Mittelstand, weiter verringert wird, was – wegen der strengeren Regeln für die Kreditvergabe durch die Banken (die sog. Basel II-Regeln) – zu einer weiteren Erschwerung der Unternehmensfinanzierung führt. Auf diese Weise werden die deutschen Unternehmen gegenüber den Unternehmen aus den meisten anderen Ländern der Welt, in denen keine Vermögensteuern erhoben werden, in ihrer Wettbewerbsfähigkeit weiter geschwächt[898], was sich wiederum negativ auf den Arbeitsmarkt, aber auch auf das Ertragsteueraufkommen und damit insgesamt negativ auf das Gemeinwohl auswirken kann. Schließlich steht Betriebsvermögen in aller Regel bereits durch seinen bloßen Einsatz zu betrieblichen Zwecken im Dienst der

---

894 Vgl. H.-W. ARNDT, DStJG Band 22 (1999), S. 25 ff. (35); kritisch auch W. SCHÖN, StbJb 1998/99, S. 57 ff. (62 ff.).

895 BVerfG, Beschluß vom 22. Juni 1995 – 2 BvL 37/91 -, in: BVerfGE 121 ff. (147).

896 Vgl. K. TIPKE, Die Steuerrechtsordnung Band II, 1. Auflage, S. 802.

897 K. TIPKE, GmbHR 1996, S. 8 ff. (15) spricht daher zutreffend von einer erzeugten „Steuerillusion".

898 Vgl. R. MÄRKLE/R. FRANZ, „Die Neuregelung der Erbschaft- und Vermögensteuer", in: Stbg 1996, S. 241 ff. (244); K. TIPKE, in: Festschrift für Wolfgang Ritter, S. 587 ff. (595).

Allgemeinheit, weil auf diese Weise Arbeitsplätze geschaffen werden und die Versorgung der Bevölkerung mit Gütern und Dienstleistungen sichergestellt wird[899]. Es besteht also unabhängig davon, ob die Vermögensteuer übergewälzt werden kann oder nicht, für die Ungleichbehandlung von Betriebs- und Privatvermögen durchaus ein sachlicher, durch Erwägungen des Gemeinwohls getragener Grund[900].

Neben der gleichheitsrechlichen Rechtfertigung bereitet eine vermögensteuerliche Freistellung von Betriebsvermögen aber deswegen Schwierigkeiten, weil die Umqualifikation von Privatvermögen in Betriebsvermögen jederzeit und ohne großen Aufwand möglich ist und damit Umgehungsmöglichkeiten Tür und Tor geöffnet sind, wie die Praxis insbesondere im Bereich der Erbschaftsbesteuerung mit den Privilegierungen der §§ 13a, 19a ErbStG gezeigt hat[901]. Diese Privilegierungen bei der Erbschaftsteuer sind dem Bundesverfassungsgericht vom Bundesfinanzhof kürzlich im Wege eines konkreten Normenkontrollverfahrens wegen eines angenommenen Verstoßes gegen den Gleichheitssatz zur Überprüfung vorgelegt worden[902]. Durch Einbringung von Privatvermögen in eine gewerblich geprägte, in der Sache aber vermögensverwaltend tätige Personengesellschaft oder in eine vermögensverwaltende Kapitalgesellschaft läßt sich die Betriebsvermögenseigenschaft erbschaftsteuermindernd herstellen[903]. Bei einer vollständigen Freistellung von Betriebsvermögen von einer Vermögensteuer drängten sich solche Umgehungsmöglichkeiten für den steuerlichen Berater geradezu auf. Zwar erkauft man die Vermögensteuervorteile mit einkommen- und gewerbesteuerlichen Nachteilen. Gerade bei nicht ertragbringendem und

---

899 Dies trifft allerdings auf produktiv genutztes Privatvermögen ebenfalls zu. Zum Beispiel steht privates Kapitalvermögen dem Wirtschaftskreislauf ebenfalls zur Verfügung und erzielt so allgemeinwohlfördernde Effekte.

900 Vgl. auch H.-W. ARNDT, BB 1996, Beilage 6, S. 1 ff. (19); kritisch: W. SCHÖN, StbJb 1998/99, S. 57 ff. (63), der die oben genannten Gründe für eine Privilegierung für eher rechtspolitischer als grundrechtlicher Natur hält.

901 A.A. D. VON LARCHER, „Alternativen der Steuerpolitik“, S. 3 in: www.spw.de/9905/larcher.htm

902 BFH, Beschluß vom 22. Mai 2002 – II R 61/99 –, in: BStBl. II 2002, S. 598 ff.; hierzu: W. KESSLER/R. MÄRKLE/K. OFFERHAUS, „Die Zukunft des Erbschaft- und Schenkungssteuerrechts nach dem Vorlagebeschluß des BFH“ , in: DB 2003, Beilage 2 zu Heft 6, S. 1 ff.; B. WELLING/A. RICHTER, „Die Erbschaftsteuer auf dem verfassungsrechtlichen Prüfstand“, in: BB 2002, S. 2305 ff. (2308).

903 So zum Vorlagebeschluß des BFH hinsichtlich der Erbschaftsteuerprivilegien: G. JOCHUM, UVR 2002, S. 348 ff. (350).

keinen Wertsteigerungen unterliegendem Vermögen existieren solche ertragsteuerlichen Nachteile jedoch nicht, so daß sich die Umqualifikation zu Betriebsvermögen gerade für solche Vermögensbestandteile eignet, die – wegen fehlender Ertragsfähigkeit oder fehlenden tatsächlichen Einsatzes zum Ertrag – anderenfalls durch eine Vermögensteuer auf Privatvermögen echtem Substanzverzehr ausgesetzt wären.

Daher ist es verfassungsrechtlich zwar durchaus möglich, Betriebsvermögen von einer Vermögensteuer freizustellen. Es handelt sich hierbei grundsätzlich aber um eine politische Entscheidung, zu der der Gesetzgeber berufen ist. Verfassungsrechtlich zwingend ist eine Freistellung von Betriebsvermögen jedenfalls nur dort, wo die Vermögensbesteuerung wegen der steuerlichen Vorbelastung die Halbteilungsgrenze überschreiten würde. Gleichzeitig müßte bei einer vorgenommenen Privilegierung von Betriebsvermögen verhindert werden, daß die Steuerpflichtigen durch bloße steuerliche Gestaltungsmöglichkeiten in den Genuß einer Vermögensteuerbefreiung gelangen können. Die Gestaltungsanfälligkeit der Privilegierung von Betriebsvermögen deutet auch auf ein weiteres im Zusammenhang mit dem Gleichheitssatz zu beachtendes Problem hin:

d) Gebot der effektiven Durchsetzung der materiellen Steuernormen[904]

Art. 3 Abs. 1 GG gebietet nämlich auch, eine Steuer technisch so auszugestalten, daß die Durchsetzung der materiellen Steuernormen prinzipiell gewährleistet ist[905]. Schwierigkeiten bereitet bei der Vermögensteuer insoweit ein mögliches Vollzugsdefizit im Bereich des Privatvermögens. Bei der bisherigen Vermögensteuer konnte eine Einbeziehung allen privaten Vermögens in die Besteuerung durch Kontrollen nicht gewährleistet werden[906]. Wäre dies anders, bestünde heute kein Anlaß für die Bundesregierung, den Steuerflüchtlingen eine „Brücke in die Steuerehrlichkeit“ zu bauen und eine Amnestie für im Ausland befindliches und damit vor der deutschen Besteuerung verstecktes Vermögen

---

904 Vgl. zu diesem Themenkreis den Vorlagebeschluß des BFH, Beschluß vom 11. Juni 2003 – IX B 16/03 –, in: NJW 2003, S. 2556 ff. und hierzu P. BILSDORFER, „Zur derzeitigen Situation bei der steuerlichen Erfassung von Spekulationsgewinnen“ in: NJW 2003, S. 1509 f.

905 Vgl. BVerfG, Urteil vom 27. Juni 1991 – 2 BvR 1493/89 –, in: BVerfGE 84, S. 239 ff. (268).

906 Vgl. H.-W. ARNDT, DStJG Band 22 (1999), S. 25 ff. (33).

vorzuschlagen[907]. Der Gesetzgeber ist aber gezwungen, nicht nur eine rechtliche Gleichheit, sondern auch eine Gleichheit im Belastungserfolg herzustellen[908]. Wird die Gleichheit im Belastungserfolg durch die rechtliche Gestaltung des Erhebungsverfahrens aber *prinzipiell* verfehlt, so zieht dies einen Verstoß gegen den Grundsatz der Besteuerungsgleichheit nach sich[909]. Das Besteuerungsverfahren muß daher durch geeignete Kontrollmechanismen sicherstellen, daß das gesamte private, insbesondere das bewegliche, nicht in öffentlichen Registern verzeichnete Vermögen auch tatsächlich deklariert wird[910]. Zu denken ist hier insbesondere an die Nichterklärung hochwertiger, leicht zu verbergender Bestandteile des sonstigen Vermögens, wie Edelmetalle oder Edelsteine, ebenso aber auch an Bargeld, Wertpapiere und ausländisches Vermögen[911]. Das bisherige Vermögensteuerrecht hat hier erhebliche Kontrolldefizite aufgewiesen, die die Grenze des verfassungsrechtlich Zulässigen regelmäßig überschritten haben dürften[912]. Bei einer unveränderten Wiedereinführung des bisherigen Besteuerungsverfahrens und einer erhöhten Besteuerungsbasis im Bereich des Grundvermögens könnte dies zu einer Flucht aus jederzeit erfassbarem (Grund-) Vermögen in schwerer zu kontrollierende Vermögenwerte führen. Zwar kann bei Geld und Wertpapieren möglicherweise über eine weitere Lockerung des Bankgeheimnisses teilweise Abhilfe geschaffen werden[913]. Andere Wertgegenstände wären auf diese Weise allerdings nur schwer zu erfassen. Zwar könnte durch verstärkten Einsatz von Vermögensteueraußenprüfungen und eine Lockerung des Bankgeheimnisses eine effektive Kontrolle der Vermögensteuererklärungen

---

907 Vgl. Gesetzentwurf der Bundesregierung, Entwurf eines Gesetzes zur Förderung der Steuerehrlichkeit, vom 18. Juni 2003, in: www.bundesfinanzministerium.de/Steuern-und-Zoelle/Aktuelle-Gesetze.448.18938/Gesetze/Entwurf-eines-Gesetzes-zur-Foe...htm.

908 BVerfG, Beschluß vom 22. Juni 1995 – 2 BvL 37/91 –, in: BVerfGE 93, 121 ff. (136); R. Mellinghoff, DStR 2003, Beihefter 3 zu Heft 20-21, S. 3 ff. (9).

909 Vgl. BVerfG, Urteil vom 27. Juni 1991 – 2 BvR 1493/89 –, in: BVerfGE 84, S. 239 ff. (268).

910 Allgemein zum Erfordernis der Durchsetzung der materiellen Steueransprüche: K. Tipke, Die Steuerrechtsordnung Band I, 2. Auflage, S. 360; mit Blick auf das Zinsbesteuerungsurteil: P. Kirchhof, AöR 128 (2003), S. 1 ff. (44).

911 K. Tipke, Die Steuerrechtsordnung Band II, S. 799, ist der Auffassung, daß im Bereich der Wertsachen die Vermögensbesteuerung fast nur bei gutem Willen der Vermögensteuerpflichtigen Wirkung zeigte. Von Verifikation könne keine Rede sein. Die Steuer sei insoweit „zur Spende" geworden.

912 Vgl. H.-W. Arndt, BB 1996, Beilage 7, S. 1 ff. (11).

913 Vgl. M. Möstl, DStR 2003, S. 720 ff. (723, FN 40).

zumindest im Bereich des Inlandes verbessert werden[914]. Fraglich ist aber, ob das zusätzliche Steueraufkommen die Kosten eines solchen, extrem verwaltungsaufwendigen Besteuerungsverfahrens deckt, das in gewissen Abständen für jeden Steuerpflichtigen durchzuführen wäre, damit es nicht dem Vorwurf eines strukturellen Erhebungsdefizites und damit dem Vorwurf der Verfassungswidrigkeit ausgesetzt ist[915]. Die Effizienzaspekte sind allerdings weniger verfassungsrechtlicher, denn politischer Natur. Verfassungsrechtlich relevant würden sie erst in dem Moment, in dem die Kosten der Vermögensteuererhebung in keinem Verhältnis mehr zu dem damit eingespielten Steueraufkommen stünden.

B. Vereinbarkeit mit Art. 6 GG

Neben den Anforderungen des allgemeinen Gleichheitssatzes muß eine Vermögensteuer auch den in Art. 6 GG verankerten besonderen Schutz von Ehe und Familie wahren. Art. 6 Abs. 1 GG als spezieller Gleichheitssatz verlangt insbesondere, daß Ehegatten nicht schlechter behandelt werden als nicht verheiratete Paare[916]. Aus der Ehe dürfen den Ehegatten keine steuerlichen Nachteile entstehen. Dies hat das Bundesverfassungsgericht bereits im Urteil zum Ehegattensplitting hervorgehoben[917].

1. Verdopplung der vermögensteuerlichen Freibeträge

Für eine Vermögensteuer folgt daraus insbesondere, daß Ehegatten keiner höheren Steuerbelastung wegen der Ehe unterworfen werden dürfen als unverhei-

---

914 Geändert werden müßte in diesem Zusammenhang § 100 Abs. 2 AO, da derzeit im Besteuerungsverfahren, auch bei Außenprüfungen, die Vorlage von Wertgegenständen als Ausforschungsmittel nicht angeordnet werden darf.

915 Vgl. J. WESTERMANN, „Zum Schicksal der einheitswertabhängigen Steuern“, in: Harzburger Steuerprotokoll 1995, S. 179 ff. (179).

916 Vgl. F. KLEIN, „Ehe und Familie im Steuerrecht als verfassungsrechtliches Problem“, in: Fürst/Herzog/ Umbach (Hrsg.), Festschrift für Wolfgang Zeidler Band I, Berlin/New York 1987, S. 773 ff. (778); J. LANG, in: Tipke/Lang, Steuerrecht, 17. Auflage, § 4 Rn. 240.

917 BVerfG, Beschluß vom 17. Januar 1957 – 1 BvL 4/54 –, in: BVerfGE 6, S. 55 ff. (76); ebenso BVerfG, Beschluß vom 12. März 1985 – 1 BvR 571/81, 494/82 und 47/83 –, in: BVerfGE 69, S. 188 ff. (205).

ratete Paare. Sofern Ehegatten wie bisher bei einer Vermögensteuer zusammenveranlagt werden[918], sind aus diesem Grund die vermögensteuerlichen Freibeträge zu verdoppeln[919]. Dasselbe gilt für das der persönlichen Lebensführung dienende Gebrauchsvermögen, sofern dies nicht im allgemeinen vermögensteuerlichen Freibetrag aufgeht. Soweit dieses vom Gesetzgeber typisierend bemessen und (zusätzlich) von der Vermögensteuer freigestellt wird, sind auch die diesbezüglichen Freibeträge zu verdoppeln[920]. Es ist zwar in tatsächlicher Hinsicht nicht davon auszugehen, daß das Gebrauchsvermögen von Ehegatten regelmäßig das doppelte Volumen des persönlichen Gebrauchsvermögens von Einzelpersonen erreicht. Die Ehegatten würden aber unter Verstoß gegen das in Art. 6 GG verankerte formelle Benachteiligungsverbot[921] diskriminiert, wenn ihnen – abweichend von nicht-ehelichen Lebensgemeinschaften – der Freibetrag für persönliches Gebrauchsvermögen nur einmal gewährt würde.

Anders als beim einkommensteuerlichen Ehegattensplitting hat im vorliegend zu beurteilenden Zusammenhang auch der Güterstand unter keinem Gesichtspunkt Einfluß auf das Erfordernis der Verdoppelung der Freibeträge[922]. Jedem Ehegatten muß das Recht auf einen eigenen Freibetrag unabhängig vom Güterstand zustehen. Würde man den vermögensteuerlichen Freibetrag bei Gütertrennung nicht verdoppeln und dennoch eine Zusammenveranlagung der Ehegatten bei der Vermögensteuer vornehmen, so stünden die Ehegatten schlechter als in der vergleichbaren Situation nicht verheiratete Paare, bei denen jeder Partner einen eigenen Freibetrag in Anspruch nehmen könnte. Dasselbe gilt im Fall der Gütergemeinschaft. Hier gibt es zwar dem Grundsatz nach nur gemeinschaftliches Eigentum der Ehegatten und demzufolge auch nur ein gemeinschaftliches Vermögen. Würde der vermögensteuerliche Freibetrag bei Gütergemeinschaft jedoch nur einmal gewährt, so würden auch hier die Ehegatten wegen der Ehe schlechter behandelt als nicht verheiratete Paare, bei denen die Möglichkeit einer Gütergemeinschaft schon rechtlich nicht gegeben ist. Selbst wenn die Partner einer nicht-ehelichen Lebensgemeinschaft eine Art Gütergemeinschaft ver-

---

918 Vgl. § 14 Abs. 1 VStG 1974

919 Vgl. H.-W. ARNDT, BB 1996, Beilage 7, S. 1 ff. (19); W. LEISNER, NJW 1995, S. 2591 ff. (2595).

920 BVerfG, Beschluß vom 22. Juni 1995 – 2 BvL 37/91 –, in: BVerfGE 93, S. 121 ff. (141).

921 Vgl. hierzu F. KLEIN, Festschrift Wolfgang Zeidler Band I, S. 773 ff. (778).

922 Kritisch zum Ehegattensplitting im Fall der Gütertrennung: K. TIPKE, Die Steuerrechtsordnung Band I, 2. Auflage, S. 379.

traglich begründeten, würden für Vermögensteuerzwecke nur die ideellen Anteile an den gemeinschaftlich besessenen Vermögensgegenständen dem jeweiligen Partner zugerechnet, so daß im Ergebnis auch hier die Freibeträge verdoppelt wären. Eine Diskriminierung von Ehegatten verhindert aber Art. 6 Abs. 1 GG, so daß die vermögensteuerlichen Freibeträge im Ergebnis unabhängig vom Güterstand doppelt zu gewähren sind[923].

2. Berücksichtigung von Kindern durch zusätzliche Freibeträge

Darüberhinaus hat das Bundesverfassungsgericht zu Recht ausgeführt, daß für die Bemessung der Freibeträge auch die in einem Haushalt vorhandenen Kinder Berücksichtigung finden müssen[924]. Durch das Vorhandensein von Kindern erweitert sich der Lebenszuschnitt der Familie. Das der persönlichen Lebensführung der Familie dienende Gebrauchsvermögen ist in der Regel größer als das kinderloser Haushalte. Dies drückt sich in der Regel bereits darin aus, daß Kinder zusätzlichen Platz erfordern und ein durchschnittliches Einfamilienhaus für eine Familie mit Kindern regelmäßig größer sein muß als das von Ehegatten ohne Kinder. Dies führt dazu, daß auch für im Haushalt der Eltern lebende Kinder unabhängig vom Freibetrag für das persönliche Gebrauchsvermögen der Eltern ein eigener Freibetrag für jedes zusätzliche Kind zu gewähren ist. Wäre dies nicht der Fall, so würden Familien mit Kindern gegenüber Ehen ohne Kinder trotz eines erhöhten Bedarfs an Vermögensgegenständen, die dann zur Ertragserzielung gerade nicht zur Verfügung stehen, benachteiligt. Eine solche Benachteiligung ist aber mit dem in Art. 6 Abs. 1 GG verankerten besonderen Schutz der Familie nicht zu vereinbaren. Die Höhe des Kinderfreibetrages steht zwar grundsätzlich im Ermessen des Gesetzgebers. Er muß sich hier hinsichtlich einer Untergrenze des Freibetrages aber von realistischen Erwägungen hinsichtlich des durch Kinder verursachten Mehrbedarfs leiten lassen. Hinsichtlich einer Obergrenze ist der Gesetzgeber freier, weil ihm Art. 6 Abs. 1 GG eine steuerliche Förderung der Familie ermöglicht. Eine Regelung wie in § 6 Abs. 2 VStG 1974, nach dem für *jedes*[925] Kind ein zusätzlicher Freibetrag in Höhe eines hal-

---

923 Vgl. W. Leisner, NJW 1995, S. 2591 ff. (2595).

924 Vgl. BVerfG, Beschluß vom 22. Juni 1995 – 2 BvL 37/91 –, in: BVerfGE 93, 121 ff. (142).

925 Vgl. W. Leisner, NJW 1995, S. 2591 ff. (2595): „sonst wirkt Kinderreichtum deklassierend.“

ben „Eltern-Freibetrages" gewährt wird, dürfte wohl mit Art. 6 Abs. 1 GG vereinbar sein.

3. Fortführung des Ehegattenfreibetrags nach dessen Tod durch den anderen Ehegatten

Schließlich hat das Bundesverfassungsgericht im Halbteilungsurteil verlangt, zu berücksichtigen, daß sich Ehegatten in der Lebenswirklichkeit darauf einrichten, daß der gemeinsame und – durch das Zusammenleben bedingt – höhere Lebenszuschnitt auch nach dem Tod eines der Eheleute dem anderen Ehegatten weiterhin zugute kommt. Aus diesem Grund gebiete Art. 6 Abs. 1 GG, daß der Vermögensteuergesetzgeber die „Kontinuität des Ehe- und Familiengutes" achte. Dies bedeutet, daß auch verwitweten Ehegatten ein doppelter eigener Freibetrag zustehen muß. Dies entspricht auch der hier vertretenen Auffassung, nach der der vermögensteuerliche Freibetrag insbesondere durch das persönliche Gebrauchsvermögen geprägt wird. Ein Ehegatte wird nach dem Tod des anderen das persönliche Gebrauchsvermögen, insbesondere das Einfamilienhaus, in der Regel nicht verkaufen, so daß der dem persönlichen Gebrauchsvermögen entsprechende Wert für eine Ertragserzielung auch weiterhin nicht zur Verfügung steht. Insofern ist es konsequent, diese Werte nicht mit einer Vermögensteuer zu belasten.

C. Zwischenergebnis: Gleichheitsrechtliche Bindungen

Nach der hier vertretenen Auffassung ist die Vermögensteuer *in toto* nicht mit dem Gleichheitssatz zu vereinbaren. Hält man hingegen mit dem Bundesverfassungsgericht eine Vermögensteuer in Form einer Sollertragsteuer für zulässig, dann ist die Vermögensteuerlast an der Ertragsfähigkeit der einzelnen Wirtschaftsgüter auszurichten. Dies führt dazu, daß nicht ertragsfähige Vermögensgegenstände von der Vermögensteuer auszunehmen sind. Dazu gehören zum einen Vermögensgegenstände des persönlichen Gebrauchsvermögens, weil diese regelmäßig nicht ertragbringend genutzt werden (können). Dazu gehören zum anderen aber auch solche Vermögensgegenstände, die ihrer Natur nach nicht ertragsfähig sind, wie z.B. Gold oder Edelsteine. Bei diesen sind gegebenenfalls realisierte Veräußerungsgewinne, die auf Wertschwankungen beruhen, nicht mit der Vermögen-, sondern mit der Einkommensteuer zu erfassen.

Gleichheisrechtlich existiert die politisch diskutierte Möglichkeit einer Privilegierung von Betriebsvermögen. Sie einzuführen obliegt allerdings der autonomen Entscheidung des Gesetzgebers.

Würde der Gesetzgeber eine Vermögensteuer wiedereinführen, so hätte er die Möglichkeiten zur Umgehung der Vermögensteuer durch steuerliche Gestaltungen und zur Hinterziehung der Vermögensteuer durch Nichterklärung bestimmter Vermögensbestandteile im Auge zu behalten. Entscheidend für die gleichheitsrechtliche Verfassungsmäßigkeit der Vermögensteuer ist die bereits erwähnte Effektivität der Durchsetzung der materiellen Steueransprüche, die wohl nur um den Preis erhöhten Verwaltungsaufwands und damit um den Preis einer verringerten Effizienz der Vermögensteuer hergestellt werden kann. Ehegatten und Familien dürfen durch die Vermögensbesteuerung nicht benachteiligt werden, so daß für Ehegatten die Freibeträge zu verdoppeln sind und für Kinder angemessene Freibeträge zu gewähren sind. Schließlich gebietet der Schutz der vor dem Tod eines Ehegatten gemeinsam getroffenen Dispositionen der Eheleute, dem überlebenden Ehegatten die Fortführung des Freibetrags des verstorbenen Ehegatten zu gestatten.

V. Sonstige Schranken der Verfassung für die Vermögensteuer

Als sonstige verfassungsrechtliche Schranke einer Vermögensteuer kommt schließlich das in Art. 114 Abs. 2 S. 1 GG verankerte Gebot der Wirtschaftlichkeit in Betracht[926]. Das Gebot der Wirtschaftlichkeit verbietet solchen Aufwand, der durch die Ziele staatlichen Handelns nicht gerechtfertigt ist. Eine Schranke für die Besteuerung kann sich hieraus insoweit ergeben, als der zur Erhebung einer Steuer erforderliche Verwaltungsaufwand nicht außer Verhältnis zu den dadurch erzielten Einnahmen stehen darf. Es würde eine Vernichtung gesamtwirtschaftlicher Ressourcen bedeuten, wenn die dem Bürger entzogenen Mittel dem Staat zu einem nur geringen Anteil für Ausgabezwecke zur Verfügung stünden und der Großteil des Steueraufkommens bereits durch die Erhebung und Verwaltung der Vermögensteuer aufgezehrt würde. Auch wenn die Einhaltung

---

926 Vgl. M. JACHMANN, StuW 1998, S. 193 ff. (196); DIESELBE, StuW 1996, S. 97 ff. (99); allgemein zum Gebot der Wirtschaftlichkeit: KISKER, in: Isensee/Kirchhof (Hrsg.), Handbuch des Staatsrechts, Band IV, § 89 Rn. 111 f. und K. VOGEL/P. KIRCHHOF, in: Dolzer/Vogel/Graßhof (Hrsg.), BK, Art. 114 Rn. 87 ff.

des Gebots der Wirtschaftlichkeit für den einzelnen Steuerpflichtigen nicht justiziabel ist, so ist der eine Vermögensteuer einführende Gesetzgeber dennoch an dessen Beachtung gebunden. JACHMANN hält das bei der bis 1996 erhobenen Vermögensteuer verwirklichte Verhältnis von Aufwand zu Ertrag mit 30 % für gerade noch vertretbar[927]. Eine exakte Quantifizierung des Gebots der Wirtschaftlichkeit wird dürfte jedoch nicht zu leisten sein[928]. Je höher jedoch der durch eine Vermögensteuer verursachte Erhebungs- und Verwaltungsaufwand und je geringer die dadurch bewirkte Steigerung des Gemeinwohls ausfällt, desto größer ist die Vermutung, daß eine Erhebung der Steuer dem Grundsatz der Wirtschaftlichkeit widerspricht.

VI. Ergebnis

Eine als echte Substanzsteuer konzipierte Vermögensteuer ist verfassungswidrig. Hält man mit dem Bundesverfassungsgericht und entgegen der hier vertretenen Auffassung eine als Sollertragsteuer ausgestaltete Vermögensteuer für verfassungsrechtlich zulässig, so darf die steuerliche Gesamtbelastung dem Bürger maximal die Hälfte der (Soll-) Erträge entziehen. Dieser Schutz folgt im Prinzip gleichermaßen aus Art. 14 Abs. 1 und Art. 12 Abs. 1 GG. Unterhalb der Hälftigkeitsgrenze ist das Prinzip der vertikalen Steuergerechtigkeit (Art.3 Abs. 1 GG) durch folgerichtige Belastungsübergänge bei der Gesamtsteuerlast zu wahren. Der Gleichheitssatz gebietet außerdem eine technische Ausrichtung der Vermögensteuer am Maßstab der Ertragsfähigkeit der einzelnen Vermögensgegenstände. Deshalb sind persönliches Gebrauchsvermögen sowie der Natur nach nicht ertragsfähige Vermögensgegenstände von der Vermögensteuer auszunehmen. Für das persönliche Gebrauchsvermögen sind angemessene Freibeträge zu gewähren, bei Ehegatten pro Kopf; für jedes Kind sind angemessene Freibeträge vorzusehen. Das Besteuerungsverfahren ist so auszugestalten, daß die materiellen Steueransprüche auch effektiv durchgesetzt werden können. Gleichzeitig darf es nicht so verwaltungsaufwendig sein, daß Kosten und Ertrag zueinander in keinem angemessenen Verhältnis mehr stehen.

---

927 Vgl. M. JACHMANN, StuW 1996, S. 97 ff. (99); K. SCHELLE, Vermögensteuer, S. 5, nimmt an, die Erhebungskosten betrügen ein Drittel des Vermögensteueraufkommens.

928 Vgl. K. VOGEL/P. KIRCHHOF, in: Dolzer/Vogel/Graßhof (Hrsg.), BK, Art. 114 Rn. 89.

3. Kapitel: Folgerungen für eine Vermögensteuer de lege ferenda

Entscheidet sich der Gesetzgeber, eine Vermögensteuer wiedereinzuführen, so hat er die im 2. Kapitel begründeten Vorgaben einzuhalten. Dieses Ergebnis folgt bereits aus der Bindungswirkung, die das Halbteilungsurteil als bundesverfassungsgerichtliche Entscheidung für den Gesetzgeber nach § 31 Abs. 1 BVerfGG erzeugt.

Zwar sind einige Stimmen in der Literatur der Auffassung, daß die Ausführungen des Senats zum Substanzschutz, zur Halbteilung und zur Freistellung des persönlichen Gebrauchsvermögens als bloße *obiter dicta* einzustufen sind, weil die vom FG Neustadt gestellte Vorlagefrage, nämlich „ob § 10 Nr. 1 VStG mit dem Gleichheitssatz des Art. 3 Abs. 1 GG deshalb nicht in Einklang stehe, weil die Vorschrift für die Besteuerung einheitswertgebundenen und nicht einheitswertgebundenen Vermögens einen einheitlichen Steuersatz festlege", auch ohne diese Ausführungen hätte beantwortet werden können[929]. Dies würde bedeuten, daß diese Ausführungen als nicht die Entscheidung tragende Gründe *keine* Bin-

---

929 So B.-O. BRYDE, in: v. Münch/Kunig, Grundgesetz-Kommentar, Art. 14 Rn. 66 (Stichwort: „Steuer- und Abgabenrecht"); J. WIELAND, in: Guggenberger/Würtenberger (Hrsg.), Hüter der Verfassung oder Lenker der Politik, S. 173 ff. (180); DERSELBE, JZ 2000, S. 356 ff. (358); H. WEBER-GRELLET, BB 1996, S. 1415 ff. (1415 f.); H.-W. ARNDT, „Energiesteuer und Grundrechte", in: ZRP 1996, S. 176 ff. (180); H.-W. ARNDT/A. SCHUMACHER, NJW 1995, S. 2603 ff. (2603); H. P. BULL, NJW 1996, S. 281 ff. (284); H.-G. DEDERER, StuW 2000, S. 91 ff. (92); M.-I. THOMAS; „Die Halbteilung und der Sturm im Wasserglas", in: DStR 1998, S. 1493 f. (1494); A. CHRISTIANSEN, HFR 1999, S. 1013 ff. (1016); U. HUTTER, Anmerkungen zu BFH-Urteil vom 11. August 1999 – XI R 77/97 -, in: NWB Fach 3, Seite 10961 ff. (10963); J. LANG, NJW 2000, S. 457 ff. (458); a.A. W. BORNHEIM, „„„Halbteilungsgrundsatz" und Steuerhinterziehung", in: StuW 1998, S. 146 ff. (152); M. JACHMANN, DStR 1996, S. 574 f. (575); H. BUTZER, StuW 1999 S. 227 ff. (233); G. ROSE, DB 1998, S. 1154 f. (1155); DERSELBE, DB 1997, S. 494 ff. (495 f.); C. MAYER, DB 1995, S. 1831 ff. (1832 f.); H. LIST, BB 1999, S. 981 ff. (983); DERSELBE, BB 2000, S. 745 ff. (747); P. KIRCHHOF, AöR 128 (2003), S. 1 ff. (21); W. LEISNER, NJW 1995, S. 2591 ff. (2593); H. LIST, „Der Halbteilungsgrundsatz und der Bundesfinanzhof – ein Missverständnis?", in: BB 2000, S. 745 ff. (747). Von einer Bindungswirkung geht ebenfalls das FG Hamburg, Urteil vom 22. Mai 1997 – II 160/95 –, in: EFG 1997, S. 838 ff. (841), aus.

dungswirkung für den Gesetzgeber erzeugten[930]. Gegen diese Einstufung sprechen aber die folgenden, überzeugenden Argumente:

Zum einen hat das Bundesverfassungsgericht im Halbteilungsurteil seine Ausführungen zu Substanzschutz, Halbteilung und Schutz des persönlichen Gebrauchsvermögens ausdrücklich als tragende Gründe bezeichnet. Sie sind daher auch als tragende Gründe von der Bindungswirkung des § 31 Abs. 1 BVerfGG erfaßt[931]. Zum anderen hat das Bundesverfassungsgericht im Rahmen eines konkreten Normenkontrollverfahrens das Recht, das zur Überprüfung gestellte Gesetz insgesamt auf seine Verfassungsmäßigkeit zu überprüfen und gegebenenfalls auch nicht zur Überprüfung gestellte Normen dieses Gesetzes für nichtig zu erklären[932]. Es ist daher bei seiner Prüfung und bei seiner Entscheidung nicht an die Vorlagefrage gebunden. Folglich kann es für die Bestimmung der tragenden Gründe auch nicht darauf ankommen, ob die Vorlagefrage möglicherweise ohne diese Gründe beantwortet werden kann. Außerdem waren die über die Vorlagefrage hinausgehenden Aussagen des Bundesverfassungsgerichts auch nicht entbehrlich, weil die festgestellte Ungleichbehandlung von einheitswertgebundenem Vermögen und nicht einheitswertgebundenem Vermögen durch den Gesetzgeber grundsätzlich auf zwei Arten beseitigt werden konnte. Einerseits war eine Höherbewertung des einheitswertgebundenen Vermögens möglich. Es wäre aber andererseits auch eine Absenkung des Bewertungsniveaus für das nicht einheitswertgebundene Vermögen in Betracht gekommen. Wenn aber eine Höherbewertung des einheitswertgebundenen Vermögens zu einer höheren Vermögensteuerbelastung dieser Vermögensgegenstände führt, war für das Bundesverfassungsgericht zu prüfen, ob dies möglicherweise durch die Eigentumsgarantie des GG in Gestalt des Substanzschutzes, des Halbteilungsgrundsatzes oder der Verschonung des persönlichen Gebrauchsvermögens verhindert wird; in diesem Fall wäre dann lediglich die niedrigere Bewertung des übrigen Vermögens zulässig gewesen, so daß es auf die untersuchten verfas-

---

930 Bindungswirkung entfalten nach der Rechtsprechung des Bundesverfassungsgerichts nur der Tenor und die diesen Tenor tragenden Gründe der Entscheidung. Vgl. BVerfG, Urteil vom 19. Juli 1966 – 2 BvF 1/65 –, in: BVerfGE 20, S. 56 ff. (87); BVerfG, Urteil vom 10. Juni 1975 – 2 BvR 1018/74 –, in: BVerfGE 40, S. 88 ff. (93).

931 Vgl. C. MAYER, DB 1995, S. 1831 ff. (1832); H. BUTZER, StuW 1999, S. 227 ff. (233); H. LIST, BB 2000, S. 745 ff. (747); E. BENDA, „Streit als Schaden", in: NJW 1998, S. 3330 f. (3331), der dies offenbar ebenfalls für richtig hält; a.A. H.-G. DEDERER, StuW 2000, S. 91 ff. (92), der der Bezeichnung durch das Gericht nur indizielle Wirkung beimißt.

932 Vgl. H. BUTZER, StuW 1999, S. 227 ff. (233); H. LIST, BB 1999, S. 981 ff. (982).

sungsrechtlichen Besteuerungsschranken gerade doch ankommt[933]. Schließlich zeigt das Sondervotum von BÖCKENFÖRDE, daß die genannten Ausführungen Bindungswirkung entfalten, da ein Sondervotum schlicht überflüssig gewesen wäre, wenn es sich um bloße „obiter dicta" ohne jeden verbindlichen Charakter gehandelt hätte[934].

Unabhängig von der Bindungswirkung des Urteils folgen die genannten Bindungen aber bereits aus den grundrechtlichen Schranken für eine Vermögensbesteuerung, die im 2. Kapitel autonom aus dem Grundgesetz abgeleitet worden sind, so daß es auf die Bindungswirkung des Urteils jedenfalls im Ergebnis nicht ankommt.

I. Wahrung der Halbteilungsgrenze ?

Voraussetzung für die Wiedereinführung einer Vermögensteuer ist, daß eine Vermögensteuer neben den übrigen Vorgaben des Bundesverfassungsgerichts vor allem den Halbteilungsgrundsatz wahrt. Die Halbteilungsgrenze als Gesamtsteuerbelastungshöchstgrenze läßt sich als Quotient aus der Gesamtsteuerlast und dem maßgeblichen Ertrag ($\frac{\text{Gesamtsteuerlast}}{\text{Ertrag}}$) darstellen. Dieser Quotient darf in der Regel die Größe 0,5 nicht übersteigen ($\frac{\text{Gesamtsteuerlast}}{\text{Ertrag}} \leq 0{,}5$).

In der Literatur ist allerdings umstritten, auf welche Ausgangsgrößen sich der Halbteilungsgrundsatz bezieht. Fraglich ist in diesem Zusammenhang zunächst, ob für den im Nenner des Bruchs stehenden Ertrag an den Sollertrag oder an den tatsächlichen Ertrag aus dem steuerpflichtigen Vermögen anzuknüpfen ist. Unklar ist ferner, ob dieser Ertrag eine Brutto- oder eine Nettogröße darstellt. Strittig ist darüberhinaus, welche Steuerarten in die steuerliche Gesamtbelastung einzubeziehen sind. Besondere Schwierigkeiten ergeben sich insoweit, als das

---

933 Vgl. P. KIRCHHOF, AöR 128 (2003), S. 1 ff. (20); W. LEISNER, NJW 1995, S. 2591 ff. (2593); K. VOGEL, JZ 1996, S. 31 ff. (44); a.A. J. LANG, NJW 2000, S. 457 ff. (458), der der Auffassung ist, der Halbteilungsgrundsatz schwäche die Ungleichbewertung ab, weil die Ungleichbewertung mit steigender Steuerbelastung zunehme.

934 Vgl. W. BORNHEIM, StuW 1998, S. 146 ff. (147); H. BUTZER, StuW 1999, S. 227 ff. (234); H. LIST, BB 1999, S. 981 ff. (983); R. MELLINGHOFF, DStR 2003, Beihefter 3 zu Heft 20-21, S. 3 ff. (11, FN 101).

Bundesverfassungsgericht die Belastungshöchstgrenze auf die Gesamtbelastung aus Vermögen- und Ertragsteuern bezieht und infolgedessen Steuerlasten aus einer Sollertragsteuer und Ist-Ertragsteuern zu einer Gesamtlast zu addieren sind[935]. Unter diesem Aspekt ist zu ergründen, ob zu der Vermögensteuerlast die Ertragsteuerlasten zu addieren sind, die sich tatsächlich ergeben haben, oder ob hier die Ertragsteuerlasten zugrundezulegen sind, die sich ergeben hätten, wenn statt des tatsächlichen Ertrages der typische Sollertrag erwirtschaftet worden wäre.

A. Bezugspunkt der 50 %-Grenze: Sollertrag oder tatsächlicher Ertrag?

Zunächst ist jedoch zu untersuchen, ob die vom Steuergesetzgeber einzuhaltende Steuerhöchstbelastung von 50 % bei den tatsächlichen Erträgen oder bei den Sollerträgen anzusetzen hat. Wörtlich hat das Bundesverfassungsgericht dazu ausgeführt, daß „auch der Vermögensertrag am Schutz der vermögenswerten Rechtsposition als Grundlage individueller Freiheit teil(nimmt). ... Die Vermögensteuer darf deshalb zu den übrigen Steuern auf den Ertrag nur hinzutreten, soweit die steuerliche Gesamtbelastung des Sollertrages ... in der Nähe einer hälftigen Teilung zwischen privater und öffentlicher Hand verbleibt ...[936]“

HALACZINSKY geht vom Wortlaut des Halbteilungsurteils aus und folgert, daß die maximale Belastung aus Vermögensteuer und Ertragsteuern sich am Sollertrag und nicht an den Ist-Erträgen auszurichten habe[937]. Nach seiner Beispielsrechnung gelte bei einem durchschnittlich zu unterstellenden Sollertrag von

935 Vgl. P. BAREIS, DB 1996, S. 1153 ff. (1155): „Die besondere Problematik des Beschlusses zur VSt. besteht in der Zusammenfassung einer ESt. auf tatsächlich realisierten Vermögensertrag mit einer VSt., die als Fähigkeitssteuer, als Potentialbesteuerung zu interpretieren ist.“

936 Vgl. BVerfG, Beschluß vom 22. Juni 1995 – 2 BvL 37/91 –, in: BVerfGE 93, S. 121 ff. (138).

937 Vgl. R. HALACZINSKY, „Die einheitswertabhängigen Steuern nach den Entscheidungen des Bundesverfassungsgerichts“, in: NWB, Nr. 37 vom 11. September 1995, Fach 10, S. 693 ff. (694); ebenso P. BAREIS, DB 1996, S. 1153 ff. (1155); ebenso, aber kritisch: H. FELDMANN, StuW 1998, S. 114 ff. (118).

5,5 %[938] eine maximal zulässige Steuergesamtlast von 2,75 % bezogen auf das Vermögen, und zwar unabhängig von der tatsächlich erzielten Rendite. Danach würde Geldvermögen bei einer Verzinsung von 4 % und einer durchschnittlichen Ist-Einkommensteuerbelastung von 40 % auf diese Verzinsung erst mit 1,6 % bezogen auf das eingesetzte Kapital besteuert, so daß noch Raum für eine Vermögensteuer in Höhe von 1 % bliebe[939].

WAGNER/HÖR sind hingegen der Auffassung, man dürfe den Beschluß des Bundesverfassungsgerichts nicht wörtlich nehmen, und befürworten eine Ausrichtung am tatsächlichen Ertrag. Sie begründen dies damit, daß die Anknüpfung an die Hälfte eines als normal zu definierenden Ertrags dazu führe, daß unterschiedliche Belastungshöchstgrenzen für unterschiedlich hohe tatsächliche Erträge gelten würden. Bei einem als durchschnittlich unterstellten Sollertrag von 6 % dürfte dieser insgesamt um maximal 3 % geschmälert werden. Bei einem tatsächlichen Ist-Ertrag von nur 2 % würde die steuerliche Belastung des Sollertrags mit 3 % den Ist-Ertrag folglich überschreiten. Dieses Ergebnis ließe sich mit der Formulierung des Bundesverfassungsgerichts in Einklang bringen, nach der derjenige, der Vermögen ungenutzt lasse, für Zwecke der Besteuerung so behandelt würde, als habe er einen Ertrag erzielt. Betrüge der tatsächliche Ist-Ertrag hingegen 12 %, so würde der auf einen Sollertrag bezogene Halbteilungsgrundsatz (maximal 3 % steuerliche Minderung) zu einer maximalen steuerlichen Belastung des Ist-Ertrages von 25 % (3/12) führen. WAGNER/HÖR gehen davon aus, daß eine solche renditeabhängige Steuerhöchstgrenze vom Bundesverfassungsgericht nicht beabsichtigt gewesen sei und folgern daraus, daß entgegen dem Wortlaut des Halbteilungsurteils eigentlich eine Belastungsobergrenze für den Ist-Ertrag statuiert werden sollte[940].

---

938 Dieser Kapitalisierungszinsfuß wird in § 12 Abs. 3 S. 2 BewG für langfristige Forderungen angenommen. Er orientiert sich an durchschnittlichen langfristigen Kapitalmarktzinsen.

939 In diesem Zusamenhang ist darauf hinzuweisen, daß HALACZINSKY offenbar davon ausgeht, daß die Vermögensteuer auf den Sollertrag und die Einkommensteuer auf den Ist-Ertrag zur steuerlichen Gesamtlast zu addieren sind. Ob dies richtig ist oder ob die Einkommensteuer auch auf den Sollertrag zu beziehen ist, muß noch verifiziert werden.

940 Vgl. F. W. WAGNER/M. HÖR, „Das Verhältnis der gegenwärtigen effektiven Steuerbelastung zur Steuerbelastungsobergrenze des Bundesverfassungsgerichts“, in: DB 1996, S. 585 ff. (585); ebenso H.-P. SCHNEIDER, „Der Halbteilungsgrundsatz – Folgerungen für die Praxis“, in: Stbg 1997, S. 199 ff. (200).

Hält man mit dem Bundesverfassungsgericht eine Vermögensteuer als Sollertragsteuer überhaupt für zulässig, dann liegt es zunächst nahe, daß der „richtige" Bezugspunkt für die Ermittlung der Halbteilungsgrenze der Sollertrag ist. Dies folgt zum einen daraus, daß in den Fällen, in denen ein ertragsfähiges Wirtschaftsgut wegen seiner konkreten Verwendung durch den Eigentümer tatsächlich keine Erträge erwirtschaftet, die Halbteilungsgrenze bereits isoliert durch die Vermögensteuer überschritten würde, wenn man sie auf den Ist-Ertrag bezöge. Dies würde dazu führen, daß eine Vermögensteuer auf tatsächlich ertragloses Vermögen, unabhängig von dessen Ertragsfähigkeit, unzulässig wäre. Das Bundesverfassungsgericht ist aber ausdrücklich davon ausgegangen, daß die Vermögensteuer auch auf solches, nicht ertragbringendes Vermögen zugreifen darf. Zumindest für die Vermögensteuer würde diese Aussage des Bundesverfassungsgerichts *ad absurdum* geführt, wenn man nun eine Begrenzung der steuerlichen Gesamtlast auf die Hälfte der tatsächlichen Erträge postulieren würde. Zum anderen wäre eine Vermögensbesteuerung, bei der zunächst die tatsächlichen Erträge ermittelt werden müßten, um in der Folge zu verifizieren, daß die auf diese Ist-Erträge bezogene steuerliche Gesamtbelastung die Halbteilungsgrenze wahrt, in praktischer Hinsicht schwierig durchzuführen. Schließlich stellt sich in diesem Zusammenhang die Frage, warum, wenn ohnehin die tatsächlichen Erträge maßgeblich sein sollen und diese zwecks der Beachtung der Halbteilungsgrenze auch tatsächlich zu ermitteln sind, nicht für Vermögenseinkünfte schlicht ein höherer Einkommensteuersatz gewählt wird. Die Vermögensteuer verlöre bei einer Begrenzung auf die Hälfte der Ist-Erträge nämlich ihren Charakter als Sollertragsteuer und würde damit zu einer ergänzenden Ist-Ertragsteuer. Diese Erwägungen führen zu der logischen Konsequenz, daß, wenn man wie das Bundesverfassungsgericht eine Vermögensteuer ohne Rücksicht auf die tatsächlichen Erträge für zulässig hält, die Halbteilungsgrenze nur auf die Sollerträge bezogen sein *kann*.

Dies folgert auch ARNDT, der allerdings die Anknüpfung an einen Sollertrag als solche kritisiert. Er ist der Auffassung, daß eigentlich die tatsächliche Belastung maßgeblich sei und bei einem starken Abweichen des Soll- vom tatsächlichen Ertrag die Typisierung des Sollertrags unzulässig werde. Zudem seien die typischerweise erzielbaren Renditen in den einzelnen Vermögensarten zu unterschiedlich, um eine einheitliche Sollertragsquote unterstellen zu können. Daher spreche dies für eine Orientierung an den tatsächlichen Renditen, zumindest aber an differenzierten, gruppenspezifischen Sollerträgen[941]. Dieser Ein-

941 Vgl. H.-W. ARNDT, BB 1996, Beilage 7, S. 1 ff. (6).

schätzung ist uneingeschränkt zuzustimmen. Insbesondere die Orientierung am Grundsatz der Besteuerung nach der Leistungsfähigkeit (Art. 3 Abs. 1 GG) spricht dafür, sich an den erzielten Ist-Erträgen zu orientieren, da die Leistungsfähigkeit eine Ist-Größe darstellt. Aber auch aus freiheitsrechtlicher Sicht kommt man zu demselben Ergebnis. Auch der tatsächlich erzielte Vermögensertrag, auf den die Ertragsteuern zugreifen, steht als Eigentumsnutzung unter dem Schutz des Art. 14 Abs. 1 GG und darf daher bei Betrachtung der Gesamtsteuerlast nicht stärker als hälftig besteuert werden. Die Halbteilungsobergrenze gilt als Ausfluß einer primär privatnützigen Ertragserzielung auch im Bereich der Ist-Ertragsteuern. Daher verletzt auch eine Steuerlast, die die Ist-Erträge mit mehr als 50 % belastet, den Halbteilungsgrundsatz und damit Art. 14 bzw. Art. 12 GG. Gerade das Berechnungsbeispiel von WAGNER/HÖR zeigt, daß es bei einer Orientierung allein am Sollertrag zu einer vollständigen Aufzehrung der Ist-Erträge und darüberhinaus zu einem Substanzeingriff kommen kann, wenn der Ist-Ertrag deutlich unter einem typisiert unterstellten Sollertrag liegt. Bei einer Ist-Rendite von nur 1,5 % und einer vierzigprozentigen Einkommensteuer zuzüglich einer einprozentigen Vermögensteuer käme es zu realen Substanzverlusten (1,5 % - 0,6 % - 1 % = -0,1 %). Dennoch wäre eine solche Vermögensbesteuerung nach der Konzeption des Bundesverfassungsgerichts wohl zulässig[942]. Dieses Ergebnis ist – jedenfalls bezogen auf die Ertragsbesteuerung – weder unter freiheitsrechtlichen Gesichtspunkten akzeptabel noch unter dem Gesichtspunkt der Besteuerung nach der Leistungsfähigkeit[943]. Es würde außerdem erhebliche gleichheitsrechtliche Verzerrungen bewirken, wenn bei tatsächlich hohen Ist-Erträgen eine prozentual darauf bezogen niedrigere Steuerhöchstbelastungsgrenze gelten würde als bei niedrigen Ist-Erträgen, bei denen es, wie gezeigt, sogar zu realen Substanzverlusten kommen könnte. Das Bundesverfassungsgericht fordert bei der Bestimmung der Halbteilungsgrenze vom Sollertrag aber ausdrücklich, daß diese „insgesamt auch Belastungsergebnisse vermeidet, die einer vom Gleichheitssatz gebotenen Lastenverteilung nach Maßgabe finanzieller Leistungsfähigkeit zuwiderlaufen[944]." Bei einer Orientierung am Sollertrag würde der Grundsatz der Besteuerung nach der Leistungsfä-

---

942 Ausdrücklich der Auffassung, daß der bei Fleiß und Erwerbsgeschick erreichte überdurchschnittliche Ertrag steuerfrei bleiben solle, während der durch Trägheit oder Ungeschick erzielte unterdurchschnittliche Ertrag überproportional belastet werden solle: P. KIRCHHOF, Stbg 1996, S. 1 ff. (1).

943 So aus gleichheitsrechtlicher Sicht auch: D. DZIADKOWSKI, BB 1983, S. 293 ff. (2193).

944 Vgl. BVerfG, Beschluß vom 22. Juni 1995 – 2 BvL 37/91 –, in: BVerfGE 93, S. 121 ff. (138).

higkeit aber regelmäßig in verfassungsrechtlich extrem kritischer Weise berührt. All dies spricht dafür, sich für die Beurteilung der Halbteilungsgrenze nicht am Soll-, sondern am Ist-Ertrag zu orientieren[945]. Nur eine solche Orientierung entspräche gleichermaßen dem Grundsatz der Besteuerung nach der finanziellen (!) Leistungsfähigkeit wie auch dem eigentumsrechtlich verankerten Recht auf Verbleib mindestens der Hälfte der erzielten Erträge. Dennoch wird ein die Vermögensteuer einführender Gesetzgeber sich auf den Wortlaut „Sollertrag" berufen, da die Orientierung am Sollertrag regelmäßig die fiskalisch ergiebigere Variante darstellt. Für den Fortgang der Untersuchung wird daher trotz der dargelegten Zweifel an der Richtigkeit eines solchen Vorgehens davon ausgegangen, daß an den Sollertrag anzuknüpfen ist.

Die Bedenken von WAGNER/HÖR, nach denen bei dieser Betrachtungsweise für besonders hohe Erträge (überdurchschnittliche Renditen) eine relativ geringe Belastungsobergrenze gilt, beruhen offenbar auf der Einschätzung, daß die im Halbteilungsurteil statuierte Belastungsobergrenze *in dieser Form*, d. h. unter Zugrundelegung der Sollerträge, auch für die Einkommensteuer gilt. Nähme man dies an, dann würde in der Tat eine regressive Einkommensteuer auf Vermögenseinkünfte statuiert. Daß ein derartiges Verständnis des Urteils sowohl der Intention des Gerichts als auch dem Grundsatz der Besteuerung nach der Leistungsfähigkeit widerspräche, liegt auf der Hand. Diese Bedenken lassen sich dann ausräumen, wenn man annimmt, daß die *auf die Sollerträge bezogene* Belastungsobergrenze nur für die Vermögensteuer, nicht jedoch auch für die Belastung mit Einkommensteuer gilt[946].

B. Tatsächliche Ertragsteuerbelastung oder Ertragsteuerbelastung der Sollerträge einzubeziehen ?

Allerdings ist fraglich, ob aus einer Anknüpfung an den Sollertrag folgt, daß das Rechenmodell von HALACZINSKY zugrundezulegen wäre. Ein Problem ist

945 Im Ergebnis auch H.-W. ARNDT, BB 1996, Beilage 7, S. 1 ff. (6); F. W. WAGNER/M. HÖR, DB 1996, S. 585 ff. (586), gehen davon aus, daß das Bundesverfassungsgericht den Sollertrag nur als implizite Bemessungsgrundlage für die Vermögensteuer verstanden wissen wollte und diesen gewählt habe, um Ist- und Sollertragsteuern für die Bestimmung der Belastungsobergrenze rechentechnisch kompatibel zu machen, die Steuerlastgrenze aber auf den Ist-Ertrag bezogen gemeint habe.

946 Offenbar gleicher Auffassung ist P. BAREIS, DB 1996, S. 1153 ff. (1157).

nämlich mit der Festlegung auf den Sollertrag als Bezugsgröße für die Halbteilung noch nicht gelöst: Bisher ungeklärt ist, ob bei der Bemessung der im Zähler des Bruchs stehenden Gesamtsteuerlast zur Vermögensteuer die Einkommensteuer auf den tatsächlich erzielten Ertrag oder die Einkommensteuer auf den Sollertrag zu addieren ist. HALACZINSKY geht implizit davon aus, daß die tatsächliche Ertragsteuerbelastung zugrundezulegen ist[947]. Er bezieht in seine Rechnung die Einkommensteuerbelastung der *Ist*-Erträge ein. Dies kann durchaus aus der Formulierung des Bundesverfassungsgerichts „Die Vermögensteuer darf deshalb zu den übrigen Steuern auf den Ertrag nur hinzutreten ...“ abgeleitet werden, da es hier nicht von den übrigen Steuern auf den *Sollertrag*, sondern von den übrigen Steuern auf den *Ertrag* spricht. Für eine solche Deutung spricht ferner die Tatsache, daß – abgesehen von der Vermögensteuer und der Grundsteuer – keine Steuern auf den Sollertrag, sondern nur Steuern auf Ist-Erträge existieren.

Andererseits lassen die Ausführungen des Bundesverfassungsgerichts jedoch auch den Schluß zu, daß von der Ertragsteuerbelastung der Sollerträge auszugehen ist, weil der Zweite Senat von der „steuerlichen Gesamtbelastung des *Soll*ertrages“ spricht. Daraus könnte zu schließen sein, daß auch die Einkommensteuerbelastung auf die Sollerträge und nicht auf den tatsächlich erzielten Ertrag zu beziehen ist. In HALACZINSKYS Beispiel wäre dann bei einem unterstellten Sollertrag von 5,5 % zunächst die vierzigprozentige Einkommensteuer auf diesen Sollertrag mit 2,2 % abzuziehen, so daß bei isolierter Betrachtung von Einkommen- und Vermögensteuer unter Beachtung des Halbteilungsgrundsatzes nicht mehr ein Raum von 1,15 %, sondern nur noch ein solcher von 0,55 %[948] für die Vermögensteuer verbliebe.

Die zweite Variante führt dazu, daß bei unter dem Sollertrag liegenden Ist-Erträgen eine höhere Ertragsteuerbelastung angesetzt wird, als tatsächlich gegeben ist. Daraus folgt, daß der Raum für eine Vermögensteuer geringer wird. Bei über den Sollerträgen liegenden Ist-Erträgen wird hingegen eine niedrigere Ertragsteuerbelastung in die Gesamtsteuerlast einbezogen. Folglich ist für eine Vermögensteuer hier ein größerer Spielraum vorhanden. Berücksichtigt man

---

947 Vgl. R. HALACZINSKY, NWB Fach 10, S. 693 ff. (694); ebenso: H.-G. DEDERER, StuW 2000, S. 91 ff. (93, FN 32); H.-P. SCHNEIDER, Stbg 1997, S. 199 ff. (200), befürwortet die Gegenüberstellung von Ist-Erträgen und tatsächlicher Gesamtsteuerbelastung.

948 (2,75 % Halbteilungsgrenze - 2,2 % Einkommensteuer auf Sollertrag = 0,55 % Raum für Vermögensteuer)

nun, daß bei im Verhältnis zu den Sollerträgen tatsächlich niedrigeren Erträgen eine steuerliche Leistungsfähigkeit fingiert wurde, die real nicht existiert, ist es folgerichtig, hier auch eine steuerliche Sollbelastung zugrundezulegen, weil diese einen gegenläufigen Effekt produziert und dazu führt, daß der Verstoß gegen das Leistungsfähigkeitsprinzip abgemildert wird. Folglich ist die zweite Variante vorzuziehen und die ertragsteuerliche Belastung des Sollertrages anzusetzen. Bei tatsächlich über den Soll-Erträgen liegenden Ist-Erträgen muß dem Leistungsfähigkeitsgebot in der Form Rechnung getragen werden, daß auf einer zweiten Prüfungsstufe der Halbteilungsgrundsatz auch für die Ist-Erträge, nun unter Berücksichtigung der Vorbelastung mit Vermögensteuer auf die niedrigeren Soll-Erträge, gewahrt bleibt.

C. Bemessung der Größe „Sollertrag“

Umstritten ist außerdem, wie die für die Beurteilung der Halbteilungsgrenze maßgebliche Größe „Sollertrag“ zu ermitteln ist. Fraglich ist, ob es diesbezüglich lediglich auf die typischen *Einnahmen* ankommt oder ob auch *Aufwendungen* sollertragmindernd zu berücksichtigen sind, und falls ja, welche Aufwendungen in diesem Zusammenhang Beachtung zu finden haben.

1. Bruttogröße oder Nettogröße

In Betracht kommt hier, den „Sollertrag“, von dem dem Eigentümer die Hälfte zu belassen ist, entweder als Bruttogröße oder aber als Nettogröße zu verstehen. Bruttogröße bedeutet in diesem Zusammenhang, daß von den typischerweise zu erwartenden Einnahmen keine Betriebsausgaben bzw. Werbungskosten abzuziehen wären. Es handelte sich insoweit um den *Roh*ertrag, während, wenn man vom „Sollertrag“ als einer Nettogröße ausginge, vom Rohertrag zunächst bestimmte Betriebsausgaben bzw. Werbungskosten abzuziehen wären und lediglich der sich daraus ergebende *Rein*ertrag, einkommensteuerlich gesprochen die typisierten „Einkünfte“, vom Eigentümer maximal hälftig mit dem Fiskus geteilt werden müßten. Das Bundesverfassungsgericht selbst formuliert im Halbteilungsurteil kryptisch, daß „die Gesamtbelastung des Sollertrages bei typisierender Betrachtung von Einnahmen, abziehbaren Aufwendungen und sonstigen Entlastungen in der Nähe einer hälftigen Teilung zwischen privater und öffentlicher Hand verbleibt ... .“

Nach Auffassung von MANNEK sind hier als Sollertrag der mögliche Bruttovermögenszuwachs im gewerblichen und privaten Bereich **vor Abzug** von erwerbssichernden und existenzsichernden Ausgaben zugrundezulegen[949]. Diese Auffassung vertritt auch der Berichterstatter des Halbteilungsurteils im Zweiten Senat des Bundesverfassungsgerichts, PAUL KIRCHHOF. In seiner Kommentierung zum EStG äußert er, daß sich die Halbteilungsgrenze im Tatbestand auf den Zufluß der Erwerbseinnahmen *vor* ihrer Minderung zu Einkünften und Einkommen beziehe. Ein Einkommensteuersatz von 56 % könne daher aufgrund vorheriger Minderung der Bemessungsgrundlage noch vertretbar sein. Die Privatnützigkeit des Einkommens werde insbesondere durch die Abzugsfähigkeit des existenzsichernden Einkommens und der erwerbssichernden Ausgaben (Betriebsausgaben und Werbungskosten) verwirklicht[950]. Ihm zufolge handelt es sich demnach bei dem Sollertrag um eine Bruttogröße, der sich auf die erzielbaren Einnahmen und nicht auf das erzielbare Einkommen bezieht.

Nach überwiegender anderer Auffassung kann der für den Halbteilungsgrundsatz maßgebliche Sollertrag jedoch nur eine Nettogröße darstellen[951]. Diese Auf-

---

949 Vgl. W. MANNEK, NWB Beilage 1/1996 zu Heft 9, S. 1 ff. (8) mit Berechnungsbeispielen.

950 Vgl. P. KIRCHHOF, in: Kirchhof/Söhn/Mellinghoff (Hrsg.), EStG, § 2 Rn. A 158; DERSELBE, Stbg 1996, S. 1 ff. (4); vorsichtiger formuliert DERSELBE in: Stbg 1997, S. 193 ff. (195), daß „ein bestimmter – der existenzsichernde und der erwerbsnotwendige – Aufwand kaum gestaltbare Vorbedingung der Einkommenserzielung ist...“, und zieht dort die Parallele des Halbteilungsgrundsatzes zu Friedrich dem Großen, nach dem Bürger, Bauer und Edelmann mehr als die Hälfte seines Einkommens (!) zu belassen seien; ebenso DERSELBE, StbJb 1999/2000, S. 17 ff. (25); anders DERSELBE, Gutachten F für den 57. Deutschen Juristentag, S. F 20, wo er die hälftige Teilung mit der Teilung des Einkommens **eindeutig** auf eine Nettogröße bezieht; ebenfalls auf eine Bruttogröße bezieht E. DICHTL, „Mit Vermögen Altersvorsorge betreiben“, in: BB 1995, S. 2501 f. (2501), die Halbteilung.

951 Vgl. K. TIPKE, MDR 1995, S. 1177 ff. (1179); DERSELBE, GmbHR 1996, S. 8 ff. (13); G. FELIX, „Zur Diskussion um die steuerlich gemäßigte Belastungsobergrenze“, in: NJW 1997, S. 304 f. (305); H.-W. ARNDT, BB 1996, Beilage 7, S. 1 ff. (4); M. FLEISCHMANN, „Ist die derzeitige Steuerbelastung noch mit dem „Halbteilungsgrundsatz“ vereinbar ?“, in: DB 1998, S. 1484 ff. (1486); G. ROSE, „In der Nähe einer hälftigen Teilung“, in: DB 1995, S. 1879 f. (1879); DERSELBE, „Zum Anspruch auf Erlaß von „Übermaß-Steuern“ und zu ihrer Durchsetzung“, in: DB 1995, S. 2387 ff. (2389); DERSELBE, DB 1997, S. 494 ff. (497); DERSELBE, „Überlegungen zur Realisierung des Halbteilungsgrundsatzes“, in: StuW 1999, S. 12 ff. (15); M. JACHMANN, Verfassungsrechtliche Grenzen der Besteuerung, S. 72 f.; O. GEIßLER, Der Unternehmer im Dienste des

fassung ist zutreffend, da eine Anknüpfung an Bruttoerträge bewirken würde, daß derjenige, der zum Zweck der Ertragserzielung hohe Aufwendungen tragen muß und in der Folge einen deutlich geringeren ökonomischen Erfolg erzielt, gegenüber demjenigen, der keine oder nur geringe Aufwendungen tragen muß und daher einen deutlich größeren ökonomischen Erfolg erzielt, steuerlich deutlich benachteiligt würde[952]. Dies wäre aber nicht mit dem Grundsatz der Steuergerechtigkeit vereinbar. Ein Unternehmer, der ein Betriebsvermögen von 100 einsetzt und Bruttoeinnahmen von 10 erzielt, aber keine weiteren Erwerbsaufwendungen tätigen muß, weil sein Betrieb vollautomatisiert ist, und daher auch einen Reinertrag in Höhe von 10 erzielt, ist deutlich leistungsfähiger als ein Unternehmer, der ebenfalls ein Betriebsvermögen von 100 einsetzt, ebenfalls Bruttoeinnahmen von 10 erzielt, daneben aber personalintensiv arbeiten und daher zusätzlich Aufwendungen in Höhe von 8 tätigen muß und in der Folge einen Reinertrag von nur 2 erzielt. Würden beide im Rahmen des Halbteilungsgrundsatzes dennoch mit 50 % des Rohertrags, also mit 5 besteuert, würden dem personalintensiv arbeitenden Unternehmer nicht nur keine Erträge verbleiben, er müßte auch eine Steuerzahlung in Höhe von 3 aus der Substanz leisten. Daß auf diese Weise das Gebot der vertikalen Steuergerechtigkeit verletzt würde, liegt auf der Hand[953]. Gerade dies verbietet aber das Bundesverfassungsgericht im Halbteilungsurteil, wenn es formuliert, daß „die Vermögensteuer ... nur hinzutreten (darf), soweit die steuerliche Gesamtbelastung des Sollertrags ... in der Nähe einer hälftigen Teilung ... verbleibt *und dabei insgesamt auch Belastungsergebnisse vermeidet, die einer vom Gleichheitssatz gebotenen Lastenverteilung nach Maßgabe finanzieller Leistungsfähigkeit zuwiderlaufen*[954]." Folglich kön-

---

Steuerstaats, S. 173 f.; R. SEER, FR 1999, S. 1280 ff. (1290); P. BAREIS, DB 1996, S. 1153 ff. (1154, FN 17); W. BORNHEIM, StuW 1998, S. 146 ff. (148); D. JÄSCHKE, in: Lademann, EStG, § 2 EStG Rn. 32; R. MÄRKLE/R. FRANZ, Stbg 1996, S. 241 ff. (244).

952 Vgl. O. GEIßLER, der Unternehmer im Dienste des Steuerstaats, S. 174; G. FELIX, NJW 1997, S. 304 f. (305) kennzeichnet die Berechnungsbeispiele von MANNEK als „Rechenkunststück", das verfassungsrechtlich so wirke, „wie wenn der erbrechtliche Pflichtteil auf die Aktiva des Nachlasses unter Nichtbeachtung seiner Passiva bezogen wäre" und folgert, daß dieser Regelung unweigerlich die Willkür auf die Stirn geschrieben stünde.

953 Vgl. H.-W. ARNDT, BB 1996, Beilage 7, S. 1 ff. (4) mit weiteren Beispielen, die die verfassungsrechtliche Unzulässigkeit der Wahl der Bruttoeinnahmen als Bezugsgröße überzeugend verdeutlichen. Ebenfalls mit einem überzeugenden Beispiel: G. ROSE, DB 1997, S. 494 ff. (498); H. FELDMANN, StuW 1998, S. 114 ff. (118).

954 Vgl. BVerfG, Beschluß vom 22. Juni 1995 – 2 BvL 37/91 –, in: BVerfGE 93, S. 121 ff. (138), Hervorhebung nicht im Original.

nen nicht die Bruttoeinnahmen maßgeblich sein, sondern nur Nettoeinkünfte[955]. Gegen die von KIRCHHOF vertretene Auffassung spricht außerdem der Wortlaut des Halbteilungsurteils, der von der Privatnützigkeit des Erworbenen ausgeht[956]. Erworben ist jedoch nur, was im Vermögen verbleibt; folglich sind die Erwerbsaufwendungen abzuziehen[957]. Darüberhinaus darf die Vermögensteuer „zu den übrigen Steuern auf den *„Ertrag“* hinzutreten. Zwar definiert das Bundesverfassungsgericht im Halbteilungsurteil nicht, was es unter „Ertrag“ versteht. Bei allen anderen Ertragsteuern handelt es sich jedoch um Steuern, die nicht nach den Bruttoeinnahmen, sondern nach den Nettoeinkünften bemessen werden. Da das Bundesverfassungsgericht die Vermögensteuer als Sollertragsteuer in einen direkten Zusammenhang mit den übrigen „Ertragsteuern“ stellt, muß davon ausgegangen werden, daß auch der Sollertrag nur im Sinne von (Soll-) Nettoeinkünften zu verstehen ist. Dafür spricht außerdem, daß das Bundesverfassungsgericht in der Ertragsfähigkeit des Vermögens den Belastungsgrund für die Vermögensteuer sieht. Für das land- und forstwirtschaftliche Vermögen ist in § 36 Abs. 2 S. 2 BewG die Ertragsfähigkeit definiert als „der bei ordnungsmäßiger und schuldenfreier Bewirtschaftung mit entlohnten fremden Arbeitskräften gemeinhin und nachhaltig erzielbare *Rein*ertrag.“ Auch das Bewertungsgesetz versteht also unter der Ertragsfähigkeit – und damit dem Sollertrag – eine Nettogröße. Wäre die Vermögensteuer hingegen als Steuer auf Brutto-Einnahmen zu verstehen, so stünde sie der Umsatzsteuer gleich. Damit wiederum würde sich die Vermögensteuer eindeutig von ihrem historischen Leitbild, das vom Grundgesetz rezipiert worden ist, so weit entfernen, daß bereits aus diesem Grund die verfassungsrechtliche Zulässigkeit einer solchen Steuer höchst zweifelhaft wäre. Die Aussagen des Bundesverfassungsgerichts lassen sich sinnvoll und in steuersystematischer sowie verfassungsrechtlich zulässiger Weise nur so lesen, daß die abziehbaren Aufwendungen bei der Ermittlung der Basis für die Halbteilungsgrenze Berücksichtigung finden. Folglich ist als Sollertrag eine Nettogröße zugrundezulegen.

---

955 Vgl. M. JACHMANN, Verfassungsrechtliche Grenzen der Besteuerung, S. 74.

956 Vgl. H.-W. ARNDT, BB 1996, Beilage 7, S. 1 ff. (3).

957 Vgl. G. ROSE, DB 1997, S. 494 ff. (497).

2. Abzugsfähigkeit von notwendigen oder tatsächlichen Aufwendungen?

Fraglich ist lediglich, welche Aufwendungen bei der Ermittlung des „Sollertrags" Berücksichtigung finden müssen. Es kommt in Betracht, sämtliche auch einkommensteuerlich zugelassenen Aufwendungen in voller Höhe bei der Ermittlung eines Nettoertrags zuzulassen[958]. Möglich wäre es aber auch, daß in diesem Zusammenhang nur bestimmte, typischerweise notwendige[959] erwerbssichernde Aufwendungen abgezogen werden können[960]. Das Einkommensteuerrecht legt einen sehr weiten Betriebsausgaben- bzw. Werbungskostenbegriff zugrunde. Danach sind all diejenigen Aufwendungen grundsätzlich abzugsfähig, die durch den Betrieb bzw. die Einkunftserzielung veranlaßt sind, d.h. damit in objektivem Zusammenhang stehen[961]. Anknüpfend an den Grund der Besteuerung des Sollertrags, nämlich die Ertrags*fähigkeit*, läge es nahe, solche Aufwendungen zum Abzug zuzulassen, die die Höhe des *möglichen* Ertrags eines Wirtschaftsgutes reduzieren. Daher hätten – abweichend vom Einkommensteuerrecht – solche Abzugstatbestände bei der Typisierung des Sollertrags außer Ansatz zu bleiben, die auf die Höhe des möglichen Ertrags keinen Einfluß haben[962].

Indes ist diese Abgrenzung von notwendigen, nützlichen und überflüssigen Aufwendungen realistischerweise kaum zu leisten[963]. Praktisch gedacht, müßten in diesem Fall Parlamentarier, in der Folge wohl Finanz- und schlußendlich gar

---

958 So R. SEER, FR 1999, S. 1280 ff. (1290); DERSELBE, DStJG Band 23 (2000), S. 87 ff. (121); H.-W. ARNDT, BB, Beilage 7, S. 1 ff. (4); K. TIPKE, Festschrift für Wolfgang Ritter, S. 587 ff. (600).

959 Vgl. M. JACHMANN, Verfassungsrechtliche Grenzen der Besteuerung, S. 73

960 Unklar insoweit GEIßLER, Der Unternehmer im Dienste des Steuerstaats, S. 174, der einerseits dafür plädiert, es solle der Aufwand abgezogen werden, der in unmittelbarem Zusammenhang mit der ertragsorientierten Freiheitsbetätigung steht, andererseits aber nur solche Aufwendungen für abzugsfähig hält, die *notwendig* mit der Nutzung des Eigentums verbunden sind.

961 Vgl. W. HEINICKE, in: L. Schmidt, EStG, 22. Auflage 2003, § 4 Rn. 480; W. DRENSECK, in: L. Schmidt, EStG, 22. Auflage 2003, § 9 Rn. 7.

962 Für eine Beschränkung des Abzugs auf notwendige Aufwendungen: M. JACHMANN, Verfassungsrechtliche Grenzen der Besteuerung, S. 73; O. GEIßLER, Der Unternehmer im Dienste des Steuerstaats, S. 175.

963 Zu Recht daher auf das Markteinkommen abstellend: R. SEER, FR 1999, S. 1280 ff. (1290).

Bundesverfassungsrichter darüber entscheiden, ob bestimmte betriebliche oder erwerbssichernde Aufwendungen notwendige sind. Ist es eine notwendige betriebliche Aufwendung, wenn der Arbeitgeber seinen Arbeitnehmern freiwillig übertarifliche Löhne zahlt, oder handelt es sich in Höhe des übertariflichen Anteils um eine nichtnotwendige und daher für Zwecke der Halbteilung nicht berücksichtigungsfähige Aufwendung ? Gerade im betrieblichen Bereich wird man in einem marktwirtschaftlichen System davon ausgehen dürfen, daß nahezu jede getätigte Aufwendung – von Spenden einmal abgesehen – eine notwendige ist, da der rationale Unternehmer nicht notwendige Aufwendungen, die sich zulasten seines Unternehmergewinns auswirken, nicht tätigen wird. Daher kann sich eine übertarifliche Bezahlung als notwendige Aufwendung darstellen, weil sonst qualifizierte Mitarbeiter, die für den Betrieb zwingend benötigt werden, abgeworben würden. All dies spricht dafür, die tatsächlich getätigten Aufwendungen auch als notwendige anzuerkennen und daher mit SEER vom tatsächlichen Markteinkommen, dem tatsächlichen Nettoertrag auszugehen. Nicht berücksichtigt werden dürfen bei der Ermittlung des Nettoeinkommens die hier im Rahmen der Einkommen- bzw. Körperschaftsteuer abzugsfähigen Steuern, die in die steuerliche Gesamtbelastung einzubeziehen sind, weil diese anderenfalls doppelt berücksichtigt würden, obwohl sie den privatnützigen Eigentumsertrag im Rahmen der Gesamtbelastung im Ergebnis nur einmal mindern.

3. Behandlung von Steuervergünstigungen, Transferleistungen und Subventionen

Neben den einkommensteuerlich abzugsfähigen Steuern müssen auch solche Aufwendungen, die tatsächlich keine Minderung des Ertrags beim Steuerpflichtigen bewirken, einkommensteuerlich aber zu einer Minderung des Einkommens geführt haben, bei der Ermittlung des Netto-Ertrags außer Ansatz bleiben. Zu nennen sind hier vor allem die steuerfreien Einnahmen des § 3 EStG[964]. Sie führen zu Einkommen, das die Leistungsfähigkeit der Steuerpflichtigen erhöht, unterliegen aber keiner Besteuerung und sind daher zum einkommensteuerlichen Einkommen hinzuzuaddieren. Auch Minderungen der Einnahmen, die durch steuerliche Subventionstatbestände, wie z.B. Sonderabschreibungen, hervorgerufen werden und nicht einen tatsächlich ertragsmindernden Aufwand wider-

---

964 Vgl. E. SCHMIDT, „Nicht nur Definitionsprobleme beim Halbteilungsgrundsatz“, in: FR 1998, S. 943 f. (944).

spiegeln, müssen grundsätzlich außer Ansatz bleiben[965]. Sie sind schon nicht mit dem Grundsatz der Besteuerung nach der individuellen Leistungsfähigkeit zu vereinbaren. Auf die Netto-Ertragsfähigkeit von Wirtschaftsgütern haben solche Subventionstatbestände erst recht keinen mindernden Einfluß. Dasselbe gilt schließlich für solche Normen, bei denen bestimmte Sozialleistungen anstelle von direkten Transferleistungen über das Steuerrecht in Form von Abzugstatbeständen gewährt werden, wie z.B. bei einer Mehrzahl der Sonderausgaben im Sinne der §§ 10 - 10i EStG oder der außergewöhnlichen Belastungen im Sinne der §§ 33 - 33c EStG[966].

Die Gesamtsteuerlast mindern ferner solche Transferleistungen und Subventionen, die dem Steuerpflichtigen individualisierbar zufließen. Dies können im unternehmerischen Bereich beispielsweise Investitionszulagen nach dem InvZulG 1999 und im nichtunternehmerischen Bereich die (noch existierende) Eigenheimzulage nach dem EigZulG sein[967].

4. Einbeziehung von nicht-individualisierbaren staatlichen Leistungen

BUTZER hat die Frage aufgeworfen, ob Leistungen des Staates, die dieser der Allgemeinheit zur Verfügung stellt, wie z.B. staatliche Infrastrukturleistungen im Bereich Bildung, Verkehr oder Kultur, von der Steuerbelastung abzuziehen bzw. dem vom Steuerpflichtigen erzielten Einkommen wie eine staatliche Transferleistung zuzuschlagen sind, weil der Staat das Steueraufkommen hier teilweise auch zugunsten der Steuerpflichtigen verwendet[968].

---

965 Dies entspricht der, soweit ersichtlich, übereinstimmenden Auffassung in der Literatur. Vgl. statt aller: R. SEER, FR 1999, S. 1280 ff. (1290), K. TIPKE, Besteuerungsmoral und Steuermoral, S. 45; H.-P. SCHNEIDER, Stbg 1997, S. 199 ff. (200).

966 Bei den im Rahmen dieser Vorschriften abzugsfähigen Aufwendungen handelt es sich um solche der privaten Lebensführung, die abweichend von der Regel des § 12 Nr. 1 EStG, nach der Kosten der privaten Lebensführung grundsätzlich nicht steuerlich abzugsfähig sind, zu einem Abzug vom Gesamtbetrag der Einkünfte führen und daher das steuerpflichtige Einkommen mindern.

967 Vgl. R. SEER, FR 1999, S. 1280 ff. (1289).

968 Vgl. H. BUTZER, Freiheitsrechtliche Grenzen der Steuer- und Sozialabgabenlast, S. 108 f.

Zum einen ist jedoch die Inanspruchnahme dieser staatlichen Leistungen zu heterogen, als daß hier eine halbwegs realistische Aufteilung in einen eigen- und einen fremdnützigen Steueranteil in Betracht käme[969]. Insoweit mangelt es an einer individuellen Zurechenbarkeit dieser Leistungen und ist die Berücksichtigung dieser Leistungen schon aus diesem Grund abzulehnen[970].

Zum anderen wird bei dieser Fragestellung eine eminent wichtige Tatsache verdrängt: Der Bürger zahlt überhaupt nur Steuern an den Staat, damit dieser die genannten Aufgaben erfüllen und diese Leistungen erbringen kann. Einer der Grundgedanken eines Staatswesens ist, daß der Staat Aufgaben übernimmt und bündelt, die der Einzelne nicht oder weniger effizient bewältigen kann. Der Beitrag des Einzelnen für diese Aufgabenübernahme durch den Staat ist die Steuer. Würde der Staat gegenüber seinem Bürger keine Aufgaben, wie Infrastrukturleistungen oder Bildung, erfüllen, so gäbe es *überhaupt keine* Rechtfertigung für die Erhebung von Steuern, geschweige denn einer Steuer, die an die Hälfte heranreicht. Mit anderen Worten: Ist die Erfüllung staatlicher Aufgaben die Rechtfertigung dafür, überhaupt Steuern zu erheben, so muß der Ansatz eines eigennützigen Steueranteils für die (potentielle) Inanspruchnahme dieser Leistungen schon dem Grunde nach versagt bleiben[971].

D. Durchschnitts- oder Grenzsteuerbetrachtung

Zweifelhaft ist weiterhin, ob bei der Beurteilung der Hälftigkeitsgrenze auf eine Durchschnitts- oder eine Grenzsteuerbetrachtung abgestellt werden muß. In diesem Zusammenhang stellen sich ähnliche Fragen wie im 2. Kapitel[972] bei der Bestimmung des Eingriffs. Für eine Grenzsteuerbetrachtung[973] spricht, daß es durchaus einer realen Entscheidungssituation entsprechen kann, einer konkreten Nutzung eines Wirtschaftsgutes eine bestimmte (Grenz-) Steuerlast zuzuordnen. Diese spezifische Nutzung würde primär fremdnützig, wenn der aus der Nut-

---

969 So auch H. BUTZER, Freiheitsrechtliche Grenzen der Steuer- und Sozialabgabenlast, S. 109.

970 Vgl. O. GEIßLER, Der Unternehmer im Dienste des Steuerstaats, S. 177.

971 Vgl. R. SEER, FR 1999, S. 1280 ff. (1289).

972 Vgl. dort unter III. A. 2.

973 Diese bejahend: M. FLEISCHMANN, DB 1998, S. 1484 ff. (1486); F. W. WAGNER/ M. HÖR, DB 1996, S. 585 ff. (586); K.-G. LORITZ, BB 1993, S. 225 ff. (229).

zung resultierende Ertrag mit einer Gesamtgrenzsteuerlast von mehr als 50 % belegt und diese an den Staat abgeführt würde. Gegen eine solche Grenzsteuerbetrachtung spricht hingegen, daß sich ein Gesamtgrenzsteuersatz rechtlich nicht einer einzelnen Erwerbshandlung zuordnen läßt[974]. Bereits die Technik der Einkommensbesteuerung bewirkt, daß einer einzelnen Nutzung eines Wirtschaftsgutes kein bestimmter Grenzsteuersatz korrespondiert. Der einkommensteuerliche Grenzsteuersatz ergibt sich immer erst aus der Zusammenschau aller einkommensteuerlich relevanten wirtschaftlichen Aktivitäten des Steuerpflichtigen, auch wenn *im Einzelfall* klar sein kann, daß eine zusätzliche wirtschaftliche Aktivität des Steuerpflichtigen zwingend dem Höchststeuersatz unterfällt[975]. Daher ist für Zwecke des Halbteilungsgrundsatzes vom Durchschnittssteuersatz auszugehen[976].

E. Einzubeziehende Abgabenarten

Ebenfalls nicht endgültig geklärt ist bisher, welche Abgaben zur Beurteilung der Frage, ob der Halbteilungsgrundsatz gewahrt ist, in die Gesamtsteuerlast einbezogen werden müssen. Nach der weitestgehenden Auffassung sind *alle* Steuern, die den Steuerpflichtigen treffen, in die Gesamtbelastungsrechnung einzubeziehen[977]. Im 2. Kapitel[978] ist dargelegt worden, daß es für die Wahrung der

---

974 Vgl. M. JACHMANN, Verfassungsrechtliche Grenzen der Besteuerung, S. 72; O. GEIẞLER, Der Unternehmer im Dienste des Steuerstaats, S. 180.

975 Auf einen solchen Einzelfall und damit auf den Grenzsteuersatz stellt aber E. DICHTL, BB 1995, S. 2501 f. (2501), ab.

976 Vgl. K. TIPKE, GmbHR 1996, S. 8 ff. (13); M. JACHMANN, StuW 1996, S. 97 ff. (105); O. GEIẞLER, Der Unternehmer im Dienste des Steuerstaats, S. 180; R. SEER, FR 1999, S. 1280 ff. (1291); DERSELBE, DStJG Band 23 (2000), S. 87 ff. (124); W. BORNHEIM, StuW 1998, S. 146 ff. (149); H. FELDMANN, StuW 1998, S. 116 ff. (118); D. JÄSCHKE, in: Lademann, EStG, § 2 EStG Rn. 32.

977 Vgl. M. FLEISCHMANN, DB 98, S. 1484 ff. (1485, unter 1.); T. KEẞ, „Unternehmenssteuerreform: Ohne Reform der Gewerbesteuer ?“, in: FR 2000, S. 695 ff. (700); G. FELIX, NJW 1997, S. 304 f. (305); ebenso H.-W. ARNDT/A. SCHUMACHER, NJW 1995, S. 2603 ff. (2605), die der Auffassung sind, für den Bürger sei entscheidend, was er sich durch Verwendung seines Nettoeinkommens kaufen kann und nicht welche Steuerarten diese Verwendungsmöglichkeit einschränkten; ebenso A. KLEIN, BB 1996, S. 1807 ff. (1810), der lediglich eine Ausnahme für bestimmte Lenkungsabgaben machen will. Nach P. KIRCHHOF, AöR 128 (2003), S. 1 ff. (20), sind zumindest alle direkten Steuern, deren Lasten beim Betroffenen deutlich erfaßt werden können, einzubeziehen. Ob darü-

Privatnützigkeit der Eigentumsnutzung nicht darauf ankommt, ob eine einzelne Steuer die Hälftigkeitsgrenze wahrt, sondern daß nach Maßgabe des additiven Grundrechtseingriffs eine Gesamtintensität des Eingriffs zu ermitteln ist, die maximal 50 % betragen darf. An den Voraussetzungen dieses additiven Grundrechtseingriffs hat sich auch die Beurteilung der einzelnen Abgabenarten zu orientieren. Knüpfen unterschiedliche, demselben Zweck dienende Abgabenarten an *dieselbe* grundrechtliche Freiheitsbetätigung an, so sind deren Wirkungen zu addieren. Erfolgen einzelne Eingriffe sukzessive, so sind sie dann zu addieren, wenn die früheren Eingriffe beim Hinzutreten nachfolgender noch fortwirken.

Entscheidend für die Einbeziehung einer Steuer in die Gesamtsteuerlast ist damit, ob dem Steuerpflichtigen die Erträge aus einer bestimmten grundrechtlich geschützten Tätigkeit (hier: der Eigentumsnutzung) gerade wegen dieser Tätigkeit im Wege dieser Steuer entzogen werden, mit anderen Worten, ob ihm die Steuer gerade wegen dieser Tätigkeit auferlegt wird[979]. Die Vermögensteuer knüpft an eine (potentielle) ertragsorientierte Nutzung einzelner Eigentumsgegenstände an. Sie ist damit ihrem Wesen nach eine Ertragsteuer.

1. Ertragsteuern, Gewerbesteuer, Solidaritätszuschlag und Kirchensteuer

Aus den genannten Voraussetzungen erklärt sich logisch, warum die Einkommensteuer nach einhelliger Auffassung mit der Vermögensteuer zu einer Gesamtbelastung addiert werden muß[980]. Beide Steuern knüpfen an eine Eigentumsnutzung und damit unzweifelhaft an dieselbe Freiheitsbetätigung an. Da beide Steuern demselben Zweck dienen, dem Staat Finanzmittel zu verschaffen, sind die durch die beiden Steuern vermittelten Eingriffe zu addieren. Selbst wenn man davon ausginge, daß die Steuern sukzessive aufeinanderfolgten, wären die Voraussetzungen einer Addition gegeben, da der jeweils vorangehende Eingriff in die Nutzungsfreiheit insofern noch nachwirkt, als das Ergebnis der Nutzung des Eigentumsgegenstandes beim Steuerpflichtigen bereits abgeschöpft

---

berhinaus auch die indirekten Steuern und sonstige Abgaben, insbesondere sozialversicherungsrechtliche Abgaben einzubeziehen sind, sei bisher nicht entschieden.

978 Vgl. dort unter III. A. 5. b) (5).

979 Vgl. M. JACHMANN, Verfassungsrechtliche Grenzen der Besteuerung.

980 Statt aller: R. SEER, FR 1999, S. 1280 ff. (1286); H.-W. ARNDT, BB 1996, Beilage 7, S. 1 ff. (6); G. ROSE, StuW 1999, S. 12 ff. (18).

und somit nicht mehr vorhanden ist. Daher geht die Einkommensteuer in die maßgebliche Gesamtsteuerlast ein.

Dasselbe gilt für die derzeitige Gewerbesteuer, die ja nur noch in der Form der Gewerbeertragsteuer erhoben wird. Die Gewerbesteuer knüpft in § 6 GewStG an den Gewerbeertrag an, der sich nach § 7 GewStG aus dem einkommen- oder körperschaftsteuerlichen Gewinn des Gewerbebetriebs, modifiziert um die Kürzungs- und Hinzurechnungsvorschriften der §§ 8 und 9 GewStG, ergibt. Obschon der Steuergegenstand der Gewerbesteuer nach § 2 Abs. 1 S. 1 GewStG der stehende Gewerbebetrieb ist, die Gewerbesteuer aus diesem Grund steuersystematisch als Objekt- bzw. Realsteuer eingestuft wird, handelt es sich bei ihr wegen der gewinnbezogenen Bemessungsgrundlage eindeutig um eine Ertragsteuer[981]. Gegenwärtig ist die Gewerbesteuer zwar nur auf Gewerbebetriebe anzuwenden und knüpft daher nur bei Betriebsvermögen an dessen ertragsorientierte Nutzung an. Künftig soll die Gewerbesteuer jedoch im Gewande einer sog. Gemeindewirtschaftsteuer auch auf die freiberufliche Ertragserzielung ausgeweitet werden[982]. Sie würde dann auch bei dieser auf die ertragsorientierte Nutzung von Betriebsvermögen zugreifen. Daher ist auch die Gewerbe- bzw. Gemeindewirtschaftsteuerbelastung nach einhelliger Auffassung in die Gesamtbelastungsrechnung einzubeziehen[983]. Zu berücksichtigen ist aber, daß die Gewerbesteuer bei natürlichen Personen (und Mitunternehmerschaften) auf deren Einkommensteuerlast angerechnet wird, so daß sich dem Grunde nach für natürliche Personen keine zusätzliche Belastung durch die Gewerbesteuer ergibt[984]. Ferner gilt es zu beachten, daß die Gewerbesteuer von der einkommensteuerlichen Bemessungsgrundlage und damit im Ergebnis auch bei sich selbst abzugsfähig ist, also das zu versteuernde Einkommen und den Gewerbeertrag mindert. Dieser Tatsache kann insofern Rechnung getragen werden, als der für die Beur-

---

981 Vgl. M. JACHMANN, Verfassungsrechtliche Grenzen der Besteuerung, S. 66.

982 Vgl. Art. 2 Ziff. 4 des Gesetzentwurfs der Bundesregierung „Entwurf eines Gesetzes zur Reform der Gewerbesteuer" (Kabinettsbeschluß vom 13. August 2003), veröffentlicht unter: www.bundesfinanzministerium.de/Anlage19876/Entwurf-eines-Gesetzes-zur-Reform-der-Gewerbesteuer-Acrobat-Reader-4.x.pdf.

983 Vgl. G. ROSE, StuW 1999, S. 12 ff. (18); R. SEER, FR 1999, S. 1280 ff. (1287); F. W. WAGNER/M. HÖR, DB 1996, S. 585 ff. (586); P. BAREIS, DB 1996, S. 1153 ff. (1153, FN 8).

984 Vgl. die komplizierte Anrechnungsvorschrift des § 35 EStG, die jedoch nur zu einer vollständigen Neutralisation der Gewerbesteuerlast durch die Anrechnung bei der Einkommensteuer führt, soweit der Gewerbesteuerhebesatz der Gemeinde rund 400 % nicht übersteigt.

teilung des Halbteilungsgrundsatzes zu ermittelnde (Soll-) Ertrag nicht um diese Aufwendungen (in der Praxis um die Gewerbesteuerrückstellung) gemindert wird, die Gewerbesteuer aber in voller Höhe in die Gesamtsteuerlast einbezogen wird.

Unklar ist indessen die Behandlung der Körperschaftsteuer juristischer Personen. Nach Art. 19 Abs. 3 GG können sich inländische juristische Personen zwar auf den Schutz derjenigen Grundrechte berufen, die ihrem Wesen nach auf sie anwendbar sind. Die im vorliegenden Zusammenhang vorrangig tangierten Art. 12 und Art. 14 GG gehören nach einhelliger Auffassung ebenso zu den auch auf juristische Personen anwendbaren Grundrechten, wie das nur subsidiär eingreifende Grundrecht aus Art. 2 Abs. 1 GG, weil bei all diesen Grundrechten die Ausübung auch kollektiv möglich ist. Damit gilt der Halbteilungsgrundsatz grundsätzlich auch für die Gesamtsteuerlast der Körperschaften. Dies wiederum impliziert, daß die Körperschaftsteuer als „Einkommensteuer der Kapitalgesellschaft“ auf ihrer Ebene in die Gesamtsteuerlast einzubeziehen ist. War unter der Geltung des 1977 eingeführten körperschaftsteuerlichen Vollanrechnungsverfahrens auf der Ebene der Kapitalgesellschaft noch zwischen der Steuerbelastung thesaurierter und ausgeschütteter Gewinne zu differenzieren[985], so entfällt diese Differenzierung nach Einführung des sog. Halbeinkünfteverfahrens durch das Gesetz zur Änderung des Investitionszulagengesetzes 1999[986]. Unter der Geltung des Halbeinkünfteverfahrens unterliegt der Gewinn auf der Ebene der Kapitalgesellschaft heute einem einheitlichen Körperschaftsteuersatz von 25 %[987]. Dieser ist in die Gesamtsteuerlast der Körperschaft einzubeziehen. Beim Anteilseigner unterliegen die an ihn ausgeschütteten Gewinne nach § 3 Nr. 40 EStG sachlich nur zur Hälfte dem individuellen Steuersatz. Indes ist unter Zugrundelegung einer wirtschaftlichen Betrachtungsweise beim Anteilseigner die steuerliche Vorbelastung der ausgeschütteten Gewinne auf der Ebene der Kapitalgesellschaft zu berücksichtigen[988]. Dieser Befund erschließt sich anhand eines Beispiels: Erzielt die Kapitalgesellschaft einen auf den Anteilseigner ent-

---

985 Vgl. hierzu R. SEER, FR 1999, S. 1280 ff. (1287); O. GEIẞLER, Der Unternehmer im Dienste des Steuerstaats, S. 160 ff.

986 Art. 3 Nr. 1 des Gesetzes zur Änderung des Investitionszulagengesetzes vom 20. Dezember 2000, in: BGBl. I 2000, S. 1850 ff. (1852 f.)

987 Im Veranlagungszeitraum 2003 gilt allerdings zur Bewältigung der Folgen der Hochwasserflut im Sommer 2002 ein besonderer Steuersatz von 26, 5 %.

988 A.A. offenbar O. GEIẞLER, Der Unternehmer im Dienste des Steuerstaats, S. 161 f. und R. SEER, FR 1999, S. 1280 ff. (1287).

fallenden Gewinn von 100, so stehen ihr zur Ausschüttung nach Abzug der Definitiv-Körperschaftsteuer auf ihrer Ebene (25) nur 75 zur Ausschüttung an den Anteilseigner zur Verfügung. Von diesen ausgeschütteten 75 unterliegt die Hälfte, also 37, 5, der Besteuerung mit dem individuellen Einkommensteuersatz, bei einem unterstellten Steuersatz von 50% also 18,75. Die ertragsteuerliche Gesamtlast bei Kapitalgesellschaft und Anteilseigner beträgt somit bei Vernachlässigung des Solidaritätszuschlags 43,75. Würde man die Vorbelastung mit Definitivkörperschaftsteuer beim Anteilseigner nicht berücksichtigen, so ließe man außer acht, daß von einem erwirtschafteten, auf den Anteilseigner entfallenden Gewinn zulasten einer ihn begünstigenden Ausschüttung bereits 25 Einheiten durch die Körperschaftsteuer entzogen worden sind. Diese Steuerlast trifft aber wirtschaftlich den Anteilseigner, weil der durch die Körperschaftsteuer entzogene Gewinnanteil von vorneherein nicht für eine Ausschüttung zugunsten des Anteilseigners zur Verfügung stand. Dieser wird damit materiell zum Steuerträger. Eine Nichtberücksichtigung der körperschaftsteuerlichen Vorbelastung ließe sich insbesondere im Vergleich zu einer Personengesellschaft, die für ertragsteuerliche Zwecke als transparent angesehen wird und auf deren Ebene keine Einkommen- oder Körperschaftsteuer erhoben wird, freiheits- und gleichheitsrechtlich nur schwer rechtfertigen[989]. Es ist folglich eine zweistufige Prüfung vorzunehmen. Auf der ersten Ebene ist die Gesamtsteuerbelastung der Kapitalgesellschaft zu ermitteln und auf ihre Vereinbarkeit mit dem Halbteilungsgrundsatz zu überprüfen. Auf einer zweiten Ebene ist die Gesamtbelastung des Anteilseigners unter Einbeziehung der die Ausschüttung mindernden steuerlichen Gesamtvorbelastung auf der Ebene der Kapitalgesellschaft zu ermitteln[990].

---

989 Vgl. zum (str.) Gebot der Rechtsformneutralität der Besteuerung BVerfG, Beschluß vom 10. November 1999 – 2 BvR 2861/93 –, in: BVErfGE 101, S. 151 ff. (156 f.); K. Tipke, in: Festschrift für Wolfgang Ritter, S. 587 ff. (595); J. Englisch, StuW 2003, S. 237 ff. (248); auch unter dem Aspekt der Vereinigungsfreiheit des Art. 9 Abs. 1 GG: P. Kirchhof, AöR 128 (2003), S. 1 ff. (28); F. Kirchhof, StuW 2002, S. 185 ff. (193 f.); J. Lang, DStJG Band 24 (2001), S. 49 ff. (60, 101 ff.).

990 So im Ergebnis auch G. Rose, StuW 1999, S. 12 ff. (18), der deshalb keine Ertragsvorbelastung durch Verminderung des Ausschüttungspotentials annahm, weil seinerzeit das Anrechnungsverfahren dafür sorgte, daß das Ausschüttungsvolumen durch die körperschaftsteuerliche Vorbelastung im Ergebnis nicht verringert wurde, aber die damals nur ausnahmsweise gegebene Definitvkörperschaftsteuerbelastung der Kapitalgesellschaft, die unter der Geltung des Halbeinkünfteverfahrens hingegen den Regelfall darstellt, als Steuer auf den Ertrag bei den Anteilseignern einordnet.

Umstritten ist auch die Einbeziehung des Solidaritätszuschlags nach dem SolZG[991]. Nach einer Auffassung ist der Solidaritätszuschlag bei der Ermittlung der Halbteilungsgrenze nicht zu berücksichtigen. Dieser gehöre zwar als Ergänzungsabgabe zur Einkommensteuer zu den Ertragsteuern, sei jedoch als zeitlich befristetes Sonderopfer aufgrund der besonderen, einigungsbedingten staatlichen Ausnahmelage gerechtfertigt[992]. Nach anderer Auffassung ist der Solidaritätszuschlag hingegen in die Gesamtsteuerlast einzubeziehen, da der Solidaritätszuschlag heute weder befristet sei, noch ein Sonderopfer darstelle, da er alle Staatsbürger treffe[993]. Auch wenn der Gesetzgeber den Solidaritätszuschlag im Jahr 1997 von 7,5 % auf 5,5 % abgesenkt hat und damit zu verstehen gegeben hat, daß er den Sonderbedarf beobachtet und auf Veränderungen reagiert[994], kann am Ende des Jahres 2003 zwar noch nicht von einer Verewigung der Ergänzungsabgabe gesprochen werden. Dennoch ist der Solidaritätszuschlag zu einem Dauerzustand geworden, der nunmehr in die steuerliche Gesamtbelastung einzubeziehen ist. Dafür spricht, daß der Solidaritätszuschlag nicht als zweckgebundene Sonderabgabe erhoben wird, sondern sein Aufkommen in den allgemeinen Staatshaushalt fließt. Obwohl auch heute noch nicht völlig untergeordnete Teile des Haushalts zur Förderung des „Aufbau Ost“ eingesetzt werden, führt die nahezu vollzogene Annäherung der wirtschaftlichen Verhältnisse in den alten und den neuen Bundesländern dazu, daß die bei Einführung und Reaktivierung des Solidaritätszuschlags vorhandene und diesen rechtfertigende besondere Bedarfslage heute nicht mehr als „Ausnahmelage“ oder „Ausnahmezu-

---

991 Gegen eine Einbeziehung: FG Münster, Urteil vom 28. September 2001 – 11 K 7225/99 E –, in: EFG 2002, S. 27; H.-J. KANZLER, Anmerkung zum BFH-Beschluß vom 17. Juli 1998 – VI B 81/97 –, in: FR 1998, S. 896 ff. (898); für eine Einbeziehung hingegen: G. ROSE, StuW 1999, S. 12 ff. (19); G. FELIX, BB 1995, S. 2241 ff. (2244); F. W. WAGNER/M. HÖR, DB 1996, S. 585 ff. (586); M. HÖR, „Bisher stattgefundene und noch notwendige Steuerentlastungen zur Erfüllung der Auflagen des BVerfG-Beschlusses zur Vermögensteuer, in: DStR 1997, S. 1862 ff. (1862); E. DICHTL, BB 1995, S. 2501 f. (2501); M. FLEISCHMANN, DB 1998, S. 1484 ff. (1485).

992 Vgl. FG Münster, Urteil vom 28. September 2001 – 11 K 7225/99 E – (nrkr., Revision beim BFH: X R 61/01), in: EFG 2002, S. 27; ebenso K. TIPKE, GmbHR 1996, S. 8 ff. (13), der den Solidaritätszuschlag mit dem Lastenausgleich vergleicht; wohl auch R. SEER, FR 1999, S. 1280 ff. (1287), der den Solidaritätszuschlag für *derzeit* noch gerechtfertigt hält; H.-J. KANZLER, FR 1998, S. 896 ff. (898).

993 Vgl. H.-W. ARNDT, BB 1996, Beilage 7, S. 1 ff. (7); O. GEIßLER, Der Unternehmer im Dienste des Steuerstaats, S. 163.

994 So R. SEER, FR 1999, S. 1280 ff. (1287, FN 119).

stand" angesehen werden kann. Aus diesem Grund ist auch der Solidaritätszuschlag in die steuerliche Gesamtbelastung einzubeziehen[995].

Strittig ist schließlich auch die Einbeziehung der Kirchensteuer, die ebenfalls als Annex zur Einkommensteuer angesehen werden kann. Nach einer Auffassung ist diese ebenfalls in die steuerliche Gesamtbelastung einzubeziehen, weil die Kirche, insbesondere im Bereich der Wohlfahrt, Aufgaben übernehme, die anderenfalls der Staat zu erfüllen hätte[996]. Nach zutreffender und überwiegender anderer Auffassung ist die Kirchensteuer nicht in die Gesamtsteuerbelastung einzubeziehen, weil der Steuerpflichtige sich durch seinen Austritt aus der Kirche der Kirchensteuerpflicht entziehen kann und folglich die Kirchensteuer eine freiwillige Abgabe ist, die darüberhinaus nicht dem Staat zufließt[997]. Der Tatsache, daß der Staat durch die kirchlichen Gemeinwohldienste entlastet wird, wird ausreichend dadurch Rechnung getragen, daß die Kirchensteuer als Sonderausgabe bei der Einkommensteuer abgezogen werden kann[998].

2. Grundsteuer

Auch die Grundsteuer gehört nach ganz herrschender Auffassung als Bestandsteuer zu den Sollertragsteuern und soll aus den typischerweise erzielbaren Erträgen geleistet werden können. Daher zielt sie wie die Ertragsteuern und die Vermögensteuer auf die grundrechtlich geschützte Eigentumsnutzung ab und ist aus diesem Grund in die steuerliche Gesamtbelastung einzubeziehen[999]. Im Bereich des Betriebsvermögens ist wie bei der Gewerbesteuer zu berücksichtigen, daß die Grundsteuer bei der Einkommen- bzw. Körperschaftsteuer abzugsfähig ist[1000]. Dieser Tatsache muß wie bei der Gewerbesteuer dadurch Rechnung getragen werden, daß die Aufwendungen für Grundsteuer nicht zum Abzug bei der

---

995 Gleicher Auffassung: W. BORNHEIM, StuW 1998, S. 146 ff. (148, FN 36)

996 Vgl. E. DICHTL, BB 1995, S. 2501 f. (2501); M. FLEISCHMANN, DB 1998, S. 1484 ff. (1485).

997 G. ROSE, DB 1997, S. 494 ff. (496); K. TIPKE, GmbHR 1996, S. 8 ff. (13); DERSELBE, Festschrift für Wolfgang Ritter, S. 587 ff. (601); H.-W. ARNDT, BB 1996, Beilage 7, S. 1 ff. (7).

998 Vgl. R. SEER, FR 1999, S. 1280 ff. (1288).

999 Vgl. W. LEISNER, NJW 1995, S. 2591 ff. (2594); R. SEER, FR 1999, S. 1280 ff. (1288);

1000 Vgl. W. DRENSECK, in: L. Schmidt (Hrsg.), EStG, § 9 Rn. 101; § 12 Rn. 51; § 21 Rn. 100 (Stichwort: „Grundsteuer").

Ermittlung des Nettoertrags zugelassen werden, sie aber in die Ermittlung der maßgeblichen Gesamtsteuerlast einbezogen wird.

3. Umsatzsteuer

Umstritten ist die Einbeziehung der Umsatzsteuer in die Gesamtsteuerbelastung. Nach einer Auffassung ist auch die Umsatzsteuer in die Gesamtbelastung einzubeziehen[1001]. Nach anderer Auffassung dürfe die Umsatzsteuer deshalb nicht in die Gesamtsteuerlast einbezogen werden, weil diese nicht die privatnützige Ertragserzielung belaste. Unternehmer werden zwar steuertechnisch in Anspruch genommen. Tatsächlich greife die Umsatzsteuer hingegen nur auf den Endverbraucher als Steuerträger zu, der die Umsatzsteuer über den Preis trage[1002]. Bei den Privaten betreffe die Umsatzsteuer nicht die Ertragserzielung, sondern beschränke nur den finanziellen Spielraum für den Konsum. Daher seien grundsätzlich nicht die grundgesetzlich geschützten Freiheiten der §§ 12 und 14 GG berührt, sondern lediglich die allgemeine wirtschaftliche Handlungsfreiheit nach Art. 2 Abs. 1 GG[1003]. In der Folge sei die Umsatzsteuer auch bei den Privaten nicht in die für den Halbteilungsgrundsatz maßgebliche Gesamtsteuerlast einzurechnen.

Die auf den Unternehmer gemünzten Erwägungen sind grundsätzlich richtig. Das Umsatzsteuersystem zielt darauf ab, mit der Umsatzsteuer nur die Letztverbraucher, also Nicht-Unternehmer, zu belasten. Insofern ist der Unternehmer in aller Regel wirtschaftlich nicht Steuerträger. Es gibt hiervon jedoch auch gewichtige Ausnahmen, bei denen z.B. ein Unternehmer steuerfreie Umsätze tätigt und aus diesem Grund die von ihm an andere Unternehmer zu zahlende Umsatzsteuer nicht als Vorsteuer abziehen kann. Gelingt es dem Unternehmer nun nicht, die von ihm getragene Umsatzsteuerlast über den Preis auf seine Kunden abzuwälzen, so bleibt er auch wirtschaftlich Träger der von ihm gezahlten Um-

---

1001 Vgl. A. KLEIN, BB 1996, S. 1807 ff. (1810); M. FLEISCHMANN, DB 1998, S. 1484 ff. (1485); K. TIPKE, Festschrift für Wolfgang Ritter, S. 587 ff. (601); DERSELBE, GmbHR 1996, S. 8 ff.(13); H.-W. ARNDT/A. SCHUMACHER, NJW 1995, S. 2603 ff. (2605); H.-W. ARNDT, BB 1996, Beilage 7, S. 1 ff. (6).

1002 Vgl. R. SEER, FR 1999, S. 1280 ff. (1288); O. GEIßLER, Der Unternehmer im Dienste des Steuerstaats, S. 165

1003 Vgl. G. ROSE, StuW 1999, S. 12 ff. (16); O. GEIßLER, Der Unternehmer im Dienste des Steuerstaats, S. 165 f.; M. JACHMANN, Verfassungsrechtliche Grenzen der Besteuerung, S. 43 f., 68 f.

satzsteuer. Ein ähnliches Phänomen konnte bei der Umsatzsteuererhöhung im Jahr 1998 beobachtet werden, bei der trotz Anhebung des Regelsteuersatzes von 15 % auf 16 % die Bruttopreise für viele Produkte nicht angehoben worden sind, weil die Konkurrenzsituation am Markt dies nicht zuließ. Auch in solchen Fällen kann die vom Umsatzsteuersystem angenommene Steuerüberwälzung mißlingen und den Unternehmer in seiner Ertragserzielung belasten[1004]. Da dies aber nicht der Regelfall ist, wird für den Bereich des Unternehmers zu Recht von der Nicht-Einbeziehung der Umsatzsteuer in die Gesamtsteuerbelastung ausgegangen.

Fraglich ist lediglich, ob dies auch für den Umsatzsteuer*träger* gilt, bei dem die umsatzsteuerliche Leistungskette endet. Die Privatpersonen werden als Träger der Umsatzsteuer endgültig mit ihr belastet. Für eine Einbeziehung der Umsatzsteuer wird hier ins Feld geführt, es sei für den Bürger ausschlaggebend, welche Güter und Dienstleistungen er sich von seinem Nettoeinkommen leisten könne, und nicht, durch welche Steuerart er in dieser Fähigkeit beschnitten werde oder auf welche Steuerarten diese Beschneidung verteilt werde. Der durch den Halbteilungsgrundsatz statuierte Schutz des Bürgers sei zu leicht zu umgehen, wenn der Steuergesetzgeber statt einer unzulässigen Erhöhung einer direkten Steuer die Umsatzsteuer maßgeblich erhöhen könne[1005]. Gegen die Einbeziehung der Umsatzsteuer auch bei den Privatpersonen wird vorgebracht, daß die Besteuerung der Verwendung von Geldmitteln keinen Eigentumseingriff darstelle[1006]. Die Umsatzsteuer belaste die im Leistungsaustausch sichtbar werdende Zahlungsfähigkeit des privaten Nachfragers. Sie knüpfe an die Verwendung von Geldmitteln für den Erwerb von Gütern und Dienstleistungen an. Sie könnte daher nur insoweit als Eigentumseingriff zu qualifizieren sein, als die Nutzung des Geldes als Eigentumsobjekt für den Erwerb beschränkt wird. Diese hoheitliche Beschränkung der Kaufkraft manifestiere sich jedoch nicht in einem hinreichend konkreten Eigentumsgegenstand. Beschränkt werde vielmehr die allgemeine wirtschaftliche Bewegungsfreiheit des Konsumenten, die unter Art. 2 Abs. 1, jedoch nicht unter Art. 14 GG falle[1007].

1004 Vgl. G. ROSE, StuW 1999, S. 12 ff. (17).

1005 Vgl. H.-W. ARNDT/A. SCHUMACHER; NJW 1995, S. 2603 ff. (2605); H.-W. ARNDT, BB 1996, Beilage 7, S. 1 ff. (6); für eine Einbeziehung auch: H. BUTZER, Freiheitsrechtliche Grenzen der Steuer- und Sozialabgabenlast, S. 93 (FN 15).

1006 Vgl. M. JACHMANN, Verfassungsrechtliche Grenzen der Besteuerung, S. 69.

1007 Vgl. M. JACHMANN, Verfassungsrechtliche Grenzen der Besteuerung, S. 43 f.

Gegen die letzte Auffassung sprechen folgende Gesichtspunkte: Zum einen stellt die im Leistungsaustausch zum Ausdruck kommende Zahlungsfähigkeit zwar tatsächlich einen Indikator für die Leistungsfähigkeit der betroffenen Privatpersonen dar. Aber auch hier gilt wie für die Vermögensteuer, daß es sich dabei um *dieselbe* Leistungsfähigkeit handelt, die bereits beim Erwerb der Zahlungsfähigkeit, nämlich im Einkommen, gemessen worden und der Besteuerung unterworfen worden ist. Auch hier ist kein wirtschaftliches „Mehr" an Leistungsfähigkeit gegenüber dem ursprünglich zugeflossenen Einkommen vorhanden. Die Begründung für die beim Einkommenszufluß angenommene Leistungsfähigkeit ist doch gerade das damit verbundene Konsumpotential. Realisiert sich dieses Potential später im tatsächlichen Konsum, so tritt lediglich die ursprüngliche Vermutung ein und verdichtet sich zur Gewißheit. Zum anderen ist die Annahme, es sei kein hinreichend konkretes Eigentumsobjekt betroffen und insofern nur Art. 2 Abs. 1 GG anwendbar, kritisch zu beurteilen. Im Euro-Beschluß des Bundesverfassungsgerichts hat dieses das Geld ausdrücklich unter den Schutz des Art. 14 GG gestellt. Dieses Geld wird als Eigentumsobjekt jedoch insoweit in seiner Nutzung beim Erwerb von Gütern oder Dienstleistungen beschränkt, als in Höhe des Umsatzsteuersatzes das Geld nicht für den Erwerb weiterer Güter oder Dienstleistungen oder für das Sparen eingesetzt werden kann. Noch deutlicher wird diese Implikation, wenn man statt des Erwerbes gegen bar einen Tauschvorgang, der ebenfalls umsatzsteuerbar und -pflichtig ist, betrachtet. Hier wird die Nutzung eines Eigentumsgegenstandes insoweit beschränkt, als der beabsichtigte Tausch, der als letzter Akt der Eigentumsnutzung angesehen werden kann, gegen einen gleichwertigen Gegenstand durch den Umsatzsteuerzugriff in der Art eingeschränkt wird, daß der Tausch zwar vonstatten gehen kann, aber zusätzlich zum hingegebenen gleichwertigen Gegenstand die Umsatzsteuer bar entrichtet werden muß oder aber der Tausch gegen einen um den Umsatzsteuersatz geringerwertigen Gegenstand hinzunehmen ist.

Es spricht daher vieles dafür, auch die Umsatzsteuerbelastung der Privatpersonen in die maßgebliche Gesamtbelastung miteinzubeziehen[1008]. Tatsächlich dient die Ertragserzielung des Steuerpflichtigen ja ausschließlich dazu, gegenwärtiges und künftiges Konsumpotential aufzubauen. Einen wie auch immer gearteten Selbstzweck kann man der Ertragserzielung wohl nicht beimessen. Es ist für den Steuerpflichtigen daher im Ergebnis durchaus entscheidend, in welcher Höhe dieses Konsumpotential durch eine Umsatzsteuer gemindert wird, da dadurch wenigstens mittelbar das Ergebnis der Ertragserzielung verringert wird.

1008 Ebenso K. TIPKE, in: Festschrift für Wolfgang Ritter, S. 587 ff. (600).

Freilich tritt zwischen die Ertragserzielung einerseits und die Konsumbesteuerung andererseits eine selbständige Zwischenursache, nämlich die Konsumentscheidung des Steuerpflichtigen. Dennoch kann die Konsumbesteuerung, und zwar nicht nur die auf den existenznotwendigen Konsum entfallende[1009], als mittelbarer Eingriff in die Ertragserzielung angesehen werden, weil der (gegenwärtige oder künftige) Konsum die sozialtypische, adäquate Folge der Ertragserzielung ist.

Auch aus der Formulierung, die Vermögensteuer dürfe zu den *übrigen Steuern auf den Ertrag* nur hinzutreten, soweit die Hälftigkeitsgrenze gewahrt werde, kann nicht notwendigerweise geschlossen werden, das Bundesverfassungsgericht habe die Umsatzsteuer explizit nicht in die steuerliche Gesamtbelastung einbeziehen wollen. An anderer Stelle im Halbteilungsurteil hat das Bundesverfassungsgericht nämlich ausgeführt, daß „...nach diesen Maßstäben, ... nach denen ... der konkrete Vermögensgegenstand meist auch durch indirekte Steuern vorbelastet ist, für eine ergänzende Besteuerung ... von Verfassungs wegen nur noch ein enger Raum bestehe[1010]", und damit zu verstehen gegeben, daß auch die indirekten Steuern zur Beurteilung eines Übermaßes zu berücksichtigen sind. Dafür spricht auch die Formulierung, daß „die Gesamtbelatung durch eine Besteuerung des Vermögenserwerbs, des Vermögensbestandes und der Vermögensverwendung vom Gesetzgeber so aufeinander abzustimmen (ist), daß ... eine übermäßige Last vermieden wird[1011]." Der zuständige Berichterstatter KIRCHHOF hat sich kürzlich dahingegend geäußert, daß die Halbteilungsgrenze *„jedenfalls für das Zusammenwirken aller direkten Steuern ... (gilt); ob darüberhinaus auch die indirekten Steuern einzubeziehen und sonstige, insbesondere sozialversicherungsrechtliche Abgaben einzuberechnen sind, ist bisher nicht entschieden[1012]."* Ein deutliches „Nein" zur Einbeziehung der Umsatzsteuer in die für die Halbteilungsgrenze maßgebliche steuerliche Gesamtlast ist dem Halbteilungsurteil damit nicht zu entnehmen.

1009 So aber: R. SEER, FR 1999, S. 1280 ff. (1288); DERSELBE, DStJG Band 23 (2000), S. 87 ff. (113); D. DZIADKOWSKI, „Beachtung des Halbteilungsgrundsatzes führt nicht zur Gerechtigkeitslücke", in: FR 2000, S. 558 f. (559); G. ROSE, StuW 1999, S. 12 ff. (16); a.A. O. GEIßLER, Der Unternehmer im Dienste des Steuerstaats, S. 166.

1010 BVerfG, Beschluß vom 22. Juni 1995 – 2 BvL 37/91 –, in: BVerfGE 93, S. 121 ff. (137).

1011 BVerfG, Beschluß vom 22. Juni 1995 – 2 BvL 37/91 –, in: BVerfGE 93, S. 121 ff. (135).

1012 P. KIRCHHOF, AöR 128 (2003), S. 1 ff. (20).

4. Gebühren und Beiträge, insbesondere Sozialabgaben[1013]

Gebühren und Beiträge sind bei der Betrachtung der Gesamtabgabenlast nicht anzusetzen, weil dem Steuerpflichtigen dafür Gegenleistungen bzw. die Möglichkeit der Inanspruchnahme von Gegenleistungen gewährt werden[1014]. Strittig ist in diesem Zusammenhang allerdings die Behandlung der Beiträge zur Sozialversicherung[1015]. Darauf kann im Rahmen der vorliegenden Arbeit jedoch nicht ausführlich eingegangen werden[1016]. Nur soviel: Richtigerweise wäre hier zwischen den Arbeitgeber- und Arbeitnehmeranteilen der Sozialversicherungsbeiträge zu unterscheiden. Für die Arbeitnehmeranteile ist eine Einbeziehung in die Gesamtabgabenlast nicht geboten, soweit diese zu persönlich zurechenbaren, werthaltigen und wertgleichen[1017] Leistungsansprüchen der Arbeitnehmer führen[1018]. Anders ist die Situation bei den Arbeitgeberanteilen. Hier handelt es sich nicht (wie beim Arbeitnehmeranteil) um Lohn- und Gehaltsbestandteile des Arbeitnehmers, die der Arbeitgeber gleichermaßen als Zahlstelle an die Sozialversicherungsträger abführt. Es handelt sich vielmehr um eigene, dem Arbeitgeber aus sozialen Gründen unmittelbar auferlegte öffentlich-rechtliche Verpflichtungen. Diese werden auch nicht fremdnützig für den Arbeitnehmer erbracht, sondern ausschließlich für Dritte, weil sie unmittelbar den derzeitigen Leistungsempfängern der Sozialversicherung zugute kommen. Durch die Zahlung des Arbeitgeberanteils werden auch keine derzeitigen oder künftigen Rechte der Ar-

---

1013 Vgl. H. Butzer, StuW 1999, S. 227 ff. (230, FN 29)

1014 Vgl. R. Seer, FR 1999, S. 1280 ff. (1289);

1015 Für die Einbeziehung: L. Schemmel, StuW 1995, S. 39 ff. (54 f.); H. Butzer, Freiheitsrechtliche Grenzen der Steuer- und Sozialabgabenlast, S. 99 ff.; W. Leisner, NJW 1995, S. 2591 ff. (2593); derselbe, „Verfassungsschranken der Unternehmensbelastungen“, NJW 1996, S. 1511 ff. (1516); derselbe, „Personalzusatzkosten – Belastung der Betriebe ohne Grenzen ?“, in: GewArch 1996, S. 129 ff. (131); die Einbeziehung ablehnend: R. Seer, FR 1999, S. 1280 ff. (1289); H. Feldmann, StuW 1998, S. 114 ff. (120).

1016 Ausführlich dazu: O. Geißler, Der Unternehmer im Dienste des Steuerstaats, S. 188 ff.; H. Butzer, Freiheitsrechtliche Grenzen der Steuer- und Sozialabgabenlast, S. 91 ff.

1017 Vgl. L. Schemmel, StuW 1995, S. 39 ff. (55).

1018 Vgl. H. Feldmann, StuW 1998, S. 114 ff. (120); teilweise wird hier ein Ansatz in Höhe des Anteils der versicherungsfremden Leistungen in der Höhe von 1 bis 2 Beitragspunkten erwogen: Vgl. M. Fleischmann, DB 1998, S. 1484 ff. (1486). Dies ist systematisch richtig, führt jedoch zu komplizierten Berechnungen und wird daher im folgenden vernachlässigt.

beitnehmer begründet[1019]. Folglich wären die Arbeitgeberanteile zu den Sozialversicherungssystemen in die Abgabengesamtbelastung einzubeziehen[1020].

5. Steuerüberwälzung

Ebenfalls kurz angesprochen sei das Problem der Steuerüberwälzung, das bei der Frage der Einbeziehung der Umsatzsteuer bereits kurz gestreift wurde. Gegen die Einbeziehung einzelner Steuerarten in die steuerliche Gesamtbelastung wird teilweise eingewandt, diese Steuern könnten von dem Erträge Erzielenden im Wege der Kalkulation[1021] auf seine Kunden bzw. seine Lieferanten übergewälzt werden. Zwar betrifft der Problemkomplex der Steuerüberwälzung vornehmlich den unternehmerischen Bereich. Er wird jedoch auch im Rahmen privater Grundstücksvermietung, z.B. für die Grundsteuer, diskutiert[1022]. Inhaltlich wird damit ausgesagt, diese Steuer trage nicht der eigentlich Steuerpflichtige, sondern im Ergebnis immer eine Privatperson, folglich dürfe die Steuerlast nicht beim Steuerpflichtigen angesetzt werden. Dies ist auch für die Vermögensteuer und die Gewerbesteuer[1023] behauptet worden.

Soweit eine Steuer, wie die Umsatzsteuer, direkt und unmittelbar auf den Abnehmer einer Leistung überwälzt werden kann, trifft sie in ihrem Ergebnis in der Tat nicht den Steuerpflichtigen. Da dieser materiell nicht Steuerträger ist, darf die ihn nur formell beschwerende Steuerlast tatsächlich nicht in die Gesamtsteu-

---

1019 Vgl. BFH, Urteil vom 6. Juni 2002 – VI R 178/97 –, in: www.bundesfinanzhof.de.

1020 Vgl. W. Leisner, NJW 1996, S. 1511 ff. (1516); tendenziell auch: H. Butzer, Freiheitsrechtliche Grenzen der Steuer- und Sozialabgabenlast, S. 107, der jedoch zu einer Nichtberücksichtigung des Arbeitgebers kommt, weil diese Aufwendungen im Regelfall abgewälzt würden; gegen eine Einbeziehung des Arbeitgeberanteils: O. Geißler, Der Unternehmer im Dienste des Steuerstaats, S. 200 ff.

1021 Kritisch zur sog. kalkulatorischen Überwälzung: G. Rose, StuW 1999, S. 12 ff. (17); ebenfalls kritisch zur kalkulatorischen Überwälzung bei der Spielautomatensteuer: B. Kempen, Anmerkung zu BVerfG, Kammerbeschluß v. 1. März 1997 – 2 BvR 1599/89, 1714/92 und 1508/95 –, in: JZ 1997, S. 843 ff. (847).

1022 Vgl. hierzu: J. Lang und D. Birk, Diskussionsbeiträge zu den Referaten von Birk, Arndt und Meincke, DStJG Band 22 (1999), S. 58 ff.; K. Tipke, GmbHR 1996, S. 8 ff. (13).

1023 Ablehnend: K. Tipke, GmbHR 1996, S. 8 ff. (13).

erbelastung einbezogen werden[1024]. Anders sieht es jedoch im Bereich der sog. kalkulatorischen Überwälzung aus, bei der die erhobenen Steuern sich über Zuschläge in der betrieblichen Kalkulation preiserhöhend auswirken sollen und im wirtschaftlichen Ergebnis der Kunde die Steuer trägt. Doch hängt die Überwälzbarkeit der Steuer im Wege der Kalkulation eben nicht nur vom Willen des Steuerpflichtigen ab, diese Steuer über die Preise weiterzugeben, um sie nicht selbst tragen zu müssen. Voraussetzung für eine Überwälzbarkeit ist hier, daß die Markt- und Konkurrenzsituation eine tatsächliche Überwälzung über kalkulatorische Zuschläge bei der Preisbemessung überhaupt zuläßt. Dies ist heute in vielen Fällen bereits deshalb nicht gewährleistet, weil die Internationalität des Handels dazu führen kann, daß Güter und Dienstleistungen aus Staaten, in denen solche Steuern nicht erhoben werden, die Preise bzw. die Preisspanne vorgeben und der Steuerpflichtige sich dann, wenn er die Steuern über Zuschläge an die Kunden weitergeben wollte, aus dem Wettbewerb katapultieren würde[1025]. Es wird das Fazit eines solchen Unternehmers sein, auf die Überwälzung zu verzichten und statt dessen geringere Erträge in Kauf zu nehmen. Das Risiko der Überwälzbarkeit einer Steuer liegt daher voll beim Steuerpflichtigen. Ist dieser zu einer Überwälzung aufgrund der Konkurrenzsituation nicht in der Lage, so ist er nicht mehr nur formell, sondern wird er auch materiell Steuerträger. Dies rechtfertigt es, die Steuern, die für kalkulatorisch überwälzbar gehalten werden, in die Gesamtbelastung einzubeziehen[1026].

F. Musterbelastungsrechnung

Geht man trotz der oben dargestellten, aus dem Leistungsfähigkeitsprinzip resultierenden Zweifel davon aus, daß die Halbteilungsgrenze für Zwecke der Vermögensteuer auf einen Netto-Sollertrag zu beziehen ist und geht man weiter davon aus, daß die steuerliche Vorbelastung mit Ertragsteuer ebenfalls auf diese Sollerträge zu beziehen ist, dann ist nun unter Einbeziehung der oben dargestell-

---

1024 Zu fragen ist dann allerdings, ob nicht die übergewälzte Steuerlast beim materiellen Steuerträger in die steuerliche Gesamtbelastung einbezogen werden muß. Dies wäre im Hinblick auf die Belastungswirkungen richtig.

1025 Ein besonders geeignetes Beispiel einer Steuer, die für kalkulatorisch überwälzbar gehalten wird, ist die Gewerbesteuer, die im internationalen Umfeld einzigartig ist und zu einem deutlichen Wettbewerbsnachteil deutscher Unternehmen gegenüber ausländischen Konkurrenten führt.

1026 Ebenso K. TIPKE, Festschrift für Wolfgang Ritter, S. 587 ff. (601)

ten, in die Gesamtsteuerlast eingehenden Steuerarten zu untersuchen, ob die sich daraus ergebende steuerliche Gesamtbelastung der Sollerträge noch im Rahmen des Grundsatzes der maximal hälftigen Teilung dieser Sollerträge hält und damit noch Raum für die Erhebung einer Vermögensteuer läßt. Dabei ist zwischen der Belastung von natürlichen Personen und der Belastung von Kapitalgesellschaften zu unterscheiden. Für Zwecke der Musterbelastungsrechnung wird von Steuerpflichtigen mit hohen Vermögen und dementsprechend hohen Sollerträgen ausgegangen, da die Halbteilungsgrenze bei diesen am ehesten erreicht sein wird und der Halbteilungsgrundsatz auch für sie gilt. Von der Einbeziehung der Umsatzsteuer wird trotz der obigen Argumente für eine Einbeziehung vorläufig abgesehen:

1. Belastung von natürlichen Personen

Eine unverheiratete natürliche Person besitze ein Vermögen in Höhe von € 11.000.000. Der vermögensteuerliche Freibetrag betrage € 1.000.000. Das vermögensteuerpflichtige Vermögen betrage somit € 10.000.000. Der aus dem vermögensteuerpflichtigen Vermögen resultierende *Netto*-Sollertrag betrage 5 %, also € 500.000. Die typisierte Einkommensteuerbelastung dieses Netto-Sollertrags beträgt nach § 32a EStG € 231.137, der daraus resultierende Solidaritätszuschlag € 12.713. Die typisierte ertragsteuerliche Belastung der Sollerträge beträgt damit € 243.850 oder 48,77 %. Träte eine moderate Vermögensteuer in Höhe von 0,5 % des steuerpflichtigen Vermögens, also € 50.000 hinzu, betrüge die steuerliche Gesamtbelastung bereits € 293.850 oder 58,77 %. Der maximal zulässige Vermögensteuersatz betrüge in dem genannten Beispiel 0,0615 %[1027].

Bei dieser Rechnung wurde davon ausgegangen, daß keine gewerbesteuerpflichtigen Erträge enthalten waren. Selbst wenn man gewerbesteuerpflichtige Erträge unterstellte, würde die einkommensteuerliche Anrechnung nach § 35 EStG bei gemeindlichen Hebesätzen unterhalb von 400 % zu einer Egalisierung der Gewerbesteuerbelastung führen. Die zusätzliche Gewerbesteuerbelastung würde durch eine Einkommensteuerentlastung kompensiert, so daß die Gesamtbelastung gleich bliebe. Bei Hebesätzen jenseits der 400 % führt die Gewerbesteuer jedoch trotz der Anrechnung bei der Einkommensteuer zu einer zusätzlichen Belastung, die in die Gesamtsteuerbelastung einginge. Der gemeindliche

---

1027 (50 % - 48,77 %) * 5 % = 0,0615 %

Hebesatz betrug im Jahr 2002 in allen Gemeinden mit mehr als 250.000 Einwohnern mehr als 400 %. Den Spitzenplatz mit 490 % Hebesatz teilten sich Frankfurt a.M. und München. In Gemeinden mit 100.000 bis 250.000 Einwohnern betrug der Hebesatz in mehr als zwei Dritteln der Fälle mehr als 400 %[1028]. Dies bedeutet, daß in Großstädten zu der o.g. Gesamtbelastung trotz der einkommensteuerlichen Anrechnung in der Regel noch eine Zusatzbelastung durch Gewerbesteuer hinzutritt.

Bei obiger Rechnung wurde ebenfalls unterstellt, daß im vermögensteuerpflichtigen Vermögen kein Grundvermögen enthalten ist. Wäre hier ebenfalls Grundvermögen enthalten, käme zur steuerlichen Gesamtbelastung noch die Belastung mit gemeindlicher Grundsteuer hinzu. Unterstellt man, daß von dem steuerpflichtigen Vermögen nur € 1.000.000 auf ein Grundstück entfällt und der Einheitswert des Grundstücks nur 35 % des bei der Vermögensermittlung angesetzten Wertes beträgt, so kommt bei einem gemeindlichen Grundsteuerhebesatz von 400 % eine jährliche Grundsteuerbelastung in Höhe von € 4.900 hinzu[1029], so daß die steuerliche Gesamtbelastung bereits € 248.750 oder 49,75 % betrüge.

Die dargestellten Steuerbelastungen zeigen, daß die steuerliche Gesamtbelastung vermögender Personen auch ohne Vermögensteuer bereits in der Nähe einer hälftigen Teilung liegt. Dabei wurde mit einem Netto-Sollertrag von 5 % bereits eine verhältnismäßig hohe Ertragsfähigkeit unterstellt, wenn man diese mit derzeitigen langfristigen Kapitalmarktzinsen vergleicht. Außerdem wurde die Inflationsrate entgegen der heute ganz herrschenden Auffassung[1030] nicht ertragsmindernd berücksichtigt, so daß insoweit bereits eine unzulässige Scheinertragsbesteuerung stattfindet. Nach alledem wäre die Einführung einer Vermögensteuer, selbst wenn man Inflation, Gewerbesteuer und Grundsteuer außer

---

1028 Quelle: DATEV e.G. (Hrsg.), Tabellen und Informationen für den steuerlichen Berater, Ausgabe 2003, S. 126 ff.

1029 Die gemeindliche Grundsteuer berechnet sich wie folgt: Einheitswert des steuerpflichtigen Gegenstandes (§ 13 GrStG) x Steuermeßzahl 3,5 v. T. (§ 15 Abs. 1 GrStG) x Hebesatz (§ 25 GrStG).

1030 Vgl.: M. JACHMANN, Verfassungsrechtliche Grenzen der Besteuerung, S. 70 ff.; DIESELBE, StuW 1996, S. 97 ff. (104); W. LEISNER, NJW 1995, S. 2591 ff. (2594); K. TIPKE, MDR 1995, S. 1177 ff. (1177, FN 2); K. VOGEL, NJW 1996, S. 1257 ff. (1258); gegen eine Einbeziehung der Inflationsrate im Rahmen der Eingriffsabwehr: H.-J. PAPIER, in: Maunz-Dürig, Komm. z. GG, Art. 14 Rn. 193; J. LANG, in: Tipke/Lang, Steuerrecht, 17. Auflage, § 4 Rn. 103.

acht ließe, bei Beachtung des Halbteilungsgrundatzes maximal mit einem Steuersatz von etwa 0,06 % zulässig.

2. Belastung von Kapitalgesellschaften

Bei der Betrachtung der Gesamtsteuerbelastung einer Kapitalgesellschaft wird ebenfalls von einem Vermögen in Höhe von € 10.000.000 und einem durchschnittlichen Netto-Sollertrag vor Steuern von 5 % ausgegangen[1031]. Auf diesen Netto-Sollertrag wird zunächst Gewerbesteuer erhoben. Bei einem Gewerbesteuerhebesatz von 400 % entsteht bei der vereinfachenden Annahme fehlender Kürzungen und Hinzurechnungen nach §§ 8 und 9 GewStG und unter Berücksichtigung der Abzugsfähigkeit der Gewerbesteuer bei ihrer eigenen Bemessungsgrundlage eine Gewerbesteuerbelastung in Höhe von € 83.333[1032]. Körperschaftsteuerpflichtig ist der Sollertrag nach Abzug der Gewerbesteuerbelastung, also in Höhe von € 416.667. Die Körperschaftsteuerbelastung beträgt im Jahr 2003 zwar 26,5 %[1033], es wird jedoch von der künftigen Körperschaftsteuerbelastung nach Maßgabe des § 23 Abs. 1 KStG in Höhe von 25 % ausgegangen. Auf den körperschaftsteuerpflichtigen Sollertrag entfällt dann eine Körperschaftsteuerbelastung von € 104.167. Zusätzlich entsteht eine Belastung mit Solidaritätszuschlag in Höhe von 5,5 % der tariflichen Körperschaftsteuer nach §§ 3 Abs. 1 Nr. 1, 4 SolZG 1995. Diese beträgt somit € 5.729 €. Die steuerliche Gesamtbelastung ohne Einbeziehung etwaiger Grundsteuer, Betriebsteuern oder nicht-abzugsfähiger Vorsteuer (Umsatzsteuer) beträgt damit auf der Ebene der Kapitalgesellschaft € 193.229 oder 38,64 %. Hier dürfte maximal eine Vermögensteuer in Höhe von 0,568 % hinzutreten[1034], damit die Halbteilungsgrenze auf der Ebene der Kapitalgesellschaft noch gewahrt bliebe.

Oben wurde jedoch bereits darauf hingewiesen, daß die Ebene des Gesellschafters nicht unberücksichtigt bleiben darf. Schüttet die Kapitalgesellschaft ihren Gewinn an den Anteilseigner aus, so unterliegt diese Ausschüttung beim

---

1031 Ein solcher Sollertrag entspricht einer Netto-Eigenkapitalrendite von 5 % vor Steuern: Eine solche Rendite wird von vielen, insbesondere mittelständischen Unternehmen heute nicht erreicht und stellt daher bereits eine relativ großzügige Annahme dar.

1032 Formel: (Gewerbeertrag * Steuermeßzahl/100)*Hebesatz/(1+Steuermeßzahl*Hebesatz/100) = Gewerbesteuerlast; die Steuermeßzahl ist 5, vgl. § 11 Abs. 2 S. 2 GewStG.

1033 Vgl. § 23 Abs. 1 KStG in der Fassung des § 34 Abs. 11a KStG.

1034 Maximaler Vermögensteuersatz: (50 % - 38,64 %) x 5 %.

Anteilseigner noch zur Hälfte der Einkommensteuer und dem Solidaritätszuschlag. Nimmt man an, daß der gesamte Nachsteuerertrag in Höhe von von € 306.771 ausgeschüttet wird, unterliegt dessen Hälfte, also € 153.385, der individuellen Einkommensteuerbelastung des Anteilseigners zuzüglich 5,5 % Solidaritätszuschlag auf diese Einkommensteuerbelastung. Geht man beim Anteilseigner von einem durchschnittlichen Einkommensteuersatz von 40 % aus[1035], so beträgt die zusätzliche Belastung auf der Ebene des Anteilseigeners mit Einkommensteuer € 61.354 und mit Solidaritätszuschlag € 3.374. Die steuerliche Gesamtbelastung nur mit Ertragsteuern beläuft sich damit kumuliert auf € 257.957. Dies entspricht einer auf die Sollerträge bezogenen ertragsteuerlichen Gesamtlast von 51,59 %.

Nicht berücksichtigt sind wiederum etwaige Grundsteuerlasten für im Vermögen der Kapitalgesellschaft befindliche Betriebsgrundstücke und sonstige Betriebssteuern sowie nichtabzugsfähige Umsatzsteuerbelastungen auf der Ebene der Kapitalgesellschaft. Auch hier wird deutlich, daß die Grenze der Halbteilung selbst bei moderaten Annahmen bereits überschritten ist, für die Erhebung einer Vermögensteuer folglich kein Raum bleibt. Würde auf der Ebene der Kapitalgesellschaft Vermögensteuer in Höhe von 0,5 %, also € 50.000, erhoben, so stiege die steuerliche Gesamtbelastung nur auf ihrer Ebene bereits auf € 243.229 oder 48,65 %. Selbst wenn man eine doppelte vermögensteuerliche Erfassung dadurch umgehen würde, daß die Anteile an der Kapitalgesellschaft auf der Ebene des Gesellschafters Vermögensteuerbefreit würden, so ergäbe sich eine steuerliche Gesamtbelastung beider Ebenen in Höhe von € 307.957 oder 61,59 %.

G. Zwischenergebnis

Anhand der oben dargestellten Beispiele wird deutlich, daß selbst bei fiskalfreundlichsten Annahmen die steuerliche Gesamtbelastung der Sollerträge bereits durch die Ertragsteuern in die Nähe einer hälftigen Teilung rückt (rund 49 % bei natürlichen Personen) bzw. überschritten wird (rund 52 % bei Zwischenschaltung einer Kapitalgesellschaft). Für die Wiedereinführung einer Vermögensteuer bleibt daher nur ein minimaler Korridor, der bei natürlichen Perso-

---

1035 So W. MANNEK, NWB Beilage 1/1996 zu Heft 9, S. 1 ff. (10); R. HALACZINSKY, NWB Fach 10, S. 693 ff. (694).

nen einen Vermögensteuersatz von nur ca. 0,06 % ermöglicht. Bezieht man, wie oben dargestellt, richtigerweise weitere Steuerarten ein, überschreitet die Gesamtsteuerbelastung zumindest bei den sog. „Besserverdienenden" die Hälftigkeitsgrenze regelmäßig und deutlich. Folglich wäre die Wiedereinführung einer zu den gegenwärtig existierenden Steuern hinzutretenden Vermögensteuer regelmäßig verfassungsrechtlich unzulässig, selbst wenn man konzediert, daß die Hälftigkeitsgrenze nicht mit dem Zentimter-Maß gemessen werden kann[1036]. Auch wenn die (verfassungs-) gerichtliche Kontrolldichte mit Blick auf den Halbteilungsgrundsatz zurückzunehmen sein kann[1037], so hat sich der Gesetzgeber dennoch an der Hälftigkeitsgrenze zu orientieren. Da diese bereits durch die Ertragsteuern erreicht ist, muß der Gesetzgeber von der Wiedereinführung einer Vermögensteuer Abstand nehmen, wenn er nicht gleichzeitig andere Steuerbelastungen absenkt.

II. Mögliche Lösung: Anrechnung auf Ertragsteuern

Unabhängig von der Sinnhaftigkeit eines solchen Vorgehens, bleibt allerdings eine Möglichkeit, bei gleichzeitiger Wahrung der Halbteilungsgrenze eine Vermögensteuer wiedereinzuführen: Würde man die Vermögensteuerlast auf die Ertragsteuerlast anrechnen[1038], so würde die Halbteilungsgrenze im Regelfall unterschritten. Dies würde im Ergebnis zwar nicht zu einer Erhöhung des Gesamtsteueraufkommens führen. Die Länder würden auf diesem Wege aber ein allein ihren Haushalten zugute kommendes Vermögensteueraufkommen zu Lasten des Ertragsteueraufkommens des Bundes generieren können. Indes liegt eine solche Regelung nicht allein in der derzeit dem Grundsatz nach bestehenden und im 2. Kapital unter II. nachgewiesenen Kompetenz der Länder, eine Vermögensteuer wiedereinzuführen, da die Anrechnung auf die Ertragsteuerbe-

---

1036 Vgl. R. Seer, FR 1999, S. 1280 ff. (1291).

1037 Dies schlägt R. Seer, FR 1999, S. 1280 ff. (1291), vor.

1038 Dafür: M. Jachmann, Verfassungsrechtliche Grenzen der Besteuerung, S. 49; P. Kirchhof, in: Isensee/Kirchhof (Hrsg.), Handbuch des Staatsrechts, Band IV, § 88 Rn. 75; ebenso R. Wittmann, BB 1995, S. 1933 ff.(1936); gegen eine Anrechnung: C. Starck, in: v. Mangoldt/Klein/Starck, GG I, Art. 3 Abs. 1 Rn. 99.

lastung nur durch den für die Ertragsteuergesetzgebung zuständigen Bund mit Zustimmung des Bundesrates beschlossen werden könnte[1039].

Eine echte Anrechnung der Vermögensteuerschuld auf die Einkommensteuerschuld würde auch die Bedenken von BÖCKENFÖRDE berücksichtigen, der kritisiert hatte, daß die Einräumung einer Verrechnungsmöglichkeit von Vermögen- und Ertragsteuern vom Gesetzgeber im Jahr 1974 als ungerechtfertigte Privilegierung gerade höherer Einkommen bewußt abgeschafft worden ist[1040]. Bei einer echten Anrechnung kommt es, im Gegensatz zum Abzug einer Vermögensteuer bei der Bemessungsgrundlage der Einkommensteuer[1041], zu keiner überproportionalen Entlastung derjenigen Steuerpflichtigen, die einem höheren Grenzsteuersatz unterliegen. Dies sei an einem Beispiel dargestellt:

Unterstellt wird ein steuerpflichtiges Vermögen in Höhe von € 1.000.000 und ein Sollertrag von 5 %, der gleichzeitig dem Ist-Ertrag entspricht. Der Ertragsteuersatz betrage zunächst 50 %. Der Vermögensteuersatz betrage 1 %. Die Ertragsteuerbelastung des Ertrags in Höhe von € 50.000 beträgt € 25.000. Tritt die Vermögensteuer mit € 10.000 hinzu, so beträgt die steuerliche Gesamtlast € 35.000 und überschreitet damit die Halbteilungsgrenze. Würde man den Abzug der Vermögensteuer von der Bemessungsgrundlage der Einkommensteuer zulassen, so ergäbe sich ein steuerpflichtiger Ertrag von € 40.000 (€ 50.000 ./. € 10.000). Die Ertragsteuer betrüge € 20.000, die steuerliche Gesamtlast folglich € 30.000. Die ertragsteuerliche Entlastung betrüge € 5.000. Der Halbteilungsgrundsatz würde allerdings immer noch verletzt. Bei einer Anrechnung der Vermögensteuer auf die Einkommensteuerlast ergäbe sich hingegen folgendes Bild. Die Vermögensteuer betrüge € 10.000. Die Einkommensteuer vor Anrechnung betrüge € 25.000, nach Anrechnung der gezahlten Vermögensteuer hingegen nur noch € 15.000. Die steuerliche Gesamtlast betrüge folglich € 25.000 und würde dem Halbteilungsgrundsatz gerecht. Nun sei ein zweiter Steuerpflichtiger betrachtet, der dasselbe Vermögen besitzt und dieselben Erträge erzielt. Er hingegen unterliegt nur einem durchschnittlichen Ertragsteuersatz von 30 %, weil

---

1039 Ebenso: H. SCHAUMBURG, „Verfassungswidrigkeit der Einheiswerte", in: GmbHR 1995, S. 613 ff. (614), der den Gesetzgeber mit dieser gesetzgeberischen Gesamtkonzeption für „überfordert" hält.

1040 Vgl. E.-W. BÖCKENFÖRDE, Abweichende Meinung zum Beschluß des Zweiten Senats vom 22. Juni 1995 – 2 BvL 37/91 –, in: BVerfGE 93, S. 149 ff. (162).

1041 Für eine Abzugsfähigkeit, allerdings nur bei einem höheren Vermögensteuersatz: C. STARCK, in: v. Mangoldt/Klein/Starck, GG I, Art. 3 I Rn. 99.

er keine weiteren einkommensteuerlichen Erträge erzielt. Ohne Abzug von der Bemessungsgrundlage und ohne Anrechnung der Vermögensteuer auf die Einkommensteuer ergäbe sich folgendes Bild: Die Vermögensteuerbelastung betrüge € 10.000 und die Ertragsteuerbelastung € 15.000. Folglich betrüge die Gesamtsteuerlast € 25.000 und entspräche genau der Halbteilung. Bei einem Abzug der gezahlten Vermögensteuer von der ertragsteuerlichen Bemessungsgrundlage unterlägen € 40.000 der Ertragsteuer, die sich auf € 12.000 beliefe. Die ertragsteuerliche Entlastung betrüge hier nur € 3.000 im Vergleich zu € 5.000 bei dem Steuerpflichtigen, der einer durchschnittlichen Ertragsteuer von 50 % unterliegt. Nimmt man stattdessen eine Steueranrechnung vor, so ergibt sich folgendes Bild: Auf die Ist-Ertragsteuer von € 15.000 wird die Sollertragsteuer von € 10.000 angerechnet, so daß sich eine verbleibende Ertragsteuerlast von € 5.000 ergibt. Beide verglichenen Steuerpflichtigen werden mit demselben Betrag, nämlich mit € 10.000 entlastet, so daß eine überproportionale Entlastung des insgesamt „Besserverdienenden“, der einem höheren durchschnittlichen Ertragsteuersatz unterliegt, bei einer Steueranrechnung vermieden wird. Bei einem Abzug von der ertragsteuerlichen Bemessungsgrundlage käme es hingegen zu einer überproportionalen Entlastung des „Besserverdienenden“, die aus Leistungsfähigkeitsgesichtspunkten abzulehnen ist.

Die Anrechnung der Vermögensteuer auf die Ertragsteuer bietet schließlich auch konzeptionell richtige Ergebnisse[1042], wenn man die Anrechnung auf die Ertragsteuerlast begrenzt, die auf die Vermögenseinkünfte entfällt. Sieht man den steuerlichen Belastungsgrund für eine Vermögensteuer in der Ertragsfähigkeit, so ist es nämlich nicht gerechtfertigt, die Erträge aus dem ertragsfähigen Vermögen, wenn sie sich tatsächlich realisieren, erneut mit einer Ertragsteuer zu belegen, weil der Steuerpflichtige nur durch die Realisation der erwarteten und bereits besteuerten Erträge kein „Mehr“ an Leistungsfähigkeit erwirbt, das eine erneute und damit zusätzliche Besteuerung unter Leistungsfähigkeits- und damit Gleichheits- und Gerechtigkeitsaspekten rechtfertigen könnte. Eine zusätzliche Besteuerung ist nur dann gerechtfertigt, wenn die Ist-Erträge die Sollerträge übersteigen. In diesem Fall fließt dem Steuerpflichtigen in Höhe des „Mehr“ auch zusätzliche Leistungsfähigkeit zu, die zu besteuern ist. Die Anrechnung führt in diesem Fall dazu, daß die tatsächlich höhere Leistungsfähigkeit der Ertragsteuerbelastung unterliegt, und zwar in voller Höhe. War die Ist-Leistungsfähigkeit hingegen geringer als die Soll-Leistungsfähigkeit, so führt

---

1042 Vgl. R. WITTMANN, BB 1995, S. 1933 ff. (1936); M. JACHMANN, Verfassungsrechtliche Grenzen der Besteuerung, S. 49.

die Anrechnung der gezahlten Vermögensteuer bis zur Höhe der auf die Vermögenseinkünfte entfallenden Ertragsteuerlast dazu, daß im Ergebnis die Soll-Leistungsfähigkeit besteuert wird. Sie führt aber richtigerweise auch dazu, daß der im Sollertrag bereits enthaltene (weil kleinere) und bereits besteuerte Ist-Ertrag nicht einer erneuten Besteuerung unterworfen wird, weil er gegenüber dem bereits versteuerten Sollertrag keine zusätzliche Leistungsfähigkeit verkörpert.

Die Anrechnung einer Vermögensteuerlast auf die Einkommensteuer bietet folglich die einzige Möglichkeit, eine Vermögensteuer in Übereinstimmung mit der Rechtsprechung des Bundesverfassungsgerichts in verfassungskonformer Weise wiedereinzuführen. Ob der mit einer Wiedereinführung verbundene zusätzliche Verwaltungsaufwand allerdings die gesamtwirtschaftlich vermutlich sehr geringen Mehreinnahmen decken würde, erscheint in tatsächlicher Hinsicht mehr als fraglich, so daß aus verfassungsrechtlicher Sicht unweigerlich das Gebot der Wirtschaftlichkeit (Art. 114 Abs. 2 S. 1 GG)[1043] in den Blick rückt und nahelegt, wegen fehlender Aufkommenseffizienz insgesamt auf die Wiedereinführung einer Vermögensteuer zu verzichten.

1043 Vgl. dazu oben im 2. Kapitel unter V.

4. Kapitel: Zusammenfassung der Ergebnisse und Ausblick

Die vorstehende Untersuchung hat gezeigt, daß der Gesetzgeber bei der Entscheidung über die Wiedereinführung einer Vermögensteuer erheblichen verfassungsrechtlichen Bindungen unterliegt. Die Vermögensteuer greift in die Eigentumsfreiheit aus Art. 14 Abs. 1 GG ein. Sie stellt eine Inhalts- und Schrankenbestimmung im Sinne von Art. 14 Abs. 1 S. 2 GG dar und hat aus diesem Grund die verfassungsrechtlichen Schranken-Schranken des Eigentumsgrundrechts zu wahren. Eine gezielt substanzentziehende Vermögensteuer verstößt gegen die aus Art. 14 Abs. 1 S. 1 GG abzuleitende eigentumsrechtliche Bestandsgarantie. Sie verstößt darüberhinaus auch gegen den Verhältnismäßigkeitsgrundsatz, weil ihr erstens die Eignung zur dauerhaften Einnahmeerzielung fehlt und weil sie zweitens nicht die durch die Wesensgehaltsgarantie verbürgte prinzipielle Privatnützigkeit des Eigentumsgebrauchs wahrt. Eine in dieser Weise ausgestaltete Vermögensteuer würde daher eine verfassungsrechtlich unzulässige Inhalts- und Schrankenbestimmung darstellen. Aus diesem Grund darf eine Vermögensteuer eigentumsgrundrechtlich nur als sog. Sollertragsteuer erhoben werden, die auf die üblicherweise aus den Eigentumsgütern erzielbaren Erträge zugreift. Eine solche Sollertragsteuer ist als Inhalts- und Schrankenbestimmung grundsätzlich mit Art. 14 Abs. 1 GG vereinbar, weil sie nicht in die Bestandsgarantie eingreift, sondern lediglich die Nutzungsgarantie betrifft, die einer weitergehenden Regelung durch den Gesetzgeber zugänglich ist. Für eine als Sollertragsteuer ausgestaltete Vermögensteuer stellt der nach der hier vertretenen Auffassung aus dem Verhältnismäßigkeitsgrundsatz abzuleitende sog. Halbteilungsgrundsatz, der als bereichsspezifische Konkretisierung des Übermaßverbots im Steuerrecht anzusehen ist, eine weitere verfassungsrechtliche Eingriffsschranke dar. Die Wiedereinführung einer Vermögensteuer ist nur insoweit zulässig, als dem Steuerpflichtigen durch die steuerliche Gesamtbelastung nicht mehr als die Hälfte der mit den Eigentumsgütern erzielbaren Erträge entzogen wird. Daneben muß der Gesetzgeber das durchschnittliche persönliche Gebrauchsvermögen eines jeden Vermögensteuerpflichtigen von der Vermögensteuer freistellen, weil es dem Kernbereich der Lebensführung dient und aus diesem Grund für eine ertragbringende Nutzung, die eine Sollertragsteuer unterstellt, von Anfang an nicht zur Verfügung steht. Der hierfür vom Gesetzgeber vorzusehende Freibetrag kann typisierend bemessen werden. Er hat sich an dem Wert eines durchschnittlichen Einfamilienhauses nebst Auto und Hausrat zu orientieren. Diese Größenordnung entspricht in etwa dem sozialhilferechtlichen Schonvermögen im Sinne des § 88

Abs. 2 BSHG und bewegt sich damit in einem auch von der übrigen Rechtsordnung anerkannten Rahmen. Der Freibetrag ist bei Ehegatten zu verdoppeln, damit diese gegenüber nicht-ehelichen Lebensgemeinschaften nicht entgegen Art. 6 Abs. 1 GG diskriminiert werden und ist nach dem Tod eines Ehegatten dem überlebenden auch weiterhin in doppelter Höhe zu gewähren. Auch für im Haushalt lebende Kinder ist den Eltern ein angemessener Freibetrag zu gewähren. Diejenigen Eigentumsgüter, die von Natur aus nicht ertragsfähig sind, wie z.B. Kunstgegenstände, Gold oder Edelsteine, dürfen einer Sollertragsteuer nicht unterliegen. Etwaige Erträge, die aus Wertsteigerungen dieser Güter resultieren und nur bei einer Veräußerung realisiert werden können, dürfen der Besteuerung nur bei der Einkommensteuer der Besteuerung unterworfen werden.

Darüberhinaus greift eine Vermögensteuer auch in die Berufsfreiheit ein, soweit sie beruflich erzielte oder erzielbare Erträge entzieht. Eine regelmäßig substanzentziehende Vermögensteuer wirkt auf die berufliche Betätigung erdrosselnd und verstößt daher gegen Art. 12 Abs. 1 GG. Als Sollertragsteuer ausgestaltet, stellt die Vermögensteuer eine grundsätzlich zulässige Berufsausübungsregelung dar. Auch als solche unterliegt sie jedoch dem Grundsatz der Verhältnismäßigkeit, der hier – wie bei Art. 14 GG – eine maximal hälftige Entziehung der Erträge durch die Vermögensteuer und andere kumulativ wirkende Steuern gestattet. Somit ist eine Vermögensteuer aus freiheitsgrundrechtlicher Sicht zulässig, wenn sie die Substanz nicht antastet und dem Steuerpflichtigen nach Abzug aller auf die Erträge zugreifenden Steuern wenigstens die Hälfte der Erträge verbleiben.

Allerdings verstößt die Vermögensteuer trotz der verfassungsrechtlichen Verankerung in Art. 106 Abs. 2 Nr. 1 GG in ihrer Gesamtkonzeption gegen das aus Art. 3 Abs. 1 GG abzuleitende Gebot der Besteuerung nach der individuellen Leistungsfähigkeit, und zwar auch dann, wenn sie als Sollertragsteuer ausgestaltet ist, aber neben einer Einkommensteuer erhoben wird. In diesem Fall wird mit der Vermögensteuer nämlich in der Regel keine Leistungsfähigkeit erfaßt, die nicht bereits der Einkommensteuer unterlegen hat. Folgt man der hier vertretenen Auffassung unter Berufung auf das Halbteilungsurteil nicht, so liegt es prinzipiell im Ermessen des Steuergesetzgebers, wie er die Steuerbelastung von Eigentumserwerb, -bestand und -verwendung auf unterschiedliche Steuerarten verteilt. Er darf dann auch eine Vermögensteuer dem Grunde nach erheben. Allerdings hat er hierbei die Halbteilungsgrenze zu wahren, bei deren Überschreiten der Steuerzugriff verfassungswidrig wird.

Hält man die Vermögensteuer entgegen der hier vertretenen Auffassung für dem Grunde nach verfassungskonform, so ergeben sich aus Art. 3 Abs. 1 GG abzuleitende gleichheitsrechtliche Anforderungen bei der konkreten Ausgestaltung der Vermögensteuer: Die Vermögensteuer ist primär an der Ertragsfähigkeit der einzelnen Vermögensbestandteile auszurichten. Daher ist die Bewertung der Güter mit Ertragswerten grundsätzlich vorzuziehen. J. W. v. GOETHE wußte bereits im Jahr 1785, daß der Wert der Güter (also auch der Tauschwert) sich vor allem nach deren Ertragsfähigkeit bemisst[1044]. Außerdem ergibt sich, unabhängig von der freiheitsrechtlichen Ableitung, auch aus dem Gleichheitssatz, daß nicht ertragsfähiges Vermögen keiner Sollertragsbesteuerung unterworfen werden darf. Schließlich kann es gleichheitsrechtlich gerechtfertigt werden, Betriebsvermögen zu privilegieren und von einer Vermögensteuer freizustellen, so daß nur eine Vermögensteuer auf Privatvermögen verbleibt. Wenn der Gesetzgeber sich dazu entscheidet, muß er aber eine bewußte und ausdrückliche Entscheidung über die Privilegierung treffen. Art. 3 Abs. 1 GG verlangt außerdem, daß die zu erlassenden materiellen Vermögensteuernormen auch effektiv durchgesetzt werden. Aus diesem Grund ist das Besteuerungsverfahren so zu gestalten, daß es nicht allein von der „Gutmütigkeit" des einzelnen Steuerpflichtigen abhängt, ob er Vermögensteuer entrichten muß oder nicht. Dadurch wird das Besteuerungsverfahren vermutlich noch aufwendiger und damit kostenintensiver als bisher.

Damit gerät eine Vermögensteuer nicht nur in einen möglichen Konflikt mit dem in Art. 114 Abs. 2 S. 1 GG verankerten Gebot der Wirtschaftlichkeit, das zwar keine abwehrrechtliche Wirkung für den Steuerpflichtigen besitzt, aber gleichwohl vom Gesetzgeber zu beachten ist. Die Vermögensteuer wird bei Beachtung der dargelegten grundrechtlichen Vorgaben für ihre Ausgestaltung auch keinen maßgeblichen Beitrag zum Steueraufkommen leisten können, da die Halbteilungsgrenze bei den sog. „Besserverdienern" auch ohne eine Vermögensteuer durch die bereits existierende Gesamtsteuerbelastung erreicht wird. Eine Vermögensteuer ist daher unter Beachtung des Halbteilungsgrundsatzes überhaupt nur dann in verfassungsrechtlich unangreifbarer Weise wiedereinzuführen, wenn eine Anrechnung der Vermögensteuerschuld bei den Ertragsteuern vorge-

---

1044 In der heute herrschenden betriebswirtschaftlichen Theorie werden anhand der Ertragsfähigkeit Investitionsrechnungen für einzelne Wirtschaftsgüter durchgeführt, aber auch Kaufpreise und damit Tauschpreise für ganze Unternehmen ermittelt.

nommen wird. Dies führt zwar dazu, daß den Ländern zusätzliches Steueraufkommen zufließt. Dafür entgehen dem Bund und den Ländern, denen das Aufkommen aus der Einkommen- und der Körperschaftsteuer nach Art. 106 Abs. 3 S. 1 GG als Gemeinschaftsteuer zusteht, aber Einnahmen aus diesen Steuern. Da die derzeit verfassungsrechtlich erforderliche Anrechnung neben den erheblich zu erhöhenden Freibeträgen für das persönliche Gebrauchsvermögen dazu führt, daß der Zuwachs des Gesamtsteueraufkommens durch eine Vermögensteuer sicher minimal, möglicherweise aber sogar negativ ausfällt[1045], ist vor dem Hintergrund des Gebots der Wirtschaftlichkeit aus verfassungsrechtlicher, vor allem aber auch aus steuerpolitischer Sicht auf die Wiedereinführung einer Vermögensteuer zu verzichten.

Wollte man die Einnahmebasis der Länder verbessern, böte es sich an, dies durch eine Änderung des Verteilungsschlüssels bei der Einkommen- und Körperschaftsteuer zugunsten der Länder zu bewirken, anstatt bei einem bestenfalls marginal verbesserten Steueraufkommen ein neues und zusätzliches Besteuerungsverfahren einzuführen. Steuerpolitisch wird die Vermögensteuer ohnehin seit Jahrzehnten zu Recht als Vorläufer einer modernen Einkommensbesteuerung und damit als ein heute unsystematisches, mittelalterliches Relikt abgelehnt. Würde die Vermögensteuer wiedereingeführt, hätte dies höchstwahrscheinlich deutliche negative Effekte auf die Wettbewerbsfähigkeit deutscher Unternehmen und damit auch auf die angespannte Situation auf dem deutschen Arbeitsmarkt. Daß in der steuerpolitischen Diskussion immer wieder von der Vermögensteuer als einer „Verantwortungssteuer" gesprochen wird, kann vor diesem Hintergrund nur noch als vermutlich wahltaktisch motivierte, ideologische Irreführung der Bürger bezeichnet werden. Es bleibt die Hoffnung, daß bei künftigen steuerpolitischen Entscheidungen die Ideologie volkswirtschaftlichem Sachverstand weicht und das Steuersystem nicht durch die Wiedereinführung einer Vermögensteuer kompliziert, sondern durch Abbau von unsystematischen und damit ungerechten Steuersubventionen konsequent vereinfacht und sowohl an dem im Halbteilungsgrundsatz zum Ausdruck kommenden Grundsatz der vorrangigen Privatnützigkeit von Einkommen und Eigentum als auch an dem Grundsatz der Besteuerung nach der Leistungsfähigkeit ausgerichtet wird. Werden beide Grundsätze gleichermaßen geachtet, so wird nicht nur der Schutz der

---

1045 So die Untersuchung des Ökonomen C. C. v. WEIZSÄCKER, „Die Vermögensteuer bringt dem Fiskus nichts", in: F.A.Z. vom 29. November 2002, S. 12.

Einkommens- und Vermögensmillionäre, sondern vor allem auch derjenigen, die am unteren Ende der Einkommenspyramide stehen, nachhaltig verbessert. Auf diese Weise könnte allen Steuerpflichtigen gleichermaßen gedient werden.

Daß diese Hoffnung aber vermutlich nicht erfüllt werden wird, zeigt die jüngst von R. BÜTIKOFER mit der Aussage, er diskutiere lieber über die Vermögensteuer und Steuergerechtigkeit, erneut ausgelöste Debatte um die Wiedereinführung einer Vermögensteuer[1046].

1046 Vgl. o.V., „Abgeltungssteuer auf alle Kapitalerträge“, in: F.A.Z. vom 27. Oktober 2003, S. 11.

Literaturverzeichnis

ARBEITSGRUPPE ALTERNATIVE WIRTSCHAFTSPOLITIK	Vermögensbesteuerung für mehr Gerechtigkeit und mehr Beschäftigung, in: www.einblick.dgb.de/archiv/9923/ tx002301.htm.
ARNDT, HANS-WOLFGANG	Energiesteuer und Grundrechte, in: ZRP 1996, S. 176-184.
ARNDT, HANS-WOLFGANG	Konsequenzen für den Gesetzgeber aus den Beschlüssen des Bundesverfassungsgerichts vom 22. 6. 1995 zur Vermögen- und Erbschaftsteuer, in: BB 1996, Beilage 7 zu Heft 14, S. 1-30.
ARNDT, HANS-WOLFGANG	Rechtfertigung der Besteuerung des Vermögens aus steuersystematischer Sicht“, in: Birk, Dieter (Hrsg.), Steuern auf Erbschaft und Vermögen, Köln 1999, DStJG Band 22 (1999), S. 25-37.
ARNDT, HANS-WOLFGANG/ SCHUMACHER, ANDREAS	Die verfassungsrechtlich zulässige Höhe der Steuerlast – Fingerzeig des BVerfG an den Gesetzgeber ?, in: NJW 1995, S. 2603-2605.
ARNDT, HANS-WOLFGANG/ SCHUMACHER, ANDREAS	Das vorläufige und das endgültige Nichts – Wegfall der Rechtsgrundlage für die Erhebung der Erbschaft- und Vermögensteuer bei Untätigkeit des Gesetzgebers, in: DStR 1995, S. 1813-1816.
ARNDT, HANS-WOLFGANG/ SCHUMACHER, ANDREAS	Einkommensbesteuerung und Grundrechte, Zum Einfluß grundrechtlicher Entscheidungen des Bundesverfassungsgerichts auf die Entwicklung der Einkommensbesteuerung in der Bundesrepublik Deutschland, in: AöR Band 118 (1993), S. 513-590.

Arndt, Hans-Wolfgang/ Jenzen, Holger Zur Anwendbarkeit des Vermögensteuergesetzes nach dem 1. 1. 1997, in: NJW 1997, S. 1678-1683.

Badura, Peter Der Sozialstaat, in: DÖV 1989, S. 491-499.

Badura, Peter Eigentum, in: Benda, Ernst/Maihofer, Werner/ Vogel, Hans-Jochen (Hrsg.), Handbuch des Verfassungsrechts der Bundesrepublik Deutschland, 2. Auflage, Berlin/New York 1994, § 10 (S. 327-390).

Badura, Peter Staatsrecht, Systematische Erläuterung des Grundgesetzes für die Bundesrepublik Deutschland, München 1986.

Balke, Michael Über Grundstücks-Einheitswerte, Mit kritischen Anmerkungen zur Entscheidung des 1. Senats des Bundesverfassungsgerichts vom 10. 2. 1987 (BStBl. II 1987, 240), in: StuW 1987, S. 364-369.

Bareis, Peter Probleme verfassungsgerichtlicher Vorgaben und ihre Umsetzung am Beispiel der Vermögen- und Erbschaftsteuer, in: DB 1996, S. 1153-1158.

Bechstein, Peter Die Rechtfertigung von Einzelsteuern unter besonderer Berücksichtigung der verfassungsrechtlichen Anforderungen, dargestellt am Beispiel der Vermögensteuer, (zugleich Diss. Univ. Tübingen), 1997.

Benda, Ernst Der soziale Rechtsstaat, in: Benda, Ernst/Maihofer, Werner/Vogel, Hans-Jochen (Hrsg.), Handbuch des Verfassungsrechts der Bundesrepublik Deutschland, 2. Auflage,Berlin/ New York 1994, § 17 (S. 719-797).

Benda, Ernst Die Wahrung verfassungsrechtlicher Grundsätze im Steuerrecht, in: DStZ 1984, S. 159-164.

Benda, Ernst Streit als Schaden, in: NJW 1998, S. 3330-3331.

BILSDORFER, PETER Zur derzeitigen Situation bei der steuerlichen Erfassung von Spekulationsgewinnen, in: NJW 2003, S. 2509-2510.

BIRK, DIETER Rahmenbedingungen für den Grundrechtsschutz im Steuerrecht in Europa, in: Kirchhof, Paul/Lehner, Moris/Raupach, Arndt/Rodi, Michael (Hrsg.), Staaten und Steuern, Festschrift für Klaus Vogel zum 70. Geburtstag, Heidelberg 2000, S. 157-172.

BIRK, DIETER Rechtfertigung der Besteuerung des Vermögens aus verfassungsrechtlicher Sicht, in: Birk, Dieter (Hrsg.), Steuern auf Erbschaft und Vermögen, Köln 1999, DStJG Band 22 (1999), S. 7-24.

BLECKMANN, ALBERT/ ECKHOFF, ROLF Der „mittelbare" Grundrechtseingriff, in: DVBl. 1988, S. 373-382.

BORNHEIM, WOLFGANG „Halbteilungsgrundsatz" und Steuerhinterziehung, Die Auswirkungen der Vermögensteuerentscheidung vom 22. 6. 1995 auf das Steuerstrafrecht, in: StuW 1998, S. 146-158.

BREUER, RÜDIGER Die staatliche Berufsregelung und Wirtschaftslenkung, in: Isensee, Josef/Kirchhof, Paul (Hrsg.), Handbuch des Staatsrechts, Band VI, Heidelberg 1989, § 148 (S. 957-1021).

BREUER, RÜDIGER Freiheit des Berufs, in: Isensee, Josef/Kirchhof, Paul (Hrsg.), Handbuch des Staatsrechts, Band VI, Heidelberg 1989, § 147 (S. 877-956).

BROHM, WINFRIED Die Funktion des BVerfG – Oligarchie in der Demokratie?, in: NJW 2001, S. 1-10.

BULL, HANS PETER Vom Eigentums- zum Vermögensschutz – ein Irrweg, in: NJW 1996, S. 281-284.

Bundesministerium der Finanzen (Hrsg.) Bericht der Bundesregierung über die Entwicklung der Finanzhilfen des Bundes und der Steuervergünstigungen für die Jahre 1999-2002 (18. Subventionsbericht), in: www.bundesfinanzministerium.de

Bundesministerium der Finanzen (Hrsg.) Datensammlung zur Steuerpolitik, Stand: Februar 2003, in: www.bundesfinanzministerium.de

Bundesministerium der Finanzen (Hrsg.) Übersichten zum Bundeshaushaltsplan 2001, in: www.bundesfinanzministerium.de

Bundesministerium für Wirtschaft und Finanzen (Hrsg.) Gutachten der Steuerreformkommission 1971, Schriftenreihe des Bundesministeriums der Finanzen, Heft 17, Bonn 1971.

Butzer, Hermann Der Halbteilungsgrundsatz und seine Ableitung aus dem Grundgesetz, in: StuW 1999, S. 227-242.

Butzer, Hermann Freiheitsrechtliche Grenzen der Steuer- und Sozialabgabenlast, Der Halbteilungsgrundsatz des Bundesverfassungsgerichts im Spannungsfeld von Globalisierung, Freiheitsrechten und Sozialstaatlichkeit, Berlin 1999

Christiansen, Alfred Anwendbarkeit des sog. Halbteilungsgrundsatzes bei der Ertragsbesteuerung, Anmerkung zum Urteil des BFH vom 11. August 1999 – XI R 77/97, in: HFR 1999, S. 1013-1017.

Christoffel, Hans Günter/ Geckle, Gerhard/ Pahlke, Armin Erbschaftsteuergesetz, Freiburg/Berlin/München 1998, zitiert als: Verfasser, in: Christoffel/Geckle/Pahlke, Erbschaftsteuergesetz.

Crezelius, Georg Steuerrecht II, 2. Auflage, München 1994.

DATEV e.G. (Hrsg.) Tabellen und Informationen für den steuerlichen Berater, Ausgabe 2003, 1. Auflage, Stand Dezember 2002.

DEDERER, HANS-GEORG Halbteilungsgrundsatz – woher, wohin ?, Zum Urteil des BFH vom 11. 8. 1999, in: StuW 2000, S. 91-98.

DEPENHEUER, OTTO Der Eigentumsbegriff zwischen absoluter Verfügungsbefugnis und Sozialgebundenheit, in: Politische Studien, Sonderheft 1/2000, S. 29-44.

DEUTSCHES ANWALTSINSTITUT E.V. (HRSG.) Jahrbuch der Fachanwälte für Steuerrecht 1996/97, Aktuelle steuerrechtliche Beiträge, Referate und Diskussionen der 47. Steuerrechtlichen Jahresarbeitstagung in Wiesbaden vom 20. bis 22. Mai 1996, Herne/Berlin 1997.

DEUTSCHES INSTITUT FÜR WIRTSCHAFTSFORSCHUNG (HRSG.) Argumente für die Wiedereinführung der Vermögensteuer, die Anhebung der Erbschaftsteuer und die Mindestbesteuerung von Unternehmensgewinnen, Gutachten im Auftrag von ver.di, IG Metall und Hans-Böckler-Stiftung, in: www.einblick.dgb.de/archiv/0218/tx021801.htm

DI FABIO, UDO Die Grundlagen der Gemeinschaft, in: F.A.Z. vom 22. Oktober 2003, S. 8.

DICHTL, ERWIN Mit Vermögen Altersvorsorge betreiben, Was Bonn, Bistum, Banken und Berater betuchten Bürgern belassen, in: BB 1995, S. 2501-2502.

DOLZER, RUDOLF/VOGEL, KLAUS/GRAßHOF, KARIN (HRSG.) Bonner Kommentar zum Grundgesetz, Heidelberg 2003, Stand: 107. Lieferung, September 2003, zitiert als: Verfasser, in: Dolzer/Vogel/Graßhof (Hrsg.), BK.

DREIER, HORST (HRSG.) Grundgesetz, Kommentar, Band I: Art. 1-19, Tübingen 1996; Band III: Art. 83-146, Tübingen 2000, zitiert als: Verfasser, in: Dreier (Hrsg.), Grundgesetz.

DZIADKOWSKI, DIETER Beachtung des Halbteilungsgrundsatzes führt nicht zur Gerechtigkeitslücke – Die Bundesregierung hat verstanden -, in: FR 2000, S. 558-559.

DZIADKOWSKI, DIETER Zur Vermögensteuerentlastung des Betriebsvermögens, 90 Jahre Preußisches Ergänzungsteuergesetz, in: BB 1983, S. 2193-2196.

ELICKER, MICHAEL Darf der Steuerzugriff ein Unternehmen zahlungsunfähig machen? , in: StuW 2002, S. 217-234.

ELICKER, MICHAEL Kritik der direkt progressiven Einkommensbesteuerung, Plädoyer für die „flache Steuer" – aus rechtswissenschaftlicher Sicht, in: StuW 2000, S. 3-17.

ENGLISCH, JOACHIM Eigentumsschonende Ertragsbesteuerung, in: StuW 2003, S. 237-248.

ESCHENBACH, JÜRGEN Steuerrecht und Eigentumsschutz – Grenzen verfassungsgerichtlicher Kontrolle nach dem Beschluß des BVerfG vom 22. Juni 1995 zur Vermögensteuer, in: DStZ 1997, S. 413-417.

EUROPEAN ASSOCIATION OF TAX LAW PROFESSORS (HRSG.) General Report on „The Notion of Income from Capital" (preliminary version 2, June 11, 2003), in: www.eatlp.org.

FELDMANN, HORST Konstitutionelle Begrenzung der Steuerbelastung, in: StuW 1998, S. 114-123.

FELIX, GÜNTHER Konsequenzen aus den Entscheidungen des Bundesverfassungsgerichts zur Vermögens- und Erbschaftsbesteuerung, in: BB 1995, S. 2241-2244.

FELIX, GÜNTHER Zur Diskussion um die steuerlich gemäßigte Belastungsobergrenze, in: NJW 1997, S. 304-305.

FISCHER, PETER Der Halbteilungsgrundsatz in der Krise, Anmerkungen zum BFH-Urteil v. 11.8.1999 – XI R 77/97 und dem Beitrag von Seer, FR 1999, 1280, in: FR 1999, S. 1292-1295.

FLEISCHMANN, MICHAEL Ist die derzeitige Steuerbelastung noch mit dem „Halbteilungsgrundsatz“ vereinbar ?, in: DB 1998, S. 1484-1487.

FLUME, WERNER Die Beschlüsse des Bundesverfassungsgerichts zu den Einheitswerten in Hinsicht auf die Vermögen- und Erbschaftsteuer, in: DB 1995, S. 1779-1780.

FLUME, WERNER Steuerwesen und Rechtsordnung, Unveränderter Nachdruck aus Festschrift für Rudolf Smend 1952, Köln 1986 (Rechtsordnung und Steuerwesen, Band 1).

FORSTHOFF, ERNST Begriff und Wesen des sozialen Rechtsstaats, in: VVDStRL Band 12 (1955), S. 8-36.

FORSTHOFF, ERNST Eigentumsschutz öffentlich-rechtlicher Rechtsstellungen, in: NJW 1955, S. 1249-1251.

FRENZ, WALTER Unternehmenssteuerkonzeptionen im Lichte des Eigentumsgrundrechts und des Leistungsfähigkeitsprinzips, in: StuW 1997, S. 116-130.

FRIAUF, KARL HEINRICH Eigentumsgarantie und Steuerrecht – Zum zweiten Thema der Staatsrechtslehrertagung 1980 -, in: DÖV 1980, S. 480-488.

FRIAUF, KARL HEINRICH Substanzeingriff durch Steuer-Kumulation und Eigentumsgarantie, Bemerkungen zum Beschluß des BVerfG vom 27.10.1975, in: StuW 1977, S. 59-65.

FRIAUF, KARL HEINRICH Verfassungsrechtliche Anforderungen an die Gesetzgebung über die Steuern vom Einkommen und Ertrag, in: Friauf, Karl Heinrich (Hrsg.), Steuerrecht und Verfassungsrecht, Köln 1989, DStJG Band 12 (1989), S. 3-32.

FROMME, FRIEDRICH K. Das Dilemma der Vermögensteuer, in: Frankfurter Allgemeine Zeitung vom 23. 11. 2002, S. 10.

GEIẞLER, OLIVER Der Unternehmer im Dienste des Steuerstaats, Stuttgart/ München/Hannover/Berlin/Weimar/ Dresden, 2001. Zugl.: Jena, Univ. Diss., 2000.

GÜRSCHING, LORENZ/ STENGER, ALFONS (BEGR.) Kommentar zum Bewertungsgesetz und Vermögensteuergesetz, Grundwerk 9. Auflage, Köln 1992/1998, Stand: Oktober 2002.

HÄBERLE, PETER Das nationale Steuerverfassungsrecht im Textstufenvergleich, in: Kirchhof, Paul/Lehner, Moris/Raupach, Arndt/Rodi, Michael, Staaten und Steuern, Festschrift für Klaus Vogel zum 70. Geburtstag, Heidelberg 2000, S. 139-155.

HÄBERLE, PETER Grundrechtsgeltung und Grundrechtsinterpretation im Verfassungsstaat, in: JZ 1989, S. 913-919.

HALACZINSKY, RAYMOND Die einheitswertabhängigen Steuern nach den Entscheidungen des Bundesverfassungsgerichts – BVerfG, Beschlüsse v. 22. 6. 1995 – 2 BvR 553/91 und 2 BvL 37/91 -, in: NWB, Nr. 37 vom 11. 9. 1995, Fach 10 S. 693-696

HALACZINSKY, RAYMOND Die Vermögensteuer sowie die Erbschaft- und Schenkungsteuer nach den Beschlüssen des Bundesverfassungsgerichts, in: Stbg 1995, S. 504-507.

HALACZINSKY, RAYMOND Die Zukunft der einheitswertabhängigen Steuern, in: Harzburger Steuerprotokoll 1995, Köln 1996, S. 161-177.

HERZOG, ROMAN Das Sozialprodukt und das Grundgesetz, in: StuW 1993, S. 322-325.

HERZOG, ROMAN Leitlinien und Entwicklungstendenzen der Rechtsprechung des Bundesverfassungsgerichts in Steuerfragen, in: StbJb 1985/86, S. 27-45.

HERZOG, ROMAN Steuerrecht und Verfassungsrecht, in: Der Präsident des Bundesfinanzhofs (Hrsg.), Festschrift 75 Jahre Reichsfinanzhof – Bundesfinanzhof, Bonn 1993, S. 105-113.

HERZOG, ROMAN Subsidiaritätsprinzip und Staatsverfassung, in: Der Staat Band 2 (1963), S. 399-423.

HESSE, KONRAD Bedeutung der Grundrechte, in: Benda, Ernst/Maihofer, Werner/Vogel, Hans-Jochen (Hrsg.), Handbuch des Verfassungsrechts der Bundesrepublik Deutschland, 2. Auflage, Berlin/ New York 1994, § 5 (S. 127-160).

HESSE, KONRAD Grundzüge des Verfassungsrechts der Bundesrepublik Deutschland, 18. Auflage, Heidelberg 1991.

HETTLAGE, KARL M. Die Finanzverfassung im Rahmen der Staatsverfassung, in: VVDStRL Band 14 (1956), S. 2 ff.

HICKEL, RUDOLF Abgeltung für Vermögende – Ablass für Steuerflüchtlinge, Endgültige Abschlagsteuer auf Zinsen verkehrt Vermögensteuer in ihr Gegenteil: in: www.memo.uni-bremen.de/docs/m0103.pdf, S. 1-3.

HICKEL, RUDOLF Nachhaltige Finanzpolitik mit der Vermögensteuer, in: www.memo.uni-bremen.de/docs/ m0203.pdf, S. 1-4.

HOFMANN, HASSO Grundpflichten und Grundrechte, in: Isensee, Josef/Kirchhof, Paul (Hrsg.), Handbuch des Staatsrechts, Band V, Heidelberg 1992, § 114 (S. 321-351).

HOFMANN, RUTH Die Bewertung des Vermögens, in: Friauf, Karl Heinrich (Hrsg.), Steuerrecht und Verfassungsrecht, Köln 1989, DStJG Band 12 (1989), S. 145-155.

HOHMANN, HARALD — Berufsfreiheit (Art. 12 GG) und Besteuerung – Eine Würdigung der Rechtsprechung des Bundesverfassungsgerichts -, in: DÖV 2000, S. 406-416.

HÖR, MICHAEL — Bisher stattgefundene und noch notwendige Steuerentlastungen zur Erfüllung der Auflagen des BVerfG-Beschlusses zur Vermögensteuer, in: DStR 1997, S. 1862-1864.

HORLEMANN, HEINZ-GERD — The Notion of Income from Capital, Jahreskongress der European Association of Tax Lax Professors 12. bis 14. Juni 2003 in der Universität zu Köln, in: StuW 2003, S. 271-277.

HORN, MAX — Die Vermögensteuer – ein steuerliches Relikt aus dem 19. Jahrhundert, in: StuW 1978, S. 56-57.

HÜBSCHMANN, WALTER/ HEPP, ERNST/SPITALER, ARMIN — Abgabenordnung, Finanzgerichtsordnung, Kommentar, Köln 1951/2003, Stand: Juli 2003, zitiert als: Verfasser, in: Hübschmann/Hepp/Spitaler.

HUFEN, FRIEDHELM — Berufsfreiheit – Erinnerung an ein Grundrecht, in: NJW 1994, S. 2913-2922.

HUTTER, ULRICH — Keine Anwendung des sog. Halbteilungsgrundsatzes für die Belastung durch Einkommen- und Gewerbesteuer – BFH-Urt. v. 11. 8. 1999 – XI R 77/97 -, in: NWB Fach 3 S. 10961-10964.

ISENSEE, JOSEF — Das Grundrecht als Abwehrrecht und staatliche Schutzpflicht, in: Isensee, Josef/Kirchhof, Paul (Hrsg.), Handbuch des Staatsrechts, Band V, Heidelberg, 1992, § 111 (S. 143-241).

ISENSEE, JOSEF — Grundrechtsvoraussetzungen und Verfassungserwartungen, in: Isensee, Josef/Kirchhof, Paul (Hrsg.), Handbuch des Staatsrechts, Band V, Heidelberg 1992, § 115 (S. 353-484).

ISENSEE, JOSEF — Steuerstaat als Staatsform, in: Stödter, Rolf/Thieme, Werner (Hrsg.), Hamburg – Deutschland – Europa: Beiträge zum deutschen und europäischen Verfassungs-, Verwaltungs und Wirtschaftsrecht, Festschrift für Hans Peter Ipsen zum 70. Geburtstag, S. 409-436.

JACHMANN, MONIKA — Die Gewerbesteuer im System der Besteuerung von Einkommen, in: Seeger, Siegbert F. (Hrsg.), Perspektiven der Unternehmensbesteuerung, Köln 2002, DStJG Band 25 (2002), S. 195-252.

JACHMANN, MONIKA — Grundthesen zu einer Verbesserung der Akzeptanz der Besteuerung, insbesondere durch Vereinfachung des Einkommensteuerrechts, in: StuW 1998, S. 193-207.

JACHMANN, MONIKA — Sozialstaatliche Steuergesetzgebung im Spannungsverhältnis zwischen Gleichheit und Freiheit: Belastungsgrenzen im Steuersystem, in: StuW 1996, S. 97-106.

JACHMANN, MONIKA — Unmittelbare Konsequenzen aus dem „Vermögensteuerbeschluß" des BVerfG vom 22. 6. 1995 vor einer gesetzlichen Neuregelung, in: DStR 1996, S. 574-575.

JACHMANN, MONIKA — Verfassungsrechtliche Grenzen der Besteuerung, Sozialstaatliche Steuergesetzgebung im Spannungsverhältnis zwischen Gleichheit und Freiheit, Aachen 1996

JACHMANN, MONIKA — Zur Besteuerung des Eigentums, in Politische Studien, Sonderheft 1/2000, S. 78-94.

JACOBI, PETER — Über Sinn und Unsinn der Vermögensteuer, oder: Ist eine eigentändige Vermögensteuer neben der Einkommensteuer zu rechtfertigen ?, in: FR 1987, S. 413-419.

JARASS, HANS D./ PIEROTH, BODO — Grundgesetz für die Bundesrepublik Deutschland, Kommentar, 5. Auflage, München 2000, zitiert als: Verfasser, in: Jarass/Pieroth, Grundgesetz.

JOCHUM, GEORG — Verfassungsrechtliche Vorgaben steuerlicher Privilegierungen, Bemerkungen zum Beschluß des BFH vom 22. 5. 2002, in: UVR 2002, S. 348-352.

KANZLER, HANS-JOACHIM — Halbteilungsgrundsatz gebietet keine Aussetzung der Vollziehung von Steuerfestsetzungen für Streitjahre vor 1997, Anmerkung zu BFH, Beschluß vom 17. 7. 1998, - VI B 81/97 -, in: FR 1998, S. 896-898.

KEẞ, THOMAS — Unternehmenssteuerreform: Ohne Reform der Gewerbesteuer ?, in: FR 2000, S. 695-704.

KESSLER, WOLFGANG/ MÄRKLE, RUDI/ OFFERHAUS, KLAUS — Die Zukunft des Erbschaft- und Schenkungssteuerrechts nach dem Vorlagebeschluß des BFH vom 22. 5. 2002 II R 61/99, in: DB 2003, Beilage 2 zu Heft 6, S. 1-11.

KIRCHHOF, FERDINAND — Der notwendige Ausstieg aus der Staatsverschuldung, in: DVBl. 2002, S. 1569- 1578.

KIRCHHOF, FERDINAND — Der Weg zur verfassungsgerechten Besteuerung – Bestand, Fortschritt, Zukunft -, in: StuW 2002, S. 185-200.

KIRCHHOF, PAUL — Besteuerung nach Gesetz, in: Drenseck, Walter/Seer, Roman (Hrsg.), Festschrift für Heinrich Wilhelm Kruse zum 70. Geburtstag, Köln 2001, S. 17 –37.

KIRCHHOF, PAUL — Besteuerung und Eigentum, in: VVDStRL Band 39 (1981), S. 213-285.

KIRCHHOF, PAUL — Der Auftrag des Grundgesetzes zur Erneuerung des Steuerrechts, in: Stbg 1998, S. 385-393.

KIRCHHOF, PAUL — Der Grundrechtsschutz des Steuerpflichtigen, Zur Rechtsprechung des Bundesverfassungsgerichts im vergangenen Jahrzehnt, in: AöR Bd. 128 (2003), S. 1-51.

KIRCHHOF, PAUL — Die Rechtsprechung des Bundesverfassungsgerichts zur Vermögen- und Erbschaftsteuer, in: Stbg 1996, S. 1-6.

KIRCHHOF, PAUL — Die Steuerrechtsordnung als Wertordnung, in: StuW 1996, S. 3-11.

KIRCHHOF, PAUL — Die verfassungsrechtliche Rechtfertigung der Steuern, in: Kirchhof, Paul u.a. (Hrsg.), Steuern im Verfassungsstaat, Symposium zu Ehren von Klaus Vogel aus Anlaß seines 65. Geburtstags, München 1996, S. 27-53.

KIRCHHOF, PAUL — Empfiehlt es sich, das Einkommensteuerrecht zur Beseitigung von Ungleichbehandlungen und zur Vereinfachung neu zu ordnen ?, Gutachten F für den 57. Deutschen Juristentag, München 1998.

KIRCHHOF, PAUL — Grundlinien des Steuerverfassungsrechts in der Rechtsprechung des Bundesverfassungsgerichts, in: StbJb 1994/95, S. 5-22.

KIRCHHOF, PAUL — Rechtsmaßstäbe finanzstaatlichen Handelns, Das Besteuern, das Horten und Zuteilen von Finanzvermögen, in: JZ 1979, S. 153-159.

KIRCHHOF, PAUL — Staatliche Einnahmen, in: Isensee, Josef/Kirchhof, Paul (Hrsg.), Handbuch des Staatsrechts, Band IV, Heidelberg 1990, § 88 (S. 87-233).

KIRCHHOF, PAUL — Verfassungsrechtliche Maßstäbe der Steuergesetzgebung, in: StbJb 1999/2000, S. 17-33.

KIRCHHOF, PAUL — Verfassungsrechtliche Maßstäbe für die Einheitsbewertung des Grundbesitzes, in: DStR 1984, S. 575-583.

KIRCHHOF, PAUL — Verfassungsrechtliche Maßstäbe für die Steuergesetzgebung, in: Stbg 1997, S. 193-198.

KIRCHHOF, PAUL/SÖHN, HARTMUT/ MELLINGHOFF, RUDOLF (HRSG.) — Einkommensteuergesetz, Kommentar, Heidelberg 2003, Stand: Juli 2003, zitiert als: Verfasser, in: Kirchhof/Söhn/Mellinghoff (Hrsg.), EStG.

KISKER, GUNTER — Staatshaushalt, in: Isensee, Josef/Kirchhof, Paul (Hrsg.), Handbuch des Staatsrechts, Band IV, Heidelberg 1990, § 89 (S. 235-293).

KLEIN, ALEXANDER — Das neue Steuerverfassungsrecht – Eine Chance für den Steuerzahler?!, in: BB 1996, S. 1807-1810.

KLEIN, FRANZ — Ehe und Familie im Steuerrecht als verfassungsrechtliches Problem, in: Fürst, Walther/Herzog, Roman/Umbach, Dieter C. (Hrsg.), Festschrift für Wolfgang Zeidler Band I, Berlin/New York 1987, S. 773-801.

KLEIN, FRIEDRICH — Eigentumsgarantie und Besteuerung, in: StuW 1966, Sp. 433-486.

KRÜGER, DIRK/ KALBFLEISCH, EBERHARD/ KÖHLER, STEFAN — Die Entscheidungen des Bundesverfassungsgerichts zu den Einheitswerten – Analyse und erste Beratungshinweise, in: DStR 1995, S. 1452-1459.

KRUSE, HEINRICH WILHELM — Abschied von den Einheitswerten, in: BB 1996, S. 717-721.

LANG, JOACHIM — Prinzipien und Besteuerung von Einkommen, in: Ebling, Iris (Hrsg.), Besteuerung von Einkommen, DStJG Band 24 (2001), S. 49-133.

LANG, JOACHIM — Vom Verbot der Erdrosselungssteuer zum Halbteilungsgrundsatz, in: Kirchhof, Paul/Lehner, Moris/Raupach, Arndt/Rodi, Michael (Hrsg.), Staaten und Steuern, Festschrift für Klaus Vogel zum 70. Geburtstag, Heidelberg 2000, S. 173-185.

LANG, JOACHIM — Wider Halbteilungsgrundsatz und BVerfG, Der BFH verbleibt an der Grenze konfiskatorischer Besteuerung, in: NJW 2000, S. 457-460.

LANGER, STEFAN — Strukturfragen der Berufsfreiheit, in: JuS 1993, S. 203-210.

LEISNER, WALTER — Differenzierung nach Betriebsgröße – Grundrechtsprobleme bei Eingriff und Förderung gegenüber „größeren Betrieben", in: DVBl. 1989, S. 1025-1031.

LEISNER, WALTER — Eigentum, in: Isensee, Josef/Kirchhof, Paul (Hrsg.), Handbuch des Staatsrechts, Band VI, Heidelberg 1989, § 149 (S. 1023-1098).

LEISNER, WALTER — Ertragswertverfahren – sachgerechte Bewertung des Grundbesitzes, in: DB 1996, S. 595-600.

LEISNER, WALTER — Personalzusatzkosten – Belastung der Betriebe ohne Grenzen ?, in: GewArch 1996, S. 129-133.

LEISNER, WALTER — Steuer- und Eigentumswende – die Einheitswert-Beschlüsse des Bundesverfassungsgerichts, in: NJW 1995, S. 2591-2596.

LEISNER, WALTER — Verfassungsschranken der Unternehmensbelastungen, Personalzusatzkosten und „finanzielle Leistungsfähigkeit" (BVerfG), in: NJW 1996, S. 1511-1517.

LEPSIUS, OLIVER — Geld als Schutzgut der Eigentumsgarantie, in: JZ 2002, S. 313-321.

LERCHE, PETER — Grundrechtsschranken, in: Isensee, Josef/Kirchhof, Paul (Hrsg.), Handbuch des Staatsrechts, Band V, Heidelberg 1992, § 122 (S. 775-804).

LIESENFELD, ANDREA — Die Besteuerung von Renten und Pensionen, Anmerkungen zum Urteil des BVerfG vom 6. 3. 2002 aus verfassungsrechtlicher Sicht, in: DStR 2002, S. 1833-1837.

LIST, HEINRICH — Der Bundesfinanzhof und der Halbteilungsgrundsatz, in: BB 1999, S. 981-985.

LIST, HEINRICH — Der Halbteilungsgrundsatz und der Bundesfinanzhof – ein Missverständnis?, in: BB 2000, S. 745-748.

LIST, HEINRICH — Die Vermögensteuerentscheidung des BVerfG, die Untätigkeit des Gesetzgebers und die Folgen, in: DB 1997, S. 2297-2301.

LITTMANN/BITZ/PUST — Das Einkommensteuerrecht, Band 4, §§ 18-32d EStG, 58. Ergänzungslieferung, Stand: September 2003, zitiert als: Verfasser, in: Litmann/Bitz/Pust.

LORITZ, KARL-GEORG — Das Grundgesetz und die Grenzen der Besteuerung, in: NJW 1986, S. 1-10.

LORITZ, KARL-GEORG — Der praktische Wert der verfassungsrechtlichen Eigentumsgarantie für die unternehmerische Betätigung, in: BB 1993, S. 225-230.

LORITZ, KARL-GEORG — Verfassungsrechtlicher Rahmen für eine vernünftige Neubewertung des Grundbesitzes, in: DStR 1995, Beihefter zu Heft 8, S. 3*-19*.

LÜCKE, JÖRG — Der additive Grundrechtseingriff sowie das Verbot der übermäßigen Gesamtbelastung des Bürgers, in: DVBl. 2001, S. 1469-1478.

MANNEK, WILFRIED — Mögliche zukünftige Ausgestaltung der Vermögensteuer, Erbschaftsteuer und der Einheitsbewertung des Grundbesitzes, in: NWB Beilage 1/1996 zu Heft 9, S. 1-23.

MÄRKLE, RUDI/ FRANZ, ROLAND — Die Neuregelung der Erbschaft- und Vermögensteuer, in: Stbg 1996, S. 241-250.

MAUNZ, THEODOR/ DÜRIG, GÜNTER — Kommentar zum Grundgesetz, München 2003, Stand Februar 2003, zitiert als: Verfasser, in: Maunz-Dürig, Komm. z. GG.

MAUNZ, THEODOR/ SCHMIDT-BLEIBTREU, BRUNO/ KLEIN, FRANZ/ BETHGE, HERBERT — Bundesverfassungsgerichtsgesetz, Kommentar, München 2003, Stand Juli 2002, zitiert als: Verfasser, in: Maunz/ Schmidt-Bleibtreu/Klein/ Bethge, BVerfGG.

MAYER, CHRISTIAN — Der Umfang der Nachbesserungspflicht des Gesetzgebers bei der Vermögens-, Erbschafts- und Schenkungsbesteuerung – Konsequenzen aus den Beschlüssen des BVerfG vom 22. 6. 1995, in: DB 1995, S. 1831-1836.

MEINCKE, JENS PETER — Erbschaftsteuer- und Schenkungsteuergesetz, Kommentar, 13. Auflage, München 2002.

MELLINGHOFF, RUDOLF — Die Verantwortung des Gesetzgebers für ein verfassungsmäßiges Steuerrecht, in: DStR 2003, Beihefter 3 zu Heft 20-21, S. 3*-16*.

MERTEN, DETLEF — Sozialrecht. Sozialpolitik, in: Benda, Ernst/ Maihofer, Werner/Vogel, Hans-Jochen (Hrsg.), Handbuch des Verfassungsrechts der Bundesrepublik Deutschland, 2. Auflage, Berlin/New York 1994, § 20 (S. 961-1003).

MEYDING, DIETRICH — Ist eine verfassungskonforme Vermögensbesteuerung überhaupt möglich ?, in: DStR 1992, S. 1113-1117.

Mielke, Axel Spitzenbelastung: „Gegenwärtig nicht das Problem“?, Erwiderung zu dem Beitrag von Prof. em. Dr. Klaus Tipke, StuW 1994, Heft 1, S. 58-62, in: StuW 1994, S. 232-237.

Möstl, Markus Verfassungsrechtliche Grenzen der Besteuerung, Dargestellt am Beispiel der Vermögensteuer, Veräußerungsgewinnbesteuerung und Abgeltungssteuer, in: DStR 2003, S. 720-726.

Müller-Franken, Sebastian Das Verbot des Abzugs der „Zuwendung von Vorteilen“ nach dem Jahressteuergesetz 1996, Verfassungsprobleme einer Durchbrechung des objektiven Nettoprinzips, in: StuW 1997, S. 3-23.

Musil, Andreas Probleme mit dem Halbteilungsgrundsatz, Übung aus dem Steuerverfassungsrecht, SteuerStud 2001, S. 80-84.

Mußgnug, Reinhard Verfassungsrechtlicher und gesetzlicher Schutz vor konfiskatorischen Steuern, in: JZ 1991, S. 993-999.

Noll, Werner Finanzwissenschaft, München 1979.

o.V. Abgeltungssteuer auf alle Kapitalerträge, in: F.A.Z. vom 27. Oktober 2003, S. 11.

o.V. Bund der Steuerzahler prangert hohe Verschwendung an, 30 Milliarden Euro Steuermittel im Jahr werden unnötig ausgegeben, in: Frankfurter Allgemeine Zeitung vom 1. Oktober 2003, S. 13.

o.V. Gemeinsame Bundesratsinitiative Niedersachsen und NRW: Vermögensteuer für Bildung und Kommunen, in: www.kommunal-finanzen.de/sonstige/bundesratsinitia-tive.doc.

O.V. Scheel: Bei der Besteuerung den Halbteilungsgrundsatz beachten. Die Finanzpolitische Sprecherin der Grünen bekräftigt, daß die Steuersätze weiter gesenkt werden müssen, in: F.A.Z. vom 22. November 2002, S. 12.

OECHSLE, KLAUS Hundert Jahre Vermögensteuergesetze in Deutschland, in: BB 1993, S. 1369-1375.

OECKL, ALBERT (BEGR.) Taschenbuch des öffentlichen Lebens Deutschland 2001/2002, 51. Auflage, Bonn 2001, Stand 17. Oktober 2001.

OPPERMANN, THOMAS Subsidiarität als Bestandteil des Grundgesetzes, JuS 1996, S. 569-573.

PAPIER, HANS-JÜRGEN Art. 12 GG- Freiheit des Berufs und Grundrecht der Arbeit, in: DVBl. 1984, S. 801-814.

PAPIER, HANS-JÜRGEN Besteuerung und Eigentum, in: DVBl. 1980, S. 787-797.

PAPIER, HANS-JÜRGEN Die Beeinträchtigung der Eigentums- und Berufsfreiheit durch Steuern vom Einkommen und Vermögen, in: Der Staat Band 11 (1972), S. 483-514.

PAPIER, HANS-JÜRGEN Steuerreform als Verfassungsproblem, in: Stbg 1999, S. 49-59.

PESTALOZZA, CHRISTIAN Verfassungsprozeßrecht, Die Verfassungsgerichtsbarkeit des Bundes und der Länder mit einem Anhang zum Internationalen Rechtsschutz, 3. Auflage, München 1991.

PEZZER, HEINZ-JÜRGEN Verfassungsrechtliche Perspektiven der Familienbesteuerung, in Fürst, Walther/Herzog, Roman/ Umbach, Dieter (Hrsg.), Festschrift für Wolfgang Zeidler Band I, Berlin/New York 1987, S. 757-772.

Pieroth, Bodo/ Schlink, Bernhard Grundrechte, Staatsrecht II, 13. Auflage, Heidelberg 1997.

Reinhard, Rudolf Inhalt und Schranken des Eigentums, in: Reinhardt, Rudolf/ Scheuner, Ulrich, Verfassungsschutz des Eigentums, Zwei Abhandlungen, Tübingen 1954,

Rose, Gerd „In der Nähe einer hälftigen Teilung" – Erste quantifizierende Überlegungen zur Vermögensteuer-Entscheidung des BVerfG vom 22. 6. 1995 -, in: DB 1995, 1879-1880.

Rose, Gerd Der Halbteilungsgrundsatz – Kein Obiter Dictum, in: DB 1998, S. 1154-1155.

Rose, Gerd Der Steuer-Plafondierungsbefehl des BVerfG und seine Durchsetzung, in: DB 1997, S. 494-501.

Rose, Gerd Überlegungen zur Realisierung des Halbteilungsgrundsatzes, in: StuW 1999, S. 12-19.

Rose, Gerd Zum Anspruch auf Erlaß von „Übermaß-Steuern" und zu seiner Durchsetzung – Weitere Auswertung des Vermögensteuer-Beschlusses des BVerfG vom 22. 6. 1995 -, in: DB 1995, S. 2387-2390.

Rössler, Rudolf/ Troll, Max Bewertungsgesetz, Kommentar, München 2003, Stand: 31. März 2003, zitiert als: Verfasser, in: Rössler/Troll, BewG.

Rüfner, Wolfgang Die Eigentumsgarantie als Grenze der Besteuerung, in: DVBl. 1970, S. 881-887.

Rupp, Hans Heinrich Die Unterscheidung von Staat und Gesellschaft, in: Isensee, Josef/Kirchhof, Paul (Hrsg.), Handbuch des Staatsrechts, Band I, Heidelberg 1987, § 28 (S. 1187-1223).

Rupp, Hans Heinrich Länderfinanzausgleich, in: JZ 2000, S. 269-272.

RÜTH, HENNING H. — Keine ernsthaften Zweifel an der Anwendbarkeit des VStG? – Der BFH, das BVerfG und das Wesen der Vermögensteuer, Anmerkungen zum Beschluß des BFH vom 18. 6. 1997 – II B 33/97, S. 589-591.

SACCHETTO, CLAUDIO/ CASTALDI, LAURA — Relationship between Personal Income Tax on Income from Capital and other Taxes on Income from Capital (Corporate Income Tax, Wealth Tax, Inheritance and Gift Tax and Real-Estate Tax), in: General Report on „The Notion of Income from Capital", in: www.eatlp.org, S. 30 ff.

SACHS, MICHAEL (HRSG.) — Grundgesetz, Kommentar, 1. Auflage, München 1996, zitiert als: Verfasser, in: Sachs (Hrsg.), Grundgesetz, 1. Auflage

SACHS, MICHAEL (HRSG.) — Grundgesetz, Kommentar, 3. Auflage, München 2003, zitiert als: Verfasser, in: Sachs (Hrsg.), Grundgesetz, 3. Auflage.

SARRAZIN, VIKTOR — Änderungen bei den einheitswertabhängigen Steuern, in: Klein, Franz/Stihl, Hans Peter/Wassermeyer, Franz (Hrsg.), Unternehmen, Steuern, Festschrift für Hans Flick zum 70. Geburtstag, Köln 1997, S. 565-571.

SCHAUMBURG, HARALD — Verfassungswidrigkeit der Einheitswerte, Folgerungen für Gesetzgeber und Steuerpflichtige, in: GmbHR 1995, S. 613-617.

SCHELLE, KLAUS — Vermögensteuer, Ein Störfaktor im Steuersystem, hrsg. vom Karl-Bräuer-Institut des Bundes der Steuerzahler e.V., Heft 71, Wiesbaden 1980.

SCHEMMEL, LOTHAR — Nicht stichhaltige Kritik am Halbteilungsgrundsatz, in: Frankfurter Allgemeine Zeitung vom 16. 11. 1999 (Briefe an die Herausgeber), o.S.

SCHEMMEL, LOTHAR — Zur Aufnahme des Leistungsfähigkeitsprinzips und anderer Grenzen für den Steuerstaat in das Grundgesetz, in: StuW 1995, S. 39-57.

SCHICK, WALTER Anmerkung zu BFH, Urteil v. 17. 11. 1972 – III R 149-150/71, in: JZ 1974, S. 328-331.

SCHMIDT, EBERHARD Nicht nur Definitionsprobleme beim Halbteilungsgrundsatz, in: FR 1998, S. 943-944.

SCHMIDT, LUDWIG (HRSG.) Einkommensteuergesetz, Kommentar, 22. Auflage, München 2003, zitiert als: Verfasser, in: L. Schmidt, EStG.

SCHMIDT-BLEIBTREU, BRUNO/ SCHÄFER, HANS-JÜRGEN Besteuerung und Eigentum – Zum zweiten Thema der Staatsrechtslehrertagung 1980 -, in: DÖV 1980, S. 489-496.

SCHMIDT-BLEIBTREU, BRUNO/KLEIN, FRANZ Kommentar zum Grundgesetz, 8. Auflage, Neuwied/Kriftel/ Berlin 1995, zitiert als: Verfasser, in: Schmidt-Bleibtreu/Klein, Komm. z. GG.

SCHNAPP, FRIEDRICH E. Was können wir über das Sozialstaatsprinzip wissen ?, in: JuS 1998, S. 873-877.

SCHNEIDER, HANS-PETER Der Halbteilungsgrundsatz – Folgerungen für die Praxis, in: Stbg 1997, S. 199-201.

SCHÖN, WOLFGANG Verfassungsrechtliche Rahmenbedingungen der Unternehmensbesteuerung, in: StbJb 1998/99, S. 57-69.

SCHÜPPEN, MATTHIAS Die Nichtanwendbarkeit des Vermögensteuergesetzes ab 1. 1. 1997: offene Fragen und ein zusätzliches „Steuergeschenk", in: DStR 1997, S. 225-228.

SCHUPPERT, GUNNAR FOLKE Verfassungsrechtliche Prüfungsmaßstäbe bei der verfassungsrechtlichen Überprüfung von Steuergesetzen, in: Festschrift für Wolfgang Zeidler, Band I, 1987, S. 692-715.

SEEGER, SIEGBERT Das deutsche Steuerrecht zu Beginn des 21. Jahrhunderts – Notwendige Reformen aus Sicht der Finanzgerichtsbarkeit, in: DStR 2000, S. 10-15.

SEER, ROMAN — Der Halbteilungsgrundsatz als Belastungsobergrenze macht Sinn, in: Handelsblatt vom 03. 11. 1999, S. 58.

SEER, ROMAN — Der sog. Halbteilungsgrundsatz als verfassungsrechtliche Belastungsobergrenze der Besteuerung, in: FR 1999, S. 1280-1291.

SEER, ROMAN — Die neue Erbschaft- und Schenkungsteuer auf dem verfassungsrechtlichen Prüfstand, in: StuW 1997, S. 283-298.

SEER, ROMAN — Die Unvereinbarkeitserklärung des BVerfG am Beispiel seiner Rechtsprechung zum Abgabenrecht, in: NJW 1996, S. 285-291.

SEER, ROMAN — Replik zu Peter Fischer, „ Im Stich gelassene Richter", in: FR 1999, S. 1296-1297.

SEER, ROMAN — Verfassungsrechtliche Grenzen der Gesamtbelastung von Unternehmen, in: Pelka, Jürgen (Hrsg.), Europa- und verfassungsrechtliche Grenzen der Unternehmensbesteuerung, Köln 2000, DStJG Band 23 (2000), S. 87-126.

SELMER, PETER — Steuerinterventionismus und Verfassungsrecht, Frankfurt am Main 1972.

SELMER, PETER/ BRODERSEN, CARSTEN — Die Verfolgung ökonomischer, ökologischer und anderer öffentlicher Zwecke durch Instrumente des Abgabenrechts – Verfassungsrechtliche Grundfragen -, in: DVBl. 2000, S. 1153-1166.

SENDLER, HORST — Die Methoden der Verfassungsinterpretation – Rationalisierung der Entscheidungsfindung oder Camouflage der Dezision, in: Ziemske, Burkhardt/Langheid, Theo/Wilms, Heinrich/Haverkate, Görg, Staatsphilosophie und Rechtspolitik, Festschrift für Martin Kriele zum 65. Geburtstag, München 1997, S. 457-497.

SENDLER, HORST — Streitigkeiten über den Streit um den Halbteilungsgrundsatz, Oder: Was von „Pietät und Takt“ übrig bleiben kann, in: NJW 2000, S. 482-484.

SODAN, HELGE — Vorrang der Privatheit als Prinzip der Wirtschaftsverfassung, in: DÖV 2000, S. 361-371.

SÖHN, HARTMUT — Steuerbarkeit von Unterhaltsersatzrenten, in: FR 1996, S. 81-91.

SÖHN, HARTMUT — Verfassungsrechtliche Aspekte der Besteuerung nach der subjektiven Leistungsfähigkeit im Einkommensteuerrecht: Zum persönlichen Existenzminimum, in: FinArch Band 46 (1988), S. 154-171.

SOZIALDEMOKRATISCHE PARTEI DEUTSCHLANDS — Wahlprogramm 1998, in: http://archiv.spd.de/suche/archiv/pttleipzig/programm/index.htm

SPITALER, ARMIN — Die allgemeine Entwicklung des Steuerrechts der Bundesrepublik Deutschland in der Nachkriegszeit, in: JöR n.F. Band 12 (1963), S. 66-99.

STERN, KLAUS — Das Staatsrecht der Bundesrepublik Deutschland, Band II, Staatsorgane, Staatsfunkticnen, Finanz- und Haushaltsverfassung, Notstandsverfassung, München 1980

STERN, KLAUS — Das Staatsrecht der Bundesrepublik Deutschland, Band III/2, Allgemeine Lehren der Grundrechte, München 1994

THOMAS, MICHAEL-INGO — Die Halbteilung und der Sturm im Wasserglas – Anmerkung zum BFH-Beschluß vom 17. 7. 1998, VI B 81/97, DStR 1998, 1353 –, in: DStR 1998, S. 1493-1494.

TIPKE, KLAUS — Besteuerungsmoral und Steuermoral, Nordrhein-Westfälische Akademie der Wissenschaften, Vorträge G 366, Wiesbaden 2000.

TIPKE, KLAUS — Die Steuerrechtsordnung, Band I: Wissenschaftsorganisatorische, systematische und grundrechtlich-rechtsstaatliche Grundlagen, 2. Auflage, Köln 2000.

TIPKE, KLAUS — Die Steuerrechtsordnung, Band II: Steuerrechtfertigungstheorie, Anwendung auf alle Steuerarten, sachgerechtes Steuersystem, Köln 1993.

TIPKE, KLAUS — Über die Grenzen der Vermögensteuer, Zugleich Besprechung des BVerfG-Beschlusses vom 22. 6. 1995, in: GmbHR 1996, S. 8-16.

TIPKE, KLAUS — Über Vermögensteuer-Ungerechtigkeit, in: Kley, Max Dietrich/Sünner, Eckart/Willemsen, Arnold (Hrsg.), Steuerrecht, Steuer- und Rechtspolitik, Wirtschaftsrecht und Unternehmensverfassung, Umweltrecht, Festschrift für Wolfgang Ritter zum 70. Geburtstag, Köln 1997, S. 587-602.

TIPKE, KLAUS — Vermögen- und Erbschaftsteuer-Gerechtigkeit: Anmerkungen zu den Beschlüssen vom 22.6.1995, in: MDR 1995, S. 1177-1181.

TIPKE, KLAUS — Vom Konglomerat herkömmlicher Steuern zum System gerechter Steuern, Steuerreformen und Gleichheitssatz unter dem Aspekt der Art. 105, 106 GG, in: BB 1994, S. 437-445.

TIPKE, KLAUS/ LANG, JOACHIM — Steuerrecht, 15. Auflage, Köln 1996, zitiert als: Verfasser, in: Tipke/Lang, Steuerrecht, 15. Auflage.

TIPKE, KLAUS/ LANG, JOACHIM — Steuerrecht, 17. Auflage, Köln 2002, zitiert als: Verfasser, in: Tipke/Lang, Steuerrecht, 17. Auflage.

TROLL, MAX/ GEBEL, DIETER/ JÜLICHER, MARC — Erbschaft- und Schenkungsteuergesetz, Kommentar, Stand: 15. April 2003, München 2003. Zitiert als: Bearbeiter, in: Troll/Gebel/Jülicher

TRZASKALIK, CHRISTOPH Inwieweit ist die Verfolgung ökonomischer, ökologischer und anderer öffentlicher Zwecke durch Instrumente des Abgabenrechts zu empfehlen, Gutachten E für den 63. Deutschen Juristentag, München 2000.

UMBACH, DIETER C./ CLEMENS, THOMAS (HRSG.) Bundesverfassungsgerichtsgesetz, Mitarbeiterkommentar und Handbuch, Heidelberg 1992, zitiert als: Verfasser, in: Umbach/Clemens, BVerfGG.

V. ARNIM, HANS HERBERT Besteuerung und Eigentum, VVDStRL Band 39 (1981), S. 286-360.

V. DOEMMING, KLAUS-BERTO/ FÜSSLEIN, RUDOLF WERNER/MATZ, WERNER Entstehungsgeschichte der Artikel des Grundgesetzes, in: JöR n.F. Band 1 (1951).

V. MANGOLDT, HERMANN/ KLEIN, FRIEDRICH/ STARCK, CHRISTIAN Das Bonner Grundgesetz, Kommentar, 4. Auflage, Band 1: Präambel, Artikel 1 bis 19, München 1999; Band 2: Artikel 20 bis 78, München 2000; Band 3: Artikel 79 bis 146, München 2001, zitiert als Verfasser, in: v. Mangoldt/Klein/Starck, GG I, II oder III.

V. MÜNCH, INGO/ KUNIG, PHILIP Grundgesetz-Kommentar, Band 1 (Präambel bis Art. 19), 5. Auflage, München 2000; Band 3 (Art. 70 bis 146), 3. Auflage München 1996, zitiert als: Verfasser, in: v. Münch/Kunig, Grundgesetz-Kommentar.

VER.DI BUNDESVORSTAND BERLIN Abgeltungssteuer – kein Ersatz für die Vermögensteuer, Wirtschaftspolitische Informationen, Dezember 2002, in: www.verdi.de/wirtschaftspolitik/info/abgeltungssteuer.pdf.

VER.DI BUNDESVORSTAND BERLIN Positionspapier Wirtschafts- und Finanzpolitik, Beschluß vom 27.01.2003, in: www.verdi.de/wirtschaftspolitik/standpunkte/finanzpolitik.pdf.

VER.DI BUNDESVORSTAND BERLIN — Wirtschaftspolitische Informationen (Oktober 2002): Informationen zur Vermögen- und Erbschaftsteuer, Mindestbesteuerung von Unternehmensgewinnen

VOGEL, HANS-JOCHEN — Gewaltenvermischung statt Gewaltenteilung, Zu neueren Entwicklungen im Verhältnis der Verfassungsorgange zueinander, in: NJW 1996, S. 1505-1511.

VOGEL, KLAUS — Anmerkungen zum Beschluß des BVerfG v. 22. 6. 1995 – 2 BvL 37/91 -, in: JZ 1996, S. 43-45.

VOGEL, KLAUS — Der Finanz- und Steuerstaat, in: Isensee, Josef/Kirchhof, Paul (Hrsg.), Handbuch des Staatsrechts, Band I, Heidelberg 1987, § 27 (S. 1151-1186).

VOGEL, KLAUS — Der Verlust des Rechtsgedankens im Steuerrecht als Herausforderung an das Verfassungsrecht, in: Friauf, Karl Heinrich (Hrsg.), Steuerrecht und Verfassungsrecht, DStJG Band 12 (1989), S. 123-144.

VOGEL, KLAUS — Grundzüge des Finanzrechts des Grundgesetzes, in: Isensee, Josef/Kirchhof, Paul (Hrsg.), Handbuch des Staatsrechts, Band IV, Heidelberg 1990, § 87 (S. 3-86).

VOGEL, KLAUS — Vom Eigentums- zum Vermögensschutz – eine Erwiderung, in: NJW 1996, S. 1257-1259.

VOGEL, KLAUS — Zur Auslegung des Aritkels 106 Grundgesetz, in: Lang, Joachim (Hrsg.), Die Steuerrechtsordnung in der Diskussion, Festschrift für Klaus Tipke zum 70. Geburtstag, Köln 1995, S. 93-103.

VON ARNAULD, ANDREAS — Die normtheoretische Begründung des Verhältnismäßigkeitsgrundsatzes, in: JZ 2000, S. 276-280.

VON LARCHER, DETLEV — Alternativen der Steuerpolitik, in: www.spw.de/9905/larcher.htm

VON WEIZSÄCKER, CARL CHRISTIAN — Die Vermögensteuer bringt dem Fiskus nichts. Offener Brief des Ökonomen Carl Christian von Weizsäcker an den nordrhein-westfälischen Ministerpräsidenten Peer Steinbrück, in: F.A.Z. vom 29. November 2002, o.S.

WACKE, GERHARD — Verfassungsrecht und Steuerrecht, Das Finanz- und Steuerrecht als Bestandteil der Verfassungsordnung, in: StbJb 1966/67, S. 75-112.

WAGNER, FRANZ/ HÖR, MICHAEL — Das Verhältnis der gegenwärtigen effektiven Steuerbelastung zur Steuerbelastungsobergrenze des Bundesverfassungsgerichts, in: DB 1996, S. 585-589.

WALDHOFF, CHRISTIAN — Die Zwecksteuer, Verfassungsrechtliche Grenzen der rechtlichen Bindung des Aufkommens von Abgaben, in: StuW 2002, S. 285-313.

WEBER-DÜRLER, BEATRICE — Zur Tagung der Vereinigung der Deutschen Staatsrechtslehrer 1997 in Osnabrück, Zum ersten Beratungsgegenstand: „Der Grundrechtseingriff", in: DVBl. 1997, S. 1366-1369.

WEBER-FAS, RUDOLF — Finanzgerichtsbarkeit im freiheitlichen Rechtsstaat, Eine Betrachtung zum 25jährigen Bestehen des Bundesfinanzhofs, in: NJW 1975, S. 1945-1951.

WEBER-GRELLET, HEINRICH — Die Bedeutung der Rechtsnatur des Steuerrechts für dessen Anwendung und Auslegung, in: StuW 1993, S. 97-104.

WEBER-GRELLET, HEINRICH — Fairneß, Aufklärung und Transparenz, Wege zu einer leistungsgerechten Besteuerung, in: StuW 1999, S. 311-320.

WEBER-GRELLET, HEINRICH — Vermögensteuer, Plafondierung, Vereinfachung, Zu dem Vermögensteuer-Beschluß des BVerfG, in: BB 1996, S. 1415-1419.

WEIß, MANFRED — Sozialbindung und soziale Gerechtigkeit, in: Politische Studien, Sonderheft 1/2000, S. 17-28.

WELLING, BERTHOLD/ RICHTER, ANDREAS — Die Erbschaftsteuer auf dem verfassungsrechtlichen Prüfstand, in: BB 2002, S. 2305-2311.

WENDT, RUDOLF — Besteuerung und Eigentum, in: NJW 1980, S. 2111-2118.

WENDT, RUDOLF — Familienbesteuerung und Grundgesetz, in: Lang, Joachim (Hrsg.), Die Steuerrechtsordnung in der Diskussion, Festschrift für Klaus Tipke zum 70. Geburtstag, Köln 1995, S. 47-69

WENDT, RUDOLF — Finanzhoheit und Finanzausgleich, in: Isensee/Kirchhof (Hrsg.), Handbuch des Staatsrechts, Band IV, Heidelberg 1990, § 104 (S. 1021-1089).

WESTERMANN, JOBST — Zum Schicksal der einheitswertabhängigen Steuern, in: Harzburger Steuerprotokoll 1995, Köln 1996, S. 179-183

WIELAND, JOACHIM — Anmerkung zu BFH, Urteil vom 11. 8. 1999 – XI R 77/97, in: JZ 2000, S. 356-359.

WIELAND, JOACHIM — Der Vermögensteuerbeschluß – Wende in der Eigentumsrechtsprechung ?, in: Guggenberger, Bernd/Würtenberger, Thomas (Hrsg.), Hüter der Verfassung oder Lenker der Politik ? Das Bundesverfassungsgericht im Widerstreit, 1. Auflage, Baden-Baden 1998, S. 173-188.

WIELAND, JOACHIM — Freiheitsrechtliche Vorgaben für die Besteuerung von Einkommen, in: Ebling, Iris (Hrsg.), Besteuerung von Einkommen, Köln 2001, DStJG Band 24 (2001), S. 29-47.

Wittig, Peter Bundesverfassungsgericht und Grundrechtssystematik, in: Ritterspach, Theo/Geiger, Willi (Hrsg.), Festschrift für Gebhard Müller, Zum 70. Geburtstag des Präsidenten des Bundesverfassungsgerichts, Tübingen 1970, S. 575-593.

Wittmann, Rudolf Die „Einheitswert“-Entscheidung des Bundesverfassungsgerichts vom 22. 6. 1995, Erster Überblick über Inhalte und Konsequenzen, in: BB 1995, S. 1933-1936.

Wöhe, Günter Die Steuern des Unternehmens, 6. Auflage, München 1991.

Zühlsdorff, Andreas Der „Halbteilungsgrundsatz“ im Steuerrecht und im Recht des Bund-Länder-Finanzausgleichs (Teil I), in: ThürVbl. 2001, S. 25-34.

Kölner Schriften zu Recht und Staat

Herausgegeben von
Hartmut Schiedermair und Bernhard Kempen

Band 1 Bernhard Kempen: Die deutsch-polnische Grenze nach der Friedensregelung des Zwei-plus-Vier-Vertrages. 1997.

Band 2 Hans-Georg Maaßen: Die Rechtsstellung des Asylbewerbers im Völkerrecht. Überlegungen zu den völkerrechtlichen Rahmenbedingungen einer europäischen Asylrechtsharmonisierung. 1997.

Band 3 Udo Fink: Kollektive Friedenssicherung. Kapitel VII UN-Charta in der Praxis des Sicherheitsrats der Vereinten Nationen. 1999.

Band 4 Stephan Grigolli: Sprachliche Minderheiten in Italien, insbesondere Südtirol, und in Europa. Der Gebrauch der Sprache vor Behörden und Gerichten und die Vergabe öffentlicher Stellen. 1997.

Band 5 Uta Stoy-Schnell: Das Bundesverfassungsgericht und die Corte costituzionale. Ein Vergleich der Verfassungsgerichtsbarkeiten in Deutschland und Italien. 1998.

Band 6 Christian Hillgruber: Die Aufnahme neuer Staaten in die Völkerrechtsgemeinschaft. Das völkerrechtliche Institut der Anerkennung von Neustaaten in der Praxis des 19. und 20. Jahrhunderts. 1998.

Band 7 Jochen Seitz: Planungshoheit und Grundeigentum. Die verfassungsrechtlichen Schranken der städtebaulichen Entwicklungsmaßnahmen. 1999.

Band 8 Jochen Herbst: Rechtskontrolle des UN-Sicherheitsrates. 1999.

Band 9 Kristin Möller: Die Beschaffung naturschutzrechtlicher Ausgleichsflächen im Baurecht. 1999.

Band 10 Klaus Löffelbein: Genehmigungsfreies Bauen und Nachbarrechtsschutz. Die baurechtlichen Anzeige- und Freistellungsverfahren der Länder aus nachbarlicher Sicht. 2000.

Band 11 Patrick Mittmann: Die Rechtsfortbildung durch den Gerichtshof der Europäischen Gemeinschaften und die Rechtsstellung der Mitgliedstaaten der Europäischen Union. 2000.

Band 12 Martin R. Albus: Zur Notwendigkeit eines Internationalen Umweltgerichtshofs. Zugleich eine Analyse der Staatenpraxis zum Internationalen Umwelthaftungsrecht und der Rechtsschutzmöglichkeiten bei grenzüberschreitenden Umweltbeeinträchtigungen. 2000.

Band 13 Irene Baur: Die Haftung der Europäischen Zentralbank. 2001.

Band 14 Tobias R. Ehlen: Zentralisierungsmöglichkeiten der deutschen Börsenaufsicht. 2003.

Band 15 Ulrich Steiner: Wertsicherungsklauseln. Zur Europarechtskonformität des neuen § 2 PaPkG. 2003.

Band 16 Stephanie Vogel: Der Prüfungsumfang des Bundesverfassungsgerichts bei Verfassungsbeschwerden am Beispiel der Kunstfreiheitsrechtsprechung. 2004.

Band 17 Thomas Schmidt: Deutsche Hochschulräte. Begriff, Darstellung und rechtliche Analyse. 2004.

Band 18 Kirsten Schmalenbach: Die Haftung Internationaler Organisationen im Rahmen von Militäreinsätzen und Territorialverwaltungen. 2004.

Band 19 Gunter Warg: Von Verteidigung zu kollektiver Sicherheit. Der Nato-Vertrag *auf Rädern*. 2004.

Band 20 Bernhard Kempen / Yvonne Dorf: Bodenreform 1945–1949. Eine verfassungsrechtliche Neubewertung. 2004.

Band 21 Jeanette Nolte: Die völkerrechtliche Vertragspraxis der EG und die Haftung der Mitgliedstaaten am Beispiel der Fischereipolitik. 2004.

Band 22 Rüdiger Schmid-Kühnhöfer: Die Staatlichkeit von Beihilfen. Mittel- und Transferzurechnung nach Art. 87 Abs. 1 EG-Vertrag. 2004.

Band 23 Florian Schöler: Die Reform des Europäischen Kartellverfahrensrechts durch die Verordnung (EG) Nr. 1/2003. 2004.

Band 24 Christina Maria Pelzer: Die Kompetenzen der EG im Bereich Forschung. Eine Analyse ihrer Reichweite und Grenzen vor dem Hintergrund des Art. 5 Abs. 3 GG. Dargestellt am Beispiel der Gentechnologie. 2004.

Band 25 Nikolaus Vieten: Die verfassungsrechtliche Zulässigkeit der Wiedereinführung einer Vermögensteuer. Zugleich eine Untersuchung des Halbteilungsbeschlusses des Bundesverfassungsgerichts. 2005.

www.peterlang.de

www.ingramcontent.com/pod-product-compliance
Ingram Content Group UK Ltd.
Pitfield, Milton Keynes, MK11 3LW, UK
UKHW021915290926
8980IPUK00015B/1282

9 783631 532713